栃木県神社の歴史と実像

影山　博

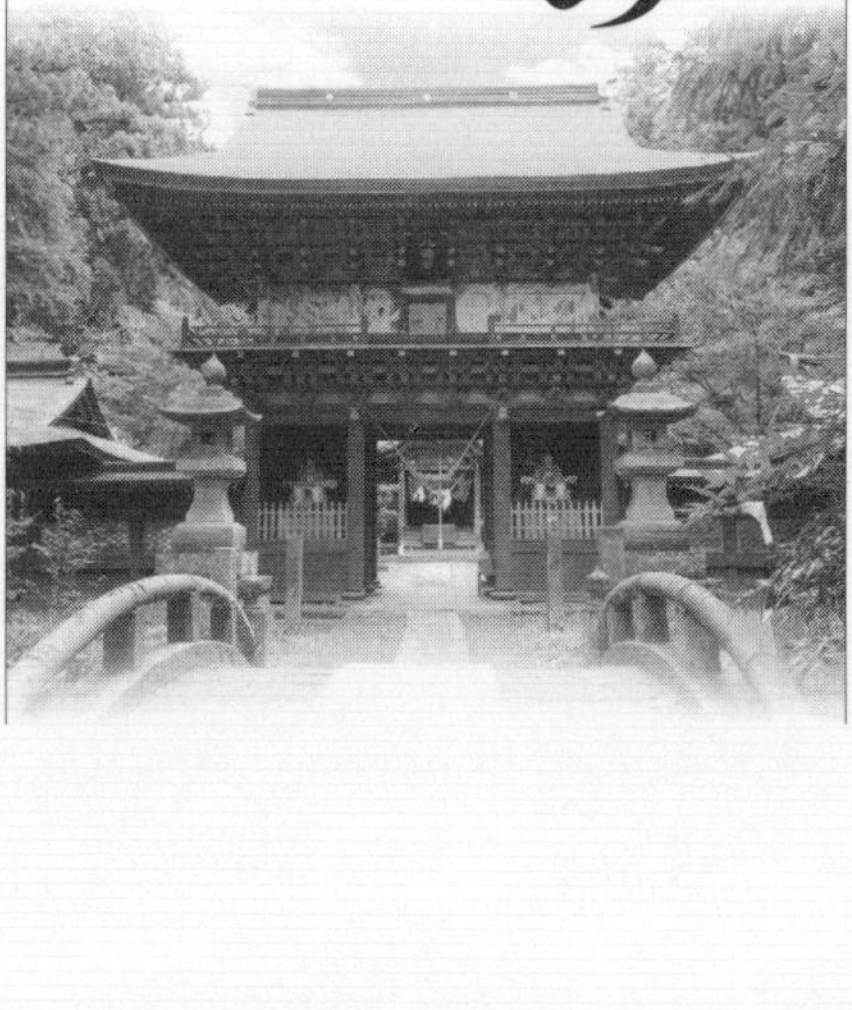

随想舍

はしがき

神社とは何か。國學院大學日本文化研究所編『神道事典』は、「神社とは神道の神々を祀るため設けられた建物、または施設の総称をいう。古くからヤシロ（社・神社）、ミヤ（宮）、モリ（杜）、ホコラ（祠）などと呼ばれている」と説明している。

「神社」といえば、人びとは神を祀る本殿や神を拝む拝殿、そして鳥居や狛犬などを連想する。しかし、社殿ができるのはずっと後世のことであり、「神社」を「じんじゃ」と呼ぶことが定着したのも明治時代になってからである。それまでは、「社《やしろ》」や「宮《みや》」と呼ぶのが一般的であった。

「神道」は「シントウ」と訓《よ》む。わが国固有の民族宗教を意味する神道であるが、語そのものは漢語である。初見は『日本書紀』の「用明天皇即位前紀」で、「仏法を信じ、神道を尊ぶ」とあるように、「仏法」に対比して用いられた。

神道を定義づけるのはなかなかに難しい。それは、神道が古代からそのままの信仰や形態を保ってきたのではなく、歴史的な展開のなかで、大きな変容を遂げて現代に生きているからである。文化史家の石田一良は「神道着せ替え人形論」を唱え、日本の思想は時代によって仏教や儒教、道教などさまざまな衣装を被《かぶ》せられてきたが、その衣装や姿にかかわらず、神道の原質は常にもとのままであったと主張した（『カミと日本文化』）。私たち日本人は、初詣やお宮参り・七五三・厄払いなど人生の節目ごとに神社にお参りするが、一方で教会で結婚式を挙げ、葬儀は寺院でするという場合が少なくない。日本人は宗教に無頓着であるといわれる所以である。神道は日本人のものの見方や考え方、私たちの生活と深くかかわっているのである。

このように、神道が日本固有の民族信仰であり、日本人の精神生活の基層にあることは大方の認めるところであろう。「神社」はこうした神道の神々を祀るための施設である。

神の住居である神社が造られるようになるのは、七世紀後半、天武天皇の時であるといわれる。『日本書紀』によれば、天武天皇は「畿内及び諸国に詔して、天社《あまつやしろ》・地社《くにつやしろ》の神の宮を修理せしむ」と命じたが、これは国家による社殿造営命令とされており、以後、各地で社殿が新造されるようになった。

この社殿に祀られ、祭りの対象になっている神が「祭神」である。元来、祭神は山や水・石・沼など素朴な民俗神であった。一〇世紀の『延喜式』神名帳の神社名を見ても、山名や樹木名を付したものが多い。しかし時代の推移とともに祭神の性格も変化し、記紀に登場する神や人格的な神に移行していく。神仏習合が進むと、神に菩薩号を付けることも一般化し、多くの神社は僧侶や修験が支配するようになった。

このように、神社の祭神は創建以来、同一であったわけではなく、時代によって変化するのが普通であった。近世の村落では仏像を神体とする神社も多かった。さらに「山の神」を祀る山神社のように、祀る側の村びとが「大山祇神」などという神名をどの程度認識していたかは疑問である。明治前期の史料には、「祭神名不詳」と記されているのをよく見ることができる。

これを一変させたのが、明治政府の神仏分離である。大社から村落の小神社まで、「国家ノ宗祀《しゅうし》」にふさわしい社名や祭神に半強制的に変更させたからである。現在の神社名や祭神はこの時に改められたものが多いことを理解すべきであろう。

最近は少なくなったが、戦後七〇年を過ぎた今日でも一部には戦前の国家神道とあまり変わらない立場から、神社を回帰させようとする向きがあるように思う。戦前の政府は国家神道を推進する手段として神社神道は宗教にあらず、祭祀であると主張して神職の布教活動を禁じ、葬儀への関与を禁止した（県社以下は当分の間、その限りでないとされた）。戦後の宗教法人法によれば、神社神道は宗教である。全国大多数の神社を包括する神社

本庁は宗教法人であり、日光東照宮も現在は単立の宗教法人である。神社神道は教派神道・仏教・キリスト教などと同じように、宗教に位置付けられたのである。そして、それは今日に至っても変わっていないし、基本的には正しい道である。

こうした歴史を直視し、曇りのない目で神社を見ることが必要である。神社の姿を残された史料をとおして見ると、みなさんが今まで理解してきた神社とは随分と異なる姿を見ることになるであろう。

県内には、世界遺産の二社一寺（日光東照宮・日光二荒山神社および輪王寺）をはじめ、歴史的、文化的に価値のある神社が少なくない。しかしながら、県内の神社を史料に基づいて描いた書物は意外と少ない。

本書は、古代から近現代にいたる栃木県内の神社について、日本史という立場で若干の私見も交えながら記述している。そして本書では明治時代から敗戦までの神社の歴史に多くの頁を割いている。それは、現在の神社の姿（社号・祭神・神職など）は、明治維新の神仏分離政策とそれに続く様々な神社改正によって形成されたものであるという問題意識を有するからである。多くの神社は近代になって仏教的な色彩を一掃され、現在見るような姿に一変した。それは、前代の神社とは大きく異なるものであった。

なお、古代から近世にいたる下野国の領域と現在の栃木県の県域はほぼ一致している。古代から近世までは「下野国」を、近現代は「栃木県」の表記を用いたが、ほぼおなじ地域である。

本書がきっかけとなって、読者のみなさんが県内の神社についての理解を深め、そのことで神社そのものについても関心をもっていただければ、筆者として望外の幸せである。

附記　史料は読み易さを考えて、古代～近世は原則読み下し文としたが、明治以降は比較的読み易いと思われるので原文のままとし、難解な漢字や用語にはルビを付した。

本書で参照した文献は、巻末に章ごとに著者名の五十音順で掲げた。

目次

古代の二荒山信仰

滝尾神社
日光市山内に鎮座。日光二荒山神社の別宮である。女峰山の神田心姫命を祀る。本殿裏に「三本杉」の巨木が立ち、滝尾の大神の降臨の場所と伝える。空海が弘仁２年（811）に来山し、この地から女峰山を拝して滝尾権現の社殿を建立したのが濫觴とされる。

古代人は、神は人里離れた山奥など清浄な地に住むと考え、神祭りをするときは神を呼び出して祭場に迎えたといわれる。祭場は村里から少し離れた神聖な場所にあり、そこには神迎えのための樹木や巨石があった。特定の山は神聖視され、神の住まうところ、あるいは神そのものとみなされた。よく知られているように、奈良県桜井市の大神《おおみわ》神社は三輪山の麓にある拝殿をとおして山を拝むので、現在も本殿は存在していない。三輪山じたいが神そのもの、神体山である。山中には磐座《いわくら》の巨石群があり、辺《へ》つ磐座・中つ磐座・奥《おき》つ磐座と呼ばれる奇岩がつらなっている。大和王権の発祥の地と推定される桜井市の纒向《まきむく》遺跡の東西軸に並んだ大型建物からみると、太陽は三輪山の山頂から昇るといわれる。太陽に対する信仰、日の神祭祀のあったことが指摘されている。

こうした信仰の対象となる山は神体山と呼ばれ、神奈備型と浅間型の二つに類型分けされている。神奈備型は、人里に近く標高は高くないが、美麗な円錐形をしており、三輪山や春日大社の三笠山などを典型とする。その麓では祭祀が行われ、神社に発展する場合もあった。つぎに浅間型は、富士山や立山・岩木山のように、山容が秀麗で、周囲の山々からひときわ高くめだつ形（大山）をしており、栃木県の男体山は浅間型に属する。浅間型は峻険な山容で、人びとを寄せ付けない。火山が多いことも特徴のひとつである。どこから見ても山容は美しく、畏怖の念を持つ神々《こうごう》しさがあり、霊山と呼ばれるにふさわしい。

男体山は日光火山群の主峰で、標高が二四八四・四メートルの円錐状成層火山であり、南麓には中禅寺湖が広がっている。現在、全山は日光二荒山神社の境内地になっている。

勝道による登攀《とうはん》以前から、男体山と周辺の山々は信仰の対象であった。栃木県の中部低地から見たこれら山々の山容は秀麗で、古代の人びとが男体山や周辺の山々を神の住む山として崇拝したことは想像するに難くない。こうした浅間型の山は本来、仰いで拝むのが一般的で、登攀するものではない。人が信仰のために登山するのは仏教渡来以後のことであり、仏者や修験者によるものであろう。

一、日光と二荒山信仰

(1) 二荒山と男体山

二荒山信仰

男体山と二荒山の山名はどちらが古名であるのか、結論を言うと二荒山であろうと思われる。奈良・平安時代に律令国家が編集した官撰史書である『続日本後記』『日本文徳天皇実録』『日本三代実録』に「二荒神」「二荒神社」とあり、『延喜式』巻三に収める「神祇三　臨時祭」の項には「二荒神社」とある。神名が「二荒神」であり、社名が「二荒神社」ということになる。また、『延喜式』巻一〇の「神祇十」いわゆる神名帳には「二荒山神社」とある。「神社」は「カミノヤシロ」と訓じ、神の坐すところ、住居を意味する語である。「二荒神社」は「二荒神を祀る社」、「二荒山神社」は「二荒山に坐す神を祀る社」という意味である。現在、二荒山神社を社名とする神社は日光と宇都宮にあり、前者が二荒山（フタラサン）神社であり、後者は二荒山（フタアラヤマ）神社である。

つぎに「二荒」の訓《よ》みについて、『延喜式』神名帳は武田家本に「フタアラ」、九条家本に「フタラ」とあるが、「フタアラ」と呼ぶのが古形であり、「フタラ」の読みは「補陀洛山《ふだらくさん》」の転訛によるものであろう。補陀落山は観音菩薩の住む山とされ、奈良時代に「聖《ひじり》」と呼ばれた山岳修行者にとっての聖地、修行の場所であった。天応二年（七八二）勝道が登攀に成功した補陀落山が現在の男体山とされる。「フタアラ」と「フダラク」の音が似てい

ることから、「二荒山」を観音浄土の山「フダラク山」と呼び、「フタラ山」と訓ずるようになったのであろう。もっぱら仏者によって祀られてきた日光二荒山神社が、現在も「フタラ」と訓ずるのは自然である。

男体山の山名は、男体山・女峰山・太郎山の山々を神体として祀る日光三所権現信仰が生まれた平安時代後期以降、おそらくは鎌倉時代になってから用いられるようになった呼称であろう。それまでは、男体・女峰の両山を「二荒山」と呼んでいたに違いない。また、「日光」は「二荒」の音読みの「ニコウ」が「ニッコウ」に転じたことによるものであろう。これをまとめると、

フタアラ山　　宇都宮《うつのみや》二荒山《ふたあらやま》神社

フタアラ山→フダラク山→フタラ山（日光山）　　日光《にっこう》二荒山《ふたらさん》神社

となるのであろう。

(2) 古代の日光山

日光の開山

わが国には想像以上に仏を冠した山が多い。栃木県には福島県境に帝釈山、群馬県との県境に地蔵岳がある。山は神霊ばかりでなく、仏菩薩《ぶつぼさつ》のいます聖地でもあった。素朴な山に対する信仰と仏教の融合には、修験道の影響が大きかった。修験道は日本古来の山岳信仰を基盤にして、仏教とくに密教の思想を取り込んで展開した日本独特の山岳信仰であり、平安時代初期に形成され、平安後期から鎌倉時代に発展した。

仏教と山岳信仰が最初に結びついたのは奈良時代であった。聖や優婆塞《うばそく》といわれた半僧半俗の行者は法華経を持して山中の岩窟などに籠り、陀羅尼《だらに》や真言を唱えて修行し、山の霊気を受けて「験力《げんりき》」（超自然力）を体得し、

下山後にその力を用いて呪術による宗教活動を行った。のちに修験道の開祖に仮託された役小角や、日光を開山したとされる勝道もそうした山岳修行者の一人であり、修験者の先駆けともいえる人物であった。

空海の作と伝えられる『沙門勝道歴山水瑩玄珠碑并序』（沙門勝道、山水を歴《へ》、玄珠を瑩《みが》くの碑並びに序す）にはつぎのように記されている。

勝道は下野国芳賀郡の人で、本姓は若田氏。補陀洛山に登攀して修行することを決意し、神護景雲元年（七六七）四月上旬に挑戦したが、雪深く巌が険峻で、雲がかかり霧も深く、雷鳴も轟き、中腹において二一日間留まったのみで下山した。ついで一四年後の天応元年（七八一）再度挑戦したが、この時も失敗した。翌天応二年三月、勝道は山中の諸神のため経を写し仏を図し、これを背負って決死の覚悟で登攀を決意した。山麓で読経礼仏を七日間行い登山に移り、山中で二泊した後、ついに登頂に成功した。このときは山中に庵を結んで二一日留まり、下山した。延暦三年（七八四）三月、再び登攀した勝道は同行の弟子とともに湖を周遊し、湖畔に「神宮寺」を建て四年間修行した後、北岸に移り修行を続けた。このことを伝え聞いた桓武天皇は、勝道を上野国の講師に任命した。

その後、勝道は都賀郡城山《き》に「華厳の精舎」（栃木市都賀町木にあった華厳寺のことと伝えられる）を建立し、仏道をひろめた。大同二年（八〇七）勝道は下野国の旱害に際し、国司の命を受けて補陀洛山頂で雨乞いの祈祷をしたところ、たちまち降雨があったといわれる。

勝道が登攀に成功した補陀落山が現在の男体山であることは疑いようがない。「補陀落」とは観音の住まう極楽浄土であり、勝道の登攀以後、補陀落世界に譬えられた中禅寺湖周辺は仏者によって堂塔が建てられている。院政期の保延七年（一一四一）に藤原敦光が著した『日光中禅寺私記』には、当時の日光山の様子がつぎのように記されている。

男体山麓の湖畔には丈六の千手観音像を本尊とする「中禅寺」があり、その傍らには権現を祀る「霊祠」

や妙法蓮華経一〇〇〇部と大般若経六〇〇軸を納める堂もあった。中禅寺の山門には空海の筆になる「補陀洛山発心檀門」の額が掲げられており、毎年四月二十二・三の両日には般若経・法華経が講ぜられ、観音に三三、権現・王子に一八〇の御饌を供して大会《だいえ》が行われていた。中禅寺から山頂までは結界地であった。大湖（中禅寺湖）南岸の歌浜《うたがはま》には弥勒・吉祥天を祀る別所、南西岸には不動・降三世・軍荼利・大威徳・金剛夜叉を安置する「日輪寺」があり、西岸の千手崎には丈六の千手観音石像があった。また湖中の「上野島《こうずけじま》」は勝道が国家の安寧を祈願した場所とされ、勝道が上野国の講師に任命された故事に由来するものであるという。

勝道の建てたとされる「神宮寺」、のちの「中禅寺」は中禅寺湖の北岸、現在の二荒山神社中宮祠の西隣にあったが、明治三十五年（一九〇二）の山崩れで崩壊し、大正二年（一九一三）に歌浜の現在地に移建された。現在、中禅寺境内には立木観音堂や五大堂・大黒天堂・愛染堂・鐘楼・別所などが建ち、観音堂の本尊千手観世音菩薩像は勝道が自然の立木のまま手刻した像と伝えられ、立木観音の名で知られている。また、『日光中禅寺私記』に見える「霊祠」は二荒の山神を祀る小祠のことであり、現在の二荒山神社中宮祠のことであろう。

このように、十二世紀中葉の中禅寺湖周辺は観音の霊場として都にも名高く、日光山の基盤がこの頃には形成されていたことが窺われる。日光清瀧寺《せいりゅうじ》（日光市）に残されている写経本の「墨書大般若波羅密多経」四〇〇巻で最古のものは、大治四年（一一二九）の奥書のある経巻である。日光山では写経などの宗教活動が盛んに実施されていたのである。また、保延四年（一一三八）年紀の写経本に「執筆　日光山僧円乗文教房」とあり、これが「日光山」の文献上の初見とされ、十二世紀に日光山の山号が使用されていたことが窺われる。日光山は、四本龍寺を本坊（根本道場）とする現在の山内の寺社と、中禅寺湖畔の中禅寺を中心とする寺社を含む全山を指す呼称であろう。

二荒山と女神・日神信仰

空海が瀧尾権現を勧請したとの縁起を記した鎌倉時代の作品『日光山瀧尾建立草創日記』に注目したのが近藤喜博（『日光男体山―山頂遺跡発掘調査報告書』第一章）である。『草創日記』によれば、空海が山中で修法を続けていると、空海の前に出現した「妙見尊星」が言うには、自分はここに下り来ったけれどもこの所は吾が住む場所ではない。「この嶺に女体の霊神あり。即ちこの所に祝い奉るべし。我、中禅寺に安住せしむ」と。そこで、空海が神霊を請う修法を行ったところ「請いに随い化現す。その形は天女の如く、端厳にして奇麗、金冠・瓔珞《ようらく》を以てその身を粧ふ。扈従の侍女、前後を囲繞し、僮僕左右に充満」していた。この女神の神託により、空海は女神を祀る社壇を設け、手づから「女体中宮門」の題額を書して掲げたとある。この伝承から、近藤は二荒山信仰は女体中宮としての瀧尾権現中心の信仰が先行したのであろうと主張した。

さらに、近藤は『補陀洛山建立修行日記』（異本の『補陀洛山縁起』とは一部に異動がある。近藤は『補陀洛山縁起』を用いている）に、勝道が山頂に至ったところ「雲中に弥陀の来迎、或は女体の尊像を拝す」とあり、また弘仁七年（八一六）勝道が中禅寺において念誦読経を行ったときも「忽然として化神出で来る。一人は天女の如く、その姿端厳にして美麗、玉の冠、瓔珞を以て身を餝る。御齢三十有余り」とあり、女神が最初に出現し、次に男神二神が現れたと記していることにも注目し、この一女神二男神、すなわち日光三社権現が出現する場面から、「女体を先に立てた三社権現」こそが「古の山の姿態を伝えて」おり、「杳な古代女神信仰の残映が、端的に現れてはいないだろうか。それに日光における年紀在銘の寄進奉納品に求めても、滝尾権現への物が圧倒的に豊富なのも、右の後世的文献に残存する女神の姿と、ゆくりなくも吻合するものがある」と論じたのである。

以上のように、近藤は日光信仰の最も原初的な姿が女神信仰にあり、最初、二荒の大神に奉仕し斎き祀ったのも女性の司祭でなかったろうかと推定したのである。

和歌森太郎は「日光修験の成立」（『和歌森太郎著作集』2）において、近藤の引用した『草創日記』の記載や、

二荒・赤城の神戦談の伝説が「まだ三山、三神としての日光山の神をとらえておらず、あくまでも女神中心」に語られているとして、男神・女神の二神になるのは平安後期に入ってからであろうと論じた。そのほか、中禅寺湖畔にあった日輪寺（廃寺）の存在や、『日光山縁起』が山の女神を朝日御前と称したことなどを根拠にして、山を介して太陽を拝する日天信仰（日神祭祀）があったのではなかろうかと述べ、大同二年（八〇七）勝道が補陀洛山頂で雨乞いの祈祷を行ったとあるのも、太陽礼拝の場であったからであり、「二荒」を「日光」としたのも、単に佳き文字に変えたというだけではなく、日神信仰があったからであろうと主張したのである。

近藤・和歌森の女神先行説は魅力がある。『日光山往古図』（東京国立博物館蔵）は、元和三年（一六一七）に東照社が造営される直前の日光山を描いた地図として貴重である。そこに描かれた金堂（三仏堂）には、中央に瀧尾権現の本地阿弥陀仏、右に男体の本地千手観音、左に太郎権現の本地馬頭観音が置かれ、現在に至るまでその配置は変わっていない。瀧尾権現中心の信仰が古い形であったことを示唆している。今日の瀧尾神社は二荒山神社の別宮である。本殿の裏に扉があり、女峰山を遙拝できるようになっている。本殿裏手の禁足地に立つ古木三本杉は日光三神を祀り、ここが日光発祥の地であることを窺わせている。また、正中二年（一三二五）の「板絵著色日光三所権現像」（重文・輪王寺蔵）にも中央に阿弥陀如来が描かれており、中世の遺物にその残映をとどめている。さらに、和歌森が男体山頂が日神祭祀の祭場、聖山であった可能性を指摘しているのも興味深い。日光山、日輪寺の名称や、男体山頂遺跡の出土品に鏡鑑が多いことはその傍証となるかもしれない。

日光山に関する記録と縁起

日光山に関する記録や縁起類は種類が多い。その主なものは『神道体系』神社編三一「日光・二荒山」に収録されているので、同書の解説を参考にして、基本となる資料を紹介しておこう。

『沙門勝道歴山水瑩玄珠碑并序』は日光開山に関する根本史料であり、空海の詩文を編集した『遍照発揮性霊

集』に載っている。空海の撰文とされ、その直筆と伝えるものが京都の高尾山神護寺に所蔵され、重要文化財に指定されている。今日では空海の自筆でなく、平安時代の写本とするのが一般的解釈である。本書は『二荒山碑』とも呼ばれ、その碑は往古、男体山麓に立っていたといわれるが、現存していない。内容は勝道の出自、補陀洛山登攀、その後の勝道の事績などである。空海が語るところによると、古い馴染みであった伊博士某が国博士（諸国に置かれた国学で郡司の子弟に経学を教授する教官）の任満ちて帰京するときに、勝道が伊博士をとおして補陀洛山の景観を称える碑文の作成を依頼してきたので、弘仁五年（八一四）に記したものであるという。

『補陀洛山建立修行日記』は勝道上人の伝記で、『続群書類従』巻八一三に収められている。弘仁九年（八一八）勝道が示寂した翌年に、勝道の弟子仁朝・道珍・教旻・尊鎮が撰述したとされるが、鎌倉時代の作であろう。

『日光山瀧尾建立草創日記』は瀧尾権現の草創に関する縁起であり、鎌倉時代の偽書とされる。『続群書類従』巻八一三に収載され、輪王寺所蔵本は重要文化財に指定されている。空海が弘仁十一年に来山して、瀧尾の地に瀧尾権現を創祀したこと、弟子の道珍らを伴い中禅寺に登り、四条寺・木叉寺・転法輪寺・法華密厳寺・江尻華厳寺・般若寺の諸伽藍を建立し、下山して小玉殿（堂）・寂光寺を建てたことなどが記されている。注目されるのは「二荒」の名の起源と、「二荒山」を「日光山」に改めた由来を記していることである。

『円仁和尚入当山記』（円仁和尚、当山に入る記）は、嘉祥元年（八四八）の慈覚大師円仁の来山記録である。円仁が中禅寺湖南岸の出島に薬師寺を創建したこと。また滝尾山麓に山王権現を勧請し、同所に神宮寺（三仏堂）を建立し、日光三所権現の本地仏を祀ったこと。仏岩山麓に常行堂・法華堂を建立したことなどを記し、円仁の来山によって、日光山と天台宗の結びつきが始まったとしている。斉衡二年（八五五）勝道の弟子尊鎮の作とされるが、後世の偽作であろう。

『日光中禅寺私記』は保延七年（一一四一）藤原敦光が著したものであり、『群書類従』巻四四二に収録されている。敦光は大内記・文章博士・大学頭・式部大輔を歴任した平安後期を代表する文人貴族である。本書は十二

世紀中頃の中禅寺湖畔の繁栄を、伝聞ではあるが記しており貴重である。

このほかに、三月会、現在の日光二荒山神社の弥生祭の由来を記した『満願寺三月会日記』（『続群書類従』巻八一三）があり、『神道集』巻五には「日光権現事」「宇都宮大明神事」の縁起が収録されている。

以上数ある資料のうち、日本史の立場から使用に耐え得るのは、空海の『沙門勝道歴山水瑩玄珠碑並序』である。空海が勝道の依頼で作成したものであるが、空海自身が日光山を訪れたわけではなく、伊博士がもたらした勝道の提供資料によって書かれたものであろう。藤原敦光の『中禅寺私記』も実見に基づいたものではなく、何らかの資料を参考に書かれたものと考えられる。したがって、両書とも使用するには十分注意を払わなければならない。それ以外の資料は後世の偽書とされており、さらに取扱いには注意が必要である。

(3) 日光の山岳遺跡

男体山頂遺跡

男体山・女峰山・太郎山は古来、三所権現といい、日光修験道の聖地であった。この三峰に囲まれた大真名子山・小真名子山を含む五峰の山頂には、奈良時代から江戸時代にいたる祭祀の跡が残り、貴重な山岳遺跡となっている。明治十年（一八七七）大森貝塚の発掘で有名な米人モースが男体山に登山したとき、山頂で古銭や槍の穂先などが散乱しているのを発見してから、遺跡の存在が知られるようになった。

最初の調査は大正十三年（一九二四）に行われ、本格的な発掘調査は昭和三十四年（一九五九）に実施された。その成果は昭和三十八年に日光二荒山神社から『日光男体山―山頂遺跡発掘調査報告書』として発刊された。この調査によると、遺跡は山頂の二荒山神社奥宮の少し西の断崖上に鎮座する太郎山神社の西側旧火口の絶壁上の露

岩の間隙や凹地に形成され、高峻な山岳遺跡としては類例をみないと言われている。出土品は錫杖頭・密教法具・鏡鑑・禅定札・御正躰・鰐口・経筒・陶器・磁器・武器・古印・古銭など六〇〇〇点以上に及んでおり、仏具または法具関係が多い。これらの出土品は奈良から平安初期に始まり、江戸時代まで継続しているが、平安後期から鎌倉時代にかけて盛期を迎えている。古墳時代に遡る遺物もあるが伝世品とされ、奈良時代になって奉賽されたものであろうといわれる。遺物の多くは、巨石や岩場に奉納したか、埋納した可能性が高い。

出土品の特徴

男体山頂遺跡の出土品には、他の山岳遺跡と異なるいくつかの特徴がある。

第一は、平安期の古印が一一顆出土しており、なかには「東尼寺印」（都賀尼寺カ）の公印が含まれている。古印が山岳遺跡から出土するのはきわめてまれであり、この遺跡の多様性を窺わせる。

第二は、平安末から鎌倉時代のものと思われる刀剣などの武器、兜鉢・鉄鎧などの武具、鉄製馬具が多く出土し、下野武士団のかかわりも考慮する必要があろう。

第三は、鏡鑑の出土数が多いことであり、破損のものを含めると一三四面に達し、そのうち和鏡が一二八面ある。時代的には平安時代後期のものが最も多いが、鎌倉時代初期で突然に奉賽が途絶えている。

第四は、鏡鑑の奉賽が途絶した後、鎌倉時代以降に現れるものに禅定札（登拝を記念して納めた札）・種子札（尊像を梵字で表した札）・御正躰（御神体）や経筒がある。禅定札・種子札のうち、年紀銘のあるのが、正安元年（一二九九）・延文四年（一三五九）・貞治三年（一三六四）・同五年（一三六六）の四点あり、江戸期の寛文三年（一六六三）の禅定札も出土している。最も古い正安元年の札には「参向者三郎大夫」と俗人名が刻まれている。とくに注目されるのが貞治五年の禅定札であり、「下野国日光山中禅寺　男体禅定十四度　得志良近津宮伴氏四郎大夫家守　自正月廿八日奉精進始也　貞治五年丙午八月八日　敬白」と記されている。伴家守は現在の

宇都宮市徳次郎にある智賀津神社の社家の一族であろう。近津神社（智賀津神社）は、宝亀元年（七七八）に日光三社を勧請したと伝える古社である。家守は男体禅定をするにあたり、半年間以上の精進潔斎を行っている。二年前の貞治二年には十三度目の登攀をなし、この時の「禅定札」も伝えられている。また元亨三年（一三二三）の経筒銘は、宇都宮中河原の住人「七郎大夫藤原宗清」が法華経一部を経筒に入れて「日光禅定権現御宝殿」に奉納したものである。宗清は元応元年（一三一九）にも経筒を奉納している。承久三年（一二二一）銘の経筒は藤原包則が奉納したものである。男体山は仏者以外の俗人の登攀も多かったのである。

男体山頂以外は今日まで本格的な学術調査は行われておらず、全体像は不明のままである。日光連山の五峰のうち、遺跡の規模が大きく遺物の量が多いのは男体山頂であり、ついで太郎山頂が多く、女峰山・大真名子山・小真名子山は少ないとされる。遺物の多くは祭祀が終わった後に奉納か遺棄されたものであろう。これら男体山頂の出土品一切は現在、二荒山神社中宮祠の宝物館に保存・展示されており、国重要文化財に指定されている。

二、宇都宮二荒山神社の創建

(1) 下毛野氏の発展

下毛野氏の出自

大化の改新（六四五）以前、群馬県と栃木県は毛野国（はじめ「ケノクニ」、のちに「ケヌノクニ」）と呼ばれ

ていた。『先代旧事本紀』巻一〇所収の「国造本紀」によれば、仁徳天皇の御代に毛野国は上下二国に分割され、豊城命《とよきのみこと》の四世孫の奈良別《ならわけ》が下毛野国造に任ぜられたとある。その結果、本県は鬼怒川を国境にして、南部を下毛野国《しもつけのくに》、北部が那須国となった。二つの国は地理的にも文化的にも大きく異なり、別の地域的交易圏を形成していたとされる。国の境を南流する鬼怒川は、「衣川」「絹川」などと書かれた時代もあったが、古称は「毛野川」であろう。

豊城命（豊城入彦命）は『日本書紀』によれば、崇神天皇の皇子であり、同書の崇神天皇紀四十八年四月丙寅条に「豊城命を以て東を治めしむ。是上毛野君・下毛野君之始祖也」とある。景行天皇紀に、豊城命の孫彦狭嶋《ひこさしま》王は東山道一五国の都督に任ぜられたが途中で病死したので、その子御諸別《みもろわけ》王が代わって東下して蝦夷を討伐、鎮撫し、その子孫が東国にとどまったとある。この所伝を信じるならば、下毛野氏は大和王権から派遣された軍事指揮官の後裔ということになるが、確証があるわけではない。

崇神・景行天皇紀の記事は伝承の域を出ないが、『日本書紀』天武天皇十三年（六八四）十一月戊申条に下毛野君に朝臣の姓を賜るとあり、下毛野氏は歴史時代に入る。下毛野氏は都に進出し、中央政界で活躍するようになる。

下毛野朝臣古麻呂は実在が確認できる最初の人物である。『日本書紀』持統天皇三年（六八九）十月二十日条に、「直廣肆下毛野朝臣子麻呂」が奴婢六〇〇口（人）を開放したとあるのが初見である。「直廣肆」は天武天皇が定めた冠位四十八階（諸臣）の一六階、後の正五位の位階に相当する。以後、古麻呂は大宝律令撰定者として『続日本紀』に名を見ることができ、大宝二年（七〇二）五月、勅によって朝政（朝廷の会議）に参加し、同三年二月には律令撰定の功により田一〇町、封戸五〇戸が下賜され、三月にも功田二〇町が与えられた。兵部卿・式部卿を歴任し、和銅元年（七〇八）七月に正四位下に昇叙し、翌二年十二月に卒した。八省の長官は皇族や中央の有力氏族が就く例が多いなかにあって、古麻呂が抜擢されたのは異例である。斎藤忠は、古麻呂が下野薬師寺

（天武朝に開創された大寺。東大寺・筑紫観世音寺とともに三戒壇の一）の建立に尽力したのではないかと指摘している。また『続日本紀』慶雲四年（七〇七）三月二十二日条に、古麻呂が一族の下毛野朝臣石代の姓《かばね》を「下毛野川内朝臣」とすることを請うて許されている。「川内」は「河内」であろうから、河内郡が下毛野氏の支配下にあったことを物語っている。下毛野氏は鬼怒川と渡良瀬川に囲繞された広大な土地、都賀・河内の両郡を支配する首長であった。

古麻呂の後、記録に名をとどめたのが、下毛野朝臣蟲麻呂である。『続日本紀』養老五年（七二一）正月五日条に「従五位下」とあり、『経国集』や『懐風藻』に詩文が残されている。ほかにも、下毛野朝臣石代・帯足・稲麻呂・多具比・足麻呂・根麻呂・船足・年継等の叙位任官の記事が『続日本紀』に散見しており、一族は八世紀の中央政界の中級官人として活躍したことがわかる。

奈良時代から平安初期の下毛野氏は朝廷の蝦夷政策の一翼を担う有力氏族でもあった。下野国からは多くの民が陸奥に移住させられ、また撫民政策の一環として服属した蝦夷（俘囚）に『下毛野公静戸』などと下毛野氏の旧姓の「公」を与え、下毛野公某と名乗らせている。おそらく朝臣姓を持つ下毛野氏が下野国に移住した下毛野公を管理したのであろう。彼らの本姓は「吉彌侯部」「丈部」などであった。後述する上神主・茂原官衙遺跡（河内郡家）からも同姓の人名瓦が多数出土している。『類聚国史』巻五四に「芳賀郡少領下野公豊継」が所見し、『続日本後紀』承和七年（八四〇）二月十六日条に足利郡少領大麻続部嗣吉が「下毛野公」に賜姓されたとの記事があり、下毛野氏の勢力の大きさを窺うことができる。なお、「少領」とは郡司の次官である。

その後も「下毛野朝臣」を名乗る人物が九世紀末の『日本三代実録』に見えているが、前代ほどには頻出しない。平安後期に「下毛野」を名乗る者が諸衛府の府生や番長など下級官人として貴族の日記類にみえている。彼らが古麻呂の子孫かどうかは不明だが、やがてその動静も詳らかにできなくなる。中央官人の道を歩んだ下毛野氏は衰退していったのであろう。

古墳と下毛野氏

大和王権の支配下に入った各地の首長は大王から古墳の築造を許され、首長の亡きあと、首長霊継承のために前方後方墳や前方後円墳を造り、古墳上で葬送儀礼を行ったとされる。古墳は当時の支配関係を反映した政治的記念物であり、墳形や規模・副葬品にそのことが顕著に認められる。したがって、県域の古墳を調べることで、古代の政治勢力の消長をある程度は知ることができるであろう。

栃木県における古墳の出現（那須地方を除く）は四世紀後半であり、五世紀に入ると古墳の大型化が認められる。この時期の古墳は、宇都宮市南部地域と県南の赤麻遊水地付近に大きな分布がある。

宇都宮南部、田川右岸の茂原古墳群は、県下で最初の大型前方後方墳が出現した地域であり、三基の前方後方墳を中心にした古墳群である。やがて五世紀中期、中心は田川左岸段丘上の宇都宮市東谷地区に移る。中心の笹塚古墳は全長約一〇〇メートルの前方後円墳である。さらに五世紀後半に入ると、宇都宮市西川田の姿川左岸の塚山古墳群が中心となり、その勢力圏内にある雀宮牛塚古墳からは画文帯神獣鏡など大和王権と関連の深い副葬品が出土している。四世紀後半から五世紀にかけて、大きな政治勢力が田川・姿川の中流域、現在の宇都宮市南部にあったことが窺われる。六世紀になると、この地域の古墳は小型化しており、何らかの政治勢力の消長があったことが推定される。

一方、県南地域の赤麻遊水地（赤麻沼）は、縄文時代早・前期には東京湾の最奥部であり、遊水地を囲むように貝塚が形成されている。遊水地南端には渡良瀬川が東流しており、巴波川・与良川・思川が遊水地で渡良瀬川に合流し、渡良瀬川は埼玉県の大利根町（加須市）で利根川に合流する。赤麻沼はまさに水上交通の要所であった。この要所を掌握した首長墓が、四世紀後半に築造された赤城塚古墳（群馬県邑楽郡板倉町）である。古墳からは卑弥呼が魏王から下賜された三角縁神獣鏡と同型の鏡が出土しており、大和王権との強いつながりが想定さ

れる。この系譜につながる首長墓が全長九六メートルの山王寺大桝塚古墳（栃木市）である。副葬品には剣・直刀などの武器類が目立ち、被葬者の武人的性格が想定される。強大な軍事力を背景にこの地を掌握した首長であったのだろう。渡良瀬川中流域の足利市には四世紀前・中期の築造とされる大型の前方後円墳が出現し、この被葬者は渡良瀬川中・下流域を掌握する地域集団の首長であったと考えられ、盟主的な存在であった。赤城塚古墳・山王寺大桝塚古墳もこうした首長の系譜につながる関係にあり、両古墳の被葬者は四世紀後半に赤麻沼周辺の肥沃な土地へ進出し、この地域を掌握したのであろう。

　その後、五世紀後半から六世紀初頭にかけて、思川流域の広い地域に古墳群が形成されるが、突出した首長墓は見られず、この地域が地域集団か同盟関係にある小集団に分かれていたことが想定される。倭王武（雄略天皇）が四七八年に順帝に送った上表文に、「昔より祖禰《そでい》躬ら甲冑を擐《つらぬ》き、山河を跋渉《ばつしょう》して寧所《ねいしょ》に遑《いとま》あらず、東は毛人を征すること五十五国」とある記事に関連があるかも知れない。「毛人」は毛野地方の人びとを指すとされ、大和王権の軍事力が直接この地域に及んだ結果、首長層の交代があり、一時的に政治的空白が起きたのであろう。

　その空白の時期を経て、六世紀初頭に突如として思川と姿川の合流地点の内側、小山市飯塚に摩利支天塚古墳（全長一一七メートル）と琵琶塚古墳（全長一二三メートル）という県内最大規模の大型前方後円墳が出現する。在地の小規模の首長を支配下に置いた強大な力を持つ首長墓である。この二つの古墳の被葬者の後継墓、終末期の首長墓が吾妻古墳（下都賀郡壬生町）である。七世紀初頭の前方後円墳であり、周濠まで含めると、全長一六五メートルの堂々たる古墳である。吾妻古墳を最後に大型前方後円墳は姿を消すが、その理由は明確でない。おそらく、仏教文化の影響を受けたことや、律令制による支配が本県にも及んだ結果と思われる。

　今述べたような首長墓の分布や変遷をみると、四、五世紀における本県には二つの政治勢力があったように思われる。思川・姿川中流域の宇都宮市南部地域、それと赤麻沼周辺、現在の栃木市南部地域である。後者は群馬県との関連が予想されるが、どのような勢力であったのかは不明である。そして六世紀になり、この両地域を糾

合して支配した首長が摩利支天・琵琶塚両古墳の被葬者であった。その規模や立地からいって、下毛野国の首長下毛野君（国造）の墳墓とするのが妥当であろう。とすると、思川と姿川の合流付近に現れた首長である下野毛氏は外部からやってきた大勢力であった可能性が高い。その勢力は、上毛野氏の一派であるのか、あるいは大和王権から直接派遣された軍事貴族のいづれかであろうが明らかではない。

(2) 下毛野氏と二荒山神社

古麻呂と二荒山

古麻呂が活躍した七世紀末から八世紀前半は、わが国の神祇史上画期的な時代とされる。祈年祭が創始され、伊勢神宮の式年遷宮の制も定まり、持統天皇四年（六九〇）には内宮の遷宮、六年には外宮の遷宮が行われた。天武天皇十年（六八一）朝廷は諸国に社殿造営を命じ、地方に社殿の造営が進められたといわれる。当時は一部の有力神社を別にして地方社の多くは常設の社殿を持たず、必要に応じて神祭りを行う臨時の施設を有する程度であったが、この詔で常設の社殿を持つ「神社」が成立することになった。このことは国造などの地方豪族が祭祀する神々が天皇の支配下に入ったことを意味し、こうした神々を祀る神社は公的存在である「官社」に認定され、新設された神祇官に管理・統制された。中央政界で活躍し、のちに大宝律令の選定にかかわり、下野薬師寺の造営にも協力したとされる古麻呂がこのことに無関心であったとは思えない。

下毛野氏は六世紀頃から鬼怒川以南の河内郡および都賀郡を勢力圏としており、国造として、後には郡司として下毛野（下野国）最大の豪族であった。その本拠と考えられる小山市飯塚から思川・姿川を遡上した地、下野国のほぼ中央に鎮座したのが宇都宮二荒山神社である。本社は下毛野氏が奉斎した神社に相応しいといえよう。

宇都宮市南西部から上三川町北西部の田川と姿川に挟まれた台地にある遺跡が、上神主《かみこうぬし》・茂原官衙遺跡であり、遺跡の南東に接して古代の東山道が走っていた。遺跡の存立期間は七世紀後半から九世紀前半頃までとされ、河内郡家《ぐうけ》（郡衙。郡司の政庁）であることは疑いを入れない。古麻呂の一族に「下毛野川内朝臣」がおり、郡家の長官である郡司（大領）の地位は下毛野一族の世襲するところであったのだろう。付近からは二〇〇点を超える大量の人名瓦が出土している。河内郡の戸主層のものと推定されているが、注目されるのは、「神主部牛麻呂」「神部」銘の瓦片が出土していることである。二荒山神社が、天安元年（八五七）に神戸一戸を給され、貞観二年（八六〇）「神主」が置かれたことが想起される。二荒山神社と河内郡家、そして下毛野氏とのかかわりを窺わせている。

宇都宮二荒山神社社殿裏遺跡

戊辰戦争で焼失した宇都宮二荒山神社を再建するため、明治六年（一八七三）社殿後方の焼けた大木を掘り起こしたところ、根元付近から滑石製模造品（臼玉・有好円板・瑠璃製勾玉）や手捏土器・土師器・須恵器・瓦・金銅製の環など、古墳時代後期から奈良・平安時代にかけての祭祀用具が多数出土した。正式な発掘調査は行われなかったが、出土品は現在も宝物として同社に蔵されている。こうした祭祀用具の出土は、臼ケ峯と呼ばれた宇都宮二荒山神社の鎮座地が日光連山を仰ぎ見る絶好の立地にあり、ここが二荒山遥拝の地であったことを想定させている。

下野国の古代神社

健武山神社
那須郡那珂川町健武に鎮座。延喜式内社。旧郷社。この地は倭名抄の武茂郷とされ、「砂金を採る山に坐す」(『続日本後記』)とある。近世には健武大権現と称し、修験大泉院が奉仕していたが、藩主徳川斉昭の神仏分離、寺院整理によって神職の奉仕に変わった。

『日本書紀』によれば、斉明天皇五年（六五九）天皇は出雲国造《こくそう》に神の宮を造営させたとある。これは出雲大社の社殿造営に言及したものと考えられており、社殿造営に関する最も古い確実な記録である。

一方、諸国に常設の神殿を持つ「神社」が創建されたのは七世紀末以降のことであった。天武天皇が全国に常設神殿の造営を命じ、各地で社殿が建築されるようになった。在地の首長層が祭祀を行う目的で設けていた施設は国家公認の神社、すなわち「官社」となり、首長が有した祭祀権は天皇が支配するようになる。

『延喜式』は古代の法典である律令格の施行細則を記したもので、行事や儀式、法令研究の典拠として尊重されてきた。醍醐天皇の命により、延喜五年（九〇五）に編纂が始まり、延長五年（九二七）に撰進され、康保四年（九六七）に施行された。この『延喜式』の巻九・一〇「神名」に登載されている神社が「式内社」である。

奈良・平安時代、律令国家が編纂した『日本書紀』『続日本紀』『日本後紀』『続日本後紀』『日本文徳天皇実録』『日本三代天皇実録』の六つの官撰史書を六国史といい、この六国史に載せる神社を「国史現在社」と呼んでいる。『延喜式』神名帳に記載される式内社と重複する神社もあるが、一般には神名帳に登載せず、六国史にのみ記載がある神社を国史現在社、あるいは「式外社」と称している。下野国には『日本三代実録』に伊門神・賀蘇山神・綾都比神の三社がみえている。

関東の式内社では常陸国の鹿島神宮、下総国の香取神宮、安房国の安房坐神社の三社が有力で、とくに鹿島・香取の二社は「神宮」と呼称され、伊勢神宮に次ぐ社格を誇っていた。陸奥国の沿岸部には鹿島の苗裔社が多く鎮座し、蝦夷征討とかかわりのあることが指摘されている。下野国唯一の名神大社二荒山神社も両神宮と同じように二〇年に一度の式年遷宮が実施された。源頼朝が奥州藤原氏征討のとき、宇都宮大明神に奉幣して戦勝を祈願しているが、陸奥国に向かうルートが常陸国の太平洋沿いから東山道に変更され、下野国が蝦夷征討の軍事、交通の要衝として重視されたことと関連があるようで注目される。

一、下野国の延喜式内社

(1) 延喜式内社

延喜式と官国幣社

養老令の注釈書である『令義解』巻二「神祇令」によれば、天皇の専任事項に「惣じて天神地祇を祭る」ことがある。伊勢神宮をはじめ全国すべての神社の祭祀権は天皇が有しており、神祇官が天皇に代わり天神地祇の祭祀を執行し、諸国の官社を総括して、その祝部の名帳（神職名を記す帳簿）と神戸の戸籍を管理するなど神祇行政全般を管掌した。官社を記録登載した名簿が「神名帳《じんみょうちょう》」である。

神名帳は『弘仁式』で成立し、その後『貞観式』『延喜式』に継承された。現存している「式」は『延喜式』なので、式内社はこの『延喜式』の神名帳に掲載された神社のことである。官社はその年の豊穣と国家繁栄を祈願する祈年祭に班幣（諸神に幣帛を頒かつこと）の対象とされた神社である。奈良時代は諸国の祝部《はふりべ》（官社の神職）を都に集め班幣を行ったが、桓武天皇の延暦十七年（七九八）九月、地方神社は「道路僻遠にして往還艱が多し」として、国司が幣帛（神への捧げもの。御幣《みてぐら》ともいう）を授けることに改められた。これにより、官社は神祇官によって直接統括される官幣社と、国司が統括する国幣社の二種に分かたれた。国幣大社の幣帛は絁（生糸）三両・綿三両、国幣小社は絁二両・綿二両であり、諸国の正税（租）が充てられた。なお「両」は布帛二反（端）

である。

古代においては祭祀が政治と不可分の関係にあり、「祭事《まつりごと》」は「政事《まつりごと》」であった。地方神社は地方豪族（首長層）が祭祀し、祭祀権の継承は支配者には大きな関心ごとであった。神祇令において、神祇官にその名が選ばれたのはこうした地方の首長層が祀る神であった。つまり式内社は諸国の有力な豪族に奉斎されているか、歴史的な由緒があるか、格別な霊験のある神を祀るかして、中央政府との関係のなかで選定されたのである。神名帳は天武天皇の飛鳥浄御原令（六八九）には既に存在していたとされるが、現存するのは『延喜式』のみである。それまでの間にさまざまな事情で神名帳から除かれたり、新たに登載された神社もあったものと思われる。

延喜式神名帳は『延喜式』が作成された一〇世紀の官社の一覧表で、全国の二八六一神社と三一三二座の祭神が国郡別に網羅してある。

下野国については、巻一〇「神名」に、

下野《シモツケ》国十一座大一座　小十座

都賀《ツカ》郡三座並小

大神《オホムワノ》社　　大前《オホサキノ》神社

村檜《ムラヒノ》神社

河内《カウチ》郡一座大

二荒《フタアラノ》山神社名神大

芳賀《ハカノ》郡二座並小

大前《オホサキノ》神社　　荒樫《アラカシ》神社

那須《ナス》郡三座並小

健武山《タケムヤマノ》神社　　温泉《ユノ》神社

三和《ミワノ》神社
寒川《サムカハノ》郡二座並小
阿波《アハノ》神社　胸形《ムナカタノ》神社

と記されている。

東山道八か国には神名が三五二座あり、そのうち下野国は一一座である。大社が一座、小社が一〇座である。「大」「小」は国幣大社・国幣小社の意味である。前述したように、国幣社は二月の祈年祭に国司の奉幣に預かる神社である。「座」は神を数える単位、「神社」は「カミノヤシロ」と訓じ、神を祀る施設である。下野国はすべて一社一座である。国幣大社の二荒山神社には「名神」の注記がある。とくに霊験の優れた神であり、国家の大事に臨時の祈願・奉幣にあずかる神を祀っていた。

摂関・院政期になり、律令制度が弛緩すると官社制も形骸化していく。国家の保護を失った式内社には有力な庇護者がいなくなり、事蹟も失われて所在が不明になった神社も少なくない。そのため現在、同じ式内社を名乗る神社が二社以上存在することがあり、議論のある神社という意味でこれを「論社」と呼んでいる。栃木県では日光二荒山神社と宇都宮二荒山神社の式内社をめぐる論争がよく知られており、現在でも決着をみるに至っていない。

(2) 下野国の式内社

○二荒山神社

延喜式内二荒山神社が日光か宇都宮かは明治時代以来議論があり、甲論乙駁、未決である。現在の社名や祭神

から式内社を論ずる見かたもあるが、社名・祭神は変動するので採ることはできない。両社は二荒山信仰を淵源とするのは変わらないが、神社創建の背景が異なることに注意する必要がある。

古代人にとって、神の坐《いま》す山すなわち神体山と称される山は登ることはできず、禁足地であった。下毛野地方に住む古代の人びとはいつの頃からか二荒山（フタアラヤマ）と呼んで仰ぎ見、拝む山として尊び、斎き祀る場である遥拝所が各地に創建された。宇都宮二荒山神社の起源はそこにあり、多くの遥拝所のなかから宇都宮が大社になり得たのは、下毛野国造下毛野君（国造）が奉斎する神社であったからである。

一方、古代の仏者は深山を仏菩薩の居所と考え、そこに分け入って霊力を獲得する場とした。日光山は補陀落の霊地として勝道の二荒山登攀を機に開山され、日光三所権現すなわち新宮・滝尾・本宮という「三所権現」の神社構成になったのは鎌倉時代になってからである。鎮座の当初より仏教の影響が強い神社であった。

こうした創始の背景の違いに加え、二荒山神社は『延喜式』神名帳に「河内郡」とあり、宇都宮であることに疑いを入れることはできない（日光の二荒山神社の所在地は都賀郡であり、該当しないとするのが本来である）。

二荒の名義　「二荒」の語義は、古代の豪族下毛野君が二荒神の坐す二荒山を遥かに斎き祀る場所が、現在の宇都宮にある二荒山神社である。

『日光山瀧尾建立草創日記』に「中禅寺鬼門方に当りて坑穴有り。名づけて羅刹《らさつ》崛《くつ》と曰ふ。彼崛より大風吹出で、寺中并に国内を破損す。一年之間一両度也。茲に因りて二荒と号す」とあるのが初出であるが、荒唐無稽で採ることはできない。

以下、二荒の名義に関する主な所説を紹介しておこう。

①二荒は太荒《ふとあら》であり、「太」は荒神の称辞であるとするもので、吉田東伍著『大日本地名辞書』が提唱し、日本史小百科『神社』（近藤出版社）はこれによっている。

②男体・女峰の両山の神が顕現するという二神示現説を唱えたのが『日光男体山—山頂遺跡発掘調査報告書』である。近藤喜博は「第一章　男体山の歴史」において、フタ（二）柱の神、男体・女貌の二つの山神がアラ（現）

われたとする信仰から二荒（フタラ）の名称が起こり、二荒を漢音することで日光に転じた。そして瀧尾権現の女神を中心とした信仰が、女性司祭から男子による祭祀に移行するなかで男体山中心になったとし、それは勝道の日光山開闢以前であろうとした。

③和歌森太郎は「日光修験の成立」（『和歌森太郎著作集』２所収）において、二荒山を日光の山々の総称と捉え、仏家側からの呼称である観音浄土「補陀洛」が二荒に転じたものとする補陀洛先行説を唱えた。さらに三所権現の形態は中世になり回峰修行が成立する過程で、男体・女峰・太郎などの個々の山名が生まれたとした。それ以前には女体の山神の時代があったとも指摘し、日光山信仰の基底に太陽崇拝、日天信仰があったのではないかとした。

私見では、『延喜式』や六国史に神名が「二荒神」とあることは無視できないと考える。「荒神《あらがみ》」とは、猛々しく霊験あらたかな神のことである。「二荒神」は文字のとおりに解釈するべきであり、「二」は対、「荒神」は二つの神体山である男体山と女峰山に坐す神のことであると考えるのがよいと思う。また、男体・女峰の山名は和歌森の主張するように、中世になり生じたものであろう。

宇都宮の名義　宇都宮の名義についても諸説がある。①一宮の転訛とする橘三喜『一宮巡拝記』。②征討《うつ》宮から転じたとみる林羅山『二荒山神伝』の説などがあるが、現在最も有力なのが③「現宮」説である。太田亮著『姓氏家系大辞典』は二荒山神のウツツ（現）の宮の意とし、近藤喜博も前記の書において賛成している。『大日本地名辞書』は、「現君《うつつのきみ》」の氏神説であり、「ウツの名義は果たして珍し皇孫《ミコ》にや、また現《ウツ》し荒神にやは、未決の事に属す」としながらも、現宮は御諸別王であろうとする。中世、宇都宮は日光権現の別宮を称し、日光二荒山神社の太郎明神を勧請した社ともいい、「若補陀落大明神」とか「示現太郎宮」の別称で呼ばれており、宇都宮は日光の二荒山神が示現した社、すなわち現宮が転じてウツノ宮になったというのである。

永万元年（一一六五）の「神祇官御年貢進社事」（『永万文書』）は、六条天皇の即位に際して全国の神社が神祇

官に進上した年貢を注記した文書である。そのなかに、下野国の「宇豆《うづ》宮」が「上馬二疋」を進上したとあり、「宇豆」とあることは注目される。「宇豆」は「珍」と同義語であり、『延喜式』巻八「祈年祭」に載せる祝詞に「皇御孫《すめみまの》命《みこと》の宇豆の幣帛《みてくら》」とあるように、尊くて立派という意味である。平安末期以降、勢力を伸張してきた日光山に対抗することから生じた呼称でもあったのであろうか。いずれにしても、宇都宮の名義を断定するのは難しい。

○大神神社　［鎮座地］栃木市惣社町

創祀の年紀は不明である。社伝では、崇神天皇四十八年に豊城入彦命が勅を奉じて東国治定に赴いた際、当地に社殿を造営したものであるという。惣社村の草分百姓大橋・国保・野中・長らは、大和三輪山の分霊に随伴して当地に土着したと伝えている。天正十二年（一五八四）北条氏直と皆川広照の合戦で社殿が焼失し、社運は衰退した。寛永十七年（一六四二）四月、徳川家光は日光社参の帰途「室八島」に参詣し（『徳川実記』）、社殿の頽廃を憂い社領三〇石を寄進し、老中酒井雅楽頭に社殿造営を命じたといわれる。現在の本殿は天和二年（一六八二）に造営され、拝殿は寛延三年（一七五〇）の再建であるという。「奥の細道」を旅した芭蕉が参詣したことでも知られている（『曽良随行日記』）。当地は小倉川（思川）の扇状地で多くの湧水があり、煙立つ「室の八島」は多くの和歌に詠まれ、勅撰和歌集に収められている。

『延喜式』吉田家本には「大神神社」とあるが、それ以外の諸本は「大神社」である。この表記が正しければ、「オホムワノ神ノ社」ではなく「オホノ神ノ社」と呼ぶのかも知れない。文亀三年（一五〇三）卜部兼倶の『延喜式神名帳頭註』に「大神　三輪大明神」とあるが、近世の社名は「室八島惣社大明神」「六所明神」である。

天保九年（一八三八）の『室八島山諸書類調控帳』（『神道体系』神社編二五）によれば、慶長十七年（一六一二）の検地において、室八島大明神の除地は畑五町五反四畝三歩、分米二八石八斗一升八合。社人は国保石見（大宮司）・野中出雲（神主）・大橋祝部《はふりべ》である。享保四年（一七一九）の取調によれば、柿葺《こけらぶ》きの本社（二間×三間）・幣殿（二間×三間）・拝殿（二間半×六間）・新宮（一間四面）のほかにも、境内には門神二社・弥陀堂（三間四面）

と日光権現宮・弁天宮・天照大神宮・冨士浅間宮・鹿島大神宮・熊野三社宮・天神宮・筑波権現の八社（板葺きの小祠）があり、八社の入口には拝殿（七尺五寸四方）がある。馬場は長さ一九二間あり、ほかに独立した除地を持つ末社稲荷社がある。嘉永三年（一八五〇）の『壬生領史略』に載せる「室八島神社絵図」によれば、南の鳥居を入ると、左に祝部・神主の館、右に阿弥陀堂が建ち、その間を参道（馬場）が北に真直ぐに伸び、参道を進むと左の奥に大宮司館がある。参道の正面は四方を空堀に囲まれた神域である。堀に架かる橋の手前に聴目神と見目神の小祠（門神二社カ）が参道の両側に建ち、堀に架かる橋を渡ると鳥居と二基の燈籠がある。社殿の裏側に架かる橋の先には別の鳥居があり、裏の参道は栃木往還に続いている。社殿は堀の中の石垣に囲まれた場所に南面して立ち、堀の中東側には神宮寺・新宮大明神・神庫が建っている。堀に架かる外西側に池があり、八の小島がある。各島には鹿嶋・天照・市杵嶋姫・富士・日光権現・熊野（新宮・本宮・那智）・天満宮・筑波山の小祠が祀られている。享保四年の取調と『壬生領史略』の景観はほとんど変わっていない。

別当は真言宗勝光寺末の八島山西光寺（国府村）支配下の神宮寺である。『下野国誌』には「社領三十石、除地にて内十五石は大宮司国保斎宮、十石は神主野中出雲、五石祝部大橋大和配当す。其外社僧神宮寺。社家六人ありて是らは配当なし」と見えている。また、『壬生領史略』にも「社人　大宮司　斎宮、神主　出雲、祝部　織部、社家　八家、別当　神宮寺」とあり、社人に大宮司・神主・祝部・社家八家、そして別当もおり、近世の地方神社としてはかなり規模が大きかった。

明治六年（一八七三）郷社となり、同四十四年十月に県社に昇格した。

【論社】 河野守弘が嘉永三年（一八四八）に著した『下野国誌』に「鎮座地詳ならず。今都賀郡国府の惣社明神の相殿に祀りてあり。一説に同郡太平山に鎮まりいますぞ大神社なるを云」とある。さらに惣社明神は「室明神」ともいい、「府中惣社ハなべて神名帳にハ載らず。然るヲ祝部・神主等あかぬことに思へるにや、神名帳の中なるなにの神社、くれの神社などゝ、あらぬ名を引つけて、おのがまに〳〵唱ふるハあたらぬ事なり。よく弁ふべし」

と、根拠もないのに神主らが勝手な考えで、式内大神神社としたと主張している。吉野重泰著『式外神名考』も「室八島神社」の別称は「惣社大明神」であり、式外としている。『神社覈録』は「府中六所惣社村室八島惣社明神相殿に在す」として、惣社に大神の神を相殿神《あいどの》（「相殿」は複数の神を祀る社殿）として祀るとし、『明治神社資料』も同じ見解である。

現在の大神神社が式内大神神社であるという確たる根拠はないが、本社が中世に惣社であったことは否定できないであろう。本社は国内の有力神六社を勧請し祀った六所大明神であり、惣社であったのである。また、栃木市平井町に鎮座する太平山神社を式内とする説は根拠が薄弱で採るわけにはいかない。現状では式内大神神社の所在は不詳とするのがよいであろう。

○**大前神社**　［鎮座地］栃木市藤岡町大前

神名帳は「オオサキ」と訓じるが、現社名は「オオマエ神社」である。『下野国誌』に「都賀郡大崎村にあり」とある。「大崎《おおさき》」村は明治六年に「大前《おおまえ》」村と改められた。

社伝では、天慶二年（九三九）平将門の乱で社殿を焼失したが、間もなく再建した。室町時代に荒廃したが、元和年間（一六一五〜二四）大崎村が古河藩領になると、藩主永井直勝が社領を寄進し保護を加えたので、社運は回復した。永井氏が下総佐倉に移封後も崇敬が続いたといわれる。近世には「大前大明神」と称し、別当は真言宗勝光院（廃寺）が務めた（『下野国誌』）。明治五年十月、郷社に列した。

本社は明治三年に北約四〇〇㍍《メートル》の小字北前から現在地に移転され、元の鎮座地には石祠が建っている。現社殿は前方後円墳の後円部を削平して建てられている。当地は赤麻沼北岸にあり、付近に古東京湾最奥の貝塚である篠山貝塚や山王寺大桝塚古墳・東赤麻古墳などの大型古墳がある。大字大前には古代から中世にかけての踏鞴《たたら》跡があり、今も鉄滓が出土する。『和名類聚抄』にみえる寒川郡池辺郷は赤麻沼東北辺に比定されており、『延喜式』兵部省諸国馬牛牧の「朱門《あかま》馬牧」は赤麻沼北岸に比定する説が有力である。式内社の鎮座地にふさわしい。

○村檜神社　［鎮座地］栃木市岩舟町小野寺

社伝では大化二年（六四六）熊野大神・大山咋命《おおやまくいのみこと》を勧請したのが濫觴とされ、中世には佐野荘小野寺十郷の総鎮守であったという。一説では、大同二年（八〇七）皆川小野口の八幡宮を合祀したともいわれる。『下野国誌』は、藤原秀郷が佐野唐沢山に築城の際、鬼門にあたることから城中鎮護のために建立し、その後佐野家が代々修復を加えたとある。明治六年に郷社に列格した。本殿は天文二十二年（一五五六）に再建したものであるといわれ、国重要文化財に指定されている。

小野寺保七ヶ村は『小野寺文書』に、「小野寺守藤禅師法師義寛以来、重代相伝所領也」とあり、鎌倉御家人小野寺氏の相伝地であった。小野寺保は平安末期に成立しており、保内には奈良時代創建の天台宗大慈寺がある。寺伝では行基を開創とする大寺であり、平安初期に道忠・広智などの名僧を輩出している。大慈寺は小野寺とも呼ばれたが、「小野」の寺の意であろうか。寺が大慈寺、地名が小野であったのであろう。古代この地に小野姓を名乗る豪族がおり、村檜神社を奉祀していたのかも知れない。

近世は「八幡宮」と称し、八幡山と呼ばれた山腹に鎮座していた。現在の村檜神社の鎮座地である。明和五年（一七六八）の「小野寺村書上」にも「八幡宮」とあり、「神主　寺内小弥太、社人　江田勘太夫」の名が見える。明治四年の『古河県神社巨細取調帳』によれば、神職の寺内功は小野寺の家臣寺内九郎義久が観応二年（一三五一）に神職となってから一八代目にあたり、社家の河内左仲は永和年中（一三七五～九）寺内式部の二男義宣が社家となり、河内右近と改め、数えて一五代目にあたるという。

［論社］本社が式内村檜神社であるという確たる証拠はない。『下野国誌』は「鎮座詳ならず。今、都賀郡小野寺村なる八幡宮を村檜神社なりと唱ふ。宮司寺内式部と云。相殿に熊野権現・山王権現を祀りてあり。（中略）古くより鎮まりいまして、ゆゑよしある社なるべけれども、村檜ノ神社とおぼしき證拠ハなし。よく考ふべし」と記し、また「或人」の「村檜神社は同郡鹿沼駅の辺なる、村井村なる女躰権現ならむかといえり」との説を紹介

している。「村井女体権現」は鹿沼市村井町の胸形神社であり、これも確たる根拠があるわけではない。

前記の『古河県神社巨細取調帳』によれば、「村檜神」は「熊野大神・日枝大神」と「合殿」に祀られ、日枝大神は元は山王大権現を号したが、明治二年に日枝大神に改号したと記している。江戸後期、全国的に神道の復権運動が展開されるなか、小野寺八幡宮の神主が式内村檜神社を主張した可能性がある。現時点では式内社の所在は不詳とするのがよいと思う。

○**大前神社**　［鎮座地］真岡市東郷

社伝によれば、神護景雲年間（七六七～七〇）に社殿を再建したという。中世には芳賀氏の崇敬を受け、大内荘三三ヶ村の総鎮守として繁栄したと伝えている。天正元年（一五七三）兵火により社殿・社宝の悉くを焼失したが、文禄二年（一五九三）に芳賀高継が本殿・本地堂を再建したという。慶長九年（一六〇四）伊奈忠次が社領八石を寄進し、慶安元年（一六四八）徳川家光が改めて朱印地八石を寄進した。『旧高旧領取調帳』にも「東郷村　大前神社領八石」とある。元禄元年（一六八八）に拝殿を再建し、以来、数度にわたり社殿の改修が行われた。明治六年に郷社となり、同十年県社に昇格した。

大前神社蔵の「大般若経奥書」によれば、大般若経は明徳三年（一三九二）「隼人佐大江宣村」が「下野州大内庄大崎権現之社頭」に奉納したものを、文明十二年（一四八〇）「別当千妙寺亮禅法印代官十乗坊亮盛」が修復したとある。十四、五世紀に本社が「大崎権現」と呼ばれ、千妙寺が別当職を務めていたことがわかる。

近世の社号は大前大権現である。寛文十年（一六七〇）の『村々明細帳書上』に「別当・禰宜領ス」とある。『下野国誌』に「圭田八石、別当神宮寺、神主風野筑前守配当す。神宮寺は天台宗にて真岡般若寺の末寺なり」と記す。般若寺は東郷村古聖にあり、金剛院千妙寺と称したが、天文年中（一五三二～五五）真岡市田町の現在地に移転し、寺号を大前山般若寺と改めた。神仏分離に際し、社僧前田氏は復飾して大前神社の社司となり、神宮寺は廃寺になった。本地仏は薬師如来であり、明治初年まで境内に本地堂があった。

『和名類聚抄』の芳賀郡若続郷《わかおみ》は鎮座地の東郷付近に比定されている。本社は五行川右岸台地上にあり、五行川の上流を三キロ遡上した大字京泉に奈良時代の大内廃寺跡、その上流六〇〇メートルに芳賀郡衙跡とされる塔法田《とうほうだ》遺跡がある。この地域が古代芳賀郡の政治・文化の中心であったことが看取され、式内社の鎮座地にふさわしい。

○荒樫神社　〔鎮座地〕芳賀郡茂木町小井戸

大同元年（八〇六）の創建と伝える。建久年間（一一九〇～九）八田知基が桔梗山に築城して茂木氏を興すと、鬼門除けとして保護を加えたので繁栄したという。その後、城主は佐竹氏麾下の須田氏を経て、慶長十五年（一六一〇）細川興元が茂木藩を興すと祈願所として崇敬し、享保六年（一七二一）に本殿を再建した。『旧高旧領取調帳』によれば、芳賀郡小井戸村に一石二升三合、同藤縄村（石高の記載なし）に除地を有したとある。明治六年に郷社となり、昭和十三年（一九三八）県社に昇格した。

中世、本社は高藤権現と呼ばれ、建武四年（一三三七）二月の「伊賀盛光代難波本舜房軍忠状」（『飯野文書』）に「下野国茂木郡高藤宮」と見えている。江戸後期の社名は「荒橿三社大権現」である（『鹿沼聞書』下野神名帳）。現在、境内にある阿弥陀堂はもとは三重塔であったが、万治元年（一六五八）平屋に改築されたと伝えている。神職は『下野国誌』に「茂木郷の牛頭天王の神主小松某兼帯」とあり、『鹿沼聞書』にも「荒橿三社大権現　茂木村　小松右京」とある。

〔論社〕『下野国誌』に「高藤権現といへるを、近来荒樫ノ神社なりと称」し、元来、荒樫神は「いつのころよりか大前神社の相殿に祀」られるようになったものであると記し、また「同郡八木岡村にも今荒樫明神と唱ふる小祠あり。されど是は康永二年（一三四二）八木岡伊織、宇都宮をうつすと旧記にあれば論なし」とも記している。真岡市八木岡鎮座の荒樫神社は近世の社号が「戸塚大明神」であり、式内社とのかかわりは伝えていない。

つぎに小宅文藻の『文草雑記』には「芳賀郡下大田和村樫ノ本と云坪名存セリ。田中ニ小社アリ。土人大前神社之旧跡と云。此地荒樫神社之旧地ナルベシ。世乱レシ時、焼失抔シテ氏子等再建届かず、余儀無く近キ大前神

社へ相殿ニ祭リ、其後続テ世乱レ、夫成りニナリタルモノトおふゆるナリ」とある。真岡市下大田和の大前神社の旧鎮座地とされた場所が荒樫神社の旧跡であるとしている。伴信友の『神名帳考』は「此神社ノ同村ニ、祇園牛頭天王社アリテ、荒樫神社ノ神主、相兼テ司トルケルガ、荒樫神社ハイタク衰ヘ玉ヒ、祇園ハサバカリ衰ヘザリツルヲ、領主ニ申テ祇園社ヲ再建シ、此荒樫神社ノ神体ヲモ、祇園ノ社ノ方ヘ持行テウツシオケリ」との「国人上野宮住、字久左衛門」なる者の説を載せている。「祇園牛頭天王社」は茂木町茂木にある八雲神社であり、茂木には古来から八雲神社と荒樫神社があり、やがて衰微したので八雲神社を再建した時に荒樫の神体を遷して相殿神として祀ったするが、確証のある話ではない。

いずれにしても、式内荒樫神社は近世には所在が分からなくなり、中世に消滅していたことは疑いないであろう。江戸時代後期に国学が高揚すると式内社が再認識され、高藤権現が式内荒樫神社とされたのであろう。

○健武山神社　［鎮座地］那須郡那珂川町健武

「健武山」の訓《よみ》は武田家本・吉田家本に「タケムヤマノ」、九条家本に「タケヤマ」とある。社伝では大同元年（八〇六）の創祀であるという。『続日本後紀』承和二年（八三五）二月二十三日条に「此神沙金を採る山に坐す」とある。『下野国誌』は「沙金を掘し跡今にあり、また其辺に金洗沢と云所もあり」と記している。『和名類聚抄』所載の「那須郡武茂郷《たけむ》」は健武山神社のある旧馬頭町健武付近に比定されている。『延喜式』巻二三「民部下」によれば、下野国の「交易雑物」のなかに「砂金百五十両、練金八十四両」とあり、当地との関連が推定される。本社が式内健武山神社である可能性は高い。また、「武茂」は日本武尊の名にちなむ子代の「武部」であるとの説があり、蝦夷地と界を接し、軍事上重要な地域に鎮座する神社として律令政府から重んじられたのであろうか。

『水府志料』所収の天文九年（一五四〇）の棟札写に、武茂守綱が大檀那として「本地薬師如来垂迹大権現」を造営し、慶長六年（一六〇一）の棟札写に、新領主太田景資が雲照寺の法印賢祐を導師に「当社武茂大権現」を再建し、本願主として「別当大千坊」と見えている。近世には武茂《むも》大権現と称したが、天保二年（一八三一）に

健武山神社に改号したといわれる（『那須郡誌』）。本尊は薬師如来、のちに阿弥陀如来に替わったという。別当は修験大泉院（大千坊）が務めた。江戸時代、当地を含む旧馬頭町はほぼ全域が水戸藩領であり、武茂領一六ヶ村といわれた。天保十五年、徳川斉昭が領内で神仏分離を行い、大泉院は廃された。そして本社を武茂領の総鎮守として社領七石を寄進し、例祭に奉幣使を派遣した。この時、常陸国田野村（水戸市）の鹿島神社の神主今瀬仲が神職に補任され、以来、今瀬家が宮司を務めて現在に至っている。明治六年に郷社に列格した。

○温泉神社　［鎮座地］那須郡那須町湯本

『那須記』巻之三「温泉大明神之事」に、本社は舒明天皇の御宇、白鹿を追って山に分け入った猟師狩野三郎が「温泉の霊神」である「白衣の老翁」の導きで那須岳の麓に温泉（鹿ノ湯）を発見し、「官社を造立して温泉ノ神霊ヲ崇め奉」ったのに始まると伝えている。この那須湯のことは天平十年（七三八）の「駿河国正税帳」（『正倉院文書』）に「病に依り、下野国那須湯に下る、従四位下小野朝臣（牛養）」とあり、奈良時代にはすでに中央の官人が湯治に行くほどに知られていた。

温泉神社が那須郡に広く分布するのは、中世に入ってからである。『下野国誌』に「総て宇都宮の一族は宇都宮明神を在所々々へ勧請し、小山の一門は牛頭天王をうつし、那須の家門は温泉明神を祀れるなり」と記し、那須氏の勢力圏に繁衍した。那須与一宗隆が文治元年（一一八五）の屋島の戦いで扇の的を射る際に「南無八幡大菩薩、我国の神名、日光権現・宇都宮、那須のゆぜん大明神」（『平家物語』）と祈念したことはよく知られている。かくして、湯本鎮座の温泉神社は那須郡域の温泉神社の総社として那須氏の崇敬を受け、慶長十一年（一六〇六）本殿が造営された。那須氏が滅亡すると、この地は黒羽藩領となり、以来、藩主の大関氏が崇敬を続け、社領二〇石を寄進した。例祭には代々藩主の代参があり、明治に至っている。明治六年一月に郷社に列した。

本社の現在の社号は「ユゼン神社」であるが、『延喜式』神名帳には「ユノ」の傍訓が付されており、古くは「ユノ神ノ社」と呼ばれたのであろう。湧泉（温泉）そのものを神に祀ったものであり、中世には「那須のゆぜん大

明神」と号した。

神宮寺の別当は湯王山観音寺である。弘化元年（一八四四）の「下野国那須郡那須湯本図」によれば、観音寺は境内の祖霊社付近にあったが、明治の神仏分離で廃寺になった。往時の社家は室井・人見の両氏が半年交代で奉仕する決まりであったという。芭蕉が元禄二年（一六八九）に参詣したときの「神主越中」（『曽良随行日記』）は室生氏である。一説では湯本の宿の主人の集会で協議し、当番制で神主を定めた時期もあったという（『那須町誌』前編）。現在の神職は人見氏である。人見氏は元は神社の境内社見立神社の神職であった。見立神社は温泉の発見者狩野三郎行廣を祀り、人見氏はその後裔と伝えられている。『那須記』巻之三の「狩野三郎」の割註に「此の狩人、今の通はざる所を始めて見るに依つて人見と云」と記されている。

○三和神社　〔鎮座地〕那須郡那珂川町三輪

『那珂郷土誌』には、推古天皇十二年（六〇四）大和国の大神神社を勧請したのが創祀であるといい、元は三輪字宮久保にあり、のち現在地に遷座したとある。『日本の神々』「神社と聖地11　関東」が紹介する本社の縁起には、和銅六年（七一三）社殿を建立し、神護景雲二年（七六八）神祇官の奉幣を得て三和の神号を勅宣されたとある。別の社伝では、長治二年（一一〇五）那須氏の祖須藤権守貞信が勅を奉じて八溝山の悪徒巌嶽丸を退治した時、本社に祈願し討伐の功をなし、天養元年（一一四四）に社殿を再建したという。以来、那須氏の崇敬を受けたが、天正十八年（一五九一）那須氏が改易されると庇護者を失い衰微した。明治六年に郷社に列格した。

古くからの神職は慶長年間（一五八六〜一六一五）に途絶し、元和年間（一六一五〜二四）常陸国水戸から来た修験竜泉坊が別当に就任した。その後は文殊院・明宝院・大泉坊と続いたという（『小川町誌』）。『下野国誌』には、「別当明宝寺、当山の修験にて小森氏なり」とある。宮田泰好著『旧神祠記』に「神主無住、名主青柳源左衛門」とあり、宮田が参詣した宝暦年間（一七五一〜六四）は名主持ちであった。

本社の直ぐ東を那珂川が南流している。この段丘上には北から南に順に那須郡家跡（梅曾廃寺跡）・浄法寺廃

寺跡・那須国造碑が並び、対岸には那須国造の墓とされる上侍塚・下侍塚の両古墳がある。新田《にいた》駅（さくら市桜野付近に比定されるが異説もある）を発った古代の官道（東山道）はほぼ一直線に本社を目指し、本社の脇で北に折れて那須郡家に向かったとされる。本社の鎮座する三輪の地は『和名類聚抄』の三和郷に比定されており、本社は那須国造の所縁の社であったのであろう。『続日本後紀』承和五年（八三八）九月六日条に「下野国那須郡三和神、官社に預かる」と見え、下野国で唯一官社となった年紀のわかる神社である。

○**阿房神社**　［鎮座地］小山市粟宮

社伝によれば、崇神天皇の代に四道将軍の一人武渟川別命によって創建され、仁徳天皇のときに再建されたという。天慶二年（九三九）藤原秀郷が戦勝を祈願し、社領を寄進したとも伝えている。『下野国誌』は安房国の安房神社を勧請したとするが、この場合は忌部氏の進出が考えられる。

中世には「粟宮」と呼ばれ、郷名も「粟宮郷」であった。当地の支配者であった小山・結城・佐野氏の崇敬が篤く、戦国時代には古河公方とのかかわりがあり、足利政氏の寄進状や高基・晴氏の礼状、課役免除状が伝来している。小山政長が粟宮に対し諸公事を免除し、天文九年（一五四〇）高朝（政長の養嗣子）が粟宮に国府郡内惣社郷（栃木市）の内二貫文を寄進している（『安房神社文書』）。明治十年に郷社に列格しており、現在の社号は「阿房神社」である。

『阿房神社文書』に見える戦国期文書の宛先の多くが「粟宮神主」である。粟宮氏はこの地の在地武士で、天正十八年（一五九一）の『石塚照吉由緒書』によれば、「小山庄之内阿波宮殿」は秦の始皇帝の末孫と伝え、嫡子が阿波宮を名乗り、そのほかの一族は藤原を称したという。一族として、殿塚・石塚・小野寺・甚・遠藤・中久喜・梁の七流（家）があった。中世の古文書に、粟之讃岐守・粟宮長門守・粟宮伯耆守・小野寺宮内左衛門尉の名が所見し、『上杉家文書』所収年未詳の「関東幕注文」（上杉政虎軍に帰属した関東武将の一覧）にも、「小山衆」として「粟宮・粟宮羽嗜守（伯耆守カ）」が見えている。粟宮氏は安房神社の神官であり、小山氏麾下の有力武

将であった。永禄八年（一五六五）小山秀綱は「木澤之山王けんさ役」を式部大夫に命じた旨を安房神社神主「粟之讃岐守」に伝えている（『阿房神社文書』）。「木澤之山王」は小山市喜沢の日枝神社であり、「けんさ役」とは験者《げんざ》役すなわち加持祈祷を務める役である。日枝神社の支配権を粟宮が持っていたことがわかる。

近世には、社家小野寺氏と別当神宮寺が一五日ずつの相支配であったという（『小山市史』通史編Ⅱ）。『下野国誌』には「神主小野寺伊勢と云」とあり、『鹿沼聞書』下野神名帳には「正一位粟宮大明神　小野寺靫負（今伊勢守）」と見えている。小野寺氏は粟宮氏七流の一である。

○胸形神社　［鎮座地］小山市寒川

創祀の年紀は不明である。社伝では寒川郡の惣社として崇敬されたが、中世に社運は衰えたという。弘化元年（一八四五）に社殿を再建し、明治五年に郷社に列した。大正十二年（一九二三）拝殿が火災に罹り、翌年に再建された。昭和十六年、巴波川の氾濫で社殿が流失したので、翌十七年に再建されている。

『下野国誌』に「寒川の流れの東岸にて東向にたてり」とある。「寒川の流れ」とは巴波川のことで、古代には胸形神社の付近で赤麻沼に合流していたのであろう。

近世の別当寺は「医王寺真言宗」である（『下野国誌』）。医王寺は小山市喜沢にあり、喜沢村の山王権現（現在の日枝神社）の別当職を兼帯したが、明治になって廃寺となった。

［論社］　都賀郡網戸村（小山市網戸）は与良川を挟んで寒川村の対岸にある。網戸郷は鎌倉時代の「阿志土郷」であり、文治三年（一一八七）小山七郎朝光母（寒河尼）が寒川郡並に阿志土郷の地頭職に補任され（『皆川文書』）、以来結城の一族網戸氏が領した。この網戸村に鎮座する網戸《あじと》神社について、伴信友『神名帳考證』は「中里氏云、当郡網戸村ニモ胷形神社アリテ思川ト云フ川傍ニ坐リ、思川ハモト田心川ニテ田心姫ノ御名ニ由リテ、胷形三女神ノ御社モ此地ニ坐セル也。サテ田心ノ二字ヲ一字トシテ、イツノ程ヨリ歟思川ト云ヒナラヘル也。此地ノ社式内ニテ寒川村ナルハ式内ナル社ニハアラズトゾ」と記しているが、根拠を明示しているわけではない。

(3) 大和王権と神社

下野式内社の立地

下野国の式内社は、都賀郡三座、河内郡一座（大）、芳賀郡二座、那須郡三座、寒川郡二座の一一座である。南西部の安蘇・足利・梁田の三郡、現在の足利市と佐野市に式内社は存在しない。理由は不明であるが、式内社が地方首長の祀る神であるとすれば、神名帳作成の段階でこの三郡一帯に有力な豪族がいなかったか、既に消滅していたかのいずれかであろう。

一一座の神（神社）のうち、山名に因む神社が二荒山神社と健武山神社の二社である。温泉を祀る温泉神社、樹木（神木）名に因むと思われる村檜・荒樫神社を加えると、自然神を祀ると思われる神社が五社ある。都賀郡と芳賀郡に鎮座する大前神社は地形によるものであろう。「大前」は湖沼や河川に突出した場所を意味しており、二社は赤麻沼や五行川の低丘陵に鎮座している（芳賀郡大前神社の周辺はかつて芳賀沼と呼ばれた広大な湖沼があった）。両神社の周辺地は現在も肥沃な穀倉地帯が広がっている。また、「胸形」が「水潟」の転訛とするならば、胸形神社の神名も地形にちなむものであろう。

大和王権の下野進出

下野国には、大和王権の奉斎する神社とおなじ社名をもつ神社が四社ある。まず「三和神社」であるが、この名を冠する神社は「ミワ神社」と訓じられる。大和国三輪（奈良県桜井市）にある大神神社は大和最古の名社であり、祭神は大物主命とも大己貴命ともいわれ、別称が大国主命である。神体山が三輪山（三諸《みもろ》山）である。「御

諸」は神の坐すところ、神社そのものを指す敬称である。この神社を祀ったのが大物主命の子孫とされる三輪氏であり、奈良時代には大神氏を名乗っていた。三輪山の山麓は初代の大王とされる崇神天皇が宮処を構えた地域であるとされ、三輪山を奉斎した崇神天皇の政治勢力を三輪王権と呼んでいる。この三輪山の祭祀形態が東国に伝わるのは、雄略天皇のころ五世紀後半とされる。

毛野国の支配者毛野氏は豊城命（豊城入彦命）の後裔と伝えられている。豊城命は父の崇神天皇より東国統治を命ぜられ、豊城命の四世の孫御諸別王が東国を平定し、善政をしいたといわれる。御諸別王の「御諸」は「三諸」であり、三輪山との関係が考えられている。また、「別」は大王や地方の首長の称号とされる。

志田諄一は「豊城命の子や孫が三輪山山麓の地から、御諸山の神を奉じて、東国統治のために赴任したという伝承を、簡単に否定することは誤りである」と述べ、「四世紀に三輪山山麓の権力が、直接毛野の地に及んだことは明らかである」とも主張した（『古代の地方史』5「坂東編」総説）。鶴岡静夫は大神神社（都賀郡）より三和神社（那須郡）の方が大和大神神社との関わりが強く、「この神社は八世紀の初め頃に、大神神社の分社として下野国に創建されたのであろう」とし、その遠因が蝦夷との戦いにあったと述べている（『神社の歴史的研究』）。池邊彌はミワ神社は地方勢力の勧請神ではなく、ミワ氏の「地方への進出にともない、そこにミワ神社の鎮座が見られるに至った」と主張している（『古代神社史論攷』）。二荒山・三和・健武山三神社の鎮座を、和邇氏の下毛野への進出としてとらえたのが角川源義である（『古代の日本』7「あづまの国」）。前沢輝政は那須郡の三和神社について、那珂川流域に興った首長勢力（那須国造）が「初期大和政権に服属した過程」で「三輪山の神を迎えた」とする見解を示した（『日本の神々』神社と聖地11　関東）。

つぎに「阿房神社」は千葉県館山市の名神大社安房坐神社を総社とする。安房坐神社は洲崎明神とも称し、祭神は天太玉命である。斎部広成が祖先以来の経歴を述べて平城天皇に奉った書『古語拾遺』によれば、天太玉命の孫天忍日命と天富命兄弟が斎部《いんべ》（忌部）氏として朝廷の祭祀を司り、武器や綿・麻を奨励し阿波国を開拓した

という。天富命は神武天皇の時、阿波忌部（天日鷲命の裔）の一部を率いて東国に赴き麻と穀《かじ》を植え、また天太玉命を祀る社を建てた。その鎮座地が安房郡でのちに安房国になったという。この阿波忌部が赤麻沼北辺に進出し、阿房神社を創祀したのであろうか。

つぎに「胸形神社」の本社は福岡県宗像市に鎮座する宗像大社である。全国九〇〇〇社といわれる宗（胸）形神社のうち、式内社の宗像神社は六社あり、備前国二社（美和神社・宗形神社）、伯耆国一社（胸形神社）、大和国一社（宗像神社）、尾張国一社（宗形神社）、それに下野国寒川郡の胸形神社である。宗像神社は西から東に繁衍したが、寒川郡鎮座の胸形神社は式内社として最北端にある。

宗像神社に祀られる三女神は、天照大神と須盞鳴命とが誓約《うけい》の際に生れたといわれる。宗像郡は宗像海人の根拠地であり、宗像神社の神郡であった。神社に奉仕したのが胸形君の子孫の宗像氏である。大和国城上郡の名神大社宗像神社は『日本三代実録』元慶五年（八八一）十月十六日条に「大和国城上郡従一位勲八等宗像神社、筑前国本社に准じて、神主を置く」とあり、寛平五年（八九三）十月二十九日の「太政官符」（『類聚三代格』巻二）には筑前国の宗像神と「同神」と見えている。京都市上京区の宗像神社は藤原冬嗣の勧請と伝える国史現在社であるが、『日本三代実録』貞観元年（八五九）二月三十日条、元慶四年（八八〇）三月二十七日条に、宗像神と「同神」「同神別社」と見えている。下野国寒川の胸形神社も同じように、宗像神を奉ずる集団により奉祀された神社であることが窺われる。

こうしてみると、二荒山・三和・大神・安房・胸形の各神社は下野の地が大和王権の支配下に入る過程において、大和王権の崇拝する神を在地の勢力が祀るようになったものか、あるいは王権につながる一族が直接、下毛野に進出したことを意味しているかのいずれかであろう。赤麻沼の北辺周辺台地の至近な場所に阿房・胸形神社という中央につながる式内二社が鎮座していることは注目される。古利根を遡上し、赤麻沼に到達した外部勢力によって奉斎されたとみるのが自然であろう。

二、国史現在社

(1) 下野国の国史現在社

奈良・平安時代に律令国家が編集した正史が六国史である。『日本書紀』『続日本紀』『日本後紀』『続日本後紀』『日本文徳天皇実録』『日本三代実録』の六書であり、編年体で書かれている。この六国史に記載されている神社を「国史現在社」といい、「国史見在社」とも書す。『延喜式』神名帳に記載される式内社と重複書出する場合もあるが、神名帳に掲載されず六国史にのみ記録される神社を国史現在社と呼ぶのが慣例である。

維新後、政府の古社尊重の方針から国史現在社は式内社と同じように重視された。教部省は「延喜式内并国史所載ノ古神社」のなかには「中世以来衰頽、且無氏子等」ことから社格も与えられない場合があり、「自ラ保全ノ道モアラサレバ、数年ノ後竟ニ湮滅ニ属セムハ必然ノ勢ニテ甚遺憾ノ事ニ存候」として、『特選神名牒』を作成することを企図し、明治九年一応の完成をみている。大正十一年に公刊する計画であったが、関東大震災の災禍で関係書類も含めて焼失した。その後、残された史料を参考にして大正十四年に洋装一巻本として刊行されたが、刊行本に国史現在社は掲載されていない。

○伊門神社

伊門神は『日本三代実録』貞観十七年(八七五)十二月二十七日条に見える。所在地は不明である。『下野国誌』

は「大前神主忠寛」の「小井戸村にたてる社は三代実録にみえたる伊門ノ神にはあらざるか。井戸と伊門とは仮名はたがへど後世書誤りしもしるべからず」という見かたを紹介している。この「小井戸村にたてる社」が現在の荒橿神社である。また『下野神社沿革誌』に、村社大芦神社（鹿沼市）は「往古伊門神社と称号し、字大芦沼と称する地に鎮座せしか濫觴にて今尚碑石あり」と載せているが、ほかに因るべき史料もなく評価のしようがない。

『下野国誌』は芳賀郡益子町小宅の亀岡八幡宮の境内社に「伊門神社」があり、著者の河野守弘はこれをもって国史現在社伊門神社としている。社伝では景行天皇五十六年に和名類聚抄の古家郷小竹の地に創建され、応永十四年（一四〇七）に再建された社殿を、明治十一年（一八七八）亀岡八幡宮の境内に遷したという。明治四年三月亀岡八幡大神東宮千別が日光県役所に提出した『神社調』によれば、官社伊門神は亀岡八幡宮の「摂社」である。社殿は間口四尺六寸五分、奥行五尺八寸五分、雨覆で保護されており、高さ八寸の鳥居もあったと記している。

この地は前方後円墳五基と円墳二〇数基からなる小宅古墳群の東に位置しており、周辺には向北原古墳群や西坪古墳群・日向古墳群が分布し、小宅川の右岸段丘上に古墳時代に大きな勢力をもった豪族がいたことを窺わせている。伊門神社は古くは「御諸ノ宮」の社名であったとか、奈良別王が社頭を修理したという伝承もあり（田代善吉著『栃木縣史』第三巻「神社編」）、国史現在社の鎮座地と考えてもよいのではなかろうか。

○賀蘇山神社

賀蘇山神は『日本三代実録』元慶二年（八七八）九月十六日条に見える。賀蘇山神を名乗る神社は現在、二社ある。『下野国誌』は二社とも「石裂大権現」と号し、「都賀郡袁佐久山の半腹に岩窟二所ありて共に神祠あり。一所は麓を粟野村と云。但し南面にて神主斎藤壱岐と云。一所ハ麓を久賀村と云。是ハ東面なり。此所にハ御師と唱ふるもの五人あり。湯沢豊後・同藤大夫・同新大夫・同権大夫・荒井靫負等なり。祭神ハ石列根列神なりと云う。粟野口にては尾鑿山と書き、久賀口にては石裂山と書く。ともに袁佐久と唱うるなり」とある。石裂山の

東麓にある加蘇山神社と南麓にある賀蘇山神社の二社は、石裂山《おざく》（尾鑿山《おざく》）を山岳信仰の対象とした古社である。

江戸中期から明治にかけて、石裂山の信仰圏は関東一円、一部は東北地方にまで広がり、大いに繁昌した。社家は檀那場に神札を配り、参詣者に宿泊や登山、祈祷などの世話をした。参詣者は二社の社家を道者（先達）として、奥宮と月山に参拝した後に、神楽殿で太々神楽を奉納するのを常としていた。石裂山（尾鑿山）への登山口は、東口の上久我村側（石裂山権現）と西口の入粟野村（尾鑿山権現）の二箇所にあり、信仰対象の岩屋は同じであった。そのため、初穂料を巡って岩屋の前で先達間の争いが絶えなかったという。農耕・火伏の神として信仰され、その信仰の在り様は二社ともほとんど違いはなかったのである。

①賀蘇山神社　［鎮座地］鹿沼市入粟野

粟野川の上流左岸、標高八七九メートルの尾鑿山の南麓に鎮座している。尾鑿山に対する信仰から起こったものであることは疑い得ない。本殿横の大杉の切株（根株）は直径が約四メートル、神代杉と称し、樹齢が一八〇〇年であるという。明治四十三年（一九一〇）の落雷と大正六年（一九一七）の火災で伐採されたが、本社の創建の古さを窺わせている。山内の剣ヶ峯に「賀の岩」（五穀豊穣）「蘇の岩」（医薬長寿）があり、社名はその霊岩に由来するものであるという。

社伝では、正応二年（一二八九）都賀郡上河原田村（栃木市）に居した小野道綱が住民を誘って参詣し、奥社を改修したという。以来、小野氏の子孫が旧儀・古式に則った登山を行ってきたと伝えている。慶長二年（一五九七）結城秀康によって社殿が再興され、その後も寛永十一年（一六三四）・宝暦二年（一七五二）・文政七年（一八二四）と度重なる火災で社殿を失ったがその都度再建され、現在の社殿は明治二十二年に再建されたものである。明治六年、郷社となっている。

本社は通称を尾鑿山といい、山岳信仰の霊山に因んでいる。現在は活動も下火となっているが、尾鑿山講は近世に大いに発展し、関東一円から参詣者があり、奥院に詣でた後、太々神楽を奉納した。尾鑿山を望む遥拝殿は

大日堂と称し、神仏習合の名残と本社にかつて太陽信仰のあったことを窺わせている。境内にある月山神社は石裂山と尾根続きの月山の信仰とかかわりがあるのであろう。月山山頂には神体の月光石が祀られている。

神職は『下野国誌』に「神主斎藤壱岐」とあり、天保十一年（一八四〇）頃の史料に「尾ざく山神主斎藤因幡」の名がみえている（『横尾孝家文書』）。斎藤氏が代々「壱岐」を名乗るのは、貞享三年（一六八六）神祇管領代吉田家より従五位下、壱岐守に任ぜられてからであり、「因幡」は後には隠居名となったといわれる。

②加蘇山神社　［鎮座地］鹿沼市上久我

社伝では、光仁天皇の御宇に勝道上人が開山したと伝えている。『皆川正中録』に、弘仁年間（八一〇～二四）空海が登攀して、石裂・根裂とともに「天照大御神を祭り加へ」て三座とし、「大日の山」と称したとある。別の社伝では永承年間（一〇四六～五三）源頼義が前九年の役に際して、鎧・太刀等を奉納して戦勝を祈願したともいう。天文年間（一五三二～五五）皆川広照が本社を深く崇敬し、神馬・太刀を納めて武運を祈ったともいう。『皆川正中録』には、皆川氏の信仰は紀伊守秀光が浪人したときに「石裂大権現」に所領回復を祈り成就したことに始まるとしている。その後、永禄年間（一五五八～七〇）当地の豪族久我常真が社領を横領したので衰微し、同八年に兵火に罹り社殿は灰燼に帰したという。承応年間（一六五二～五五）一品法親王が日光入山のとき、境内の月山神社を再建するなど庇護したので、再び隆盛に向かったと伝えている。

神社に伝わる天和元年（一六八七）の『石裂三祠山記』によれば、三祠は「石裂権現」「月山権現」「五心経津神社」の三社を指すという。石裂権現は正中年間（一三二四～六）近江国滋賀郡の一道士が開基したが、やがて衰微してしまった。のち近江源氏の子孫で出羽国の最上氏に仕えていた山崎大和信興が当地に居を構え、天文年中に本社を再興したという。天文二十二年（一五五三）大和は崇敬していた出羽月山の一祠を遷して月読尊を祀り、これを月山権現と称した。五心経津を祀る神社は元亀元年（一五七〇）都賀郡樋ノ口村（栃木市）の神田臨海が創建したものであるというが、本書が書写された享保十八年（一七三三）にはすでに失われていた。山崎氏が後

に湯沢に改姓し、さらに荒井姓に改めたのが現在の社家であるという。

本殿は山腹にあり、参拝に困難があったので、文化十一年（一八一四）山麓に遥拝殿を建立して下の宮と称し、明治四十四年、下の宮に本殿を造営した。山頂に摂社月山神社、山腹に奥院（旧本殿）がある。明治十年に郷社となり、大正四年に県社に昇格した。戦前までは東日本各地に講があり多くの参拝者があったが、現在は少なくなっている。

神職は、『下野国誌』に「御師と唱うるもの五人あり。湯沢豊後・同藤大夫・同新大夫・同権大夫・荒井靫負等なり」とある。修験道と密接に関わって発展したことが想定される。荒井家は江戸時代、日光御番所御用を務めた武士である。

○綾都比神社

綾都比神は『日本三代実録』元慶三年（八七九）三月九日条に見える。『下野国誌』に「綾津日八幡宮」は「都賀郡大橋村にあり。神主川津藤大夫と云。祭神大綾津日ノ神なり。相殿に八八幡宮を祀れり」と記し、栃木市都賀町大橋鎮座の「八幡宮」を綾津比神社としている。社伝では天保七年（一八三六）大橋地内の八幡窪から現在地の字古嶺に遷座したといわれる。文政九年（一八二六）の記録に「下野国都賀郡大橋村綾都比神主　正八幡宮守護宰執　川津哥之輔」とある（『川津任惟文書』）。

八幡宮の東を赤津川が南流し、左岸の栃木市都賀町木には墳丘長約五〇《メートル》の前方後円墳愛宕塚古墳があり、周辺には五基以上の小円墳が残っている。大字木には勝道が創建したという「祇園精舎」（華厳寺）があったとされ、遺構とされる礎石も現存している。平安時代になると、この周辺は木村保・戸矢子保という東大寺の荘園となった。この地域がかなり古くから開拓されていたことは間違いないであろう。しかし、大橋八幡宮を綾都比神とするには根拠が薄弱である。

三、神祇制度と神社

(1) 神階と下野国神社

神階の授与

古代、朝廷が諸神にたいして与えた位階を「神階」あるいは「神位」という。神社ではなく個々の神に与えられ、神々にたいする奉斎の念をあらわしている。位階（文位）のほかにも、勲位（武位）と品位がある。位階は人についてはは正一位から少初位下《しようそいげ》まで三〇階が与えられたが、神は正六位上以上の一五階である。勲位と品位は一二等と四品で、これは人間に与えたのと変わらない。勲位は兵乱に際して授与され、下野国の場合はその地理的位置からして征夷に関係する場合が多かったのであろう。

なお、古代の神々の位階・勲位が最終的にどうなったかは不明である。それは『日本三代実録』を最後に、官撰の正史が作成されなかったからである。いくつかの国は国神名帳が伝来しており、その後の位階を知ることができるが、下野国の神名帳は現存せず、神階・勲位の授与記録は六国史によるしかない。

神階は諸国の申請を受けて公卿の会議である陣定《じんのさだめ》で議され、天皇への奏聞を経て決定された。中務省が「神位記」を作成し、神祇官の官人が諸国に持参した。国司は位記を受け取り、該当する神に奉った。国司の申請による神階の授与は、承和年間（八三四〜四八）から増加し、貞観年間（八五九〜七七）にピークに達している。そ

表１：下野国神社神階一覧

神名	授与年月日	西暦	神階	勲位	事項	出典
武茂神	承和 2・2・23	835	従五位下		沙金を採る山に坐す	続日本後紀
二荒神	承和 3・12・23	836	従五位上→正五位下	勲四等		続日本後紀
	承和 8・4・15	841	正五位下→正五位上	〃		続日本後紀
	嘉祥 1・8・28	848	正五位上→従四位下	〃		続日本後紀
	天安 1・11・17	857	従三位	〃	封戸一烟を給する。	日本文徳天皇実録
	貞観 1・1・27	859	従三位 →正三位	〃		日本三代実録
	貞観 2・9・19	860	正三位	〃	始めて神主を置く。	日本三代実録
	貞観 7・12・21	865	正三位 →従二位	〃		日本三代実録
	貞観 11・2・28	869	従二位 →正二位	〃		日本三代実録
三和神	承和 5・9・6	838			官社とする。	続日本後紀
	元慶 4・8・29	880	従五位下→正五位上			日本三代実録
	仁和 1・2・10	885	正五位上→従四位下			日本三代実録
温泉神	貞観 5・10・7	863	従五位下→正五位上	勲五等		日本三代実録
	貞観 11・2・28	869	従四位下→従四位上	〃		日本三代実録
伊門神	貞観 17・12・27	875	従五位下→従五位上			日本三代実録
賀蘇山神	元慶 2・9・16	878	正六位上→従五位下			日本三代実録
綾都比神	元慶 3・3・9	879	正六位上→従五位下			日本三代実録

の結果、国内神社の序列化が進み、国司による神社・神職の統制も強化されるようになる。

下野国神社の神階授与

下野国神社の神々に授与された神階授与の記事をまとめたものが表1である。二荒神の正二位の神階が最高である。また、二荒（二荒山）神は天安元年（八五七）十一月十七日に「封戸」一戸を与えられている（『日本文徳天皇実録』）。神社の封戸は神戸《かんべ》・神封《しんぽう》ともいい、封戸の農民が納める租税（調庸と田租）はすべて神社の造営や供神の費用に充てられた。また貞観二年（八六〇）九月十九日、二荒山神社に「神主」が置かれた（『日本三代実録』）。現在、神主は神職の代名詞のように使用されているが、律令時代の「神主」は特別の神社に置かれた勅許の職であり、一般の官社には国司の任命する「祝《はふり》」が置かれた。神主も祝も神祇官に所属する下級官人である。三位以上の神階を有する神社の神職は斉衡三年（八五六）四月、笏を持つことが許可されており、二荒山神社の神主も「把笏」を認められたものと思われる。

つぎに神階・勲位を授与されたことが確認できるは七座である。式内社では、二荒神（勲四等・正二位）・温泉神（勲

五等・従四位上）・三和神（従四位下）・武茂神（従五位下）の四座。国史現在社が、伊門神（従五位上）・賀蘇山神（従五位下）・綾都比神（従五位下）の三座である。

神階授与の理由を推定できるのが「沙金の採れる山」に鎮座する武茂神である。『延喜式』巻二三によれば、下野国は「交易雑物」として「砂金百五十両、練金八十四両」とあり、陸奥国（砂金三五〇両）と同じように金を中央に進上物としていた。温泉神も病に効ある温泉として知られており（『正倉院文書』）、そのことにより授与されたものと考えられる。

つぎに式内社の二荒神が正二位、温泉神が従四位上、三和神が従四位下と比較的高位なのに対し、国史現在社の伊門神・賀蘇山神・綾都比神の神階は従五位であり、式内社の神階が高いのが特徴である。六国史にすべての神階授与の記録が載っているとは限らないが、神階授与において式内社と式外社には格差があったようである。なお、十四世紀前半の日光山の記録である『当山秘所并代々別当次第』によれば、宇都宮大明神は天慶三年（九四〇）二月十四日、平将門討伐の祈願をなした功績により、乱後に「正一位勲一等」を授けられたとある。

続いて那須郡鎮座の式内社すべてに神階を授与されていることも注目される。那須郡は陸奥と国境を接し、征夷の前線基地の役割を担わされており、三社に対する中央政府の敬神の念を認めることができる。この時代に相つぐ俘囚の反乱を背景に、征夷・鎮撫をスムーズに進めたい朝廷の神祇政策の一環として捉えられよう。勲四等二荒神は征夷の神として知られるが、那須郡の温泉神が「五等」の勲位を授与されたのも、征夷とのかかわりが考えられる。

(2) 社殿造営と下野国神社

社殿の造営

古代神社の姿がどのようなものであったのか、知るのは難しい。地方において常設の神殿を持つ神社が成立するのは七世紀後半、天武・持統朝とされている。天武天皇十年正月己丑条によれば、朝廷は「天社《あまつやしろ》、地社《くにつやしろ》の神の宮を修理《おさめつく》らしむ」との詔を畿内および諸国に伝え、諸社に社殿造営を命じた（『日本書紀』）。「修理」は律令用語で「新造」を意味しており、この詔で地方にも社殿の造営が進められたと考えられている。社殿の新造にともない、神社に奉仕する専門の神職（「神主」「祝」）が置かれるようになったのであろう。

国司は管内神社が国家の宗教施設に相応しい体面を維持できるように神職を管理した。「諸国神税調庸帳及び神戸計帳、祝部等名帳」の作成と保管は、国司の重要な職務であった。神社の修造と供神料（神饌・幣帛・祭具など神に供進する品々）は神戸の調庸および租が充てられ、余剰は義倉に準じて貯蔵され、出挙することは禁止された。神戸の課丁（調庸・雑徭を全部または一部を負担する一七歳から六五歳の男子）は一般の公役（軍役や夫役）にはつかず、神社の雑役に従事する決まりであった。神戸が所産するものは官に納めず、すべて神社の経費に充てられたのである。

律令の制定を機に、地方の首長層が創建した神社は国家の管理・統制のもとに置かれるようになった。神社は国家的な宗教施設となり、「官社」と呼ばれた。律令国家は祭神の霊験を高め、地域を守護する神社に相応しい威厳を求め、四至内の樹木を伐採することや死者を埋葬することを禁止し、境内の清浄に努めさせた。しからば、古代において社殿の維持や修繕はどのように為されたのだろうか。平安中期に成立した『類聚三代格』巻一「神社事」に登載する法令から見ておこう。

聖武天皇の神亀二年（七二五）七月の詔に、「諸国神祇社」の境内が「穢臭及放雑畜」で「敬神之礼」に欠けており、「国司長官自ら幣帛を執り、慎んで清掃を致せ」と命じ、宝亀八年（七七七）三月の太政官符は、神社を「掃修」せずに「祭事を潔斎」しない「祝」（神職）はその「位記」（叙位の旨を記した文書）を収納することを国司に

厳命している。弘仁二年（八一一）九月の太政官符は、神戸の課丁は供神のほかは公役に赴くことはないのだから、神社の修理を行い「大損」にならないよう心がけ、また国司は管内を巡検して監督するようにと命じている。さらに翌三年五月の太政官符によれば、神社の破損について、有封の社（神戸を所有する神社）は神戸の百姓が修造し、神戸を持たない小社は禰宜・祝が修造するようにと定められた。仮に管内の神社に破損のあるときは、国司交替の「解由」（引継ぎ）を差し止められ、前任者は新司からの解由状が受け取れずに任務完了にならなかった。

こうした国家の方針にもかかわらず、「禰宜・祝・社預等」の中には、社殿の「小破」を放置し、やがて「大損」になり、国家の修理を待つ状態となる神社が続出したという。『新抄格勅符第十巻抄』に「枯木の下を指して社と称し、或いは荒野の中を排して祠と称す」と記される有様であった。

破損への対応が変更されるのは、それから五〇年後のことである。貞観十年（八六六）六月の太政官符によって、有封神社は「治力」があるが、無封社は修料もなくて「貧弊」（貧しく疲れていること）の祝には修理する手立てもない。そこで、神の「苗裔」（遠い血統の子孫）を検分し、「本枝」（もととわかれ）を明確にし、「祖神」は貴く封を有しているが、「裔神」は微力で封も所有していないのだから、以後は無封の「苗裔之神」を有封の「始祖之社」に分付し、有封社の「神主」が無封の「祝部」を率いて神社の「修掃之勤」をするように命じた。有封社が無封社の修造責任を持つという、この仕法は、『延喜交替式』にも「有封の始祖神社の神主をして、無封の苗裔小社を修理せしむ」と記されており、以来古代をとおして変更されることはなかった。この規定によれば、距離も信仰圏も異なる神社間にも該当することになり、困難を生じる可能性が高く、現実的な解決策とは思えない。寛平五年（八九三）十月の太政官符に、筑前国宗像郡の宗像大神の封物をもって大和国城上郡に鎮座する宗像神社の「神舎」修理料としたとある。その理由は、両神社の祭神が同じという「本縁」関係にあること、筑前社が封戸神田を有し、大和社が封戸を持たないということの二点であった。まさに貞観十年六月の規定のとおりに実

施しようとしたのであるが、九州と大和はあまりに遠く、当然ながらこの仕法はうまくゆかず、神舎は「破壊」となってしまった。関東でも、鹿島社が「大神之苗裔神卅八社、陸奥国に在り」と『日本三代実録』に記されているが、修理はどうしたのであろうか。

このように、平安時代の神社修造は神社あるいは神社の神戸が負担し、国家がかかわることではないとされてきた。このことを実行させるのが国司の職務であった。それ故に、国司の交替時、神社破壊の有無は国司の功過に大きな影響を与えた。国司交替に前後司の間で問題が起きると「不与解由状」に記載し、これを勘解由使が勘判する規定であったので、神社修造はしばしば新旧の国司間で問題となっている。長保四年（一〇〇二）十月の宣旨では、国司の功過に神社修造を重視すると記している。

このことについて、下野国の事例が『政事要略』巻五四「交替雑事」の「修理神社事」に載っている。承平四年（九三四）恐らく管内神社修造の監督を怠るなどして解由を停められた前任の下野守が死去し、非常赦（免罪）になったので、現任国司（大中臣定行）に神社修造の責任を相承させ、「无実」（破壊で形の無くなること）の神社は禰宜・祝および神戸百姓等に命じて修填させるか、それが難しい時は封戸のない「小社」には「祖神の社」の封戸を分かち、神戸等に修造・修填させるという趣旨の「勘解由使勘判」（勘解由使の判断）が出された。「祖神の社」は下野国では唯一封戸を持つ二荒山神社であろうが、下野国内に本縁関係の神社があったのかは不明である。下野国以外の「祖神の社」が下野国内の「苗裔小社」の修理を担うことになったのだろうか。

成功と神社造営

平安後期、律令体制が弛緩し地方制度が動揺すると、以上のような制度は実を失っていく。院政期は社寺の造営が国司による成功《じょうごう》（国家財政の不足を補うため、宮中行事や社寺の造営に個人の負担を求め、その負担にみあう位階・官職を与えること。一種の売官制度である）や重任《ちょうにん》（成功によって、同じ官職に再任されること）によっ

て担われるケースが増加するようになる。

鎌倉初期に朝廷で権勢を誇った九条兼実の日記『玉葉』文治二年（一一八六）二月二十四日条に、「新任の受領等、成功を募り修造するべきの由」との後白河院の意思が近臣の藤原定経から兼実のもとにもたらされた。三月二十五日条には、再度この件を諮問された兼実は、先ずは社司（神職）に命じて「神領の田数を注進」させ、神領をもって修造することを基本とするべきであるが、受領の「成功」を募り修造するのもやむを得ないと答えている。朝廷は神社の造営は基本的に神社側にあるという建て前を踏襲する一方、「受領功」も仕方がないとする考えを持っていたことがわかる。下野国では、保元元年（一一五六）十二月二十九日、源義朝が「日光山を造るの功」によって下野守に重任されている（『兵範記』）。

中世下野国の神社

宮目神社
栃木市田村町に鎮座。旧無格社。下野国庁の正殿跡に建つ。寛喜2年（1230）の「小山朝政譲状」に「国府郡内」に「宮目社」と見える。近世には宮野辺権現と称し、惣社大神神社の「母神」といわれた。国庁に付設され、国府域を守護する神社であったのかも知れない。

治承四年（一一八〇）八月、平家打倒のために挙兵した源頼朝は、十月鎌倉に入ると、由比郷にあった若宮を小林郷北山の地に移し、鶴岡若宮と称した。建久二年（一一九一）三月、鎌倉の大火で社殿が灰塵に帰すと、頼朝は改めて石清水八幡宮を勧請し、上宮（本宮）・若宮（下宮）・舞殿などを新造した。社殿では様々な法会・神事が行われ、神事は頼朝自身が祭主となり執行された。鎌倉殿が参詣するときは御家人が供奉人・随兵役として前後を守護しその威光を示した。八月十五・十六日に挙行された放生会は鶴岡最大の行事であり、十六日の流鏑馬・相撲は御家人らが腕を競った。鶴岡八幡宮は源氏の氏神から鎌倉幕府の守護神になり、御家人からも崇敬された。今日、各地に鎮座する八幡宮には鎌倉時代に御家人が鎮守として勧請したものが少なくない。

平安後期に成立した一宮・惣社制は鎌倉時代になると定着し、やがて国衙を掌握した守護にその管理が移っていった。国衙の在庁官人や御家人は一宮・惣社の祭祀にかかわり、流鏑馬などの神事に参加した。

武士の神祇信仰が盛んになった理由の一つは幕府の神祇政策にある。頼朝は敬神の念が篤く、伊勢神宮など多くの社寺を崇敬、庇護した。鎌倉幕府の基本法典である『御成敗式目』第一条には「神社を修理し、祭祀を専らにすべき事」を掲げ、「神は人の敬により威を増し、人は神の徳により運を添ふ」とあり、神社の修理・祭祀をなすことで神威が増進され、人びとも神徳を受けて運がついてくるものと、神と人との関係を述べている。第二条の「寺塔を修造し、仏事等を勤行すべき事」には、「寺社異なるといえども崇敬これ同じ」と、御家人が寺社に接する態度に差があってはならないと記している。

下野国内では、小山氏・宇都宮氏・那須氏などの豪族級の武士が勢力を有し、その一族の勧請した神社が各地に残っている。県北に多い温泉神社は那須氏が勧請したとの伝承を残すものが多く、小山氏の勢力圏には須賀神社が多く鎮座している。宇都宮にある一宮の二荒山神社は宇都宮氏が神官として支配し、御家人が頭役を務めた。日光山は関東における天台宗の一大拠点であり、宗教的にも軍事上も大きな力を有していた。

一、下野国府と神社

(1) 国司と神社

『時範記』にみる国司神拝

職員令によれば、国司（最高官を「守」という）の職掌の第一は「祠社」とある。祠社とは「百神を祭り、諸社を検校」することである。神社の維持・造営、祭祀の管掌は国司の最も重要な職務とされ、諸国は管内の神社名を載せた神名帳や神職の名簿を作成して保管した。国守が任国に赴任して最初に行うのが神拝であり、『朝野群載』巻二二には「神拝後、吉日の時を択び、初めて政を行う事」とある。「神拝」は国司が管内の諸社を巡拝することである。十一世紀前半に書かれた菅原孝標《たかすえ》の女の日記文学『更級日記』に「子忍びの森」という有名な話が載っている。常陸介として赴任した父をどうしているかと案じていたところ、「あづまより人来り」て父の手紙が届き、その手紙には「神拝といふわざして国の内ありきしに」と記されていた。親王任国である常陸国は介が事実上の国守であり、任地に下向しない親王に代わって、孝標が常陸国内の諸社を巡拝したのである。

『時範記《じはんき》』は、関白藤原師通の家司で、左少弁・中宮大進（中宮職の三等官）を務めた平時範の日記である。承徳三年（一〇九九）因幡守に任ぜられた時範が任国に赴き帰京するまでの日々が書きとめてあり、摂関時代の国務に関する貴重な記録となっている。時範は二月九日京都を出発して十五日に因幡に到着し、約四〇日間任地

に滞在した後、三月二十七日帰途についた。滞在期間が短いのは、時範が遙任《ようにん》だからである。『時範記』は任国における神社神拝や惣社・一宮での行事に関する記録が殆どである。

二月十五日、夜に入って因幡国庁（鳥取県鳥取市）に到着した時範は、直ちに惣社西の仮屋で饗応を受け、戌刻（午後八時頃）束帯（朝廷の公事に着用する正装）に着替えると騎馬で「惣社西舎」に入り、国司任命の官符を税所に示して新任国司として官符に請印した。ついで印鎰を受領するなど着任の儀式を行った。終わると、再び騎馬で国庁に向かい、西門から入ると、正殿前の南庭で馬をおり、階段を上って簾の中に入った。ここでも新司歓迎の饗宴、いわゆる三日厨《みっかくりや》があった。時範は饗宴の始まる前に、介久経を召して「神拝」のことを、目代保清に勧農のことを指示している。久経は国司の次官（介）であり、因幡国一宮宇倍宮の社司でもあった。そのあと時範は子剋（深夜十二時頃）から諸社に捧げる「神宝」を造り始め（時範が京から携えてきた神宝もあった。神宝は神拝の時に告文とともに諸社に奉献された）、宇倍宮に奉納する神馬の潔斎を命じて就寝した。ここで注目されるのは、印鎰の受取が惣社で行われたことである。本来、政庁で実施すべき儀式が惣社で行われた理由はよくわからないが、惣社が国庁機構の一翼を担っていたことは疑い得ないであろう。なお、『時範記』のこの記事が「惣社」の文献上の初見とされている。

二月二十六日は吉日を選び、国守として初めての「神拝」である。時範は惣社幣殿に着すと、まず舘侍（国司館に結番する侍）を幣帛・神宝を奉る使者として国内の「遠社」（遠方の神社）に分遣し、時範自身は幣殿で社司に告文を読ませてから奉幣した。終わると宇倍宮に詣でた。宇倍宮の参拝には在庁官人らが随行し、奉幣も再度におよんでおり、惣社に比べると扱いが丁寧である。宇倍宮は因幡国唯一の名神大社で、その後因幡国一宮になったといわれる。宇倍宮の幣殿東舎で饗饌がもたれた後、時範は国府の近くにある坂本・三嶋・賀呂《かろ》・服《はとり》・美歎《みたみ》の五社を巡拝し、亥剋（午後十時頃）に国府に帰った。

三月一日は朔幣である。目代（国司の任地における代官）の保清を惣社と宇倍宮に代参させた。翌二日は国務

始めを国庁で行い、三日に再び宇倍宮に奉幣した。六日は「世間、閑ならず」として、宇倍宮で百座仁王会（仁王経の講読）を修め、十三日にも大般若経の転読を行った。十五日は宇倍宮の春臨時祭、所労のために目代保清を代参させた。二十五日は帰国日である。「上洛の由を申す」ため早旦に宇倍宮に参拝したが、出水のため帰国を延引し、二十七日に国府を発ち、四月三日に京着した。

以上が『時範記』に記された時範の因幡国における日程と国務の実態である。すなわち、①国司着任の儀式を惣社で行い、その儀式の中心は印鎰の受領であった。②国司として最初の国務は管内諸社の「神拝」であった。惣社や宇倍宮以下国府周辺の神社は時範自身が参拝し、遠隔の神社は代参で済ませた。諸社のなかで最も丁重な扱いを受けたのは一宮の宇倍宮である。宇倍宮の社司は在庁官人筆頭の介久経であった。

つまり、在国中に時範が神祇以外に具体的な国務を執った様子はなく、時範の任国赴任の目的が「神拝」であることは明らかである。中御門右大臣藤原宗忠の日記『中右記』にも国司神拝の記録がある。子の因幡守宗成は元永二年（一一一九）七月、二期目の任期を終えるのに一度も一宮への神拝を果たさず、国人等がそのことを問題視したので臨時祭にあわせて下向した。保安元年（一一二〇）九月二十九日条にも、尾張守敦方が「近日、神拝により任国に下向する也」とあり、神拝が国司の政務で重視されていたことが窺われる。一宮や惣社は祭礼をとおして国司と在庁官人を結ぶ精神的紐帯の場であり、神拝することは国内統治の安定につながることであった。

下野国は残された史料がきわめて少なく、下野国庁と一宮・惣社の関係を明らかにすることはできないが、因幡国とあまり変わるところはなかったと思われる。

(2) 下野国の一宮・惣社

下野国一宮

「一宮」は中世諸国で第一の地位にある神社である。国によっては二宮・三宮など複数の神社が置かれたが、二宮以下が存在しない国もあった。下野国では二宮以下が成立しなかったか、あったが現存する史料や伝承から確認できないかのどちらかである。

仁和三年（八八七）に即位した宇多天皇は、大嘗祭（天皇が即位後、初めて行う新嘗祭。一代一度の大祭）に先立ち、大神宝使を派遣する制度を創始した。この制度は、全国の特定神社に使者を発遣して天皇の即位を報告するものである。寛仁元年（一〇一七）一条天皇が即位した時の大神宝使派遣の国々が『左経記』に載っている。東山道は「近江国日吉、美乃不破、信乃須波、上野貫前、下野二荒、陸奥鹽竈、出羽大物忌」の七社である。鹽竈神社を除くと、『延喜式』の名神大社であり、諸国の最高位の神社である。また、須波（諏訪）・貫前・二荒・鹽竈・大物忌の各社はのちに一宮となり、日吉・不破は二宮である。この大神宝使派遣の諸社が後に諸国一宮に発展したといわれる。永万元年（一一六五）の「神祇官御年貢進社事」は、六条天皇即位に際し諸国神社が神祇官に進上した年貢の記録であり、そのなかに「下野国　宇豆宮（上馬二疋）」と記されている（『平安遺文』古文書編三三五八）。「宇豆宮」は宇都宮二荒山神社のことであり、大神宝使派遣の「下野二荒」が宇都宮であることは明らかである。

『今昔物語集』巻一七の第二三に「周防ノ国ノ一ノ宮ニ玉祖《たまのおや》ノ大明神ト申ス神在マス」とあり、倭文神社旧境内地から出土した康和五年（一一〇三）の経筒銘に「伯耆国河村東郷御坐一宮大明神」（『平安遺文』金石文編一六三）とあるのが一宮の初見とされ、これらの事例から一宮制の成立は、十一世紀末から十二世紀初頭とされる。一宮は「国鎮守」と呼ばれ、「国々擁護霊神」（『類聚既験抄』）などともいわれ、諸国で最も崇敬された神社であり、鎌倉時代になると諸国御家人の精神的支柱となった。鎌倉時代、その祭礼費用は「一国平均の役」として御家人に課せられ、幕府は一宮の祭礼をとおして御家人を統率したのである。

鎌倉時代の古文書に「宇都宮頭役」が「国中平均」に賦課され、『宇都宮大明神代々奇瑞之事』に源頼朝が「五月会頭」（五月会の頭役）を「当国地頭御家人等所役」にしたと見え、宇都宮二荒山神社が一宮であった。

以上のように、宇都宮二荒山神社は式内社（名神大社）→大神宝奉献社→一宮として、律令国家から重んぜられ、鎌倉時代には幕府の崇敬社として重視された下野国最有力の神社であった。

下野国惣社

国司は管内の諸社を巡拝したが、平安中期以降、国司制度の弛緩で巡拝が行われなくなると、国府の近くに社殿を設け、国内の諸神を合祀して「惣社」とした。因幡の国守平時範は惣社への神拝をなす一方、国内諸社の巡拝を行い、惣社で着任の儀式を執り行っている。

下野国の惣社は栃木市惣社町の大神神社であるとされる。社伝によれば、延喜式内の大神神社に国中の神を勧請して祀るようになり、惣社と呼ばれるようになったといわれる。境内には和歌の名勝として知られる「室の八島」と呼ばれる場所があり、空堀状の池の中に八つの小島があってそれぞれに小祠が祀られている。これが平安時代の室の八島と同一であるとは思えないが、室の八島が国府の近辺にあったことは、保元年間（一一五六～九頃に成立した藤原清輔の歌学書『袋草紙』巻三（『続群書類従』四六〇）に、源経兼が下野守として在国したとき、都から頼みごとにやって来たある人を経兼は全く取り合わなかった。思いやりのなさに怒って帰ろうとしたその人を一、二町先からわざわざ呼び戻して、「アレミタマへ、ムロノヤシマハ是ナリ、ミヤコニテ人ニカタリタマへ」と言ったので、その人はますます立腹したという逸話が載っている。経兼が下野守に任官したのは承徳二年（一〇九八）であるから（『中右記』）、そのときの話であろう。

このことから、十一世紀末葉、室の八島が国司館から指呼の距離にあったことがわかる。大神神社が鎮座する地は今も「惣社」の大字名を残しており、地内には府中や鋳物師地・西内匠《たくみ》屋・北内匠屋・蔵屋敷・南小路・西

小路・府古屋など、中世の国府関連と思われる小字名が現存しており、中世の国庁が置かれていたという有力な見解もある。一方、この時代には国庁の機能は停廃し、政務は国司や守護の私邸で行われていたとの見解もあり、あるいは国司館や守護所がこの地にあったのであろうか。

大神神社は近世には「六社大明神」と呼ばれていた（『下野国誌』）。この社名は中世にまで遡り、国内の主要な神社六社の神が合祀され、惣社となったのであろう。中世の記録に「惣社」の名称が次の三例見られる。

①日光・清瀧寺所蔵の大般若経二〇〇帖の中に、治承二年（一一七八）六月、橘氏が願主となって「下州惣社書写」と記した二巻がある（『清瀧寺文書』）。橘氏や「勧進僧永喜」「執筆僧覚善三恵坊」は不詳である。一宮や惣社施設において大般若経や一切経などの護国の経典を転読したことは『時範記』にも見えており、よくあることであった。橘氏は在庁官人であったのだろうか。

②寛喜二年（一二三〇）の「小山朝政譲状」（『小山文書』）に、「国府郡内」に「古国府」や「国分寺敷地」と並んで「惣社敷地」と「惣社野荒居」が所見し、小山氏が惣社の敷地と周辺の荒野を開発して所領としたことが窺われる。鎌倉時代、下野惣社の祭祀権は下野国権大介職を相承し、守護でもある小山氏が握り、社殿の造営・修造や祭祀は国庁機構の実質的支配者である小山氏が執行したのであろう。

③天文九年（一五四〇）四月、小山高朝は「国府郡惣社郷之内二貫之所」を粟宮神主に寄進している（『粟宮神社文書』）。戦国時代には、惣社周辺の地が郷名で呼ばれるようになっていたのである。

宮目社と印鑰神社

宮目社　栃木県教育委員会の発掘調査によって、栃木市田村町の字宮ノ辺鎮座の宮目《みやのめ》神社周辺に国府の中心官衙である国庁のあることが明らかになった。宮目神社の境内地は神域のため発掘できなかったが、検出された建物群の配置からみて、正殿がその下に埋もれていることは間違いない。正殿は国司が政務にあたる中心施設で、正

殿前の南庭では様々な儀式が行われた。発掘の結果、下野国庁は八世紀ころに始まり、四期の変遷を経て、十世紀に廃絶したことが判明している。なお、十世紀以降の国庁の位置は不明であるが、前記の『袋草紙』の記事からも、この付近に国司館があったのであろう。

宮目神社は、嘉永三年（一八五〇）の『壬生領史略』に「宮野辺権現」とある。「ミヤノメ」「ミヤナベ」という社名の神社は武蔵国と上野国にもある。武蔵の宮之咩《みやのへ》神社は武蔵惣社の大国魂神社（東京都府中市）の境内摂社であり、上野の宮鍋神社は前橋市元総社町字宮之辺に鎮座し、惣社の旧地とされている。両社とも国府の推定地に鎮座している。「宮」は国庁、「辺」は周辺の意であろうから、国府域に建てられた神社を意味するのであろう。宮鍋神社が上野国惣社の旧鎮座地であるのと同じように、下野国の宮目神社が惣社とされる大神神社の元宮であるとの伝承があることは注目される（明治元年十一月の『田村明細書上帳』にも「大神社惣社明神母神」とある）。宮目神社は国庁に付設され、国府域を守護する神社であったのかも知れない。

前記の「小山朝政譲状」にも、嫡孫長村分として「国府郡内」に「宮目社」と記されており、小山氏が支配していたことは明らかである。「国分寺敷地」「惣社敷地」の支配と相俟って、国衙機構を掌握した小山氏の権勢をいやがうえにも高めたに違いない。

印鑰神社　「印鑰《いんやく》」は国司の公印と正税を納める府庫の鎰である。国印は『令義解』巻七「公式令」に「諸国の印は、方二寸、京に上つる公文及び案、調物に則ち印せ」とあり、その印影は今日に残されている公文書や調布ほかにみることができる。鎰は巻八「倉庫令」に「公文を置かむ庫《くら》の鎖鎰《さやく》は、長官自ら掌《つかさど》れ。若し長官無くば、次官掌れ」とあり、鎖鎰の管理は諸国にあっては守（長官）か介（次官）が扱う決まりであり、管理は厳重を極めていた。「鎖鎰」は錠とこれを開ける鍵のことである。

天慶二年（九三九）謀叛を起こした平将門は常陸国府を襲撃して掠奪を行い、「印鎰を領掌」して「長官を追立」てると、次に下野国府を攻撃し、ほとんど抵抗をうけることなく国府を占領した。新任の国司藤原公雅と前司大

中臣全行（定行）は「先ず将門を再拝し、便《すなわ》ち印鎰を擎《ささ》げ、地に跪《ひざまず》いて授け奉」ったといわれる。さらに上野国府も占領し、介の藤原尚範から「印鎰」を奪ったとされる（『将門記』）。上野国は親王任国であるから、介が実質的に国府の最高責任者であった。印鎰を奪うことがその国の支配権を握ることを意味したのである。

ところが十一、二世紀、国司が任国に赴かない遙任が常態化すると、文書様式も「国符」から目代や留守所などが発給する「庁宣」形式に変わっていく。庁宣には国印が捺されなかったので、「印鎰」は実用性を失って国衙祭祀の象徴として残ったのであろう。中世諸国の国府に近い場所に「印鎰神社」があるのも理解できる。

下野国では印鎰神社は現存せず、国庁跡の西北約三キロの栃木市大宮町に「印役《いんにゃく》」の地名があり、印鎰を扱う役人が住居したとの地名伝承がある。また、『壬生領史略』に「印鑑山王権現　国府村にあり」と見えているが、これは栃木市国府町鎮座の日枝神社である。江戸時代に日枝神社を印鎰神社の後身であるとの伝承があったのであろう。『壬生領史略』に、宮野辺権現と印鑑山王権現は大神神社の「末社」であり、「両所共祭典室八嶋の社人勤之」と記している。惣社村鎮座の大神神社が宮目神社と日枝神社を末社とし、その祭祀を行っているのは、中世以来の三社のかかわりを伝えているようで興味深い。

二、中世の日光山

(1) 日光三所権現の成立と発展

日光三所権現の成立

中世になると、日光山は僧侶や修験が来住して一大宗教圏を形成している。男体山・女峰山・太郎山の三峰に対する信仰が発達し、日光三所権現と呼ばれるようになった。仏者による三所の体系は次のごとくである。

〈三山〉	〈三所〉	〈三社〉	〈三仏〉
男体山	二荒山権現	新宮	千手観世音菩薩
女峰山	瀧尾権現	瀧尾	阿弥陀如来
太郎山	太郎山明神	本宮	馬頭観世音菩薩

新宮・本宮・瀧尾の初出史料は、十二世紀末から十三世紀前半に認めることができる。『日光市史』史料編・上巻の「紀年銘文史料」によれば、建久二年（一一九二）の［銅製錫杖頭］に「滝尾御宝前」、建保四年（一二一七）の［古鐘］に「日光山権現御宝前」、建保五年の［中禅寺別所磬］に「男体権現」、安貞二年（一二二九）の［滝尾蒔絵手筥］に「女躰権現御宝前」とある。「新宮」は仁治三年（一二四二）の［新宮御器］に「日光山新宮」とあるのが初見であり、「本宮」は永仁五年（一二九七）の［男体山頂出土男体本宮金銅扉］に「男躰本宮」とあるのが初見である。十二世紀末〜十三世紀初頭までには新宮・本宮・瀧尾からなる日光三所権現という構成が成立していたのである。

この三所権現が盛んになるのは鎌倉末期以降である。正和二年（一三一三）阿闍梨宗海が日光三所権現の御影板絵を瑠璃宿に施入し、同五年、同じく三所権現の御影を行弁らが寒沢宿に納め、嘉暦二年（一三二七）深山宿に施入された三所権現御影像も伝存している。これらの御影像が修験の山中修行の道場である「宿」に掲げられたことは、日光修験の盛行とかかわりがあるのであろう。

三所権現誕生の機縁となったのは、承元四年（一二一〇）二四代座主弁覚の入山に求める説が有力である。『当山秘所并代々別当次第』（以下、『当山秘所』）に「当山ヨリ始テ難行苦行シマワリテ、熊野ヨリ下向畢」とあり、

近世の『両峰相承略伝記』に「此の師（弁覚）、但に両峰の苦行を修するに非ず。更に他山を渉り練行を成就し、明験を得て此の山に帰住す。所得の法を以て之を伝え、以て大法を補翼す」と見え、日光山の修行に他山（熊野山）の法を導入したのだと記している。奈良県吉野郡上北山村の「笙《しょう》の窟《いわや》」は古来から大峯奥駆の行場として知られており、多くの聖が窟籠した。かつてここにあった本尊不動明王像（現在の不動像は江戸時代の作である）の旧台座銘文に、寛喜四年（一二三二）三月、大先達法印弁覚が「故征夷大将軍右大臣家」（源実朝）の所願によって、その菩提に資するために造立したと彫付けてある。平安後期に熊野と吉野大峯山・金峯山をつなぐ大峯修行が盛行し、大峯入峰を重ねて「大先達」となった弁覚が、大峯入峰を願いながら亡くなった実朝の意思を果たしたというのである。この時、弁覚は日光山別当であった。弁覚が熊野三山にならって、日光に三所信仰を導入したとする所伝は信じてもよさそうである。

『当山秘所』は十四世紀前半の日光山の様相を知ることができる貴重な史料である。巻頭には「日光山神名御本地」として新宮・滝尾・本宮以下日光周辺に点在する堂社や山々の本地仏を記しており、「新宮男体千手、滝尾女躰中宮阿弥陀、本宮俗躰馬頭」とあり、十四世紀までに新宮（男体）の本地仏千手観音、滝尾（女躰中宮）の阿弥陀如来、本宮の馬頭観音という本地仏の体系が確立していたことがわかる。

この三仏の垂迹神を『補陀落山建立修行日記』は次のように記している。弘仁七年（八一六）勝道上人が中禅寺で念誦読経を行っていたところ、忽然として三人の神が出現した。「一人は天女の如く、その姿端厳にして美麗、玉冠・瓔珞を以て身を餝る。御齢三十有余り。一人は束帯、笏を把り衣冠を直せり。威儀端厳たり。年五十有余、髪黒白半ば也。一人は狩衣白袴を著し、武具を負い、形貌鮮白なり。歳十五六許」の三神が鹿皮を敷いて列座しており、周囲を「異類の神達」や眷属が取り囲んでいた。神々は勝道に自分達はこの所に鎮まる神で既に二〇八〇有余年を過ごしてきたが、以後は「公、本願として我が護法を成し、倶に人法を護り郡生を済し、尽未来際に至らん」と語ったとあり、三神の示現の様子が記されている。女神が滝尾女躰権現であり、五〇有余歳の

男神が新宮権現、一五、六許の男神が本宮権現であるが、とくに神の名は記されず、今日の祭神である新宮（男体山）＝大己貴命《おおなむちのみこと》、瀧尾宮（女峰山）＝田心姫命《たごりひめのみこと》、本宮（太郎山）＝味耜高彦根命《あじすきたかひこねのみこと》との記載はない。

この三柱の神は、十七世紀後半の『下野国日光山鉢石星宮御鎮座伝記』に「往昔神代以降大己貴命・田心姫命・味耜高彦根命、三神垂迹之地也」とあるのが初見とされる。奥書に文治六年（一一九〇）二月に日光山神主大中臣家満が誌すと記すが、高藤晴俊は輪王寺本の奥書などの検討から、伝記成立の時期を承応二年（一六五三）以降、元禄四年（一六九一）の間と推定している。正保三年（一六四六）に成った『神祇宝典』（尾張藩初代藩主徳川義直著。序文は新井白石の代筆）に「社家ノ説ニ云、本宮者建御名方神、新宮者大己貴命也。此ノ二神共ニ荒フル神也。故ニ二荒ト曰フ也。又高志沼河姫ヲ祭ル、之瀧尾権現ト号ス」と記し、新宮の大己貴命はおなじであるが、本宮・瀧尾の祭神を異にしている。この段階で、日光山側に祭神について異説があったのである。

大己貴命・田心姫命・味耜高彦根命という記紀神話に登場する神々は、江戸時代に有力となった社家大中臣氏に伝わる所伝であろう。『神祇宝典』の建御名方神は諏訪大社に祀られ、軍神・狩猟神として夙に知られていた。諏訪大社は中世、日光山と同体とされた宇都宮明神を兄神とする伝承がある。『神祇宝典』に載せる大己貴命・高志沼河姫《こしのぬなかわひめ》・建《たけ》御《み》名《な》方神《かたのかみ》の三神の組合せが、より古い形態をとどめているのではなかろうか。

延宝六年（一六七八）に瀧尾上人天祐によって編まれ、翌年に別所へ奉納された『瀧尾年中行事之大帳』によれば、慶長年中（一五九六～一六一五）日光山に入山した天海大僧正は三社権現の祭神を「当衆徒并社人」に問合せた。その際、天海は新宮の大己貴命、本宮の味耜高彦根命は「古記」にも見えて疑いなしとしたが、瀧尾・寂光は「往古より異説」があり一定しなかったので、天海は「瀧尾ハ田心姫命、寂光ハ下照姫命、其上面々家々之伝記如此記シ置候旨」を命じたという。こうして、現在の大己貴命・田心姫命・味耜高彦根命の構成が定まったのである。

小野氏と『日光山縁起』

中世の日光山には大中臣氏の所伝とは異なる『日光山縁起』に登場する神々も祀られていた。『日光山縁起』は真名本系・仮名本系など一〇数本が伝存しており、日光山と宇都宮大明神の縁起として知られている。

内容は、鷹狩好きのあまり勅勘を蒙った有宇中将が陸奥国に下向して朝日長者の娘朝日姫を娶ったが、都に帰る途次、病を得て亡くなった。冥途に赴いた中将は日光の山神になりたいとの前世の願で蘇生し、朝日姫との間に一子馬頭御前を儲けた。馬頭は中納言に出世し、やがて朝日長者の許に下り、一夜をともにした女性との間に一子を儲けたが、あまりに容貌が醜かったので都に住むことを許されず、奥州小野に住んで小野猿丸と称し、弓の名人となった。有宇はやがて神となり、下野国の鎮主（守）となったが、湖水（中禅寺湖）をめぐって赤城大明神と争った。神となった男体権現（有宇中将）とその妻の女躰権現（朝日姫）に招かれた猿丸は、百足に化身した赤城大明神の左眼を射抜き、日光権現を勝利に導いた。日光権現はその忠節に感じ入り、猿丸に太郎山大明神（馬頭）と共に山麓の一切衆生を利益する旨を命じ、この山の「神主」とした。のちに太郎山大明神は河内郡小寺山上に遷って「若補陀洛大明神」と号した（「若」は若宮のことで、別の場所に新たに勧請して祀った神社であり、宇都宮大明神は日光権現の分社ということになる）。

『日光山縁起』の後半は小野猿丸の活躍談である。猿丸は「ゆゝしき弓とり」であり、祖父有宇中将も「先生《ぜんしょう》に二荒山の猟士」であり、祖母朝日姫が猿丸を日光山に招き寄せた時は鹿の姿であったと記し、狩猟神としての性格を窺うことができる。猿丸は『神道集』巻五「日光権現事」に「唵佐羅麼」と記し、「宇都宮大明神代々奇瑞之事」には「温左郎麿」と見えている。

『拾菓集』に載せる「宇都宮叢祠霊瑞」は宇都宮明神の霊験談である。そこには「神敵を虐げし、猟夫が忠節の恩を憐れみて、恩愛の契も睦じく、孝行の儀も重かりき」と見え、猿丸が猟師であると記している。「値遇結縁のためにハ、あるひハ是を贄にかけ、あるひハこれを胙にそなふ」とも記し、宇都宮明神に鹿が贄や胙として供

えられたと狩猟神としての性格を明示している。

この中世神話を伝えていたのが、本宮と中禅寺の社職を務めた小野氏である。小野氏は日光山の「神主」＝小野猿丸の子孫であるといい、縁起は日光山における小野氏の正当性を伝えるために作成したのであろう。本宮と中禅寺は日光を開山した勝道ゆかりの社寺であり、小野氏は古代・中世をとおして日光山に奉仕したのである。本宮と新宮の拝殿の地は「綱木ノ里」と呼ばれ、「神主小野源大夫旧跡也」ともいわれた（『日光山満願寺勝成就院堂社建立記』）。天保四年（一八三三）に成立した『日光山志』巻之一には、

其二荒山と号する義の起れる濫觴ハ、当山の旧記に載たるを閲するに、上古より中禅寺の東北に当りて、大坑穴あり。是を称して羅刹崛と唱ふ。此大坑上古より有といへども、其名を名附玉ひし事ハ、開祖上人の時といへり。彼坑中より大凮吹出して、草木を倒し民屋を破隤し、国中を吹荒す事、春秋両度毎歳約したるが如し。衆庶是を患ふ。其後弘仁十一年、空海和尚登山せられし時、崛邊に於て辟除結界し玉ひ、山を号して日光と改められしより、年々の暴風も止、国中の人民も初て安堵の思ひを得たり。当山の社士小野氏の中禅寺の社職を兼務して、毎歳二荒の巖崛に到り、春秋二季凮しづめの秘法空海和尚より相承し、小野氏の家秘として修せし事、彼家旧記に載たる由なり。されど天和年中故有て其家断絶せしとぞ。

とある。ここに記す「当山の旧記」は『日光山瀧尾建立草創日記』である。本書の記載は空海が羅刹崛に結界を張って春秋二度の暴風をとどめ、この空海の秘法を相承する社家小野氏の由緒の古さを語っている。真言宗に勢いがあった平安時代は小野氏が有力であったのであろう。

小野氏が奉仕した本宮神社は馬頭御前を祀り、太郎山明神と呼ばれた。日光二荒山神社が蔵する真名本『日光山権現因位縁起』には、有宇中将（男体権現）の「骸を埋し所を本宮」として、本宮を有宇中将の墓所とする。続いて、朝日君（女体権現）の「死し給う所をは瀧尾と申す也」とあり、中納言（馬王）は「二来山（二荒山）に入り給て後垂迹、太郎大明神と現れ、親しく新宮に祝われ給」と記し、新宮が馬頭御前であったが「今は本宮に

御坐す也。其の後、男体権現を新宮に移し奉る」とする。有宇中将は最初本宮に祀られていたが、やがて有宇中将を新宮に遷し、本宮に馬頭御前を祀ったのだとして、本宮と新宮の神が入れ替わったとしている。林羅山の『二荒山神伝』も同様に「所謂男体本宮者男神也。瀧尾女体中宮者朝日姫也。新宮太郎明神者馬王也」とある。

日光山は「二荒山」とも呼ばれたように、古くは男体と女体の二神（男女神）を本宮と瀧尾社に祀っていた。本宮は勝道の開山以来の由緒を持ち、ほぼ現在地に祀られ、瀧尾も鎮座地に大きな移動はなく、麓には神宮寺があったとされる。平安期の日光山の中心は、本宮→開山堂（勝道の遺骸を荼毘に付した墳墓の地とされる）→瀧尾社を結ぶライン、稲荷川西岸の段丘上にあったのであろう。本宮は稲荷川の洪水の危険があったので、仏岩山の南麓に社殿を建立したとき、これを新宮とし、旧社を本宮と名付けたといわれる。新宮は何度かの移転を経て、建保三年（一二一六）に現在地に落ち着くが、その際に新宮に祀られた子神の太郎明神を本宮に遷し、新宮には親神である男体権現を祀る、つまり祭神の入替があったのであろう。本宮神主小野氏と新宮神主大中臣氏の間に社家職をめぐる争いがあり、後者が勝利した結果、男体権現が新宮に祀られるようになったのかも知れない。

(2) 平安後期・鎌倉時代の日光山

常行堂の建立

戦国末期に日光山の衆徒桜本坊宗安が著した『日光山往古年中行事帳』（以下、『年中行事帳』）によれば、勝道は出流山（栃木市）に籠り「天ノ明星」から三帰五戒を授けられた後、下野薬師寺の開山唐僧和尚の門弟となり（薬師寺で鑑真の弟子如意や恵雲に師事したことを指すヵ）、「律家ニ成ケル也」とある。勝道講は「律家之故ニ御酒不遣也」とか「律家ニ存ス故ニ禁戒也」とも記し、御供に酒は供されず、「御膳」であったという。また、『日

光山瀧尾建立草創日記』に、弘仁十一年（八二〇）空海が来山して瀧尾の地に寺を建立して瀧尾権現を勧請したと記し、『円仁和尚入当山記』にも「勝道上人、空海僧都の門流と定めて」とある。保延七年（一一四一）の藤原敦光の著作『日光山中禅寺私記』に、中禅寺山門に空海の「補陀洛山発心檀門」の額が掲げられていたとある。空海作の真偽は不明であるが、京ではそのように信ぜられていたのであろう。当初の日光山は「勝道ハ律家、弘法ハ真宗ナレハ、両流打交タル」様であった（『年中行事帳』）。平安時代後期頃までは、天台よりも真言の勢力が有力だったのである（のちに全山が天台宗に染まっても、瀧尾権現は真言の影響が強く残った）。

久安元年（一一四五）一五代別当光智坊聖宣によって常行堂が建立された。当初は「纔かの堂」であったが、徐々に「イミシク造立」されたといわれる（『当山秘所』）。保元三年（一一五八）の「常行堂検校法師聖宣請文写」（『輪王寺文書』）は、比叡山伝燈大法師寛朗から常行三昧堂で使用する五条の袈裟一四領を贈られた聖宣が寛朗に送った礼状である。聖宣はそのなかで、「本寺（比叡山）常行堂を模し、新たに以て当山（日光山）に建立」したのは、比叡山の法灯を日光山に継ぐためであるといい、さらに「台嶺学業の窓を恨み辞すと雖も、西方浄土の道を悦び催す」とも記し、比叡山における修行は道半ばで断念したが、念仏三昧の道を追求できることの喜びを書している。別当聖宣が常行堂を創建すると、やがて常行堂が最も重要な堂宇となり、日光山は真言の影響が徐々に駆逐され、天台宗が支配的地位を確立するようになる。比叡山の常行堂は、円仁が念仏三昧を修する道場として創建した施設であり、最澄の創建した法華三昧堂と並んで天台宗の法灯を継承する中心施設である。この常行堂を聖宣が日光山に遷座し、堂内には本尊の宝冠阿弥陀如来と円仁が唐からの帰途に感得したという摩多羅神が守護神として祀られた。建長年中（一二四九～五六）に二四代別当性弁が衆徒と対立して改易され下山した際に戦闘が起き、数ヶ坊が焼失し、常行堂と鐘楼も延焼したという。常行堂の再建は間もなく二五代別当尊家によって再建され、内陣の修補は次の別当源恵の代に完成したといわれる（『当山秘所』）。

元禄四年（一六九一）に成立した『日光山常行三昧堂新造大過去帳』（以下、『大過去帳』）には、「鳥羽院より、

御菩提のため当国薗部郷をもって常行三昧の供料に賜る」と見え、鳥羽法皇が冥福（誰かは不明）を祈って下野国薗部郷（栃木市）を常行堂に寄進したと伝えている。また、源義朝は「日光山を造るの功」によって下野守を重任され、頼朝は文治二年（一一八六）寒河郡の田地一五町を三昧田として常行堂に寄進しており、朝野の日光山、常行堂に対する篤い崇敬を窺うことができる。

日光三所権現の遷移

勝道は天平神護元年（七六五）日光山麓の激流大谷川を渡ると、そこに草庵を結び東隣に四本龍寺を建立し、二荒の山神を祀ったといわれ、これが日光権現社の濫觴である。以下、『当山秘所』に記された平安・鎌倉時代における日光三所権現の歴史を見ておこう。

最初に鎮座した地は稲荷川の洪水のために東岸が崩れる危険があったので、勝道の弟子教旻・千如等が相談し、のちに常行堂が建立された場所の後に移遷し、この社を「新宮」と名付け、四本龍寺にあった旧社を「本宮」に改称したという（『年中行事帳』は本宮建立の八五年後のこととする）。現在の本宮は貞享二年（一六八五）の建立であるが、本殿背面の扉を開けて二荒山を遙拝できる構造になっており、古い信仰の様相をとどめている。本宮は現在まで現在地に座してきたが、新宮は数度の転移を行っている。仁平三年（一一五三）聖宣がさらに山奥の金堂の東に遷し、五〇余年を経て、再び真智坊隆宣が常行堂の後に還座させた。ところが、隆宣が法華八講等を修したところ「事アシカリ気《ケ》レハ如何センナント、申折節、当別当聴入滅」したので、驚いた弟の別当弁覚が建保三年（一二一六）聖宣の故地でもある現在の社地に遷したという。碑文には「大勧進座主法橋上人位弁覚、大工伴国光、同国次、藤原則恒、小工廿九人、結縁衆数十人、任山者也」と記されていたという。

この頃は新宮の遷宮は「三十三年一度」とされ、仁平三年以前のことは不明とある。仁平三年、建保三年の社殿は板葺であったが、建治元年（一二七五）の遷宮で桧皮葺《ひわだぶき》に変更されたという。嘉元四年（一三〇七）の遷宮

は貫主（二六代別当源恵）が前年の春より来山していたが、「駿州兵乱」（北条宗方が連署北条時村を殺害した事件。宗方は駿河守であった）が起き、五月に鎌倉に帰り、翌年に再び入山して遷宮を執行した。七月三日に「事始」、八月二十一日が「御遷宮」であった。「有風流。終夜雨少ソヽク。衆徒・児、田楽・猿楽アリ。御中ヨリ神楽アリ。大野三郎・同四郎・肥後五郎等ニテ猿楽アリ。文武猿楽アリ」と、そのときの盛況ぶりを記している。

本宮の遷宮記事として残るのは、建武五年（一三三八）である。四月十四日の遷宮式は戌剋（午後八時）に始まり、夜半になると雲に隠れていた月も顔を出して、月明かりのもと別当の出御があり、稀代の神事となった。御留守賢信僧都・当会頭恵乗坊・次会頭法門坊・観妙坊による千部会（千部読経）があり、御供、錫杖と続き、田楽・大衆舞・神祇猿楽・延年舞などが催され、多くの見物衆で賑わい、「貴ト与面白相半也。非反言語」であったという。延年が終了する頃には「月西山ニ傾テ世間ノト〱トシテ万人下向」とある。「ノトノト」は長閑やかなさまである。

なお、瀧尾社の記載が『当山秘所』にみえないのは、瀧尾が真言宗の影響が強く、天台宗の支配がいまだ及んでいなかったからであろう。延宝六年（一六七八）に瀧尾上人教城院天祐が編纂した『瀧尾山年中行事』によれば、承応二年（一六五三）宮殿を再興した際に発見された棟札に「元久三丙寅年（一二〇六）四月十三日造立之」と記されていたという。天正二十年（一五九二）に瀧尾上人昌栄が編集した『瀧尾山旧記』にも、三月二十一日の空海の忌日に御影供が行われていたことが記されている。『瀧尾建立草創日記』は鎌倉時代の偽書であるが、そのなかに弘仁十一年（八二〇）日光山に来山した空海が白糸滝の辺りで「杉下」にト[卜]して庵を構え仏眼金輪法を修したとある。この杉が日光三所の神を象徴する「三本杉」である。三本杉は近世になっても「瀧尾権現出現し給ひし地」として神聖視され（『日光山志』）、『瀧尾山旧記』にも、瀧尾講の時に「七五三」を掛け、円鏡（鏡餅）三膳を供えており、瀧尾社が日光山の濫觴であるという古い歴史を語る残照となっている。

(3) 平安・鎌倉時代の日光山別当

平安時代の別当

『当山秘所』は千田孝明の研究により、慶長十四年（一六〇九）の写本であること、原本は十四世紀前半の作成であることが立証された。日光山の諸堂社の由緒、歴代別当の事績などが記され、十四世紀段階の日光山の伝承を知ることができる。一部に潤飾はあるが、凡そは事実をもとに記されているのであろう。以下、『当山秘所』から平安時代日光山の歴史をみておこう（『当山秘所』は勝道を第一代とするが、『大過去帳』は勝道の上足（高弟）教旻を初代としており、代数は後者による）。

勝道の跡を継いだ初代教旻から一〇代明覚までは、衆徒の中から「然るべき仁を各見計テ」別当に選び、「互いに譲り左右なくウケトラサリケリ。誠上古、尋常アリケルニヤ。智者を求めず、不高僧を賞ぜざるケリ。誠刻下結縄代似タリ」と、理想的な時代とされた。一二～一四代も「昔別当時似タリケル也」とあり、平安後期までは衆徒の中から争いもなく別当が選ばれ、日光山が外部勢力から独立した宗教勢力であったことを窺わせている。

一一代宗円は「当山座主。治三年。江州石山座主也。鳥羽院御宇、永久元年八月補任畢。是よりシテ漸又才出来乎」とあり、「才」（実力のこと）を以て選ばれた別当である。日光山で勝道系でない最初の別当である。宗円は粟田関白道兼の曽孫で、「宇都宮座主・宇都宮小田等祖」といわれる（『尊卑分脈』）。宗円の父とされる前讃岐守兼房は延久元年（一〇六九）六月に六九歳で亡くなっており（『土右記』）、兄兼仲は応徳二年（一〇八五）に四九歳で没し、もう一人の兄興福寺僧静（浄）範は、康平六年（一〇六三）成務天皇陵を壊し財宝を略奪した罪で伊豆に配流されている（『百錬抄』『僧綱補任抄出』）。

父と兄の年齢や活動時期から考えると、宗円は十一世紀後半～十二世紀初頭の人物であろう。『当山秘所』は

別当補任を永久元年（一一一三）とするが、近世（成立年不明）の記録である『両峰禅頂嶽々宿建立年数覚』（日光修験の回峰行の順路にある宿の修復記録）に、「嘉承二丙戌　禅頂宿大田和建立　右第十一代座主宗円御願主、意趣御内陣　御影之裏ニ記有之」とあり、宗円は嘉承二年（一一〇七）別当であったことになる。

一五代光智坊聖宣は別当職にあること四二年。今昔の故実に通じた「顕密達者」といわれ、「是よりして、当山に学文始まりける」と記された名僧である。聖宣の時代の日光山は大いに繁栄した。『兵範記』保元元年十二月二十九日条によれば、保元元年（一一五六）の除目《じもく》において、源義朝は「日光山を造るの功」によって下野守に重任《ちょうにん》（再任）された。義朝の任期一期目の仁平三年（一一五三）に新宮の遷宮が行われており、聖宣は義朝の支援を受けて常行堂の建立や山内の整備を行ったのであろう。

聖宣は寺務を弟子（嫡弟）の真智坊隆宣に譲り、隆宣が別当安堵の「神祇官符」を得るために上洛した間に、聖宣が入滅してしまった。これに乗じて、二弟（弟弟子）の恵観坊禅雲が別当職を奪い、帰山した隆宣の就任を認めなかった。隆宣は常陸国の武士大方政家の四男であり、兄弟一門を催して数百騎の軍兵を率いて日光山に攻撃を加え、禅雲は戦に敗れ余党と共に山を離れて深山に身を隠したという。隆宣は念願の別当に就任したが、今度は禅雲が会稽の恥を雪がんと「骨肉」（一族）の那須氏やこれに味方する塩谷・宇都宮の軍勢数千騎とともに日光山を猛攻してきた。隆宣は山菅橋を落として防戦したが、搦手の瀧尾方面を突かれて敗北し、わずか半年で日光を追われ、禅雲が再び別当職に返り咲いたという。隆宣はその後、本山（比叡山）に登り、学生と堂衆が争った時に学生方として高名をあげたといわれる。この抗争は治承二年（一一七八）九月のことで、比叡山が疲弊する因となった有名な事件である（『平家物語』巻二）。隆宣の活躍は比叡山でも語り継がれるほどであったが、間もなく「治承ノ頃、是ヲ離山アリケルニヤラン」すなわち叡山を離れたという。

聖宣の時代は下野・常陸武士の子弟が衆徒坊に入門し、生家の力を背景に山内で影響力を増大させた。聖宣の弟子の隆宣と禅雲もそうした僧侶であり、聖宣が寺務を隆宣に譲与したことに禅雲が反発し、生家を巻き込む抗

争となったのである。聖宣は日光山を大いに発展もさせたが、一方で山内に武力が持ち込まれる契機をつくった。その武力の優劣が別当争いを決着させたことは、結果として日光山の武装化に拍車をかけることになった。

鎌倉幕府と別当

鎌倉幕府を創始した源頼朝は、禅雲を改易して一八代別当に観纏《かんてん》僧都を補任した。『大過去帳』は寿永元年（一一八二）としている。ところが、観纏は拝堂の際に御簾を半分しか上げずに対面したとして、衆徒が大いに立腹し、わずか「一両月」で離山に追い込まれた。観纏は頼朝の「御外戚叔父」とある。熱田大宮司藤原範忠の子に「額田僧都寛傳」がおり（『尊卑分脈』）、観纏と同一人とされる。寛傳の妹は下野の有力御家人足利義兼の母であり、叔母は頼朝の生母である。日光を下山した後、三河額田郡に住して「額田僧都」と呼ばれたという。愛知県岡崎市にある滝山寺の国指定重要文化財木造聖観音菩薩立像と梵天・帝釈天立像は運慶の作とされ、寛傳が頼朝の三周忌に完成したと伝えられている（『滝山寺縁起』）。

寛傳は「仁和寺」の僧であったので、天台系の日光山衆徒に受け入れられなかったのかも知れない。当時の日光山は一山衆徒の力が強く、幕府が任命する別当の就任を拒むだけの勢威を持っていたのであろう。御家人の相続は譲状を幕府が安堵（追認）するのが通常であり、日光山の諸職もこれと同じように、相続に幕府が関与することはせず、各坊の譲状による相承で行われたのであろう。観纏の別当就任はこのルールを乱すことになり、衆徒が反発して幕府の意図は成就しなかったのかも知れない。

『大過去帳』は次の一九代覚智の就任を文治元年（一一八五）とする。これが正しければ、三年ほど別当不在の時期があったことになる。この混乱に乗じて日光山に触手を伸ばしたのが宇都宮朝綱である。朝綱は祖父大法師宗円が別当に補任されたことや、父下野権守宗綱が「神祇官之符」によって「俗別当」に補された先例があると称し、観纏の闕に補任されるべしと主張したので、頼朝は「例証に背き難き」として俗別当に補任したとある。

ところが、衆徒一同は「俗別当その謂われなし」と訴訟におよび、朝綱はまもなく改易されたという。

朝綱のあとは、理光坊覚智・三融坊静覚・三融坊文珍と三代にわたり衆徒出身の別当が就任した。一九代覚智の時代、文治二年（一一八六）九月、頼朝は寒河郡内の田地一五町を「日光三昧田」として常行堂に寄進している（『吾妻鏡』）。観纏の下山や朝綱の俗別当問題など幕府の失点が続いており、この寄進も宗教的動機だけでなく、政治的判断もあったのかも知れない。文治五年七月、奥州藤原泰衡征討の際に安達藤九郎盛長を祈祷のために派遣したというが、これも頼朝が日光山を重視したことのあらわれである。この時期の日光山は、幕府も無視できないほどの宗教的権威と武力を有していたのである。

二一代文珍は隆宣が「理運之子細」を申したので治山四年で改易され、隆宣が建久年中（一一九〇～九）別当に還補された。寺務は三年とされる。隆宣は頼朝の信任があり、建久二年二月に鶴岡八幡宮供僧に補任され（『鶴岡八幡宮寺供僧次第』）、以来、その名が『吾妻鏡』に散見する。隆宣は頼朝の祈祷僧であり、隆宣の別当就任にともない、幕府の日光山への影響力は一段と強化されたと思われる。ところが、隆宣は弟子が日光山中で鹿を射る殺生をしたことを衆徒が問題視し、改易されて鎌倉二階堂に籠居したといわれる。『大過去帳』はその時期を正治三年（一二〇一）としているが、『吾妻鏡』によれば、隆宣は建仁二年（一二〇二）一月九日条に「日光別当真智房法橋」と初見し、承元二年（一二〇八）十二月十七日条にも「八幡宮供僧一和尚兼日光山別当也」と見えており（「一和尚」は供僧の一番の上席を意味する）、改易されたとしてもその時期はもう少し後のことであろう。隆宣はその後も幕府の様々な法会の導師を勤仕し、承元二年十二月十二日の鶴岡神宮寺の開眼供養、同三年十月十三日の頼朝の追善供養の導師を務め、『吾妻鏡』から活動時期を建保元年（一二一四）十二月四日条まで確認できる。『当山秘所』によれば、隆宣は「八ヶ国惣講師」となり、建久九年相模川の橋供養の導師を務めたといわれる（この供養に臨んだ頼朝は帰路に落馬したのが原因で、翌正治元年一月、鎌倉で没した）。

建仁三年十月、幕府は「世上無為御奉賽」のため「鶴岳并二所・三嶋・日光・宇都宮・鷲宮・野木宮以下諸社」

に神馬を寄進した（『吾妻鏡』）。二代頼家が北条時政・政子によって伊豆修禅寺に押し込められ、実朝が鎌倉殿になった直後のことであり、幕府の平穏を祈願しての神馬奉納であった。

隆宣が改易された後に別当となった二二代実蓮坊相弁は「讃岐守一家」（讃岐守は実名不詳）とあるが、実朝から「事ナクシテ」改易されたという。将軍実朝が瘧病《ぎゃくびょう》（おこり）を病んだ時、隆宣の弟但馬法印弁覚が治癒したので、上野国の「大ナル庄」（庄名不詳）が与えられた。弁覚が喜んで二階堂の隆宣に報告したところ、隆宣は「会稽恥ヲス、カヌカ」と激怒し、御教書を弁覚の顔に打ち当てた。弁覚も「サル事在ソカシ」と思い、実朝に「所存フカク有事」を申し出、別当に補されたので、隆宣に寺務を任せたという。『吾妻鏡』承元二年二月十日条には、実朝が疱瘡に罹り心神を悩ませたが、二十九日に平癒したとある。祈祷僧の名は記されていないが、弁覚としても矛盾はない。かくして承元三年、弁覚は二三代別当に就任し、治山期間は四二年の長きに及んだという。最初の三年は隆宣が代行したので、弁覚は正別当でありながら「権別当」のようであったといわれる。弁覚が居住した光明院は弁覚が聖宣・隆宣の菩提のために建立し、宣旨により日光山の本坊となった。弁覚は新宮社殿、三重塔、経蔵の造営、金堂の再興や中禅寺の諸堂社の造営など日光山の整備に尽力した。『大過去帳』にも、この代は「神社仏閣悉ク甍・宝珠を並」べる繁栄をし、後世の人から「当山本房中興元也」と称えられたという。延応元年（一二三九）七月、「男体権現宝前」に施入された経箱に「法眼弁□」とあるのは弁覚であろう。

弁覚は武人としての一面を和田義盛の乱においてみせている。『吾妻鏡』建保元年五月三日条に「日光山別当法眼弁覚、俗名大方余一、弟子同宿等を引率し、町大路において中山太郎行重と相戦い、小時して行重逃奔る」とあり、同十日条には、御所に召された弁覚は実朝から「僧徒の身として戦場に赴き忠節の至り、尤も感じ思食さるの由」とあり、鎮西土黒庄を拝領したとある。また九月十九日条によれば、弁覚は鎌倉に使者を送り、「故畠山次郎重忠末子大夫阿闍梨重慶、当山の麓に籠居し牢人を招き聚む。又祈祷して肝胆を砕く事あり。是謀叛を企るの由、異議なき歟の由」を報告した。弁覚は鎌倉犬懸谷にも居館を構えていたが（『吾妻鏡』寛元三年三月

十六日条)、この時は日光にいたのであろう。日光山麓は日光山神領が拡がり、幕府の支配は直接及ばず、弁覚は和田の乱後の治安のため日光山に下向していたのであろう。

弁覚は建長三年(一二五一)八月四日、押原御所(鹿沼市)で入滅した。その後は弁覚の従弟(『秀郷流系図』の一本では弟)の性弁阿闍梨が二四代別当となった。同五年八月、中禅寺宝殿と末社の修復が行われたが、その時の別当は性弁である(『旧記』)。その後まもなく、性弁は衆徒の訴訟で改易された。『当山秘所』は性弁の改易を「衆徒等山を一円に進退して、別当有ましき由の訴訟の時、本意に預かり成敗して退散の時、焼け数ヶ坊宇の時、余煙遁しめ難し。当堂并に鐘楼焼け畢」と記している。意味は必ずしもはっきりしないが、性弁の経歴を考えると別当補任も幕府の主導で行われた可能性が大きく、それに対する衆徒等の抵抗があったのかも知れない。性弁は「山を一円に進退」した衆徒を「成敗」して下山し、その際に常行堂や鐘楼が焼亡したというのである。

建長五年十月、性弁の後任別当となったのが二五代尊家法印である。尊家は従三位藤原顕家の子である。西山宮道寛親王(後鳥羽天皇皇子)の執事として訴訟のため関東に下向したが、北条時頼から「顕密智法」を見込まれ、そのまま鎌倉に住居し、鎌倉勝長寿院別当に任命され、日光山別当(光明院主)も兼任した。勝長寿院は大御堂とか南御堂とも呼ばれ、元暦元年(一一八四)頼朝が父義朝の菩提を弔うために建立した寺院であり、源氏の菩提所である。尊家は『吾妻鏡』には「日光法印」として所見している。

それまでの別当の経歴から考えると、上層貴族の出自である尊家の就任は異例である。前述したように、日光山の内部に幕府の支配は直接及ばなかったが、弁覚のように御家人が別当であれば鎌倉殿との間に人格的な結合関係があり、別当を介して影響を行使することは可能であったろう。しかし、別当は衆徒の中から選ぶのを故実として、幕府は追認するだけに過ぎず、無理に別当を送り込めば、日光山との間に軋轢を生じかねなかった。その点、尊家は衆徒とは異なる高貴な身分であり、しかも鎌倉在住なので、衆徒からは受け入れやすかったに違いない。尊家は幕府の期待に充分に応え、文永四年(一二六七)三月、常行堂の条文を定め置いている(『輪王寺

文書』）。全文二二条からなるこの規定は、法会の不参禁止、欠勤した場合の懲戒、月行事などの役割、見衆の腰刀および六和尚の布衣の禁止など、日光山の最高決議機関である常行堂に出仕する僧侶の秩序を明確化している。尊家は性弁が下山する際に焼失した常行堂の再興にも尽力し、学頭・大工・画師らを本山比叡山に派遣して「指図」を写して修造させた。その時期は『当山秘所』に、「文保元年丁巳ヲ至テ、才六十四年歟」とあり、尊家が別当に就任した翌年の建長六年である。なお、内陣が完成したのは次の二六代別当源恵の代である。法華堂も同様に比叡山の指図のとおりに、正応年間（一二八八〜九三）に修造されたといわれる。

尊家の後は四代将軍藤原頼経の子大僧正源恵が就任し、徳治二年（一三〇八）十月二十日入滅するまで在職した。源恵は正応五年（一二九二）九月、日光山別当として初めて天台座主にも補任されており（『勘仲記』）、日光山は尊家・源恵の二代にわたり、「シツマリ、里中穏カ也」とされる安定時代に入ったのである。

弘安七年（一二八四）八月、幕府は引付に対し「近国諸社の修理、御祈祷、訴訟、御寄進所領等」を「一番伊豆・宇都宮、二番　三島社・熱田・六所宮、三番　鶴岡・鹿島・香取、四番　諏訪上下、五番　日光・筥根」の五組に分け申し沙汰することを命じた（『中世法制史料集』第一巻・第二部）。「近国」とは幕府が直接支配する東海道・東山道であり、これらの諸社は幕府の祈祷所としてとくに重んぜられた。日光山はこうした神社の一社として、下野国では宇都宮大明神とともに幕府から特別な崇敬・保護を寄せられたのである。

源恵以降の別当は、仁澄（七代将軍惟康親王の子）・道潤（関白二条良実の子）・聖恵（惟康親王の子）と、皇族将軍の一族や摂関家出身者が相ついで就任した。歴代別当は日光山中の光明院主であり、鎌倉の勝長寿院別当が兼任し、幕府の法会などで導師を務め、鎌倉に居住した。勝長寿院別当は天台座主を輩出するなど天台宗の最高権威であり、別当不在の日光山は衆徒の座禅院住侶が光明院の留守居となり、権別当として寺務を代行したのである。幕府は別当の政治的、宗教的権威をも利用して、日光山にたいする影響力を強化していったのである。

下野武士と日光山

宇都宮氏や大方氏は一族中から別当を出し、日光山と直接的なかかわりを有してきたが、その他の下野武士も堂塔や仏像・太刀などを寄進し、崇敬を寄せたことが知られている。

『当山秘所』によれば、源頼朝が建立した金堂(三仏堂)の本尊千手観音像及び二十八部衆は結城七郎朝光が、阿弥陀如来像は笠間長門前司時朝が、馬頭観音像は時朝の女が寄進したものである。朝光は小山の一族で、下総国結城を名字とする有力御家人、時朝は宇都宮氏の分流であり、宇都宮大明神の本尊馬頭観音は時朝の造立である。また光明院の本尊阿弥陀三尊と不動毘沙門はもとは「押原千手堂本尊」であったという。「押原」は鹿沼市押原にあった「押原御所」のことで、日光山が山中の外に置いた唯一の別所であり、弁覚の逝去地であった。

建保四年(一二一七)「左衛門尉藤原政綱」は妻子の息災延命を願って「日光山権現御宝前」に梵鐘を寄進した。この政綱は『当山秘所』に弁覚の兄とある「関衛門政綱」のことであろう。政綱は和田義盛の乱において、兄弟の大方政直が和田方として討死した後、家督を継いだ人物である。『吾妻鏡』にはこの時期、「関左衛門尉政綱」の名が所見している。また、『旧記』によれば、建保六年七月、小山左衛門尉朝政が結縁の檀那として中禅寺宝殿を造立したとある。朝政は下野国守護職を務めた幕府の宿老であり、結城朝光の長兄である。

藤原姓足利氏の分流戸矢子有綱の子孫は、佐野市から栃木市の山間地帯の戸矢子保・木村保・佐野庄に繁衍している。この一族も日光山とのかかわりが深く、建保五年四月、千日行人実幸が願主となり中禅寺の御殿一宇を建立したが、佐野国綱・景綱・宗綱・親綱父子らが結縁檀那として名を連ねている(『旧記』)。また、日光二荒山神社境内の俗称化灯籠(青銅製灯籠)は、銘文によれば、正応五年(一二九二)三月「鹿沼権三郎入道教阿」とその室「清原氏女」が新宮に寄進したものである。『下野国誌』所収の『佐野系図』に、佐野三郎左衛門尉実綱の六男鹿沼六郎右衛門尉行綱の子の勝綱に「鹿沼権三郎入道教阿」と傍注のある人物のことであろう。日光二荒山神社が所蔵する重要文化財の金銅沃懸地太刀(抜丸)は、銘文によれば、建治二年(一二七六)佐野安房兵衛

次郎藤原氏綱が中禅寺御宝殿に施入したものである。

こうした行為を宗教的側面だけで理解するには無理がある。「日光山本坊并惣徒旧跡之記」（『大過去帳』）に「当山三十六房并部屋坊・廿五坊都六十一房也。住持ハ代々隣国之城主ノ二男・三男、一家一族等ノ以子息附属ノ弟子トス」と見え、多くの下野武士の一族や子弟が日光山の坊に入坊していたという。この事実は、日光山と武士のかかわりが世俗的であった可能性のあることを示唆しているであろう。

(4) 室町時代の日光山

鎌倉府と日光山

鎌倉幕府の滅亡（一三三三）、観応の擾乱（一三五〇～五二）、そして南北朝の対立抗争（～一三九二）と、十四世紀に相ついだ動乱は日光山に大きな影響をあたえた。日光山では、鎌倉後期の仁澄以来摂関家や皇族出身の別当の時代は、守邦親王の子三二代守恵僧正が永和四年（一三七八）に没したことで終焉した。

南北朝から室町時代初期の日光山が外部勢力とどのようなかかわりを有していたかは不明である。南北朝時代の日光山はその残存する史料に南朝年号がほとんどみられないことから、北朝方であったとされる。南朝も後醍醐天皇皇子尊良親王の子良恵僧正を別当に任命しており（『華頂要略』）、強大な武力と宗教的力を有する日光山の帰趨は両勢力にとって大きな問題であったに相違ない。

日光山が再び歴史の舞台に登場するのは幕府と鎌倉府の対立の中においてである。三五代別当満守は鎌倉公方氏満の子で、三代将軍義満の猶子である。応永五年（一三九八）三代鎌倉公方となった満兼が日光山を掌握するために弟の満守を補任したのであろう。満兼は応永六年に弟満貞・満直を南奥に派遣し、稲村御所・篠川御所を

称した二人は鎌倉府の勢力扶植のために活動した。満守の別当補任もこの前後の時期であったのではなかろうか。輪王寺所蔵の重要文化財「紺紙金泥般若心経」は、裏書から応永十三年十一月に「左兵衛督源朝臣満兼」が奉納したものであり、満兼と日光山のかかわりを伝える史料である。

満兼が応永十六年に死去すると、嫡子持氏が家督を継ぎ、四代鎌倉公方となった。二十五年、一条経嗣の子で、将軍義持の猶子となっていた法印持玄が勝長寿院および日光山別当（光明院主）となるべく鎌倉に下向してきた（『輪王寺文書』『看聞御記』）。持玄の在任期間の前半は幕府と鎌倉の関係は安定していた。応永二十三年に起きた上杉氏憲（禅秀）の乱は幕府の支援を得た持氏方が勝利した。ところが、二十九、三十年に持氏が宇都宮持綱ら京都扶持衆を殺害したことを機に、両者の関係は険悪となっていく。三十二年に義持が死去し、後継者に義教が選ばれ六代将軍に就任すると、両者の対立は決定的となった。持氏は将軍職を望んで、これを諫めた関東管領上杉憲実を除こうとして、永享十一年（一四三九）逆に将軍義教によって討伐された。永享の乱である。この混乱のなか、持玄は帰洛したものと思われ、光明院が日光全山を支配する時代は終焉したのである。永享の乱において自害した鎌倉公方足利持氏の遺児安王丸・春王丸は「近習の人々」が「日光山へおとし申」たといわれる（『鎌倉大草紙』）。安王・春王が身を寄せたのは顕釈房とされるが、ここは「住持代々結城・小山ノ一家ヲ以テ附弟トス」とあり（『日光山本坊・惣徒旧跡之記』）、結城氏とも関係のある衆徒坊である。日光山の武力を期待して逃れてきたのであろうが、やがて、安王・春王は「こゝの禅院かしこの律寺に一夜二夜をあかしあかし、世上のさまをかくれ聞て」（『鎌倉大草紙』）、永享十二年三月、常陸木所城（茨城県桜川市）で挙兵した。間もなく、二人は結城氏朝に迎えられ結城城に入ったが、翌嘉吉元年（一四四一）結城城は落城し、氏朝は自害、安王・春王も捕えられ、美濃金蓮寺で将軍義教の命で誅殺された。『東寺執行日記』に「結城以下頸又日光山別当等廿九、五月三日上洛、六条懸之」と記してある。この京都六条河原に首を曝された「日光山別当」が何者かは不詳であるが、持氏によって任命された持玄の後継者である可能性がある。

持氏が殺害されたのち、鎌倉公方となったその子成氏は、やがて関東管領上杉憲忠を謀殺して幕府の討伐を受け、享徳四年（一四五五）下総国古河に移り、以後、成氏とその後継者は古河を御座所としたので古河公方と呼ばれることになる。成氏には、勝長寿院門主成潤と若宮（鶴岡八幡宮）社務定尊の二人の弟がいた。成氏は上杉の家臣長尾景仲らと対立し、一時江の島に動座したが、宝徳二年（一四五〇）五月十二日、管領畠山持国に書状を送っている。その書中に「勝長寿院門主・若宮社務」が成氏の許に帰参したと記してある（『鎌倉大草紙』）。この段階で成潤と定尊は成氏と行動を共にしていたのであろう。これ以降、定尊は成氏の古河下向にも同道し、終始古河公方を支えた。一方、勝長寿院（大御堂）別当成潤は、成氏が上杉憲忠を殺害し、幕府の追討を受けると、康正二年（一四五六）幕府の懐柔で鎌倉を出奔し、日光山に入り陣を構え成氏に対抗する姿勢をみせた（『鎌倉大草紙』『武家事紀所収文書』）。年号不詳の二月五日付の那須越後守（資持）宛の成氏書状には「日光浄月坊以下落人等知行辺徘徊候」とあり（『那須文書』）、成潤の与同者の那須周辺での活動を認めることができる。

『大過去帳』によれば、光明院主が別当として日光山を統制する体制は持玄で廃絶し、三七代昌瑜からは座禅院主が権別当・御留守として、山内を支配するようになったとある。四〇代成潤は「御留守成潤法印　大御堂別当、持氏五男、長禄二年（一四五八）ヨリ寛正元年（一四六〇）マテ当山光明院三年兼帯。早世」とある。「早世」とあるので、成潤は間もなく成氏との対立のなかで死亡したのかも知れない。成潤と成氏との劣悪な関係を考えると、別当に正式に就任した可能性は低いのではなかろうか。

座禅院主の台頭

応永・永享期になると、日光山では衆徒坊の一つ座禅院が光明院の留守を預かり、「光明院御留守」を称した。応永年間の三七代昌瑜以降、徐々に力を蓄えて、昌勝→昌継→昌宣→昌源→昌顕と続く間に支配的立場を確立する（御留守は『当山秘所』の建武五年条に「御留守賢信僧都」と見えるのが初見である）。

応永二十一年（一四一五）常行堂が大破すると、その修理費が日光山領に賦課され、領民の抵抗運動が起きた。このときの関連文書の一通と思われる「某書状（断簡）」が『輪王寺文書』に載っている。この書状は鎌倉府か日光山別当が「日光山見衆」に宛て、衆徒が「談合」して解決するように座禅院主の「昌勝僧都方」に命じたものである。永享三年（一四三一）常行堂の重宝皆水精念珠が衆徒櫻本坊によって山内から持ち出される事件が起きると、衆徒間に対立が生じ、鎌倉府に問題の解決が要請され、「公方御沙汰」で決着を見るということがあった（『輪王寺文書』）。これらの問題で座禅院主が積極的な役割を果たした様子は認められない。

現在、日光市匠町の浄光寺所蔵の銅鐘は、長禄三年（一四五九）十二月、古河公方成氏の本願で本宮権現に奉献されたものであるが、その銘文に「当将軍源朝臣成氏　御留守権大僧都法印座禅院昌継　惣政所法印西本坊昌宣」とある。梵鐘は成潤の反乱が終結した直後に造立されたのであろう。日光山に影響を有した成潤の失脚により、古河公方足利成氏による支配が強化され、古河公方に味方した座禅院昌継は御留守の地位を確立し、部屋坊の西本坊を「惣政所」として日光領を管理させたのである。日光領は別当の直轄領と衆徒領からなっており、段銭以外にも法会の用途などが賦課されていた。西本坊昌宣は座禅院主になると、惣政所を兼ね、座禅院の地位は安定し、暫くの間は日光山は平穏な時代が続くが、やがて関東は戦国時代となり、日光山も巻き込まれていく。

⑸ 戦国時代の日光山

十六世紀前半の日光山と外部勢力

永正三年（一五〇六）古河公方足利政氏とその子高基の対立が表面化し、高基は古河から宇都宮に逃れた。以来、下野国は動乱の時代に入る。宇都宮氏では重臣芳賀氏が台頭して主家と対立し、「宇都宮錯乱」と呼ばれた

内訌に発展する。永正九年の宇都宮成綱による芳賀高勝の殺害、大永三年（一五二三）には結城政朝に敗れた宇都宮忠綱の鹿沼への没落、後を継いだ興綱と芳賀高経との確執、そして天文三年（一五三四）の高経による興綱の幽閉と俊綱の宇都宮当主就任と、数十年にわたる混乱が続いた。

この時期、下野国で勢力を伸張したのが下総結城氏である。足利高基を支援した結城政朝は永正十一年、宇都宮氏の求めで宇都宮領竹林に出陣し、足利政氏方の佐竹・岩城勢と合戦し撃退した。政氏を小山祇園城に迎えていた小山氏は窮地に陥り家内は混乱したが、当主成長が高基側に転じて危機を乗り越えた。やがて、結城政朝は宇都宮氏の内訌に乗じ、芳賀高経を支援して宇都宮俊綱と対立した。そして、享禄四年（一五三一）頃に結城政朝の子で、小山政長（成長の子）の養嗣子となっていた高朝が小山家を継いだ。政朝とその子政勝時代の結城氏は小山氏を影響下に置き、両氏が連携して宇都宮氏と対抗し、結城氏は北関東屈指の大名に成長した。

こうした下野国内の動乱に、有力な武装勢力である日光山が無縁であったとは思えない。永正、享禄年間の権別当は若年の結城・小山氏出身の若王丸・沙弥丸であり、二人は剃髪をせずに権別当・座禅院主に就任しており、日光山にとって異例の時代であった。

江戸期の記録である『大過去帳』は、権別当の就任順序を沙弥丸（四五代）→若王丸（四六代）としている。大永二年（一五二二）「小山城主子息」の沙弥丸は得度をしないで八歳で権別当に就任し、治山四年で早世したと記され、つぎの「結城一族」若王丸も同じく得度をせずに大永五年に就任し、享禄三年（一五三〇）五月に早世したとある。中世日光山の史料はもともと少ないうえに、沙弥丸・若王丸の両権別当は在任期間が短く、残る記録はさらに少ない。確実な記録としては、日光山一坊の記録『両峰禅頂嶽々宿建立年数覚』に、永正十八年（一五二一）両峰宿深山巴宿が「座禅院若王丸」を願主にして壬生下総守綱房によって再建されたとある。『常行堂供養之次第』には、享禄二年（一五二九）三月二日の「月次曼荼羅供」で演じられた「延年之舞」は「能之物衆五十余人」とあり、一番から八番の演目中、一・三・七番のシテを務めたのが十二歳の「御留守沙弥丸」である。

幼少であったので、「家風之童共」が相交じった稚児舞として演じられた。この二例のみであるが、『大過去帳』の沙弥丸・若王丸の在任は、若王丸→沙弥丸とするのが正しいであろう。若王丸・沙弥丸の座禅院主就任には、当時下野に勢力を拡大していた結城政朝の意思が強く反映した可能性が大きい。大きな軍事力と宗教権威を有する日光山を支配下に置き、結城氏の勢威は大いに高まったことであろう。

大永三年八月、結城氏朝は宇都宮氏の内紛に干渉し、芳賀高経を支援して宇都宮忠綱を宇都宮領の猿山で破った。宇都宮城は結城方によって占領され、忠綱は鹿沼城に逃れた。当時の鹿沼城主は壬生綱重であり、忠綱が頼ったのは「宿老」の壬生氏であった。壬生氏は宇都宮氏の分流であり、宇都宮当主の偏諱である「綱」字を付しているが、壬生氏の歴代当主は綱重→綱房→綱雄と「綱」字を名前の上に付けており、宇都宮一族としては一段低い地位にあり、宇都宮宿老中の新興勢力であった。壬生氏が史料に初見するのは、連歌師宗長の紀行文『東路の津登』である。永正六年（一五〇九）壬生と鹿沼に立ち寄った宗長は、壬生において壬生氏三代中務少輔綱房の亭を訪れ、鹿沼では「綱房父筑後守綱重」の館に一泊し、二人と共に日光山に参拝している。綱重は「子むまご類ひろく栄えたる人」とあり、壬生氏の繁栄ぶりが記されている。綱重・綱房の時代、壬生氏は壬生・鹿沼地方を領し、日光山にも一定の影響を有していた。

忠綱が逃亡先に選んだ鹿沼の城主壬生氏は、この時期、結城氏と対立しておらず、結城氏出身の御留守のもとで、日光山ともかかわりを有し、惣政所となり日光山領を管理するようになる。永正十八年、「壬生下総守綱房」は若王丸のもとで深山巴宿を再建し、享禄三年（一五三〇）には檀那として紺紙金泥妙典六十六部の一部を日光山瀧尾御宝前に奉納している（『輪王寺文書』）。天文三年（一五三四）の鹿沼今宮造立棟札にも「御神領惣政所壬生下総守綱房」「綱房第二男年数十七　当御留守座禅院昌膳阿闍梨」と見えている（『押原推移禄』）。このときの綱房は日光山領の支配や所務の責任を担う「惣政所」として所見し、綱房の二男昌膳は一七歳の若さながら、四七代座禅院主に就任し、日光山機構の事実上のトップになった。若い若王丸・沙弥丸の時代に着実に力を蓄え、

沙弥丸の次の御留守・座禅院主に一族の昌膳を送り込み、日光山に強い影響を及ぼすようになる。

昌膳の乱

この御留守四七代権別当昌膳が起こしたとされるのが昌膳の乱である。昌膳の乱については江田郁夫の詳細な研究があるので、以下、それを参考にしながら見ておこう。

昌膳の乱の史料はほとんど残っていない。わずかに、『年中行事帳』の入峰に関する記述に「昌膳乱ニ下方衆悉取除、無好者計坊ヲ抱候間、古跡ニ指之、于今勤役非分也」（昌膳の乱で「下方衆」が排除され、坊が好ましくない者を抱えるようになったので、「古跡」に宛行ったところ、勤役が不都合になった）とある。また「天台大師講」や「大勧進」の「御饗」は下方衆が「人体役」として勤役してきたが、「昌膳乱」以後は「代物を以て饗料を納申す」ように変更されたとある。昌膳の乱が日光山に動揺を与えたことが窺われる。昌膳の乱が起きた年紀は天文八年か九年とされる。延宝七年（一六七九）瀧尾上人教城院天祐が瀧尾権現別所へ奉納した『瀧尾参籠之大帳』に、天文六年（一五三七）三月三日「赤字如法経全部奉納、金剛経全部　御留守居法印昌膳寄進」とあり、同十二年三月三日「赤字如法経全部奉納、三宝之掛物一服　座禅院昌歆寄進」とあり、天文六年から十二年の間に権別当は昌膳から昌歆に交代している。さらに『大念仏結願事』に「天文九年庚子八月九日書之　大乱故、悉く元の古実を調え、六人にて勤め畢」（大乱があったので、故実を調査して元の如く六人で勤仕した）とみえ、昌膳の乱が天文九年前後にあったことが看取できる。

昌膳の乱で除かれた「下方衆」は「一坊」の修験であり、晦日・花供・夏の峰禅頂頭役を輪番で務めていた。『日光山堂社記』によれば、近世の一坊は堂衆・比衆・行徒・古跡からなっていた。「一坊ハ山伏ト称スト云トモ皆清僧」であり、寺格は「堂比衆・行徒ト三段ニ分テリ。其三段ノ寺ノ内へ新入一代限ノ者ヲ古跡ト云」とある。古跡になるには、先達として入峰回数四回が必須の条件であり、最下層の「小山伏」は「諸別所小聖・籠衆或ハ

諸堂承仕或ハ寺々同宿等ノ輩」のことである。別所に仕える小聖・籠衆や常行堂・法華堂の承仕は『年中行事帳』にも散見し、様々な法会の補助や雑役に従事している。また、「昔野口ノ山王ニ廿一坊アリ。山中へ登児ヲサへ侍故ニ、三百坊衆打立テ退治畢」とあり、入峰をめぐり「野口ノ山王」と「三百坊衆」の間に抗争があったとも記している。「野口ノ山王」とは、野口（日光市）に鎮座する生岡山王社である。勝道が日光を開山する以前に修行した地とされ、山王社は慈覚大師が勧請したと伝え「生の峰」と呼ばれた峰修行の宿があった。「三百坊衆」は日光山一坊のことである。昌善の乱は日光山に動揺と混乱をもたらし、一坊の修験の交代に拍車をかけたことと思われるが、日光山がこの事件で衰退することはなかった。それはその後の日光山の軍事的動員力をみればわかることである。

『日光山堂社記』に見える「堂衆」は「衆徒」のことで、「比衆」「行徒」は一坊の修験（下方衆）である。『年中行事帳』によれば、衆徒は昔は叡山と同様「カミ様」と呼ばれていたが、「当山顕釈房ニ若君春王丸・安王丸御在山之時、公方ヲカミ様と申故」に「ウへ様」と呼ぶようになったという。着座についても横座（上座）の座席は法印・衆徒に限り、「下方ヲ置くべからず候」との決まりがあった。十六世紀中ごろ、金堂で「修験ノ手柄ヲ見せント」修法会が行われた時、堂僧と行徒の間に「一ナカレニイタリシカ、多人数ニテツマリヌル故」に「座敷論」があり、御留守昌歆の命で、行徒を西に移したという。傘・足駄の着用にも区別があり、例えば、「差傘」については「下方ハ下人ニサシカケサセス。皆自ラカサヲサス」、また「下方ノ児ニモ日カサ無赦免」であり、「衆徒日カサヲハサ、スシテ、サシ扇スル事ナシ。竹柄ノカサ衆徒サヽス、輿ノ傘ハ七尺也」とあった。その往来のため、担当の「一和尚」は「山中ノ道木ノ枝覆所」を伐採したという。さらに出仕の時に履く「塗足駄」についても、堂衆は「紫皮」、結衆（一坊を代表して常行堂に出仕した）は「黒皮」、下方衆は「フスへ皮（燻皮）」と区別があった。昌顕が座禅院主の時、下方衆が出仕の際に「足駄ニテ無礼」があって「山中追放」に処せられたほどに厳格であった。貞治三年（一三六四）閏正月、常行堂の入衆をめぐり、堂衆と講衆（結衆）間に争論があり、

堂衆は「凡そ当堂衆は品秩を糺すの間、御家人に非ずば入衆の議なし。腰刀を差さず、悪事を加えず。講衆は侍者として入衆せしむ」と、衆徒と下方衆の間は「御家人」と「侍者」（郎等）の違いがあると主張している（『輪王寺文書』）。衆徒は宗教的儀礼を以て将軍に仕える一種の御家人であった。こうした深刻な身分的対立が一坊の不満を増幅させ、御留守昌膳のもとに結集した可能性もある。

しかし一方で、当時の下野国内の緊迫した軍事情勢と連動した事件であることも考えられる。宇都宮二荒山神社所蔵の『造営之日記』によれば、日光山に異変が起きる二年前の天文七年九月二日、宇都宮大明神遷宮の田楽を奉納するために日光山の宝蔵坊ら九人が宇都宮に来ている。また十二月二日に慈心院で行われた演能に、昌膳の兄弟壬生中務（綱雄）と叔父壬生彦次郎（徳雪斎周長）が当主俊綱に随伴して能を見学している。壬生家当主は綱房から嫡子綱雄に代替わりしていた。翌八年、宇都宮氏は北関東の領主層を巻き込んだ家中の内紛いわゆる「天文の内訌」を起こした。この内訌は宇都宮俊綱が重臣芳賀高経を除こうとしたことに、那須高資・塩谷孝綱が反発して兵を挙げたことに始まる。これを好機とみた結城政勝・小山高朝兄弟は宇都宮に兵を進めたが、俊綱が高経を殺害し、ひとまず収束した。年未詳七月二十八日付「小山高朝書状」（『東京大学所蔵白川文書』）によれば、事件の「両三ヶ年」前から壬生綱雄・周長は領地を接する小山高朝と衝突を繰り返していた。八年一月、結城・小山勢が宇都宮近辺まで進軍し、三月には壬生口の「淡志河之地」を攻撃して「城主を始めとして、五百余人討ち捕」たとある。このことから、壬生氏の軍事行動が宇都宮俊綱方としてのそれであり、しかも壬生勢が結城・小山勢に大敗したことがわかる。

以上のことから、天文の内訌における壬生氏の去就と昌膳の乱が一体である可能性が大きい。この内訌の帰趨は不明であるが、日光山では結城・小山に味方する勢力と宇都宮・壬生方の昌膳との間に対立があり、それが表面化し、軍事衝突に至ったのだろう。この乱において、多くの「下方衆」が没落し、「宇都宮へ牢人打続亡失」したという（『年中行事帳』）。『壬生五代系譜』に、昌膳は「天文十二年癸卯退職生害」とある。

戦国時代の日光山——壬生氏と宇都宮氏の抗争

昌膳の乱が終結すると、座禅院主には昌歆《しょうきん》が就任した。『下野国御旦那帳』所収の年未詳の十一月二十日付「昌歆書状」には、座禅院昌歆は「上三川家より継」と傍注されており、宇都宮一族上三川氏の出自であることがわかる。上三川氏は天文七年（一五三八）宇都宮大明神の遷宮に慈心院で行われた演能に「上三川芸州」が「宿老」として参列しており、昌歆はその一族である。昌歆の在任期間は明確ではないが、『瀧尾参籠之大帳』の記載から天文十二年には座禅院主に就任していた。弘治三年（一五五七）二九世遊行上人体光が「関東修行五ヶ年間」に詠んだ句をまとめた『石苔』（愛知県称名寺所蔵）に「於下野国鹿沼日光山座禅院興行」とあり、昌歆は鹿沼において句会を興行している。また、鹿沼今宮神社所蔵の永禄二年（一五五九）銘の鰐口には「大日那御留守昌歆」「壬生下総守綱長」とある。この鰐口は「日光山鹿沼今宮権現」の「修造」に際して寄進されたものであり、この修造事業に座禅院主御留守昌歆と壬生氏が協力関係にあったことがわかる。

天文後期になると、壬生氏は後北条方に与して宇都宮氏とは敵対関係になった。天文十八年、宇都宮俊綱が五月女坂（さくら市）の合戦で那須高資と戦い敗死すると、高資と同盟関係にあった芳賀高照が宇都宮城を占拠し、俊綱の嗣子伊勢寿丸（広綱）は芳賀高定の居城真岡城に逃れた。ところが、二十年に高資が那須氏の内紛で千本資俊に殺害されると、宇都宮における高照の立場は弱体となり、危機感を持った高照は二十四年、伊勢寿丸・高定と和解するため真岡に出向き、逆に殺害されてしまった。『今宮祭祀録』には「真岡斗事ヲ廻シ、芳賀次郎ト壬生中務ヲ引被分」（伊勢寿丸方が計略をめぐらし、芳賀高照と壬生綱雄を分断した）とある。以後、綱雄が北条氏綱の御意で「宮中江打入候」とある。遊行上人体光が「於下野国宇都宮城壬生中務大夫興行」したのはこの時のことであろう（『石苔』）。やがて綱雄は北条氏綱と敵対した佐竹義昭・那須資胤らの攻撃を受け、弘治三年十二月に宇都宮城を退去し、伊勢寿丸・芳賀高定が宇都宮城に帰城した。

この時期の日光山と壬生氏とのかかわりを示す史料は多くない。輪王寺に伝わる日光山の記録の一である『法華文句　第四』には、「新宮御殿上葺」の最中、天文二十三年九月から十月にかけて壬生氏と宇都宮伊勢寿丸の間に合戦があったこと、この時、宇都宮城に籠城していた壬生綱雄は十月二日、三日に「宮中・鹿沼よりも」兵を出して上三川で両軍が衝突し、壬生方は「敵廿人斗」を討取り、「三位」某が鹿沼に流されたと記している。この前後の時期と思われる年未詳黄梅（六月）六日付「可雪斎（壬生綱雄）状案」によれば、宇都宮方の祖母井氏を攻めた「宮衆」の中に「上三川次郎」の名が見え（『佐八文書』）、昌歆の生家上三川氏が壬生氏に与力していたことがわかる。日光山の大勢は壬生方として行動していたのであろう。

壬生氏の分裂と日光山

永禄三年（一五六〇）八月、上杉謙信が関東に進出すると、関東の諸将は後北条方に付くか、上杉氏に味方するか、その旗幟を鮮明にすることを迫られた。日光山は鹿沼地方に広大な神領を所有しており、壬生氏の去就に左右されることが多く、難しい対応が迫られたに違いない。この時期、壬生氏は鹿沼城の壬生周長《かねなが》（徳雪斎）と壬生城に拠る壬生綱雄の叔父・甥（一説では兄弟）による二頭体制の時代が続いていた。

この時期の日光山の動向を知る史料も多くはない。永禄五年十一月五日、日光山は「鹿沼ト取合合戦」した際に本宮が敵の放火で焼失したとある（輪王寺蔵『旧記』）。「鹿沼」とは鹿沼城主壬生周長のことであろう。永禄七年、上杉謙信が小田氏治方の諸城を攻撃した際の書付に、「小山・同うつのミや・同させんいん」が後北条方の「ミふ・ミなかわ」と「とり合」に及んだとある（『上杉家文書』）。「させんいん」は日光山御留守座禅院昌慶（広である。日光山は上杉方として後北条方の壬生・皆川氏と対立していたことになる。

永禄十三年五月、瀧尾本殿の上葺が行われたが、その棟札に「当御留守惣政所座禅院昌慶、当上人恵乗坊昌長、大旦那壬生徳雪斎周長、大般若全部真読舜雄」とある（『旧記』）。『鹿沼市史』資料編古代・中世は、大般若経を

真読した「舜雄」を「義雄」の誤記とし、壬生綱雄の嫡子義雄と周長がこの事業の協力者であったとしている。これが正しければ、瀧尾権現の造営は日光山と壬生・鹿沼氏が和解した象徴であったのだろうか。

『東州雑記』(常陸佐竹氏の菩提寺清音寺に伝来した記録であり、『佐竹家旧記』に収められている)によれば、元亀三年(一五七二)六月に「日光ト壬生ト一和、両所ヨリ太田へ進物」とあり、対立関係にあった日光と壬生(壬生周長ヵ)の両者を「太田」(佐竹義重)が仲介して和解したと記している。元亀～天正初年は、皆川俊宗が後北条氏に味方して宇都宮領に度々侵攻した時期にあたる。宇都宮広綱の盟友佐竹義重にとって、皆川氏領の境目にある日光・鹿沼・壬生地方の去就は大きな問題であった。佐竹義重の仲介は鹿沼城主壬生周長が反後北条方に転じたことで一応成功したのである。一方、壬生城主壬生綱雄はその後も後北条方として従来の路線を継承し、皆川氏と共同した軍事行動をとっている。天正元年(一五七三)と推定される九月七日付の書状で、周長は佐竹義重に「一昨の粟志河に於て壬生・皆川衆手負い越度有る由に候」と報じている(『白河證古文書』)。この時は相当の激戦であったようで、『東州雑記』には「氏政小山ノアワシ川ヲ手立ニテセメトル。鹿沼迄動、納馬也。義重出馬、九月晦日壬生無口ニ陣也」とあり、北条氏政が周長の居城鹿沼城近くまで軍を進めたので、佐竹義重が対抗して綱雄の本拠壬生境に出馬したと記録している。

こうした中、天正四年二月、周長が綱雄を殺害する事件が起きた。綱雄の跡は嫡子の義雄が継承し、義雄は同七年二月、周長を敗死させて鹿沼城を攻め落とし、壬生氏の分裂状態は一応解消する。日光山はこの間、いずれに味方するか難しい判断を迫られたと思われるが、その去就は不明である。

壬生周長は綱雄を殺害した後の天正四年十月十三日、小田原の宇野藤右衛門尉に日光町における外郎丸薬《ういろうがんやく》の販売独占権を認めている。宇野家は小田原に住し、後北条氏の保護を受けて外郎丸薬の製造販売を生業としていた。この書状は日光町で「中納言(昌忠ヵ)」が藤右衛門尉の権利を侵したので、改めて宇野の販売独占権を承認し、中納言に「一筆」するように命じたものである。そのなかで、周長は「小田原御印判」もあることなので

と記しており、後北条氏への配慮もみせている。反後北条の周長がこうした態度をとったことの理由ははっきりしない。同日、「昌忠」も「宿以下断じて申し付くべく候。後日の為一筆を以て相定め候」と、周長の決定に従う書状を藤右衛門尉に差出している（『改訂新編相州古文書』）。昌忠を座禅院主とする見方もあるが、当時の座禅院主は昌慶であり、これは間違いである。昌忠は日光山内の僧坊の僧侶であり、鉢石宿に経済的利権を有し、宇野家の丸薬販売権を妨害したのであろう。この頃の日光山は壬生周長の強い影響下にあったのである。

絹衣相論と日光山

常陸国江戸氏領（水戸地方）の真言宗と天台宗の寺院間で争われた絹衣《けんえ》着用相論は朝廷や本山、織田信長をも巻き込んだ政治問題に発展し、日光山もかかわった一大騒動である。本来天台宗僧の特権的身分を示す素絹製の僧服を絹衣といい、真言僧にも認められていたが、着用には宗旨や身分によって制限があった。ところが、常陸国の国人江戸氏の支配領域の真言宗寺院が勝手に絹衣を着用したとして天台宗側が問題視し、朝廷に訴えがなされ、天文二十四年（一五五五）天台宗の訴えを認める後奈良天皇の綸旨が出されて一先ず決着した。問題が再度表面化したのは十九年後の天正二年（一五七四）である。七月、今度は一転して真言宗の絹衣着用を認める正親町天皇の綸旨が出されたことで両宗が対立し、長篠の戦で勝利して在京中の織田信長に問題が持ち込まれた。信長から調査を行うように命じられた朝廷は、天正三年八月四日、末寺（常陸国内の天台宗・真言宗寺院）の絹衣着用は京都本寺の判断によるべしとの綸旨を江戸重通に伝達することに決した。

日光山がかかわるのは天正三年である。吉田山薬王院（水戸市）から助力を求められた日光山衆徒は年未詳（天正三年ヵ）六月二十二日付書状（『吉田薬王院文書』）で、「数年爰元乱れ入り今に整わず、殊に此の程氏政（北条氏政）出張に就き、毎に物忩の処、子細共取込み是非無く候」故に、「座禅院京都への御請け、春已来手透き無き」と返答している。日光山は北条勢の下野侵攻を理由に薬王院の要請を婉曲に断っている。結局、天台宗側の運動

が功を奏して前記の八月四日の綸旨下付となり、両者の体面を保つ形で決着した。ところが、常陸に綸旨を伝える醍醐寺戒光院の深増があろうことか、絹衣を着して下向したことが大問題となり、四年六月二十八日、醍醐寺三宝院門跡義演に対し、深増の断罪と前年八月四日の綸旨を守るように命ずる綸旨が出された。深増は醍醐寺から追放され、天文以来二〇年にわたり続いた絹衣相論は終結した。

薬王院尊仁ら江戸領の天台宗寺院は問題の終結を受けて、天正五年と推定される弥生二十一日付書状（『輪王寺文書』）を「日光山御衆徒中・御童子」に送付して一連の経緯を報告し、「関左之日枝山と仰ぎ奉るの上、宗旨の一沙汰を披露せしめんが為」に差出したのだとして、関係文書の写しを添えるので全山に披閲してほしいこと、「一途の御助成」に感謝するという内容である。卯月二十日、日光山惣徒は吉田山に宛て廻報を送付した。薬王院からの「御証文」を惣徒が拝見したことに加えて、「青蓮院宮座禅院へ御書越給わり候折節、徳雪斎登山の間、相渡され申せしめ候。態と当方より御請け申さるべき分に候」すなわち青蓮院宮尊朝法親王が座禅院に宛てた書簡を周長に渡したことを報じている（『吉田薬王院文書』）。この関係文書の中の一通が、深増の処置を三宝院に命じた天正四年六月二十八日の「正親町天皇綸旨写」であり、宛所は「大納言僧都御房」とある（『輪王寺文書』）。

「大納言僧都」とはいかなる人物であろうか。神宮文庫が所蔵する『下野国檀那之事』は、内宮御師の佐八氏が檀那場とする下野国を廻ったときの覚書を江戸時代になってまとめたものである（詳細は後述）。その中の「下野国　日記」の項目に、「壬生之分」として「壬生上総守殿」（義雄カ）の次に「大納言殿」とあり、「座禅院ノ事歟。今ハ不入、後日ノしるへニ書置畢」と注記されている。大納言は周長と敵対関係にあった壬生方の人物として所見している。佐八氏の土産物を見ると、「大納言殿　杉原二帖・油煙一丁・茶二袋」とあり、「壬生上総守殿杉原二帖・油煙壱丁・茶二袋・アミ笠一ッ」や「鹿沼之分」の「鹿沼殿」の「杉原二帖・油煙壱丁・茶二袋」と比較して遜色がない。他の壬生や鹿沼の一門・家臣が「帯・櫛」であるのに比べ、丁寧に遇されており、壬生・鹿

沼当主並みに破格であることが看取される。大納言を座禅院主とするのは間違いであるが、「大納言殿」は「大納言僧都」と同一人であろう。大納言僧都は都から日光山に移住し、都とも繋がりがあることから、日光山の利害を代表して朝廷や比叡山との交渉を担った可能性がある。正親町天皇の綸旨写しが大納言僧都に送付されたのはそうした事情によるのであろう。

絹衣事件が起きた水戸地方を支配した江戸重通は常陸の大名佐竹義重旗下の有力国人である。佐竹義重は反後北条方の中心勢力であり、鹿沼城主壬生周長も反後北条方であった。北条氏政の北関東への圧力は益々強化されており、天正四年十二月には祇園城（小山市）が猛攻を受け、小山秀綱は佐竹氏のもとに逃れた。この段階における日光山の去就は明瞭ではないが、軍事力と宗教的権威を有する日光山を支配することは北条方、後北条方のいずれにも重要であり、こうした中、天正四、五年、周長は日光山に登山し、外郎丸薬の販売権を廻る中納言昌忠と宇野氏の対立、絹衣問題の処理にあたったのである。天正五、六年頃と推定される卯月十九日付「足利義氏書状」（『開善寺文書』）は、古河公方義氏が壬生上総介（義雄）からの報で「去春以来徳雪（周長）、大納言和睦」が「近日落着」したことを知り、「手堅き取り刷い」を義雄に求めている。大納言僧都は日光山において、周長と対立する勢力として一定の力を有していたのであろう。

その後の「大納言僧都」は、『三十講表白』の天正十四年正月十二日の条に「於鹿沼、城花坊・浄土院弟子大納言討死畢。鹿沼出張也」とあり、壬生義雄方として鹿沼で戦死している。この「浄土院弟子大納言」は大納言僧都である。前記した「下野国　日記」に「今ハ不入、後日ノしるへニ書置畢」とあるのは、大納言の戦死で佐八氏に初穂料が入らなくなったが、後世の記憶のため書き置いたとの意味であろう。

壬生氏の支配と日光山

天正六年三月の上杉謙信の死、同十年三月の甲斐武田氏の滅亡、そして六月の本能寺の変と続く激動の中で、

後北条氏の勢いは衰えることを知らず、関八州を席巻するほどであった。

こうした中、壬生氏の内部対立は天正七年二月、壬生義雄が皆川広照らの支援を得て叔父徳雪斎周長を殺害し、鹿沼城を奪うことによってほぼ終結した。日光山に隣接する鹿沼領・壬生領の両地域は後北条方の壬生義雄が支配することになった。

日光山の大勢は天正七年の壬生周長殺害後から同十八年の壬生氏滅亡まで、壬生義雄と軍事行動を共にしたのであろう。この時期の座禅院主は昌淳である。昌淳は『日光山列祖伝』に「姓壬生氏、下総守綱房之弟」とあり、壬生氏の一族であるとする。一時、佐竹義重と好を通し反後北条方に転じた壬生義雄は、天正十二年末には再び後北条方に付いて義重と同盟関係にあった宇都宮国綱と戦い、以後、この抗争は豊臣秀吉の小田原征討まで続くことになる。

宇都宮国綱は天正十三年八月、鹿沼領の「田野山」（多気山城）に居を移し、後北条方の壬生領に猛攻を加えた。これに反撃した壬生氏ら後北条方も十二月十五日、宇都宮に侵攻し大きな打撃を与えている。『常行堂三十講表白　奥書』には「神領ヨリ南衆（後北条勢）引出、宇都宮并大明神悉打破畢」とあり、日光山が後北条勢として宇都宮攻撃軍に加わっていたことを知り得る。この時の宇都宮城・宇都宮明神の焼亡については『今宮祭祀録』にも記されている。この報復として翌十四年正月十二日、佐竹・宇都宮の軍勢が壬生氏の鹿沼城を攻め、日光山の城花坊や浄土院の弟子大納言が討死した。

それ以後も後北条方の宇都宮領侵攻は続き、国綱は防戦を余儀なくされた。国綱は天正十五年二月に倉ヶ崎城（日光市）を再興し、壬生氏の一族大門（壬生）弥二郎を在城させ、壬生氏と日光山の連携を遮断しようとした。多気も倉ヶ崎も鹿沼領にあり、危機感を深めた壬生義雄は北条氏に救援を求めた。これに応じた北条氏直は叔父氏照を派遣し、倉ヶ崎城を守る宇都宮勢との間に攻防戦が繰り広げられた。十月二十日には後北条・壬生勢の猛攻で倉ヶ崎城は落城し、「神領持」（日光山支配）に変わっている。二十五日、宇都宮勢の反撃により「小倉小屋」

（日光市）を攻め取られたが、その日のうちに奪還し、宇都宮の家臣今泉・戸祭を討取り、倉ヶ崎城では大門弥二郎を生捕り切り捨てたといわれる（『下野国檀那之事』『三十講表白　奥書』）。こうしたなか、翌十六年四月には恵乗房昌察が日光山を出奔し、「多下」（宇都宮氏の居城多気山城）に走っている。

戦乱の時代にあっても、日光山は例年とおりに神仏事を執行している。『五時講』によれば、日光山が宇都宮氏と「手切」になったのは天正十三年十二月十三日からであると記している。後北条勢の宇都宮城と宇都宮明神を焼き討ちにした戦いに、日光山が壬生氏と軍事行動を共にしたので、両者の対立は決定的になったのであろう。それより「山中無力体ニ候得共、御講は形の如く之有り候」とある。

天正十四年正月には、宇都宮勢の攻撃を受けて「鹿沼今宮籠城の体」となり、今宮明神の社殿は大破したが、まもなく復旧された。この時の棟札写には「天正十五年丁亥卯月廿七日、当御留守座禅院大僧都昌淳、神領惣政所壬生上総介義雄、息女伊勢亀」と記してある（『栃木県庁採集文書』）。『五時講』にも「今宮の下遷宮ニモ宗安導師其の外六、七人の衆徒下向。本社御移ニモ衆徒中下向也。四月二十八日御殿入也」「上葺五月成就」「七月十日ニ成就。惣徒も下山し候。老僧三人瀧尾に在山続け候」「七月十日ニハ延年十三番之有り。諸口武者百騎、二百騎宛之を置き、延年有り」とあり、四月から始められた鹿沼今宮明神の下宮遷宮が七月に完成し、十日の延年の舞は諸口を軍勢に守護させて実施したとある。

こうして、日光山は壬生勢の一翼を担い、小田原合戦では後北条方として小田原城に籠城することになる。

(6) 戦国期日光山の軍事力と景観

日光山の軍事力

『下野国檀那之事』は、伊勢内宮の御師佐八《そうち》氏が下野国の檀那の武士名を一族ごとに記録したもので、江戸時代初期に作成された備忘録である。①「下野国檀那之事」、②「下野国　日記」、③「文之事」の三項目からなっており、佐八氏が持参した土産物が書きつけられ、武士の中には記憶しておくべき事柄を註記している。①〜③とも、「日光之分」「日光□之衆」（①のみ）「壬生之分」「鹿沼之分」が日光山にかかわる部分であるが、異なる年代の人物が混在して記されているので、扱いには注意が必要である。

①の「日光之分」には、日光山衆徒の座禅院と一六坊の名が記され、日光山が納めた初穂料は「毎年百疋」とある。佐八氏からは座禅院に「杉原弐帖・油煙壱丁」の土産がもたらされ、佐八氏が宿とした教盛坊には「茶弐袋・布苔」が、他の坊はすべて「茶弐袋」とある。

「日光□之衆」は日光山の軍事力を構成する武士の名が記されている。「安才殿」「ゆさハ大膳亮殿」「兵部大夫殿」「ミさは殿」「太門尾張守殿」「神山右衛門尉殿」「大門図書助殿」の七人である。

安才殿は②③の「日光之分」の項にも載っている。延徳二年（一四九〇）六月の「新宮神輿木地銘」に座禅院昌源とともに「安西刑部大輔直綱」の名が見え、文亀二年（一五〇二）二月の日光神領板荷郷厳島明神の棟札に座主昌顗の代官として「丹後守安西」とある。『年中行事帳』には新宮などの造営奉行を座禅院の同宿に代わって遊城坊と「安西」が務め、安西は座禅院から「辛労分」として片倉郷を与えられている。「安西」は鉢石や御橋の内在家における酒・モチ・トウフの「ヒサイ」（販ぐこと）に関与したと記録されている。安才殿はこの「安西」であると思われる。

ゆさハ（湯澤）大膳亮・兵部大夫・ミさは（三澤）の三人は②③には載っておらず、本貫地、出自とも不詳である。神山右衛門尉・太門尾張守・大門図書助の三人には註記が附されており、ある程度は知ることができる。

神山右衛門尉は①に「いのくら　在所ノ名也。これは本鹿沼殿也。今ハ鹿沼下総守殿と申」とある。「いのくら」は日光市猪倉、②③の「鹿沼之分」にも名がみえ、『下野国屋形家并旗下家来衆之御帳』（神宮文庫蔵）に「鹿沼

右衛門殿」は「初神山下総守と云。猪倉城代」と見えている。『佐八文書』に「鹿沼下総守綱勝」が佐八神主に祈祷・土産の礼と初穂料を進上した年未詳の書状が収録されている。『一色文書』の「壬生上総介代々」によれば、「鹿沼右衛門」は「鹿沼徳雪斎」の家臣であったが、周長を裏切り壬生義雄に味方したとある。③の「鹿沼之分」に、「鹿沼殿」は「時ノ名ヲ書テ、人々御中歟」と注意書きされている。「壬生之分」が「壬生上総守殿」一人に対し、「鹿沼之分」では鹿沼殿はその時々の名前を書くようにとあり、鹿沼城主に変動があったことを窺わせている。「神山右衛門尉」は時期は不詳であるが、鹿沼城主だったことがあるのであろう。周長滅亡後、義雄によって周長の居城鹿沼城を預けられた「鹿沼下総守綱勝」と同一人であろう。『下野国誌』所載の『宇都宮系図』によれば、綱勝は天正十三年十二月、宇都宮方に味方して多気城を守備したという。

大門図書助資忠と大門尾張守も壬生一族である。「壬生之一族」の大門資忠は、『佐八文書』によれば、永禄四年（一五六一）十一月、伊勢神宮に「初穂料二百疋」（銭二貫文）を寄進している。二〇〇疋は「村井之地より百疋、栃窪之地より百疋、合わせて弐百疋」である。大門は鹿沼市上殿に地名があり、鹿沼市村井・栃窪と大門は至近の地である。資忠は『壬生系図』に、壬生綱房・周長の兄弟で大門宿を領した大門左衛門尉資長の子に「大門図書助・弥七郎」とある。②③の「鹿沼之分」に見える「大門図書助」と同一人であろう。神山右衛門尉の「そうしゃ（奏者）」とある。天正四年、壬生周長が宇野藤右衛門尉に日光町の外郎丸薬の販売権を認めた書状の中に、「巨砕大門図書助申すべく候」とあり、日光山にあって周長の家臣として活動していた時期があった。

大門尾張守は①に「本ハ鹿沼ニ御入之人也」とあり、鹿沼城主の時期があったのかも知れない。①の「鹿沼之分」には「下南間大門信濃守殿」は「今ハ尾張守殿ト申候。大門弥次郎殿ト申候事もアリ」の註記がある。「南間」は「南摩」で、鹿沼市南部、大門の地に近い地域を指す。②③にも所見し、『下野国御旦那帳』（国文学研究資料館蔵）によれば、大紋（門）弥次郎は「壬生上総守殿弟」すなわち壬生義雄の弟とあるが、これは下総守綱房の弟の誤りかも知れない。「倉ヶ崎城主。天正十七年丑ノ年十月十四日、北条氏直責申候時、落城討死申候」との註記が

あり、『下野国屋形家并旗下家来衆之御帳』にも「倉崎城代」とある。『三十講表白　奥書』はこの事件を天正十五年十月二十五日のこととし、「壬生弥二郎」は後北条方に生捕られ斬首されたとある。『今宮祭祀録』には、天正十五年の倉ヶ崎の攻防戦で「壬生弥次郎」の「心替リ」で、宇都宮方が大敗したと記載が異なっている。この壬生弥次郎と大門弥次郎は同一人であろう。大門氏は壬生周長の旗下として日光山の軍事力の一翼を担い、周長が殺害された後は宇都宮氏のもとに身を寄せたのであろう。

続いて、日光衆がどの程度の実力・身分をもった武士であるのかを③から明らかにしていきたい。中世文書は差出す側が用いる料紙の種類、また宛所の書式には差出す側と受ける側に身分格差があらわれる。こうした文書全般にかかわる礼法を「書札礼」と呼ぶが、当然に政治的・社会的秩序が反映される。③は佐八氏が下野国の旦那である武士に宛てた文書の宛所の様式を載せている。それによれば、日光山座禅院をはじめ僧侶は「御同宿中」で統一されているが、武士に対する様式は、㋐「進上　御奉行所」、㋑「人々御中」、㋒「御宿所」、㋓「御宿」の四種がある。

㋐は宛所の人物に直接宛てずに宛所の奉行所を通しており、宛所に最も敬意を表した様式である。小山・宇都宮・那須・結城の有力大名四家の当主に使用されている。㋑は次ランクの大名ないしは四家の重臣に宛てた様式である。壬生氏関係では、壬生家当主（上総守）と鹿沼殿の鹿沼城主、ほかに「壬生之分」では「西方殿」が、「鹿沼之分」では「神山右衛門殿」「南摩備前守殿（綱善）」「大門尾張守」の三人に用いられており、神山右衛門尉の奏者「大門図書助殿」は一ランク下の㋒に属している。「日光之分」の「安才殿」は「人々御中也」とあるので、㋑グループに属する。

文書の料紙は、良質の鳥の子紙を用いたのが㋐㋑グループで、杉原紙を用いたのが㋒グループである。土産物に杉原紙を用いたのが㋐㋑グループであり、鳥の子紙を土産にしたのは宇都宮氏のみである。それも、宇都宮国綱が文禄四年（一五九五）侍従に就任して羽柴姓を許され、豊臣政権下で枢要な地位を占めてから後のことであ

る。国綱はこの二年前の文禄二年閏九月、初めて参宮した際に、改めて栗嶋郷一〇貫文の寄進を約束している。国綱に「鳥子弐百枚」、芳賀家督を継いだ弟の高武に「鳥子廿枚」を土産としたが、これは「新儀之事」であると記してある。

以上のように、鹿沼に居した壬生一族の神山右衛門殿・大門尾張守は、壬生家当主の壬生上総介にとっても侮ることのできない実力者であった。壬生周長殺害後も鹿沼領には壬生惣領家に反対する勢力が残存しており、彼らが鹿沼から退去（追放）し、壬生氏が鹿沼領・日光山を完全に支配できたのであろう。

天正十八年の小田原合戦に際し、後北条方と豊臣方に味方した関東八ヶ国の城主名・城名・軍兵数を記したのが「北条家人数覚書」（『毛利家文書』）である。それによれば、「ミふ中務　ミふの城（壬生城）・かのま（鹿沼）・日光山　三ヶ所　千五百騎」と見えている。下野国では後北条方の有力武将の「皆川山城守（広照）」が動員したのは「皆川城・とミた（富田）・とちのき城（栃木城）・なんま（南摩）　四ヶ所　千騎」であり、豊臣方の宇都宮国綱は「宇津の宮城・もうかのしろ（真岡城）・上ミね川ノ城（上三川城）・川崎ノ城・増子之城（益子城）・笠間之城　以上三千キ」、那須高資が「からす山城（烏山城）・千穂之城（千本城）・大田原ノ城・柵山の城（佐久山城）以上千五百キ」とある。日光山は下野最大級の軍勢を動員した壬生義雄の配下として、その有力な一翼を担っていたのである。

信仰の中心三所権現

日光山の支配層は衆徒であり、支配組織の中核が常行堂であった。常行堂では様々な法会が行われ、山内の管理運営を協議する場であったことは先学の研究によって明らかになっている。しかし、日光山の信仰上重視されたのは新宮・本宮・瀧尾の三所権現、とくに新宮であった。『年中行事帳』に、「三奉行云事ハ新宮造栄、鳥居、御橋（神橋）」のことであり、新宮・鳥居・神橋の造営費は全神領が納める段銭が宛てられた。惣徒（衆徒）から

の造営祝いも「新宮、鳥居、御橋三ヶ所計也。何も成就ノ上ニ計馬、太刀出之」とあり、惣徒がこの三ヶ所以外に祝儀を出すことはなかったといわれる。桜本坊宗安が「本宮」の社殿を建立した時、座禅院・惣徒から祝儀が出されたが、宗安の「師」は「其志ヲ感シテ惣徒ヨリ祝儀」が出されたもので、「別所ニ造営ニハ惣徒罷出候テモ祝儀無候。瀧尾別所三度立候ニ、祝儀惣徒ヨリハ無之」、つまり惣徒が本宮・瀧尾宮の別所造営に祝儀を出すことはなく、今回は宗安の志に感じた特例であると語ったというのである。

新宮は勝道が二荒山に登頂し感得した神を祀り、日光三所権現の中心である。新宮の遷宮は三三年に一度行われ（『当山秘所』）、『年中行事帳』にも「新宮ハ三十三年立替ル也」とある。新宮の別所は往来者の籠所にも利用されたが、「霊宝有之故」に他国の人は新宮内に入れることは許されず、さらに別所には袈裟・仏具類が保管してあり、借用するには仮名・実名に判を押した折紙を以て行うことになっていた。新宮が信仰上の中心であることを窺わせている。

神橋《みはし》（御橋）は日光山の玄関口に架かり、山菅橋とも呼ばれていた。伝承では大同三年（八〇八）下野国司橘利遠が勅を奉じて板橋に架けかえ、以来、橋供養（造営）は一六年に一度行われた。寛永十三年（一六三六）徳川家光が「石ノ柱ヲ建テ」た際、それまでは完成後に取り壊した普請用の仮橋を残し、「牛馬ノ通路」にしたという。以前は「牛馬トイヘトモ神橋ヲ乗ウチ有レハ、本宮・別所ヨリ過料ヲ取ル」とある（『日光山満願寺勝成就院堂社建立記』）。第四代古河公方足利晴氏が参詣した時は「輿ヨリヲリ」て渡橋したと言われており、日光山への入口として神聖視されていたのであろう。中世の橋供養の盛況さは『年中行事帳』にも詳しく記されており、近世に廃絶した「延年」も三日間にわたって舞われたという。

戦国時代日光山の景観

中世最末期の日光山を描いたとされる東京国立博物館所蔵の『日光山古図』（『日光市史』上巻　口絵）三幅を

基に当時の山内の景観を見ておこう。なお、古図については近藤喜博の優れた研究があり、これを参考にした。

日光山の入り口に門前町の鉢石の宿が描かれ、そこから大谷川に架かる神橋を渡ると、現在と同じように深砂王祠が鎮座している。祠を左に見ながら坂を上ると、道の途中に三重塔と本宮・中門・別所が道を挟んで建っている。本宮には楼門・拝殿・本殿（入母屋造、三間×二間）があり、塀に囲まれた中門も見える。本宮の奥には四本龍寺がある（現在もここには本宮神社・三重塔・四本龍寺観音堂が建っている）。さらにその奥の小玉堂を左手に見ながら山道を北に進むと、左側に滝（白糸滝）と、その脇に不動堂・山王権現がある。滝下に架かる橋の先には瀧尾権現が鎮座している。楼門の中に舞台造りの拝殿があり、鉤の手に入母屋造と思しき本殿が建っている。本殿の左側に接する宝形形の屋根を持つ建物は本地堂であろう。『東路の津登』には「瀧の尾といふ別所あり。瀧のもとに不動堂あり。瀧の上に楼門有。廻廊あり。右にミなきり落たる河あり。（中略）寺より廿余町のほと大石をたゝめる。なへての寺の道、石を敷て清なり」と記されている（石畳の参道は現存しており、当時の景観を偲ぶことができる）。

不動堂・山王権現前の道を下ると道は二股に分かれており、右側の山手に伸びる森中の道を進むと、役行者を祀る行者堂に至る。一方、左側の道を南西に下ると開山堂が建っている。そのまま先に進むとやがて広場に出る。広場は積石段の上に建つ大きな両部鳥居（四脚鳥居）の南に広がっており、周囲は僧坊が甍を並べている。『東路の津登』に「院々僧坊およそ五百坊にも余りぬらん」とある景観である。鳥居を潜ると、北に渡り廊下で連結した二棟の建物がある。左側の宝形形の屋根を持つのが常行堂であり、右側に建つ一棟が法華堂であろう。両堂の前を左折すると西にも広場があり、南面する唯一の瓦葺建造物である金堂（三仏堂）があり、右隣に三重塔がある。金堂は中央に滝尾の本地阿弥陀仏、向かって右に男体の本地仏千手観音、左に太郎山の本地仏馬頭観音が描かれている。この金堂の西にあるのが入母屋造の本殿と拝殿および別所からなる新宮である。本殿は五間×二間、三間の庇らしきものもある。本殿正面の格子には三面の鏡が吊るされ、日光山の神が三柱であることを語っ

ている。西側の道を山上に向かって進むと、前記の行者堂に出る。新宮は鎌倉時代に現在地に鎮座し、金堂は神仏分離で移転するまで二荒山神社社務所の場所に建っていた。新宮の背後の山中に瀑布が描かれているが、この東岸高所にあるのが本殿・拝殿・別所からなる寂光権現である。

中禅寺湖畔も描かれており、現在と同じように中禅寺湖畔の北に鳥居が建ち、鳥居から石段を上ると左側に鐘楼・護摩堂、右側に三重塔がある。その先には左に本地観音堂（立木観音）、右に拝殿が並んで建ち、その奥に権現の本社がある。また境内の東側にある別所と思しき建物の後方にも木戸門がある。この門は日頃は鎖閉されていたようで、禅頂の時にのみ開けられたのであろう。本殿東にも木戸が描かれているが、ここが男体山の登拝口であろう。山中には二荒の語源とされる風穴まで描かれている。

(7) 東照社創建前の日光山

日光山の衰微

天正十八年（一五九〇）の豊臣秀吉による小田原城の攻略後、日光山領は没収されて結城秀康に与えられた。その結果、永禄年中（一五五八〜七〇）に「三百六拾坊」あった坊数は「百坊余」に減少したという（『日光山謂記覚』）。十八年九月二十日、秀吉は日光山座禅院・同衆徒中に宛て「当山寺屋敷并門前、足尾村、神主・社人・寺人屋敷等之事被寄附之。無異儀立置候条、勤行等不可有懈怠候也」との朱印状を与えた。日光山領七一郷を有した日光山に安堵されたのは、日光山内と門前（鉢石町）および足尾村（日光市）のみであった。これにより、「衆徒・寺漸々断絶ス。座禅院共ニ九箇寺残」すのみになったといわれる（『中興開闢記』）。

この時期の座禅院主・権別当は壬生家出身の昌淳である。昌淳は戦乱で衰微した日光山の復興に尽力し、慶長

二年（一五九七）二月に「御留守物政所座禅院昌淳」は本宮上人光蔵坊盛俊とともに本宮の別所と道場を造営しているが（『晃山編年遺事』）、この記録に「物政所」とあるのは注目される。「惣政所」は壬生家当主が歴代、冠した称号である。昌淳は壬生義雄の没落後、その後継者を自任しており、土着した加藤・手塚・伏木・高村・高瀬ら旧壬生家臣らに官途状や受領状を発給している。また、慶長八年紀年の「如猊（女峰）山梵天社扉」（日光二荒山神社蔵）に「御留守法印昌淳　座禅院」とあり、慶長十二年三月紀年号の「中禅寺妙見上葺棟札写」（『二荒山神社』所収）にも「当上人座禅院法印昌淳」と見えている。

昌淳が慶長十二年五月に死去すると、弟子の昌尊が跡を継いだ。慶長十六年「棟札」（輪王寺蔵）に「惣政所検校当留守座禅院昌尊」とある。同じく「惣政所」を称したが、昌尊は宇都宮の一族上三川左衛門の二男である（『大過去帳』）。

慶長十四年三月五日、徳川家康は座禅院・同衆徒中に宛て黒印状を発給し、秀吉の例に任せて「当山寺屋鋪并門前、足尾村、神主・社人屋敷等」を安堵する一方、「就中彼地為山中之条、自然卑賤之輩、猥於有令一統義者、可加制詞。若有違背之族者、急度可為言上」と命じた（『輪王寺文書』）。「卑賤之輩、猥りに一統せしむる義有る」を『徳川実記』の同日条は「土人等みだりに党を結ぶ事」と記し、「卑賤之輩」を「土人」と解している。日光山中には不平分子が徘徊し、座禅院の支配に敵対する勢力があったのであろう。

翌十五年四月二日、幕府は日光座禅院・房州清澄寺・筑波山知足院・足利鑁阿寺に対し、幕府に背いた「上方衆」を注進するように命じている（『常陸志料』）。同日、高野・吉野の山僧に命じて、幕府に背いた「関東の士」が高野・吉野・多武峰・勢州朝熊に住居したとして、その姓名を注進させている（『徳川実記』）。幕府が東西呼応しての挙兵を警戒し、その拠点の一つとして日光山が疑われていたのである。『日光山本房并惣徒旧跡之記』によれば、慶長十八年、昌尊は「神領ノ支配依有不義被擯出。従是シテ座禅院ノ住持断絶ス」とあり、昌尊は日光山の混乱を収束できず、罷免されている。『大過去帳』によれば、昌尊は同年十月二十四日、二四歳で離山し、

越前福井城下（福井市）において六〇余歳で死去したという。

天海の入山

慶長十八年（一六一三）昌尊の退院後、日光山光明院座主に任命されたのが天海である。『日光山本房并惣徒旧跡之記』に「同年十月御登山アリ。此時光明院ハ旧跡ハカリナル故ニ、座禅院ヲ天海大僧正ノ宿房トシテ御入院ノ儀式アリ」とあり、混乱した日光山を管理するための入山であった。天海は家康から武蔵国仙波（川越市）の喜多院の住職に任じられていた。喜多院は比叡山から独立した関東天台宗の本山であり、関東天台諸寺を支配する地位にあり、天海が家康から日光山の支配を委任されたのも当然のことであったろう。

入山した天海は「衆徒・一坊ノ名ヲ立ル」すなわち禅智坊・遊城坊・藤本坊・教城坊・桜本坊・法門坊・浄土院の「大寺七ヶ寺衆徒」を取立てた（『中興開闢記』）。残る衆徒坊は既に天正年中に断絶していたり、天海によって日光山を追われた。元和三年（一六一七）東照社が鎮座すると、天海は「社家六人」を召出し、大森新大夫義晴（祝部家）を「東照宮ノ神主」、他の五人に「日光権現　東照宮ノ諸祭兼之。御宮御番一日一夜替リニ可勤ノ旨」を命じている（『旧記』）。

東照社の創建により、日光山が徳川家と幕府の守護社として大いに発展することは承知の事実である。

三、中世の宇都宮大明神

(1) 鎌倉時代の宇都宮大明神

宇都宮社務職

中世において日光が「日光山」「日光三所権現」と呼ばれたのに対し、宇都宮二荒山神社は「宇都宮」「宇都宮大明神」と呼称された。前者が仏家とのかかわりの中で発展したのに対し、後者は古代以来、「神主」を祭祀者としており、明神を号したのである。

宇都宮大明神の社家宇都宮氏は『吾妻鏡』元暦元年（一一八四）五月二十四日条に、三代朝綱が治承・寿永の争乱のとき平家に仕え在京していたが、潜に京都を離れて鎌倉に馳参し、その功をもって頼朝から「宇都宮社務職」を安堵され、新恩として伊賀国壬生野郷の地頭職を拝領したとある。しかし、『吾妻鏡』の記事は錯綜も多く、寿永元年（一一八二）八月十三日条によれば、朝綱は源頼家誕生に際し護刀を献じたとあり、朝綱の鎌倉参着が元暦元年以前であった可能性がある。以来、朝綱の子孫は代々鎌倉幕府で重きをなし、評定衆・引付など幕府の要職に就く者を輩出し、「宿老」と呼ばれた。

宇都宮氏の出自は定かではない。系図類によれば、関白藤原道兼の曽孫で近江国石山寺（滋賀県大津市）の座主であった宗円が前九年の役に源頼義・義家に従い下向し、安倍氏調伏祈祷の功を以て宇都宮座主に補任され、土着したのに始まるとされる。宗円・宗綱・朝綱の三代を経る間に、宇都宮氏は宇都宮大明神の社務としての地位を確立し、やがて鬼怒川上流域一帯を支配する大武士団に成長した。

室町時代には、足利将軍に仕え、関東八屋形とか京都扶持衆と呼ばれ大きな勢威を誇った。戦国期は重臣芳賀氏の権勢が拡大し、内訌外戦を繰り返した。慶長二年（一五九七）国綱が豊臣秀吉によって改易され、宗円以来五〇〇年続いた宇都宮氏は滅亡した。

宇都宮氏の発展　源義家は延久二年（一〇七〇）の頃下野守の任にあり、陸奥の賊藤原基通を打ち破り、降人となった基通を伴って京上した（『扶桑略記』）。文明十六年（一四八四）の奥書のある『宇都宮大明神代々奇瑞之事』（『群書類従』巻二四）によれば、義家は安倍氏征伐の祈願成就の奉賽として生贄を掛け、御劔・甲冑（号厚丸）を奉納し、神領を寄進したとある。祈祷僧として義家に仕えた宗円が宇都宮座主に就任した可能性は考えられる。『尊卑分脈』によれば、宗円には宗綱・宗房の二子がいた（一説では、宗綱は中原外記宗家の子であり、宗円の養子となった）。宗綱は『吾妻鏡』に「故八田武者所宗綱」と見え、院の身辺警護の任にあたる「武者所」であった。また系図類には「八田権守」ともあり、国守の権官に就任したかもしれない。宗綱は下野守源義朝と主従関係を結び、父に続いて宇都宮大明神に権益を有したのであろう。

宗綱の子宇都宮朝綱と小田知家は「宿老」と呼ばれた有力御家人である。宗綱の女寒河尼（小山政光妻）は頼朝の乳母とされる。『吾妻鏡』の没年記事を逆算すると、寒河尼の生年は保延四年（一一三八）、長子小山朝政は保元三年（一一五八）の誕生であるから、二人が母と子の関係であることは相違あるまい。しかし、頼朝の生年は久安三年（一一四七年）であり、寒河尼を「乳母」とするには年齢的に無理がある。吉川子爵家所蔵本に「乳母子」とあるのが正しいであろう。宗綱の室は「常陸大掾平棟幹女」であり、この女性が頼朝の乳母であった。とすると、頼朝と宇都宮氏の繋がりは今まで考えられていた以上に強いことが考えられる。朝綱は頼朝乳母の長子であり、姉妹の寒河尼は下野の大族小山氏の惣領下野大掾政光に嫁ぎ、朝政らを儲けている。そのため、宇都宮・小山両家は「戚家之好」の間柄であった（『吾妻鏡』元久二年八月七日・十九日条）。文治三年十二月一日、寒河尼は「女性たりと雖も大功」があり、「下野国寒河郡并網戸郷」の地頭職に補任された（『吾妻鏡』）。伊豆配流中の頼朝をひそかに援助していた功によるものであろう。

宗綱の弟造酒正宗房の「孫子」（『尊卑分脈』は子とする）宇都宮所衆中原信房は文治二年二月二十九日、頼朝から近江国善積庄を賜っている。信房が所望したことに加え、信房の父宗房の「旧労」に酬いるためであった（『吾

妻鏡』)。宗房は待賢門院に仕えた文人官僚である。頼朝には多くの「京下輩」と呼ばれた官人層が仕えており、宇都宮宗房・信房もこうした官人の系譜をひく人物である。

今までは頼朝と寒河尼の関係から小山氏との関連が重視されているが、頼朝は乳母の一族である宇都宮・中原氏にも深い信頼を寄せていた。宇都宮氏が朝綱一代で急激に発展したことについて、有力郎党の益子・芳賀氏ら紀清両党の存在を強調する見解が有力であるが、頼朝とのきずなの強さも考慮する必要がある。

宇都宮大明神と頭役

源頼朝は鎌倉に幕府を開くと、鶴岡八幡宮を鎌倉殿と御家人の精神的な紐帯の場とした。御家人は頼朝の命で参拝の供奉や随兵役を務め、神前で行われた流鏑馬や相撲に腕を競い、神事をとおして鎌倉殿と御家人の結び付きは強化された。鶴岡宮は宗教の場であると同時に政治の場でもあったのである。関東諸国一宮は鶴岡の一国版ともいえる存在である。頼朝は一宮に神領を安堵・寄進し、臨時の奉幣使を派遣するなどして幕府の祭祀体系に取り込み、管内御家人に一宮の神事負担を命じた。「一国平均役」とか「国役」といわれたこの御家人役は庄園・公領を問わず賦課され、地頭・御家人は勤仕することが義務付けられた。頼朝は国内最有力神社である一宮の祭祀をとおして、御家人統率権を強化したのである。

宇都宮大明神は下野国一宮であり、管内御家人は幕府の命で明神の神事役を負担しなければならなかった。頼朝は元暦元年(一一八四)平家討伐を宇都宮に祈請し所願が成就すると、「当国地頭御家人等所役」として「五月会」の頭役(神事に奉仕する役)を務めることを命じた(『宇都宮大明神御代々奇瑞之事』)。宇都宮頭役は鎌倉幕府が下野国地頭・御家人に宛てた公役であり、宇都宮大明神の神事に奉仕することは下野御家人の務めであったのである。そのことを明らかにする史料が数点現存しているので、つぎに紹介しておこう。

①文永元年(一二六四)の「関東下知状」(『陸奥結城文書』)によれば、那須資長は相続をめぐる争論で幕府から

「召文」（出頭を命ずる文書）があったにもかかわらず、「宇都宮頭役により参上し難きの由」を理由にして応じなかった。宇都宮頭役を幕府の召喚状より優先したのである。

②正和五年（一三一六）鳥居戸五郎次郎は佐野庄中村郷の土地五段を五年を限って七貫八〇〇文で売却したが、その条件に「くけ・くわんとうのミくうし」（公家・関東御公事）と「うつのミやのたいとう、せとうの御とうやく」（宇都宮の大頭・小頭の御頭役）は買主が負わなければならないと定めた（『小曾戸文書』）。

③応永三十二年（一四二五）鹿島大神宮は、宇都宮社人が神領下野国大内庄東田井郷に賦課された「宇都宮幣物」を徴収するためと称して入部したことの不法を鎌倉府に訴え出た。それに対する宇都宮社人宇都宮権大夫高有の言い分は「宇都宮毎月一日幣物」の負担は「桓武天皇御宇、国中得分を以て御寄進幣物のため毎月一日御供之由」を定めたことによるとして正当性を主張した。宇都宮が朔幣費用を「宇都宮神役」と称し、桓武天皇の時に始まると主張したことは注目される。桓武天皇は延暦十七年（七九八）官・国幣社の制を定め、幣物は国司が徴収する正税から賄うことにしており、国幣大社である宇都宮大明神は国内から徴収する根拠をここに求めたのである。一方、大神宮側は「野州十六郡」（下野国全郡）に「国中役銭」を賦課することは否定せずに、東田井郷は「役夫工米以下諸公事免許」の「当御代御判」（鎌倉公方足利持氏の御教書）を得ており、負担の義務はないとして反論した。つまり宇都宮大明神の朔幣費用が下野一国に賦課されていたことは問題とせずに、鎌倉公方の公事免除の御教書が一国平均の役に優先するかどうかを争ったのである。また、「五月会懃役」（宇都宮大頭役）についても大神宮は守護宇都宮等綱との間に係争を抱えていた。一連の訴訟は大神宮側の勝訴となったが、宇都宮側は朔幣・五月会の所役は「国中平均ニ懃」るべき御家人役であると認識していたのである（『鹿島神宮文書』『鹿嶋大禰宜家文書』『塙文書』）。

以上三点の文書から、五月会と朔幣の費用は下野国御家人の所役であり、懈怠することは許されない定めであったことがわかる。宇都宮大明神の祭礼は一国の神事であり、費用は下野国の庄郷全てに賦課されたのである。

つぎに、宇都宮氏の庶流茂木氏の事例を見ておこう。茂木氏は八田知家が建久三年（一一九二）「下野国本木郡」の地頭職に補任され、その庶子知基が「茂木保五ヶ郷」を譲与されて茂木氏を興したことに始まる。知基のあとは知宣→知盛→知氏→知貞と相伝し南北朝時代に至る。茂木氏が領したのは茂木保内の西方五ヶ郷であり、茂木東方の地頭は不明である。建武元年（一三三四）知貞が後醍醐天皇から軍功により東茂木保を給与され、ここに東・西茂木保は「惣保一円」に茂木氏が領するところとなった。茂木保（茂木庄・茂木郡）は「東真壁郡」とも呼ばれ、西の益子郷（宇都宮氏の発祥の地とされ、重臣益子氏の本拠）と併せて「真壁郡」を構成していたと考えられる。真壁郡は古代の芳賀郡から分出した中世の新郡である。後述する『宇都宮弘安式条』（以下、『弘安式条』）一〇条によれば、「真壁郡司・田所」に宇都宮大明神の「九月会」の池払いが賦課されている。

④建長八年（一二五六）の「茂木知宣置文」（『鎌倉遺文』七九七七）によれば、茂木氏二代知宣は嫡子知盛に東真壁郡（茂木保）内の四箇郷を譲与し、そのうちから庶子知光に田三町、堺女房に田一町を分与した。御家人役は惣領に賦課され、惣領が所領の規模に応じて庶子に配分するのが当時の武家社会の慣例であった。「恒例御公事」である「鎌倉毎年御飯の替物」（正月椀飯役の一種カ）「二ヶ月大番」「五月会流鏑馬」（宇都宮明神五月会で行われた流鏑馬の射手役）「八月大将殿御忌日用途」（源頼朝の忌日の費用）「貢馬役」は惣領知盛の所役とし、庶子二人に勤仕の義務はなかった。一方で「臨時御公事」である「宇都宮五月会頭」「京都大番」は惣領知盛が庶子に所領高に応じて配分した。この知宣の孫知氏の元亨三年（一三二三）の「譲状并関東下知状写」（『秋田藩家蔵文書』）にも「こうれいりん□の御くうしふんけんにしたかいて、けたいなくつとむへき也」（恒例・臨時の御公事は、身分に応じ怠りなく務めること）を「子そくたけくま丸」（知義）に命じている。

⑤茂木嫡流家に代々相伝された文書の一通に「茂木家證文写」があり、そのなかに五代沙弥明阿（知貞）の文保二年（一三一八）六月の「譲状写」が収録されている。この譲状によれば、知貞は庶子知久に茂木郡内所領の一部を譲与するにあたり、「宇都宮頭役并公方御公事」は「□(惣)領支配を守り、懈怠なく勤仕すべし」と命じて

いる。同じ年月日の「置文」には、知世（嫡子）・知久（庶子）兄弟に対し、宇都宮頭役は「東西乃頭役」であり、東西茂木保（東真壁郡）が「合力」して勤仕しなければならないと、数ヶ村を分与された知久の負担を明確にしている。宇都宮頭役は東真壁郡全体に「五十分一御年貢」として平等に賦課されていた。同写には至徳元年（一三八四）十二月、七代朝音が子息幸楠丸（庶子）に宛てた譲状も載っているが、ここでも惣領の支配で頭役を務めることが厳命されている。

この④⑤から、鎌倉時代～室町初期、茂木氏が所領茂木保全体で宇都宮頭役を勤仕していた実態を知ることができる。①～③の事例も併せ考えると、五月会の頭役は下野御家人としての所役であるが、流鏑馬の射手役は宇都宮の一族茂木氏惣領の務めであった。宇都宮氏の家法である『弘安式条』八条の「当社五月会并六月臨時祭流鏑馬之事」によれば、同一人が五月会と六月臨時祭において射手を重複して務めるのは参詣者や貴賤の嘲りとなり、神への奉納として無視するわけにはいかないので、違犯して勤仕した者は「所帯」を没収すると定められている。宇都宮氏が一族以外の御家人領を没収するとは考えられず、射手役は一族・被官の重要な所役であったのであろう。

つぎに、宇都宮頭役がいつまで続いたのかを見ておこう。応永九年（一四〇二）宇都宮満綱は父天山（基綱）の菩提のため興禅寺に法堂を造営する費用の一部として上平出郷の番料足等を寄進したが、「御頭之年」（頭役の年）は「自余足」（他の料足）を宛てることにしている（『寺社古状』）。文明十八年（一四八六）宇都宮成綱は一向寺に寄進した岡本郷内給分田数四町の諸公事、頭役銭、流鏑馬銭并番料足を免除している（『一向寺文書』）。成綱の父正綱も年次欠の書状写において、瓦屋某から「御頭合力之事」について歎願が出されると、「御神慮之事」故に岡本郷から合力させると返答している（『秋田藩家蔵文書・城下諸士文書』）。

永正十一年（一五一四）芳賀高孝が成高寺に乙連郷の如意院旧分を寄進した時は諸公事を停止したが、「頭役・流鏑馬銭」は「神慮」なので百姓等に仰付るようにと命じている（『寺社古状』）。芳賀氏は如何に有力であっても、

宇都宮大明神の頭役を免除する立場にはなく、それは神主である宇都宮氏当主のみが有する特権であった。

その後も宇都宮頭役は続いており、永禄年間（一五五八〜七〇）と推定される八月九日付「宇都宮広綱壁書」に、「小宅郷不作ニ附而、侘言申上候。余儀なく思召し候。然る上、頭かたの義、半役ニ申すべきの状、件の如し」とあり、小宅郷が不作を理由に頭役免除を願ったが、半免とされた（『小宅定一郎家文書』）。さらに天正十九年（一五九一）十二月二十一日、宇都宮国綱は秀吉から朝鮮出兵を命ぜられた際、おそらく同行させることになった大澤弾正忠に対して「知行分物成三分一」に軽減し、「宮役」（頭役）も免除したが、「社内年頭三ケ日間之役儀」は懈怠なく務めるように命じた（『秋田藩家蔵文書・城下諸士文書』）。これより十二年前の天正七年にも氏家郡和泉郷の代官大和田左馬助が大頭役を務めている（『今宮祭祀録』）。年未詳十月二十四日付「芳賀高継書状」は、小宅弥八郎が「大頭勤役」として「はいたか」（鷂）を献じてきたことに対する芳賀高継の礼状である（『小宅文書』）。

このように、頭役の賦課は下野一国の時代から宇都宮氏の支配領域に限定されたのであろうが、宇都宮頭役は宇都宮氏滅亡まで続いていたことがほぼ確認できる。

大頭役と小頭役　下野御家人が務める宇都宮大明神の神事役が頭役である。「大」と「小」の二種があったことは前述したとおりである。後述する『今宮祭祀録』にも「宮大頭」「宮下頭」と見えている。享保十三年（一七二八）の「宇都宮大明神明細書」に、神主・社家の役料として「流鏑馬免・朔幣免・朔幣御菜免・五月会免・燈油免」とあるのは中世の神役の名残りである。また明細書の「神事之覚」には「九月初子午之日　大湯並九日流鏑馬、十月十五日　小湯」とあり、「大湯之祭礼、九月初子午日秋山祭共申候」「小湯之祭礼十月十五日」ともある。この「大湯・小湯」を「大頭・小頭」と解釈したのが『下野国誌』である。九月会（秋山祭）は中世の宇都宮明神にとって重要な神事であり、御家人が頭役を勤仕した名残りとして大湯祭と呼ばれたとしたのは卓見である。しかし、小湯祭の十月十五日は中世に祭礼は行われておらず、頭役としての大頭役と小頭役の違いは不詳である。

宇都宮神領

文治五年（一一八五）頼朝は藤原泰衡追討の途次「下野国古多橋駅」に到着すると、直ちに「宇都宮」に奉幣して戦勝を祈願し、「この度無為に征伐せしめば、生虜一人を神職に奉るべき」ことを誓った。頼朝は帰路に再び奉幣しているが、『吾妻鏡』は「巡道の御参詣にあらず、ひとえに御奉賽のため」と記し、「一庄園」を寄進するとともに敵将樋爪太郎俊衡の一族を「職掌《しきしょう》」として奉納した。この「一庄園」がいずれかは不詳である。

『宇都宮大明神御代々奇瑞之事』によれば、頼朝は肥前前司（那須光資ヵ）の所領「那須庄内五箇郷」「森田・向田両郷」を「生贄狩料所《いけにえがりりょうしょ》」と「日御供料所《ひのおんくりょうしょ》」として寄進したとある。森田・向田郷は現在の那須烏山市森田と向田に比定されている。室町時代後期の康正二年（一四五六）推定の「足利成氏書状写」（『那須文書』）によれば、森田・向田の帰属をめぐり、宇都宮氏と那須氏の間に争いがあった。二つの郷が宇都宮神領であったことと関連があるのかも知れない。また、治承四年（一一八〇）頼朝は、「朝敵誅罰」の大願のため「燈油料所」として「久野・大井手二箇所」を寄進したともあるが、この時期の宇都宮朝綱は在京し頼朝の許に馳参しておらず、真偽のほどは定かでない。久野《くの》は鹿沼市久野に比定され、近世の輪王寺の記録『大過去帳』に「久野郷　宇都宮重（成）綱寄進」と見えている。大井手は栃木市都賀町家中付近に比定されている。文亀三年（一五〇三）宇都宮成綱は「犬飼郡之内下稲葉之郷并大井出之郷・下平出郷」を成高寺に寄進している（『寺社古状』）。

以上の史料から、頼朝が「那須庄内五箇郷」「森田・向田両郷」「久野・大井手二箇所」を生贄・日供・燈油料を納める料所として寄進し、地頭が収納のうちから一部を社納したことは認めてよいと思われる。これらの庄郷は宇都宮氏の直接的支配権は及んでおらず、神領としては弱体であったと考えられる。

『弘安式条』には、宇都宮氏から宇都宮大明神に寄進された神領が記載されている。「朔奠并朔幣田御田名田」は神官・供僧に与えられた土地である。東上条・氏家・西方の別符および真壁郡は九月会における「池払」の所役を負担しており、「廻廊修理并九月九日大頭役用途」は宇都宮領「惣郷」に配分された。惣郷は「給免」（公事

を免除された土地）であっても田数に応じて反別用途の半分を納めなければならないが、「手足役」（夫役ヵ）は沙汰するに及ばないとされた（一一条）。

以上を整理すると、宇都宮大明神の経費には二種あり、①は五月会・九月会頭役および朔幣用途であり、「一国平均の役」として下野国内の庄園・国衙領にあまねく賦課された。鎌倉殿から地頭収益の一部が宇都宮明神用途として寄進された那須庄内五箇郷・森田郷・向田郷・久野・大井手も①に含まれる。②は宇都宮の一族・被官が負担するものであり、宇都宮氏から賦課される様々な恒例・臨時の所役があり、明神の維持・管理、祭礼費用の中心をなしていたものと考えられる。とりわけ流鏑馬役を勤仕することは一族・被官としての名誉であった。

九月会と生贄狩料所　宇都宮大明神の九月会は神饌に「鹿」を供したことで知られている。承久元年（一二一九）に成立した説話集『続故事談』第四「神社」に「カリ人鹿ノ頭ヲ供祭物ニストゾ」と記され、弘安六年（一二八三）に書かれた無住一円の説話集『沙石集』にも「信州ノ諏方《すわ》、下州《しもつけ》ノ宇津宮、狩ヲ宗トシテ鹿鳥ヲ手向《たまくる》」とある。また『神道集』巻第五「宇都宮大明神事」には「諏方ノ大明神ニハ御舎兄ナリ」とも記されている。宇都宮は近世には鹿・鳥を供する習俗は失われてしまったが、諏訪明神（諏訪上社）には「御頭祭《おんとうさい》」として残っており、天明四年（一七八四）当地を訪れて御頭祭を見学した菅江真澄は鹿頭七五頭が神前に献じられたと書いており、宇都宮九月会もかつては同じような神事が行われていたのであろう。

宇都宮九月会については、宇都宮氏の私撰和歌集である『新和歌集』巻第九「雑哥」上の清原公高の歌に、

父清原高経宇都宮九日（月ヵ）会の頭のかりし侍けるほとにいとまなきよしを人もとへ申つかはすとて、

しるらめや　野へのうつらを　ふみたてゝ　こはきか原に　かりくらすとは

と、清原高経（芳賀氏ヵ）が九月会の頭役のために狩で忙しく暇がないと言っている。『弘安式条』一一条にも、九月九日の大頭役用途が宇都宮氏の所領に賦課されていることが記されており、高経は鹿を狩るために多忙であったのであろう。六五条に「六斎日」の殺生であっても「当社頭役分」は禁止の限りではないと定めている。

鎌倉幕府は六斎日・二季彼岸の殺生は禁止したが、仁治元年（一二四〇）「社領内例ある供祭の外、これを停止すべし」との例外規定が「関東新制」として法令化されている（『追加法』）。『吾妻鏡』文応元年（一二六〇）一月二十三日条にも「有限神社の祭りに至りてはこの限りに非ず」と記しており、宇都宮大明神の六斎日や二季彼岸の殺生は例外扱いであったのであろう。

頼朝は那須庄内五箇郷を「生贄狩料所」として寄進しており、五箇郷は狩場からの生贄を納める神領であった。那須庄の地頭那須資長が「宇都宮頭役」のために鎌倉に参上できないと主張したのも、鹿を狩るためであったのであろう。

嘉元四年（一三〇六）明空の撰とされる歌謡集『拾菓集』の「宇都宮叢祠霊瑞」には、宇都宮明神の九月会を、

（前略）そよや九月《ながつき》の重陽の、宴にかざす菊の花も、えならぬ祭なれや、紅葉の麻《ぬさ》の夕ばえ、秋山飾り手向に、憑みをかくる神事《かみわざ》、さても神敵を虐げし。猟夫が忠節の恩を憐みて（中略）神さびまさる音旧りて、鈴倉に其のしるしを、那須野の男鹿の贄も、故あんなる物をな。

と記し、重陽の日の九月会が「秋山飾り」と言われ、その供物に「男鹿」が供せられたとある。さらに神事が「猟夫」（猿麻呂）の弓で「神敵」（赤城神）を退けた神戦譚に由来するとも記している。「那須野の男鹿の贄」とあり、九月会の供物が那須野原で狩った牡鹿であることは宴曲に謡われるほどに知られていたのである。

『宇都宮弘安式条』に見える宇都宮大明神

七代景綱が弘安六年（一二八三）に制定した『弘安式条』は武家家法の最も早いものの一であり、全七〇ヶ条からなっている。同時代の同種の法令としては、仁治三年（一二四二）成立の豊後大友氏の『新御成敗状』四四ヶ条や正和二年（一三一三）の筑前宗像大社社家宗像氏の『宗像氏事書』一三ヶ条がある。

『弘安式条』は宇都宮氏の一族・被官や領内支配の状況をよくあらわしており、とくに宇都宮氏が宇都宮大明

神の神主（社務）であることから、全七〇条のうち一条から二七条までが社寺に関する規定であり、条数の三分の一を占めている。大明神の経営は宇都宮氏当主が「神主」としてその頂点にあり、その下に一族・被官が神官・供僧・僧徒として役割を分担し、勤仕していた。神官と武士の二面性を持つことが、宇都宮氏の特徴であった。

以下、『式条』に記された宇都宮氏と宇都宮大明神のかかわりを見ておこう。

神主宇都宮氏　宇都宮大明神は惣領・庶子の一族だけでなく、支配下の被官も含めた族的結合の場であった。大明神は宇都宮一族の結束の場であり、一族・郎等は神社の神仏事に奉仕、参加する義務があった。宇都宮氏の当主は古代以来の歴史的名称である「神主」を世襲し、社殿の造営、神官・供僧の任免権、神仏事の執行権、神領の沙汰権などを独占的に所有している。一族の精神的支柱である宇都宮大明神を維持・管理することは惣領家の一族支配、領内支配と不可分の関係にあった。物領の命に背くことは大明神の「神慮」に背くことであり、惣領の意思は神の意思でもあった。

神宮寺　『弘安式条』第二条に、宇都宮大明神の「神宮寺」が宇都宮氏の「氏寺」として認識されていたことを示す記載がある。

一、神宮寺并尾羽寺・往生院・善峯の堂塔庵室等、修理を加うるべき事。

右、伽藍の洪基は累祖の氏寺なり。土木の構、父祖の懇志より起こる。もし破損の聞こえあらば、早速に修治せしむべきなり。

「尾羽寺」は芳賀郡益子町上大羽にある宇都宮氏の歴代廟所に立つ寺院である。大羽は宇都宮氏発祥の地ともいわれ、朝綱の孫頼綱にかかわる多くの遺構がある。建久五年（一一九四）公田掠領の科で配流となった頼綱が赦免後、尾羽山麓に隠棲して阿弥陀寺を建立したとされ、これが尾羽寺の濫觴である。現在も室町後期の阿弥陀堂が残っており、国の重要文化財に指定されている。この地蔵院の西隣に建つのが綱神社である。土佐国に配流された頼綱が同国の賀茂神社に赦免を祈願し叶えられたので勧請したものと伝えられ、後世、頼綱の名に因んで

綱神社と呼ばれるようになったという。綱神社と境内の大倉神社も国指定重要文化財である。「往生院」（三鈷寺《さんごじ》）・「善峯寺《よしみねでら》」は京都市西京区大原野にある浄土宗の寺院で、法然の高弟証空が布教の拠点とした。宇都宮頼綱（蓮生法師）は法然の高弟であり、法然没後は証空に師事し、証空が亡くなると往生院に住んでその法燈を守った。現在寺の方丈南壇に安置されている抱止《だきとめ》阿弥陀如来は頼綱の持仏と伝えられている。

神宮寺および尾羽寺・往生院・善峰寺の四寺を宇都宮氏は「累祖之氏寺」と呼んで重視したのである。

神宮寺は宇都宮大明神の別当寺であり、「慈心院」とも呼ばれた。『弘安式条』や鎌倉期の文献に諸院・坊名は記録されていないが、室町時代には「慈心院社務職」（院主）が僧侶の最高位の「惣行事」であり、大明神の寺務を執行した。慈心院は供僧が住居する坊や大湯屋も統括していたのである。京都の「往生寺」も開山以来、慈心院が相続している。慈心院は臼ヶ峯東側山麓の小田町にあったとされるが、宇都宮氏が改易されたとき、慈心院主が宇都宮国綱に扈従して宇都宮を離れたので廃寺となった。

神官　宇都宮大明神の神事に奉仕したのが「神官」であり、仏事を担当したのが「供僧」である。

神官は鎌倉に出仕し、大番役などの所役を務める御家人である。宇都宮氏歴代の惣領には評定衆・引付など幕府の重職に就く者もいて、通常は鎌倉に居住することが多かった。庶子家の氏家・塩谷・上条・笠間・横田氏も御家人として幕府に出仕しており、『吾妻鏡』に名前が載っている。幕府は惣領の一族統率権を認めており、宇都宮惣領は庶子領の没収、公事の配分、軍事統率権などが認められていた。『弘安式条』にも惣領は鎌倉番役を然したる理由もなく懈怠した一族・庶子を「不忠之咎」により所帯を没収するとあり（五三条）、「祗候之輩」（被官）が官途を望む場合は惣領の免許を必要とした（四六条）。

神官筆頭の「神主」（社務）は宇都宮氏の当主が世襲し、一族・庶子の有力者を「神官」に任じて神社全体を支配したのである。神官の定員は十二人、神官が供僧を兼帯することは禁止され（一九条）、社頭番を五日毎に交替勤務する決まりであった（六条）。神官は二季御祭（春冬）・三月会・一切経会・五月会・六月臨時祭・九月会

に勤仕し、「鎌倉に参住すると雖も差し下さるべき」とされ（七条）、幕府の出仕よりも神社の勤役が優先された。また「社壇鬮事」によれば、安易な鬮による神判を停め「社官等会合せしめ、事体を糾明すべし」とあり、合議による公平な裁判をするように命じている（四条）。

僧衆　神宮寺の僧侶は一切経会などの法会を勤行し（一二条）、三十講・夏安居などの行事は代官を立てずに、自ら奉仕しなければならなかった（一三・一四・一七条）。僧侶の首座である供僧《ぐそう》は「神宮寺五個輩」すなわち定員五人である（一九条）。その身分は式目において「神官・供僧」と併用され、神官とほぼ対等であったと考えられる（一二条）。供僧は「御堂供僧」とも呼ばれており、二〇歳未満者を受戒させてはならないとされた。また一切経会の舞楽は毎年退転なく行わねばならず、供僧はそのために舞童を抱え置く責任があった（一三条）。供僧の坊名は鎌倉時代の記録には見えないが、『新和歌集』の巻第六「離別哥」に「藤王（橋下傀儡）」の歌が収められている。橋下が「橋本」とすれば橋本坊であり、「藤王」は橋本坊が抱えていた舞童であろう。室町期は慈心院・橋本坊・蓬莱坊・池上坊・不動院の五坊があった。

供僧のほかにも「御堂僧侶」と呼ばれる供僧より下位層に属する僧徒がいた。供僧が勤仕する講演の時、僧徒は「結衆先達」として梵席に列した（一五条）。供僧の弟子か、同坊に仕える僧侶であろう。彼らも供僧と同様に祈祷の際代官を立てることは禁止され、仮に「故障」で出仕が困難になっても「未出仕之輩并非器之族」を代官にすることは認められなかった（二〇条）。供僧以下の僧徒の官途（僧階カ）は、当主の「免許」を得なければならず、「臈次」（長幼の順序）を乱さずに「昇進」するものとされた（四六条）。社中には夏安居の後に行われる「効験之雌雄」（験比べ）に奉仕することを務めとする「山臥《やまぶし》」も常住し（一八条）、「本願主之素意」（宇都宮頼綱のかねての願い）によって置かれた「念仏堂」の時衆は「浄土宗の教法を専らにし、常に談義を執行い、須らく学問に相励」み、「当番」の時は本人が「参勤」することとされていた（二一条）。この念仏堂が神社境内に置かれていたのかは不詳である。

衆中には「惣行事」（一四・一八条）と「学頭」（三条）が置かれていた。惣行事は寺内の僧侶を統率する筆頭の職であり、慈心院主が務めた。学頭は「向後の聖目」つまり神宮寺に仕える僧侶間の優劣を論じ、神宮寺止住の禅侶で「稽古抜群之名誉」の者から選ばれた。一般に学頭は一宗・一派の学事を統率する僧の役名であるが、宇都宮明神には惣行事がおり、両者の関係は不明である。

つぎに「大湯屋《だいとうや》」に関する条目について一言しておこう。大湯屋とは、僧侶が法会などの前に心身を清めるために設けられた湯殿のことで、神宮寺の僧の潔斎のための施設であった。「酒肉五辛」を服した者、すなわち「在俗」者の入浴は「正儀に非ず」として禁止された（二五条）。「五辛」とは臭みのある五種の蔬菜で、仏家の場合、大蒜《にんにく》・茖葱《らつきよう》・慈葱《ねぎ》・蘭葱《ひる》・興渠《にら》を指す。また僧侶は「在家温室」であっても在俗の男女との混浴が禁止され、違反した場合は神社への出仕を停止された（二六条）。天文三年（一五三四）に宇都宮俊綱が出した「大湯屋結番次第」（『二荒山神社文書』）にも、

一、穢気ある輩、入ることあるべかざる事。

一、五辛肉食、僧徒に相交わることあるべからざる事。

とあり、大湯屋の規定が室町末期に至っても維持されていたことがわかる。

このほかにも、神官・供僧が死去した際「朔奠并朔幣田御田名田」を「当職相伝之仁」以外の後家や末子・養子に分譲することは禁じられていた（二七条）。宇都宮氏でも後家・女子の一期分は当時の武家社会と同様に認められていたが、「宮中」の屋敷を譲与することは禁止された（三四条）。この条目から①神官・供僧が所領を有する武士階級であり、②神官・供僧の職が父子相伝の職であること。③神官・供僧職には「朔奠并朔幣田御田名田」が附属しており、分割相続は禁止されていた。「朔奠田」は供僧、「朔幣田」は神官が毎月一日の神仏事に奉仕する務めに対して給与された田畑である。

宮仕・下部　宗教行事を担うのが神官・供僧であり、法会の雑事は「宮仕《みやづかえ》」が両者の命を受けて勤仕し、違犯し

たときは罪科に処された（一二条）。「宮仕・下部等」は一方で「下輩之族」と呼ばれ、下部が市において商渡世をすることは制止しないが、「宮仕を致しながら、自身商人等と座列」することは「面を汚す」として禁止され、以後召使うことはできないとされた（六一条）。他の条目で下部は「力者」ともあり、年貢未進の郷村に「譴責之使者」として遣わされ、そのときの行状が問題視されている（六七条）。狼藉に対しては「郷之名主等」の注進で「所帯を有する者は之を召さるべし。無足之族は事の体に従い、或は追放せられ、或は召籠らしむべし」と厳しく処断された（六八条）。力者は輿持ちや乗馬の口取り、警護など主に力役に従事する一方、宇都宮当主の命を受けて支配地に派遣され、年貢の徴収などにあたった。力者は剃髪しているが、僧侶ではなく、おそらく腰刀を差していたと考えられる。力者で宇都宮大明神の雑事を担当した者を宮仕といったのであろう。

神仏事　宇都宮大明神では様々な神仏事が挙行された。重要な「神事」には二季御祭（春・冬）・三月会・一切経会・五月会《さつきえ》・六月臨時祭・九月会がある（七条）。『日光山縁起』に、「春渡・冬渡の祭礼ハ公家の勅願よりおこり、三月・五月の会式は武将の祈念よりはしまれり」とある。前者の祭礼は名神大社としての歴史の古さを、後者の祭礼は一宮としての幕府の崇敬を語っている。また「転法輪鈔」（『安居院唱導集』上巻）所載の「宇都宮一切経釈表白」よれば、宇都宮一切経会は、治承の内乱のとき在京していた宇都宮朝綱が「天下忽静謐シテ本国ニ下向スルコトヲ得タリ」との「昔日之願念」を果たすことができたので始行されたとある。

これらの神事催行の際は、神官は鎌倉に出仕中であっても宇都宮に戻り奉仕しなければならなかった（七条）。五月会と六月の臨時祭には流鏑馬が挙行され、その射手を同じ人が勤仕することは参詣者や貴賤の嘲笑になるので重役《ちょうやく》を避けるべきとされ、違犯した場合は所帯が没収された（八条）。また一切経会には必ず「舞楽」が演じられ、「御堂供僧」は常時児童を抱えておくことになっていた（一三条）。

九月会は宇都宮明神で最も華やかな祭礼である。「池払」の所役があり、東上条・氏家・西方別符および真壁郡司・田所が勤仕した（一〇条）。東上条・氏家・西方・真壁郡は宇都宮の外縁部に位置し、宇都宮の一族が領

した。「宮方散仕・定使」は宇都宮明神からこれらの地に派遣された使者であり、池払いの期間は宇都宮大明神に参住して沙汰するように命じられた。

このほかに三十講《さんじっこう》（一三・一四・一五条）、夏安居《あんご》（一七条）、夏末の験競《げんくらべ》（一八条）などの仏事が行われていた。三十講は法華三十講ともいい、法華経二十八品と開経の無量義経、結経の観普賢経を合わせた三〇巻を三〇日間にわたり講ずる法会である。夏安居は夏行《げぎょう》とも称し、僧侶が夏季の九〇日間、遊行《ゆぎょう》（修行のため各地をめぐり歩くこと）に出ずに一か所で修行することである。験競は修験者が修験の力量を比べあうことである。これらが遺漏なく行われるように監督するのが僧侶の筆頭「惣行事」の職責であり、慈心院が務めていた。

社殿の造営

社殿の造営と維持は「神主」である宇都宮氏惣領の第一の務めであり、『式条』第一条に、

一、当社修理の事

右、造営に於いては巡年限りあり。その外臨時の破壊出来せば宜しく不日に修造せしむべき也。たとえ末社たりと雖も緩怠の儀有るべからず。

と記され、第一一条には「当社廻廊修理并に大頭役用途、惣郷内給免に配分すべき事」とある。神社の修理は大頭役用途と並んで「惣郷」すなわち宇都宮の「神領」全てに賦課され、「給免」であっても例外なく「段別用途半分」が沙汰された。

式年遷宮は伊勢神宮の二〇年一度の遷宮があまりに有名であるが、古代には諸国の有力神社にとっては常のことであった。例えば下鴨神社や春日大社が二一年目、住吉大社が二〇年であり、東国では鹿島・香取の両神宮が二〇年、上野国貫前神社は一三年、赤城神社は三〇年の遷宮を行った。下野一宮の宇都宮大明神も「巡年」すなわち定期的に造営を行ったのである。その間に破壊が起きた時は「不日」（日を置かず）に修造すること、末社で

あっても怠らないように命じている（一条）。

日光山の記録『当山秘所』には「宇都宮御遷宮事、廿一ヶ年を以て悉く皆修造し奉る也」とあり、仁平元辛未（一一五一）・承安元辛卯（一一七一）・建久二辛亥（一一九一）・建暦元辛未（一二一一）・寛喜三辛卯（一二三一）・建長三辛亥（一二五一）・文永八辛未（一二七一）・正応四辛卯（一二九一）・応長元辛卯（一三一一）・元徳三辛未（一三三一）に修造遷宮がなされたと記録している。後述するように室町後期も二一年目に遷宮がなされている。

『日光山縁起』と日光権現の勧請

『日光山縁起』諸本のなかで成立年代が明らかなのは、『新編会津風土記』巻之一〇所収の仮名本『日光山縁起』（本縁起はもと新潟県東蒲原郡阿賀町鎮座二荒山神社の旧蔵。二荒山神社は旧実川村にあったので「実川《さねかわ》本」と呼ばれる）である。実川本には、至徳元年（一三八四）・無紀年・慶長十九年（一六一四）の三つの奥書が記されている。至徳の奥書には「此縁起為当社之深秘」が、「上古に於て此の図絵文社内に有ると雖も、頃年の間紛失せしむ」という「古老社官」の言で、金剛仏子貞禅が願主となり、至徳元年に作成したとある。

「願主　金剛仏子貞禅」の実在は飯田真・千田孝明の研究で明らかになった。それによれば、貞禅の活動期間は至徳元年から応永八年（一四〇一）である。輪王寺蔵『大方広仏華厳経』巻一の奥書に「至徳三年丙寅六月二十四日願主寓於大明神西経所貞禅」とあり、宇都宮市上戸祭町高靇神社境内の宝篋印塔銘にも「至徳四丁卯八月七日　聖金剛仏子妙□貞禅」とある。また輪王寺蔵『経櫃』銘には「宇都宮西経所住侶沙門金剛仏子貞禅　嘉慶二年戊辰十二月」とあり、日光二荒山神社蔵『春慶塗木筥』には「応永第六林鐘一日　施主敬書金剛仏子貞禅」が「日本紀三巻・麗気及び神系図一巻」を施入したとある。また宇都宮二荒山神社蔵の『至徳元年云々旧記』には、神前左右の駒犬の銘に「応永八年辛巳十二月日　願主貞禅」と記されている。貞禅は室町時代前期、宇都宮

大明神の西経所に勤仕し、日光山とも深いかかわりを有した僧侶であった。

無紀年の奥書の「右筆　兵庫助楠公敏」なる人物は不詳である。慶長十九年奥書の「右筆　頭太夫長宗」は飯田真が金子姓であろうとしている。江戸時代になって日光山に召出された社家の一人に「金子頭太夫中臣長重」がおり（『旧記』）、長宗はこの金子の一族であろうというのである。しかし、宇都宮社人にも「頭太夫」を称した者がおり、こちらの可能性もあることを指摘しておきたい。

愛媛県大洲市の五郎宇都宮神社の所蔵する『日光山並当社縁起』は、奥書に「文明九年　右馬頭正綱（花押）」とあり、宇都宮一六代当主正綱が文明九年（一四七七）日光山と宇都宮大明神の縁起写を大洲宇都宮明神に奉納したものである。大洲宇都宮氏は武茂氏の分流であり、おなじ武茂氏から出て宇都宮惣領となった正綱が当社に縁起を奉納したのは不自然ではない。

『日光山縁起』は宇都宮氏が宇都宮大明神に奉納し、代々宇都宮氏によって伝来されてきた。大明神は後北条氏の猛攻で焼失し、宇都宮氏も豊臣秀吉に改易されて滅亡した。その結果、『日光山縁起』は散逸し、民間に流布したのであろう。細矢藤策は、『日光山縁起』の中に『日光山並当社縁起』とあるものがあることから、これが本来であり、日光と宇都宮の両二荒山神社の縁起を包括する『下野国二荒山縁起』とするのが的を得た書名であろうと主張した。

実川本『日光山縁起』によれば、日光山は男体権現（有宇中将）・女体権現（朝日姫）・太郎明神（馬王）を祀り、日光三所権現と呼ばれ、後に太郎明神が河内郡小寺山に遷座されて若補陀洛大明神となった。有宇中将が勅勘を蒙り都を去る時、また帰洛するとき終始供をしたのが「雲の上」という雄の鷹と「阿久多丸」という犬である。鷹の雲上は「本地虚空蔵菩薩」すなわち星宮であり、犬の阿久多丸は「地蔵菩薩、今ハ高尾上とあらハれ給」とある。また有宇中将の乗馬が「青鹿毛」であり、「かたしけなくも太郎大明神、馬頭観音の垂迹」であると記している。宇都宮大明神は日光の太郎明神（馬頭観音）を祀り、境内には星宮（虚空蔵菩薩）・高尾神（地蔵菩薩）

が鎮座し、この縁起が宇都宮とのかかわりのなかで作成されたことを示唆している。

そして、この縁起の主人公のひとりで、日光と宇都宮の接合の役割を果たしたのが小野猿丸である。猿丸は『拾菓集』に「馬頭一男の御子」とあり、諸書も同じである。猿丸は宇都宮に太郎明神を遷したとも（『日光山権現因位縁起』『宇都宮大明神代々奇瑞之事』など）、猿丸自身が宇都宮に祀られたともある（『日光山縁起』『拾菓集』など）。この猿丸の子孫の小野氏は日光山の本宮と中禅寺の社職であり、空海の秘法を伝える由緒ある社家である。しかし、中世になると新宮の神職大中臣氏が優勢となり、本宮神主小野氏の勢威は後退していった。小野氏は宇都宮氏と共同して『日光山縁起』を作成し、勢威の回復を図ったのであろう。

建保七年（一二一九）の『続古事談』第四には「宇都宮は権現の別宮なり」とあり、既に十三世紀初頭には宇都宮は日光を遷宮したと信じられていた。鎌倉後期の歌謡集『拾菓集』には、宇都宮大明神を謡った「宇都宮叢祠霊瑞」が収められ、「この社壇扉を押しひらけば、六八《りくは》の誓約鎮《とこしな》へに、因位の悲願に答ふるのみかは。千手千眼の手房《たぶさ》には、様〱の標示三摩耶形《さまやぎよう》。馬頭一男の御子としては、慈悲の忿怒濃《こま》やかに、誓ひは余聖に猶勝れ、（中略）あの曇りなき代を照らす。日光も同じく影を垂れ、明星天子の由ありて、星を連ねる御籬に、互ひに主伴の隔てなし」とある。「六八の誓約」とは六八弘誓、阿弥陀仏が一切衆生を救うために発した六八の誓願であり、阿弥陀如来が御座すことを指す。「千手千眼の手房」は千手観音、「馬頭一男の御子」とは馬頭観音の子猿麻呂である。「日光も同じく影を垂れ」は日光権現が宇都宮に垂迹したとの意であり、「互ひに主伴の隔てなし」とは日光・宇都宮が同体であるという意味である。十四世紀初頭の宇都宮大明神が阿弥陀如来・千手観音・馬頭観音を祀っていたことは疑うべくもない。『神道集』巻五の「日光権現事」に「日光山ト申ハ、男體・女體御在ス。先ツ男體ノの本地をハ千手観音ナリ。（中略）女體ハ本地阿弥陀如来是也」とあり、「宇都宮大明神事」には「此明神ハ諏方ノ大明神ニハ御舎兄ナリ。此ノ明神ニハ男體・女體御在ス。先俗體者本地ハ馬頭観音ナリ。（中略）次ニ女體ハ本地阿弥陀ナリ」とある。女体は両社とも阿弥陀如来で共通しているが、男体権現の本地仏は日光が

千手観音、宇都宮が馬頭観音と異なっている。
これらは説話・伝承の類であるが、宇都側には日光権現との緊密なかかわりを示す和歌がある。鎌倉時代の歌集『新和歌集』巻五の「神祇歌」に、
宇都宮にくたりて侍けるに当社三所大明神は、たひ人をあはれみ給とき丶て宝殿のはしらに書きつけ丶る。
藤原仲兼
たひ人の　心やすめよ　ちはやふる　みところ神も　さそちかふなる
とあり、宇都宮に日光の三所権現が勧請されていたことが窺われる。また、宇都宮（笠間）時朝の私家集『前長門守時朝入京田舎打聞集』の一首にも、
宇都宮大明神御本地馬頭観音、等身泥仏につくりまひらせて、彼神宮寺に安置したてまつりて、正嘉三年正月廿九日供養し侍しついでに、御宝前に参てよみ侍る
きみがよも　わがよもつきず　あきらけき　神のちかひに　まもらざらめや
とあり、正嘉三年（一二五九）正月、時朝が等身の金泥馬頭観音像を宇都宮大明神の神宮寺に寄進したとある。
以上の記録から、中世宇都宮大明神の本地仏が日光本宮の本地仏馬頭観音と同じであったことは相違ない。太郎明神は日光山では「太郎権現」と呼ばれたかも知れないが、古代の「名神」大社、中世の一宮である宇都宮大明神は「神主」が祭祀権を有していたので、「明神」でなければならなかった。『日光山縁起』は日光山・宇都宮両社のかかわりを「彼二荒山の松墻《まつがき》は内宮の儀をかくし、此の如意峯の蘗祠ハ外宮の理を表す。内證外用事おなしといへとも、和光同塵の本誓、当社なをすくれ玉へり」と記して、伊勢の内宮・外宮の関係に例えている。
以後、宇都宮明神は日光の別宮という立ち位置で存在感を高めていった。中世日光山は宗教的にも世俗的にも大きな権威を有しており、これを取り込むことは宇都宮氏にとって重要であった。宇都宮氏が平安時代後期から鎌倉時代初期、日光山支配に努めていたことは既述した。

(2) 室町時代の宇都宮大明神

宇都宮大明神の景観

宇都宮氏が、一族・被官そして神領支配の中心に置いていたのが宇都宮大明神である。当時の神社周辺の景観は今日とは大きく異なっていた。『宇都宮大明神代々奇瑞之事』によれば、宇都宮大明神は承和五年（八三八）温左郎麿（小野猿丸）が日光の太郎明神を懐いて河内郡小寺峯の荒尾崎に遷宮したのが濫觴である。ところが、荒尾崎は社壇の南を大道が走り「行人、征馬が無礼を致し、秋毫《しゅうごう》の誤あらば、則ち神忽ち嗔《いかり》を成」したので、人々の往還も絶えてしまい、山北の地に移転したのだという。実川本『日光山縁起』もほぼ同じ記述である。

この山北の地は臼ヶ峯（明神山）と呼ばれ、現在の二荒山神社の鎮座地である。神社の麓の西と南は田川の支流釜川が境内を大きく囲むように流れ、神社楼門前の石段を下りると、参道が南に向かって直線で続き、釜川に至る。この釜川に架かる橋は御橋《みはし》と呼ばれ、御橋を渡った先の台地が中世宇都宮氏の居館である。神社に向かう参道の東、臼ヶ峯から南に傾斜した低丘陵が小寺山（峯）であり、先端部が荒尾崎と呼ばれていた。元和五年（一六一九）宇都宮城主となった本多正純が宇都宮城の大がかりな改築を行い、奥州街道・日光道中の付け替えや城下の町割りを実施し、臼ヶ峯と小寺峯の間を開削し切通しを設けたとされる。この切通しの跡が現在二荒山神社前を東西に走る大通りである。小寺峯は戦後間もなく整地されて消滅し、現在は摂社下の宮に名残りをとどめている。中世の小寺峯には日光堂などの堂塔・社祠が建ち、峯を超えた東には東勝寺という大寺があった。参道の西側一帯に拡がる平坦地は『和名類聚抄』の河内郡十一郷の一つ池辺郷であり、宇都宮市池上町にその名をとどめている。郷名の由来となった池（鏡ヶ池）が神社の足下に広がっていたが、鏡ヶ池も埋め立てられて現存していない。

境内の様相　宇都宮大明神の境内地の様相については、愛媛県大洲市の五郎宇都宮神社蔵『日光山並当社縁起』にその境内図が描かれており、文明九年（一四七七）段階の大明神の景観を知ることができる。千田孝明の研究を参考にして見ておこう。

絵図の右に鳥居が描かれ、両脇に「贄木」と記された二本の立木がある。贄木は『今宮祭祀録』にも記されている「にゑき」と同じものであろう。鳥居の先に描かれた社殿と拝殿は小鳥居と森に囲まれ、「麻積森」と注記がある。おそらく麻積は「麻続」の誤記で、和名抄の大続《おおおみ》郷のことであり、宇都宮市大網町に比定される（平凡社『栃木県の地名』）。大網町に隣接する宇都宮市徳次郎町には日光権現を遷したと伝える智賀津《ちかつ》神社が鎮座している。絵図は智賀津神社と背後の森を描いたものであろう。猿丸は女体権現から「恩の森」の神（「小野神」）になることを命ぜられ、そこが「外倶示良」である。猿丸は自ら宇都宮大明神になったといわれるが、猿丸が太郎明神を外倶示良（徳次郎）から宇都宮に遷したという異本もある。外倶示良は宇都宮明神の由縁の地であり、「麻積森」とはこの地を指すのであろう。

さらに先に進むと、「高尾神」と記す社殿がある。年未詳霜月の「宇都宮国綱書状」（『能延寺文書』）に、国綱は慈心院職を千代寿に附属させるに際し、若年であったので「高尾神坊」を付置させるように尊紹法師に命じた。高尾神坊は宇都宮大明神に奉仕した神官であり、実川本にも「阿久た丸といふ犬は地蔵菩薩、今は高尾上（神）とあらはれ給き」と見えている。高尾神の北には川が流れており、木橋が架けられている。橋の入口に「御橋鳥居」とあり、「下馬」の注記がある。現在の釜川（御手洗川）である。鳥居の前には「門客」と記された小祠が左右に立ち、橋を入った地が神域である。御橋の下流に架かるもう一つの木橋を渡り、右に折れた道の先に鳥居を持つ「剣宮」がある。その南には池があり、中の小島に「文殊堂」が建っている。剣宮は現在も剣宮神社として境内にあり、文殊堂は明治初年の神仏分離で廃されている。

御橋を渡ると参道が真直ぐに伸びており、参道左の森中に「三嶋」と記された社殿がある。参道は「一鳥居」

まで両側（東西）を木柵で囲まれた長い広場となっており、「下馬」と注記されている。これが現在のバンバ通り（馬場通り）である。参道の右側に建つ鳥居をくぐり、石段を上った先には周囲を石垣に囲まれた小高い丘があり、「小寺山」の注記がある。そこに板塀に囲まれた拝殿と社殿（神殿）があり、「日光」との注記がある。規模は本社に次いで大きく、日光から太郎明神が勧請された地である。石段の坂道の途中から伸びる右手の道を進むと築地に囲まれた「星宮」と注記のある小祠がある。縁起に「雲上といふ鷹は本地虚空蔵菩薩」とあるのがこの星宮である。

参道正面に建つ「一鳥居」は稚児柱を設けた両部鳥居であり、台石の上に建っており、立派である。鳥居の内側は玉石が敷き詰められ、「栗石千二百」と注記がある。その間を「階石五十二段」と書かれた石段があり、そこを上ると「楼門」がある。楼門上には懸仏が三つ掛けられ、神社の祭神が三柱であることを現わしている。楼門の両脇から伸びる廻廊は「百八十間」と記されている。廻廊に囲まれた中央部にある高床式の社殿が本社であり、階段で拝殿と結ばれていた。拝殿は大きく、様々な奉納神事や仏事が行われたのであろう。本社の前には屋根付の廊下が左右に伸び、廻廊で結ばれていた。左側廊下には東経所が、西側廊下には西経所があり、屋根付きの門が二か所にあって、社殿の後方に出入りできた。社殿後方の広場には「都重大明神」「野口門」「鹿嶋」「三宮」「高尾神」「若宮」「太郎」「太郎」「栗」「餅」と注記のある一〇の小祠が廻廊に沿って東から西に祀られていた。本社のすぐ背後に「神木柿」と注記された立木があるが、詳細は不明である。大明神の社殿のある丘の南西麓には「千手」「阿弥陀」「馬頭」と注記された「大御堂」が建っていた。

永仁六年（一二九八）八代貞綱は東勝寺を荒尾崎に移転し広大な寺域を与えた。境内には本堂・大御堂・釈迦堂・普賢堂・文殊堂などの堂塔があった。大御堂は大明神の境内地であり、大明神と東勝寺の境内は重複していたのであろう。さらに正和三年（一三一四）六月に千手堂を建て、荒尾崎の丘陵に鐘撞堂を建立して梵鐘を寄進している。東勝寺は中世の宇都宮第一の巨刹であり、境内は主に小寺山（荒尾崎）の東側に拡がっていた。『今

宮祭祀録』によれば、天文九年（一五四〇）八月の大風で五重塔が倒壊したとある。

こうした大明神の景観は「宇都宮叢祠霊瑞」にも、「明星天子のよしありて星をつらぬる御垣」と星宮を、「覚母は悟りの花開け」と文殊堂（覚母は文殊菩薩の異称である）を、「内の高尾神」「外の高尾神」と高尾神を、「阿遮の利劔は劔宮」と不動明王の劔を祀った剣宮を記し、さらに「西に廻れば甍あり。堂塔尊像の粧ひ、念仏三昧退轉なく」と大御堂を記している。

室町時代後期の造営記録

宇都宮二荒山神社蔵の『造営日記』『造営之日記』は、宇都宮大明神の式年遷宮に際して催された十五世紀後半～十六世紀前半の芸能記録である。慈心院に伝来していたが、現在は宇都宮二荒山神社が所蔵しており、『宇都宮市史』第二巻・中世史料編に翻刻されている。『造営日記』は永享十一年（一四三九）・長禄二年（一四五八）・文明十年（一四七八）・明応七年（一四九八）、『造営之日記』は天文七年（一五三八）の記録である。文明・明応の記録は慈心院主俊聖が記し、永享の記録は俊聖が文明十年に転写したものである。天文七年の記録は慈心院主俊快の筆記によるものである。慈心院が日記を記したのは、造営時に行われた能楽の演目・演者の記録を残すことにあった。ところが、『造営日記』は元の冊子が破損してバラバラになり、現在の形態に改装するときに錯簡を起こしたものを小林健二が復元しており、本書はそれを参考にした。なお、二荒山神社には明応七年十二月十五日銘の修理棟札が保存されており、「神主　藤原下野守成綱」とある。

長禄二年の記録は一丁（書籍の紙数を数える語。表裏二頁を一丁という）裏の半丁分しか残されていない。「□年御遷宮」と虫損があり、その傍らに「長禄二年」と異筆で書かれている。採るには慎重でなければならないが、長禄二年は永享十一年の一九年後、文明十年より二〇年前の年紀であり、筆記者は二〇年一度の式年遷宮の事実を知ったうえで書いたのであろうから、異筆であるが採るのに問題はないであろう。

表2：二荒山神社社殿造営

和年号	西暦	御釿立	御仮殿柱立	御仮殿御移	御神殿御柱立	御神殿棟上	還御(御神体)
永享11年	1439						
長禄2年	1458						
文明10年	1478	8月5日	8月11日	9月12日	10月10日	10月22日	
明応7年	1498	8月6日	8月28日	9月19日	10月2日		12月15日
天文7年	1538	8月5日		9月24日	10月18日	11月6日	12月28日

○『当山秘所并代々別当次第』による造営年代

仁平元年	1151	承安1年	1171	建久2年	1191	建暦1年	1211	寛喜3年	1231
建長3年※	1251	文永8年	1271	正応4年	1291	応長1年	1311	元徳3年	1331

※「建長辛亥」とあるが、辛亥年は建長3年である

造営の日程を一覧表にしたものが、表2である。永享十一年の『造営日記』によれば、猿楽の稽古が十二月十七日から四日間行われ、初日が「神官中」、二日目が「坊中」、三日目が「清家」、最終日が「紀氏」が担当している。この時の奉納芸能に「神官」「五ヶ坊」とともに、清家（芳賀氏）・紀氏（益子氏）という宇都宮氏の重臣が役割を担っていたことが知られる。また日記には「神主」「神官」「禰宜大夫」「権大夫」などの神職名が見えている。このほかに「慈心院」「不動院」「池上坊」「橋本坊」「蓬莱坊」の坊名や「高尾神」の名称も見られる。「猿楽之方」（猿楽の演者）に禄を与えた「五ヶ坊」は、慈心院・不動院・池上坊・橋本坊・蓬莱坊であろう。能見物の座敷は慈心院が「御屋形」（宇都宮成綱）の「御乳父」に次ぐ席が与えられ、慈心院は「高尾神」（境内高尾社の神職カ）を随伴していた。つぎに「橋本・蓬莱坊」、続いて「池上・不動院」の順であり、惣行事の慈心院を筆頭に、橋本坊・蓬莱坊・池上坊・不動院の序列があったのだろう。座敷を奉行したのが「禰宜大夫・権大夫」である。この記録から窺い得ることは明神に奉仕する神職・社僧の序列は、神官・五坊（慈心院・橋本坊・蓬莱坊・池上坊・不動院）・高尾神・「禰宜大夫・権大夫」となる。

つぎに、天文七年の『造営之日記』は、造営の日程や奉納芸能の演目・演者・装束・費用などが詳細に記録されている。芸能に使用する能具が塩谷と鹿沼から、小袖や刀は壬生・皆川の方々から借用している。塩谷・鹿沼・壬生・皆川は宇都宮家中の宿老である。十二月に慈心院で行われた猿楽能には「屋形」（宇都宮俊綱）が見物のため御出になり、「宿老」の「塩谷伯州」（孝綱）・「壬生中務」（綱雄）・「壬生彦次郎」（徳州斎周長）・「上三川芸州」が御供し、塩谷伯州の二男「一郎殿」も能を演じている。また「芳賀殿は裏頭にて見物せられ候」とあり、芳賀高経が「裏頭」（頭を頭巾等で覆う）で見物している。高経は京都から猿楽者「金剛大夫」を招き、演能は「清家よりあつかひ成され候」とあり、「社頭能見物座敷」も慈心院の上席であった。このとき俊綱と高経は対立関係にあり、高経は翌八年俊綱に叛いて囚われ殺害されている。この二人が同席したことを、小林健二は「まさしくこの芸能の場が、敵味方のきらいない無縁の場であったことの好例となろう」と述べている。

つぎに、年未詳八月十三日付「宇都宮国綱書状写」は、国綱が家臣簗又次郎に「造営之儀去年不慮之乱世付而延来候」を伝えた文書であり、八月十二日付「芳賀高継副状写」にも「去歳御造営雖巡年候。御世上乱逹故被指延、当秋之儀可被為取立候」とある（『小田部庄右衛門氏所蔵文書』）。従来この文書は天正十四年のものとされてきたが、大明神造営の巡年は天正六年（一五七八）であり、一年後の天正七年の文書とするのがよいであろう。宇都宮の家督を継いだ国綱は天正六年七月、後北条氏の壬生城攻めに初陣しており、「不慮之乱世」とはこの戦いを指すのであろう。

以上のことから、宇都宮氏は慶長二年（一五九七）に改易されるまで、二〇年に一度の大明神の遷宮を行い、『弘安式条』第一条の「巡年」が守られていたのである。二〇年一度の遷宮は古代の有力神社の式年遷宮と同様であり、古代の「神主」名の継承と合わせ、宇都宮大明神は宇都宮家中の精神的紐帯の場であり続けたのである。家中の者は時に対立することはあっても宇都宮大明神への信仰を失うことはなく、式内名神大社→一宮、そして宇都宮一族の惣鎮守として、宇都宮氏の権力基盤そのものであった。

四、中世の今宮明神と宇都宮氏

⑴ 今宮明神と『今宮祭祀録』

氏家氏の盛衰

さくら市馬場（旧塩谷郡氏家町）に鎮座する今宮神社は氏家郡の守護神であり、中世には「今宮明神」と呼ばれていた。社伝では康平三年（一〇六〇）奥州安倍氏鎮圧に従軍した座主宗円が創建したものといわれている。『下野国誌』は、氏家五郎公頼が築城時に宇都宮大明神を城中守護のため勧請したものであると記している。

氏家公頼は『吾妻鏡』に所見する御家人である。通説では宇都宮朝綱の三男とするが、氏家氏の通字は「公」であり、「綱」を通字とする宇都宮氏の一族とするのは疑問がある。『宇都宮系図』別本（『続群書類従』巻一五二）には、朝綱の姉妹に「氏家五郎兵衛妻」とあり、その縁で宇都宮一族として行動したのであろう。『吾妻鏡』建長二年（一二五〇）三月一日条に「氏家五郎跡」と見え、御家人役が公頼の跡に賦課されている。さくら市佐貫は和名抄の塩屋郡散伎郷に比定されており、正安二年（一三〇〇）の今宮明神造営の際に「佐貫之村」が廻廊一間を勤仕したとあり、氏家氏の支配地であった。当地の磨崖仏は佐貫石仏とも呼ばれ、明治十二年の開帳の時に奥院から発見された銅板曼荼羅に「下野国氏家郡讃岐巌掘修造事、勧進沙門満阿弥陀仏、大檀那右兵衛尉橘公頼建保五丁丑（一二一七）二月彼岸第三日、金銅仏奉掘出畢」と記され、氏家公頼が「橘」姓であったことがわ

かる。公頼は氏家郡（古代の塩屋郡が解体してできた中世的郡）の地頭であった。

公頼の子孫は太郎公信・左衛門尉経朝と三代が『吾妻鏡』に見えており、今宮明神の遷宮を行ったのは四代公宗である。観応二年（一三五一）の薩埵山の合戦に宇都宮氏綱が率いた軍勢に「氏家大宰少弐周綱・同下総守（貞朝）・同三河守（綱元）・同備中守（綱経）・同遠江守（忠朝）」の名が見えている（『太平記』三十）。そして、この戦いを最後に氏家氏の去就が分からなくなる。「氏家系図」（『下野国誌』）によれば、公宗の嫡孫綱元は「子孫代々宇都宮に在住す」と註してある。氏家郡は室町時代に入ると、氏家氏に代わり芳賀氏が勢力を及ぼし、宇都宮氏の支配地となる。

『今宮祭祀録』について

『今宮祭祀録』は同じ地内の浄土宗寺院西導寺に伝来している。奥書によれば、天和元年（一六八一）に氏家の住人岡村久左衛門信之が書写したものを、享保六年（一七二一）に西導寺住職面誉悦秀の求めに応じ、今宮明神の「社人」某が写したものである。宝暦五年（一七五五）の『氏家記録伝』によれば、もともと本書は黒羽藩の大久保某が所蔵していた「明神ノ御名並七十二座式、祭祀・捧物等、其他地蔵尊・不動尊縁起、尚ヲ当所記録」を荒牧茂左衛門が書写し、「明神記録書之草稿」を託された岡村久左衛門が清書し、今宮神主船生出羽守をとおして社殿に奉納したものであるという。

本書は書名のとおり今宮明神の祭祀、頭役に関する記録である。正安二年（一三〇〇）から文禄二年（一五九三）に及んでいるが、現存するのはその一部一〇四年分である。内容は頭役を務めた郷村と頭人の名前を記し、宇都宮頭役の勤仕も載せられている。宇都宮氏に関わる戦乱、氏家郡の天災なども記録されており、貴重である。記録内容は当時の他の史料とも符合しており、本書の信憑性は高い。天正年間には全期間三〇〇年間の全記録が残っていた可能性がある。例えば、天正十二年（一五八四）の和泉郷は頭役を「二百五十四年退転申候」とあり、

二五四年前は元徳二年（一三三〇）であるが、現存する『今宮祭祀録』にはこの年の記録は載っていない。おそらく、頭役の記録の一部は宇都宮氏の改易の余波で失われてしまったのであろう。

正安二年の造営

『今宮祭祀録』は正安二年（一三〇〇）の造営記録から始まる。「氏家公宗御代、今宮神事之を始める」とか「今宮神事、氏家公宗宿願に依り之を始める」などと記され、正安二年の造営と祭礼の記録は詳細である。社殿造営に際し、「御屋形様」が五〇〇余貫文を寄進し、氏家郡の「上下給人」（上郷・下郷の氏家氏被官）が奉行となり造営が行われた。造営費用は御殿と一ノ鳥居を「御屋形様」が、楼門を「政所殿」が、拝殿を舟生郷・石末村・飯岡郷の三郷、二ノ鳥居を舟生一家中、三ノ鳥居を阿久津一家中、東西の廻廊四二間分を青野郷などの二二郷村、平重門を玉生郷、瑞垣を三依・塩原が負担した。「御庭之事」すなわち境内は明神に奉仕する湯之母・けんざ（験者）・つづみ太夫・おさ太夫・二の命婦・笛太夫・小宮使・大宮使らが分担して勤仕した。このときの造営は御屋形様を始めとして氏家郡挙げての事業であった。

遷宮式の「芳賀殿御座」と「政所之籠所」の畳はひぢうち郷、「屋形様之御座敷」の御簾は前高野、「政所」の御簾は大田郷、「はん尾《ビ》」（半臂）は大窪の所役であった。御屋形様の出仕の御供は金枝村・上平村の役であり、御屋形様から明神へ御幣・御馬、御女體へ御小袖一・綿入袷一・御初尾拾貫文、日光堂へ代三貫文が奉納され、禰宜所へも鳥目一〇貫文が下付された。芳賀殿（芳賀高久）も明神に鳥目二貫文・御劔一、日光堂に鳥目五一〇疋を奉納し、政所殿は明神へ鳥目三貫文、太刀一腰、禰宜所へ酒肴五献代として鳥目一貫文を納めている。

「御祭礼之御時、御役之事」すなわち祭礼（秋の大祭）の勤役は以下のとおりである。祭礼で着用する上衣（浄衣）着は石末村・飯岡郷・ならぶ給分・柏崎・有ずミの役、屋形様の籠所の座は八木郷の役であった。政所殿は武士の正装「ひたゝれ・ゑぼし」姿で屋形様の供をして東廻廊に控えた。芳賀殿の座は「御屋形様江むかひ候」

とある。「御供」（神饌）は神前へ参る分として、らいし（檑子）二本・けのくだ三・十二合三・あめ桶一・まつかさ一、高もり（高盛）がこぶ片盃・原鳥片盃・まんな（真の肴）合一盃。政所への参る分が、らいし一本・けのくだ二・十二合一・をき鳥（置鳥）一・おき鯉（置鯉）一・へいじをけ（瓶子桶）一・長ひつ（櫃）一がう・長畳一でう、高盛がはじカミ片盃・鵜片盃・まんな合一盃・つけひばり一。両小政所へ参る分が、まんな片盃・らいし一本・けのくだ一・十二合一。社家へ納める分が、見社（験者）へまんな片盃・けのくだ二・十二合二、ゆ（湯）の母と禰宜代官へまんな片盃の半分、御供守リ付へまんな片盃、惣社人へまんな片盃、二の命婦へまんな半分が給された。

「御宮御番衆之事」には、社殿などの維持管理の分担が記してある。御宮の番は、けんざ（験者）・一の命婦・おさ太夫・つゞみ太夫・留太夫・小宮使・大宮使が五日交代で務め、三嶋はけんざの役、日光堂は別当の役、高尾神は禰宜太夫、御橋はけんざ、りやう御門神は上下小政所が務めた。「御橋ヨリ下馬場、にゑぎまでのくうし（公事）ハ中阿久津ノ役」とされ、ほかにも湯の母・二の命婦・笛大夫の名がみえる。また見社《ケンザ》（験者）・ゆの母・禰宜大くわん（代官）・御供守リ付・二の命婦の「惣社人」は「社家方」と記され、禰宜の支配下に置かれた。禰宜大夫・別当など一部を除くと、多くは常勤ではなく、氏家郡内の有力農民が務めたのであろう。天文五年（一五三六）祭礼の当日は「川増故、舞主・役人御つきなく候」とあり、祭礼に付き物の田楽の舞主が増水で到着できなかったと記録されている。この舞主はおそらく宇都宮大明神から派遣されたが、「つゞみ太夫」「笛大夫」は今宮明神の「御番衆」に見えており、氏家郡の有力農民の勤役であろう。

御屋形様・政所殿・芳賀殿　正安の記録に見える「芳賀殿」が宇都宮景綱の子で芳賀氏を継いだ高久であることは問題ないが、「御屋形様」と「政所殿」が誰かは議論がある。高牧實は御屋形様を氏家公宗、『氏家町史』上巻は「宇都宮当主」であるとし、政所殿を氏家公宗としている。鎌倉時代の記録が正安二年から嘉元元年（一三〇三）の四年間しか残っておらず、つぎの応永九年との間には一〇〇年間の記録の断絶がある。この間に氏家郡は氏家

氏から芳賀氏に管理が移っており、応永以降の御屋形様は明らかに宇都宮氏当主である。鎌倉時代四年間の御屋形様を誰にするかは決めがたいが、「御屋形様」は宇都宮氏当主の呼称と考えるべきであり、この時の宇都宮氏当主は貞綱である。鎌倉時代の氏家氏は御家人役が「氏家五郎跡」に賦課されており、独立した御家人ではあるが、『弘安式条』には「氏家」の地が宇都宮大明神九月会の池払を勤仕したと見えており、宇都宮氏の惣領権のもとにあった可能性がある。今宮明神の造営は氏家郡内の給人や郡郷村が役を分担し、祭祀は氏家郡を支配した宇都宮当主が神主となり執行したのであろう。今宮明神は宇都宮大明神を勧請しており、宇都宮氏の氏家郡支配の象徴であり、那須氏との境目に鎮座した重要な神社である。正安二年の造営記事中に「殿」字があるのは、「政所殿」と「芳賀殿」である。政所は氏家郡の監理機関であり、楼門の造営役を務めた「政所殿」は氏家公宗である。芳賀殿は鳥目等を寄進してはいるが、造営には直接関知していない。

今宮明神の景観

『今宮祭祀録』から正安二年の今宮明神の景観を見ておこう。中央には御殿（本殿）と間口三間の拝殿が南面して建ち、四二間の廻廊が社殿を囲んでおり、社殿の正面廻廊には幅一間の平重門（屏中門。左右に方柱があり、二枚開きの扉のある門）があった。平重門の外には楼門があり、楼門から延びる参道（馬場）には一ノ鳥居・二ノ鳥居・三ノ鳥居が建ち、社殿後方の廻廊外には瑞籬があった。境内には女體・日光堂・八所小神・三嶋・高尾神・りやう御門神があった。日光堂・三嶋・高尾神は室町期の宇都宮大明神の境内にもある。日光堂は日光三所明神を祀り、「女體」は明神の本地仏阿弥陀如来が祀られていたのであろう。本殿には「御正体」が祀られていたが、御正体が何かは不明であるが、天文七年（一五三八）の条に「金の御正体」とある。両御門神は宇都宮大明神の御橋鳥居前に建つ「門客」にあたる小祠であろう。つぎに「御橋ヨリ下馬場、にゐぎまで」との記載がある。宇都宮大明神と同じく一ノ鳥居の前方を流れる川に「御橋」と呼ばれる橋が架かり、御橋から「にゐぎ」までを

下馬場と称したのであろう。「にゐぎ」の意味は不明だが、宇都宮大明神にも「贄木」があり、祭りのときに生贄を捧げる神木であろうか。今宮明神は宇都宮大明神と似た景観を有しており、宇都宮を勧請した神社にふさわしい。今宮明神の祭祀者は宇都宮大明神と同様に「神主」である御屋形様である。宇都宮当主は鎌倉時代は在鎌倉し、室町時代は宇都宮城に在城しており、普段は「禰宜」が管理していたようである。また、九月の祭礼に御屋形様が出仕できない時は宇都宮から「役人」が遣わされて代拝した。天文五年（一五三六）の祭礼は「川増故、舞主・役人御つきなく候へ共、出仕をはさせ申候」とあり、舞主・役人不在のまま祭礼を行っている。

つぎに『今宮祭祀録』から、禰宜の記事を拾ってみよう。天文十八年（一五四九）御屋形様（宇都宮俊綱）が那須高資と戦い敗死すると、「御曹司様」（広綱）は宇都宮城を退去し、芳賀重郎（高定）の居城真岡城に逃れた。広綱は弘治三年（一五五七）佐竹義昭らの支援を得て宇都宮城を奪回し、十二月に帰城した。この間、「禰宜大夫」は広綱に従って真岡城に在城していたので、「一向ニ神事無之」有様が九ヶ年続き、祭祀が復活したのは永禄二年（一四五九）であった。その二年後の永禄四年、上杉謙信が小田原城を攻囲すると、宇都宮広綱は謙信に従い「当方（氏家方ヵ）モ皆出陣故御頭無之候」状況であったが、禰宜は御留守番を命ぜられて出陣しなかった。天正十九年（一五九一）御頭役の山田治部少輔が死去し「闕頭」となると、「禰宜太夫」が「御祈念之ために、らいし・まんな至迄かたのことく上ヶ申」し、明神の神事維持に努めた様子が記されている。応永十一年（一四〇四）頭役を務めた平田郷の給主は「禰宜右衛門大郎頼信」であり、禰宜の頼信は氏家郡の在地武士であった。また、天文九年（一五四〇）出陣中の宇都宮俊綱に扈従した者に「社人」がいる。彼は俊綱の命で、頭人に七五三と帽子を下渡しており、禰宜のことであろう。天正十一年（一五八三）の石礎村給主若色大膳は兄弟の社人とともに頭役の軽減を「懇望」し、目的を達している。因みに、文安三年（一四四六）の玉生郷給主の「権太夫式部尉」は宇都宮大明神の神官であったと考えられる。

⑵　室町時代の今宮明神頭役

今宮頭役勤仕の郷村

『今宮祭祀録』によれば、今宮明神の「社家役」（頭役）は正安以前から氏家郡の郷村が勤仕してきたとある。頭役は九月十五日の祭礼に奉仕する役である。室町時代の記録では、神への供物や神事に必要な鳥目を準備しなければならず、「頭人」（頭役を務める給人）には重い負担となった。頭役に指名されると、まず御供の魚を獲る梁を打つことから始まる。天文六年（一五三七）中阿久津郷は魚を獲るため春秋の二度川留を行ったとあり、永禄六年（一五六三）の金枝郷は鬼怒川・荒川・田川で川留をしたが、七月二十九日の大風と大雨で八月一日に出水し、魚が獲れず鳥目（銭）のみで勤役している。

頭人は祭礼が近づくと、門に「七五三」（注連縄）を張り、祭礼には帽子と上衣（浄衣）を着して勤仕した。一定期間の精進潔斎を行ってから務めており、天正十七年（一五八九）桜野郷の頭人糟谷源兵衛は老母が死亡したので勤仕できず、子の藤三郎が上衣を着し七五三を下げ、わずか七日間の潔斎で頭役を勤仕した。

正安二年の造営時の諸役を務めた郷村は、舟生郷・飯岡・風見・金枝村・大麻村・大窪村・佐々嶋・山田之郷・肘内郷・上平村・佐貫之村・大宮給分・玉生（以上、塩谷郡塩谷町）・石末村・青谷郷・前高野・関俣・中高野村・寺渡戸村・柏崎・中阿久津郷（以上、塩谷郡高根沢町）・八木之郷（芳賀郡芳賀町）・大田之郷・有隅村・増淵村・西宿・泉之村・比留嶋・板橋郷・ならぶ給分・北野（以上は不詳）の三一郷・村である。地名の多くは鬼怒川の東岸の塩谷郡塩谷町南部の山間地（上郷）と、鬼怒川中流のさくら市氏家地区および高根沢町の一部地域（下郷）に比定されており、全域が中世の氏家郡である。そのほかにも、みより（三依）・塩原の地名が見えるが、両地は山間の塩谷（原）庄の郷名であり、氏家郡を構成する郷ではない。塩谷庄の領域は氏家郡上郷

と呼ばれた塩谷町南部を除いた塩谷郡のほぼ全域におよぶ広大な庄園で、源頼朝が一時領有し、鎌倉末期に地頭職が北条高時に与えられた。また、中世を通じて塩谷庄には宇都宮の一族塩谷氏が一定の勢力を有していた。

『今宮祭祀録』の頭役のうち、現存する分は、Ⅰ正安二年（一三〇〇）～嘉元元年（一三〇三）、Ⅱ応永九年（一四〇二）～応永二十年（一四一三）、Ⅲ文安三年（一四四六）～享徳三年（一四五四）、Ⅳ明応元年（一四九二）～明応五年（一四九六）、Ⅴ永正八年（一五一一）～天文十九年（一五五〇）、Ⅵ永禄二年（一五五九）～文禄二年（一五九三）の一〇四年分である。

Ⅰは鎌倉時代の頭役であり、関俣郷→平田郷→加佐見（風見）→長草村が勤仕した。嘉元元年の長草村は「荒レ所」となり、上意で「次年」の大窪郷が勤仕したとある。当初から氏家頭は巡役で行われていたのである。

Ⅱの時期は宇都宮満綱と持綱の時代である。一二年間の頭役は、河内村→青（大）窪村（上石礎郷に変更）→平田郷→文挾郷（舟生郷に変更）→文挾郷（玉生郷に変更）→鷲（荊）沢郷（文挾郷に変更）→金枝村→飯岡郷→栗嶋郷→荊沢郷→上阿久津郷が勤仕した。河内村は氏家郡の鬼怒川対岸にあり、氏家郡内でないと思われ、頭役を勤仕した理由は不明である。つぎのⅢの等綱時代の頭役は、玉生郷→平田郷→飯岡郷→大麻村→金枝郷→文挾郷→舟生郷、Ⅳの成綱時代の頭役は、荊沢郷（青谷郷に変更）→栗嶋郷→舟生郷→大窪郷→金枝村が巡役で勤仕した。Ⅱ・Ⅲ・Ⅳの時期はそれぞれ断続はあるが、河内村を除くと一二郷の勤役であった。この一二郷はⅤの一三郷のうちの一二郷と一致することを指摘し、つぎにⅤの時期の頭役を見てみよう。

Ⅴの忠綱・興綱・俊綱時代の頭役は連続して四〇年間、最も長期にわたる記録が残っている。永正八年の上石末（礎）村から、中阿久津村→大（上）麻郷→飯岡郷→大窪郷→上阿久津郷→鷲（荊）沢郷→平田郷→青谷（野）郷→栗嶋郷→舟生郷→金枝郷の一二郷が巡役で勤仕し、つぎの大永三年（一五二三）は玉生郷が巡役であった。ところが、玉生郷の玉生右京助が勝山で討死（宇都宮忠綱が結城政朝に敗れ、宇都宮城を没落した戦い）したので「闕頭」となった。翌四年は巡役からいうと上石末村の番であったが、合戦の余波で「御頭無御座候」となっ

た。この戦いの影響は翌五年にもおよび、巡役の中阿久津郷に頭役が命じられたのは祭礼までひと月を切る八月二十八日であった。六年は巡役である大麻村が務め、七年は四年に頭役を務められなかった上石末村が勤仕し、享禄元年の飯岡郷からは再び巡役通りの勤役に戻っている。この後、頭役は天文十四年（一五四五）の青谷郷まで、巡役の通り三展開している。以上のことから、Ⅴの頭役はⅡ以降の時期に頭役を務めた氏家郡の一二郷と新たに頭役を務めることになった中阿久津郷を加えた一三郷が勤役したことが確認できる。

天文十五年、宇都宮俊綱は新たな郷村に頭役を命じている。頭役を命じられた関俣村（郷）は正安二年（一三〇〇）に最初の頭役を務めた村である。天文十五年まで二三二年間「懈怠」してきたが、俊綱は「古法」の如く勤仕するように命じた。翌十六年の上平村も二〇〇年間「不参」とあり、十七年の賀佐美（風見）郷も二〇〇年間「懈怠」したが勤仕するように命じられた。この結果、頭役を勤仕する郷村は一六郷に増加している。

中阿久津・関俣・上平・賀佐見の四郷が新たに頭役を務めることを命ぜられたのは、宇都宮氏の「御料所」になったからである。関俣村は「其時御料所ニテ御座候」と勤役の理由を説明している。頭役を賦課された郷・村は宇都宮氏の直轄地すなわち御料所であり、土地を給与された家臣（給人）が頭役を勤仕したのであり、従って氏家郡全郷の巡役とする従来の見解は誤りである。Ⅱ〜Ⅵの時期の全期を通して見ると、給人に移動がないのは上石礎村の若色氏と金枝村の神長氏のみである。他の郷・村は頻繁に給人が交代しており、御料所であるが故に論功行賞で家臣に給与されたのであろう。

つづいて、Ⅵの広綱・国綱の時代の頭役を見ておこう。この時期は宇都宮当主俊綱が天文十八年に戦死し、真岡に逃れた嫡子の広綱が宇都宮城を回復したのは弘治三年（一五五七）十二月であった。この不在の間、「御牢人之間、九ヶ年御頭無之候。禰宜太夫モ御供申、真岡之地ニ在城故、一向ニ神事無之候」「兵乱故、九ヶ年解怠ニ候也」と記されている。頭役が復活したのは広綱の帰城後から二年経った永禄二年（一五五九）である。俊綱から広綱の代替わりに九年間の闕頭があったのである。

Ⅵの時期の三五年間は後北条氏が北関東に侵攻し、反後北条方であった宇都宮領はしばしば侵略されている。後北条方の那須氏との抗争、有力家臣壬生氏や皆川氏が後北条氏に服属して離反するなど、戦争に明け暮れた時代であった。当主となった広綱にとって、那須氏と境目の氏家郡の支配強化は重要であった。それ故に今宮明神頭役の再編に意を注いだのである。九年間の空白の後に復活した永禄二年の頭役は、俊綱時代の巡役から言えば栗嶋郷であるが、中阿久津郷の岡本兵庫助が務めた。岡本氏は芳賀の一門であり、広綱の信任が厚く、最初の頭役として白羽の矢があたったのであろう。次の中阿久津郷からは巡役となり、栗嶋郷（永禄三年）→小田原攻囲で出陣のため闕頭（四年）→舟生郷（五年）→金枝村（六年）と続いたが、次年から巡役の変更がなされた。永禄七年の石礎村、翌八年の飯岡郷は巡年ではなかったが、広綱の命で頭役が課された。飯岡郷は七月二十三日の地滑りで田畑が流され、飯岡修理亮父子三人が死亡する大きな被害が出た。それでも、飯岡氏は「原鳥の御供一盃、式ノことく肴三献」を御正躰に納める略式で勤役した。翌九年の泉（和泉）郷は「塩谷左衛門尉殿御持」であり、指名されたが、塩谷左衛門尉は「大風五年ヨリ以後ニ、ライシ（櫺子）ハカリニテ、勤役中事ハ余ニハヽカリニ候トテ、シキリニ侘言」を申し立て、頭役を務めなかった。この時期、塩谷地方では大風・大雨で甚大な被害が相ついでおり、御屋形様は櫺子のみでも勤仕するようにと命じたが、塩谷はいろいろと理由をつけて務めなかった。塩谷左衛門尉は「殿」字が付せられているように宇都宮氏の親類筋にあたり、広綱は頭役を勤仕しなかった塩谷を許さずに改易した。泉郷はその後代官が決まらず、元亀元年（一五七〇）の巡役を務められず、天正七年（一五七九）になってようやく大和田左馬之助が「代官」となり、頭役を賦課された。ところがこの年、泉郷は宇都宮大頭を務めたことから翌年の上阿久津郷に変更され、泉郷の勤役は天正十二年まで延引されている。元亀元年条には「当年迄卅二年泉郷御領所ニ候」とある。遡ること三二年前は天文八年である。この年は俊綱が芳賀高経を殺害した年であり、この事件に関連して泉郷が収公され、宇都宮氏の御料所となり「塩谷左衛門尉殿」が代官に補任されたが、頭役を懈怠したので改易されたのである。泉郷は天正十二年条に「二百五十四年

退転申候」と記載されており、元徳二年（一三三〇）以来の頭役勤仕となった。

永禄十年から元亀元年までは大窪郷→青谷（野）郷→鷺沢郷→玉舟（生）郷が務めている。これらの郷は長年勤仕しなかったので、巡役の年を「取越」て賦課されたとある。元亀二年からは山田郷→関俣村→上平村→風見郷→平田郷→上（大）麻村→上阿久津郷が勤仕して一巡した。そして、天正八年に再び中阿久津郷が勤仕し、以降は巡役のとおりに勤役した。Ⅵの時期は山田郷（天正二年）・泉郷（天正十二年）・桜野郷（天正十七年）が新たに頭役を務めており、勤仕の郷・村は一九になる。

このように、頭役を勤仕する御料所は一三郷村→一六郷村→一九郷村と増加している。氏家郡は宇都宮氏の重臣芳賀氏の一族が領有していたが、上級領主は宇都宮氏であり、郡内には御料所と呼ばれる直轄地があり、御料所の給人（代官）が頭役を勤仕したのである。

下頭について　御料所の給主が勤仕した「氏家御頭」とは別に「下頭」がある。下頭はⅡ・Ⅲの時期、ほぼ毎年のように所見しているが、Ⅳの明応三年（一四九四）を最後に見えなくなる。初見は応永九年の「下頭　大田彦清次」である。このうち、享徳二年（一四五三）に「氏家頭　舟生郷　神長土佐守、下頭　舟生郷　道久」とあり、氏家頭と下頭が同じ舟生郷に賦課されたことのほかは氏家頭と下頭は異なる郷に賦課されている。下頭を務めた郷村のうち大田・八木・美女木・土室・西宿は氏家頭を勤役しておらず、御料所でなかった可能性が大きい。下頭は氏家郡の全郷村の惣百姓が巡役で負担したのであろう。

頭役（氏家頭）の勤仕者は「給人」身分であり、御料所を預かる代官であった。肩書も受領や官途名を持つ者が多く、宇都宮氏の家臣である。一方、下頭は、例えば「下阿久津の孫八」「上平之彦七」とあり、有力百姓であろう。応永十九年（一四一二）下頭を指名された「上平村百姓けいくわん坊」が何らかの事情で辞退すると、「御直文ニまかせ、郷催之事勤分、頭人事ハ惣百姓中ニテ御望ニまかせ遣され候。坊勤分」とあり、下頭が誰であるかは問題にされず、惣百姓中の望みに任されている。「けいくわん坊」は惣百姓を代表するだけで、上平村の惣

百姓が務めれば誰でもよいというのが領主の判断であった。家臣が務める頭役とは異なるのである。明応三年条に、「氏家御頭　舟生郷　君嶋宮内少輔　同下頭関股源五郎名代ト申候而、社家人御正躰さし申候也」とある。意味は必ずしも明確ではないが、関股郷の源五郎が君嶋宮内少輔の名代として頭役を務め、源五郎は社家人（禰宜ヵ）の指示で御正体に奉幣したとの意であろうか。とすると、百姓身分の源五郎は給人の代役を務める実力者であったのであろう。そして、この年を最後に「下頭」の勤役が見えなくなるが、惣百姓の抵抗で下頭を賦課できなくなったからであろうか。なお、下頭の勤仕内容は不詳である。

頭役の免除・軽減

頭役を命ぜられても、さまざまな理由で「侘言」（訴訟）を行い、勤役を免除されたり軽減されたり、あるいは延引されることがあった。神社創建後、早くも三年後の嘉元元年（一三〇三）長草村は「巡年」であったが、「荒レ所」すなわち田畑の荒廃を理由に「上意」（御屋形様の命）で延引され、次年の大窪郷給人柏崎藤内左衛門が勤仕した。その一方で、頭役を勤仕することは氏家郡に居住する宇都宮家臣団にとって名誉であり、「懇望」する場合もあったようである。応永十二年（一四〇五）は文挾郷の巡役であったが、給人宗九郎は「拝領イクホドナキ」を理由に延引を願い出、次の舟生郷（舟生修理亮）が勤仕した。翌年は宗九郎が死去したので玉生郷（舟生因幡守）が勤仕、翌々年も大麻郷（大麻入道）が勤仕した。面目を失ったと思ったからか、新たに文挾郷の給人となった高根沢六郎は勤仕を願い出た。巡役の鷲沢郷の給人がたまたま「御とがめ」を受けたので、「違例」ではあったが「御託宣」によって六郎は勤仕することができた。

戦乱と頭役　頭役は十六世紀になると戦乱や災害で滞りがちになる。まずは戦乱を原因としたケースを見ておこう。北関東諸将との勢力争い、重臣芳賀氏との内訌、上杉氏の関東出陣や後北条氏の北進で北関東は大きな動乱に見舞われた。そのなかで氏家郡は敵対する那須氏との最前線にあり、今宮明神の祭礼は大きな影響を受けた。

宇都宮忠綱は永正十三年（一五一六）六月、上那須浄法寺で佐竹義舜・岩城由隆と戦い、七月まで佐竹方面に出陣し、その影響で上阿久津郷の頭役は「半御供」（半分の御供）で勤役された。翌十四年の鷲沢郷も合戦の影響で「不作」となり、「式ノ御肴六膳」に軽減された。十五年の平田郷も「上様之御意」により御正躰のみに奉仕する勤役となった。大永三年（一五二三）八月、忠綱は結城政朝と戦い敗れ鹿沼に逃れたが、宇都宮の支城勝山城（さくら市）でも攻防戦があり、頭役を務める玉生右京助が討死し「闕頭」（頭役不在）となった。翌四年も「乱故、御頭御座無く候」とあり、五年は中阿久津郷に頭役が決まったのが祭礼直前の八月二十八日であり、「合六百文宛」の「半御供代」で勤役された。

興綱が忠綱の跡を継ぐと、享禄四年（一五三一）同盟関係にあった「小田殿」（常陸武将小田政治）が「那須御退治」のため氏家に出馬し、二日間にわたる合戦で氏家地方は「黒土」（焦土ヵ）となり、鷲（荊）沢郷は、上意によって「御正躰迄にて勤められ」た。翌天文元年（一五三二）平田郷は前年の合戦の影響で不作になり、「御屋形様」（興綱）の御意で「らいし（櫑子）・御そ（味噌）・御ちうし（お銚子）・式の肴六膳十二合二ッ」、翌二年の青野郷も「式ノさかな・御ちうし・御そう（味噌生）」に軽減されて勤役された。

興綱が芳賀高経らによって幽閉されると、兄俊綱（尚綱）が当主となった。やがて俊綱は高経と争い、天文八年（一五三九）児山城に籠城した高経を小田政治の援助を得て殺害した。高経に与同した那須高資・塩谷孝綱が氏家に侵攻し、戦いは翌年まで続いた。九月の今宮明神の祭礼は、敵から「出仕之時分」であっても攻撃すると申し越してきたので、十八日夜分、皆甲冑で出仕して御正躰のみに奉幣し、御供は十九日に献じられた。翌九年は上麻村の上麻右京助が頭人を命じられたが、出陣中で帰村することが叶わなかった。そのため弟の弥重郎が塩谷氏の居城川崎城を攻撃中の宇都宮俊綱の許に参上し、俊綱から「上麻郷ヲ給」り、「川嶋（崎ヵ）の社人」（俊綱に従軍していた今宮明神の社人）から「七五三」が下げ渡され頭役を務めることになった。ところが、右京助が祭礼の直前に帰郷したので、「屋形様」（俊綱）は改めて右京助に供物は「式のさかな」だけでよいから勤仕す

るように命じた。弥重郎は祭礼の最終日の十九日の晩、明神に出仕して帽子を脱いだ。その後も、那須・塩谷氏との戦いが続き、天文十六年、上平村の籠谷和泉守は俊綱の命で「乱故」に武具で出仕した。十八年に宇都宮俊綱が喜連川において戦死すると、家中の混乱で九年間にわたり頭役の勤仕がなかった。

俊綱の跡は嫡子広綱が継いだが、宇都宮城は芳賀高照、ついで壬生綱雄に占拠され、広綱が宇都宮城に復帰したのは弘治三年（一五五七）であり、祭礼は二年後の永禄二年（一五五九）に再興された。上杉謙信が関東に侵攻してくると、宇都宮氏は上杉方に味方した。永禄四年広綱は上杉軍の次鋒として従軍し、鶴岡八幡宮参拝に供奉したので、「当方（氏家勢ヵ）モ皆出陣故、御頭無之候」となった。

広綱の子国綱は反後北条方の中心勢力として後北条氏の下野侵攻に抵抗し、天正十三年（一五八五）八月、本城を宇都宮城から多気城に移して徹底抗戦した。十二月、北条軍により宇都宮を放火され、宇都宮城と宇都宮大明神は全焼した。そのため、翌十四年の頭役を務める大窪郷の糟谷源兵衛は国綱から「粱御赦免」を命ぜられた。それでも色々と侘言（陳情）をして「大方水ハカリ」で勤役した。同十五年、青谷郷の糟谷善七郎は「那須菟角故」（那須勢の侵略）によって「鶉御盛物片盃」の供物を上げるのみで、その外は大いに略して役を務めた。さらに十七年の桜野郷は巡年の勤役であったが、給主糟谷源兵衛の老母が逝去し、子の藤三郎が勤仕することになり、「境目殊之外事六ヶ敷候」（那須氏の度重なる氏家領への侵攻）のために「大方水斗」で勤役した。

氏家郡は宇都宮氏の北辺防御の重要地であり、支配を強化するため給人の交代（給地替え）を頻繁に行っている。天正十四年、国綱は「塩ノ谷乱入ニ付キ那須境目ノ事六ヶ敷候」（那須方の塩谷孝信が侵攻し、氏家郡が危機に陥った）故に、大窪郷を糟谷源兵衛に「申シ預」けた。糟谷は荊沢郷・桜野郷も給与され、氏家郡内に三郷を領し、同姓の糟谷善七郎も青谷郷を領しており、糟谷一族は那須氏との攻防の最前線で軍功を重ねたのである。天正十五年、多気城に籠城した国綱は後北条方の壬生義雄と日光山の連携を断つべく、氏家上郷の金枝土佐守・上平弥七郎・飯岡新左衛門を倉崎城に派遣したが、城代の「弥二郎殿」（大門弥二郎）の裏切りにあって倉崎

城は落城し、この攻防戦で、金枝土佐守・上平弥七郎・飯岡八郎・糟谷右京亮ら氏家上郷の家臣らが討死した。

災害と頭役　中世日本では冷害、虫害、旱魃が相つぎ、また戦乱で刈田（敵対勢力が稲を強奪すること）もあり、甚大な被害を招くこともあった。氏家郡も様々な災害に見舞われ、頭役勤仕に影響することしばしばであった。

天文六年中阿久津郷は春と秋二度の川留めをしたが不漁のため「まんな」（供物の魚）が獲れず、「上意」（宇都宮俊綱の命）でもって「まんな一盃」のみで勤役された。永禄二年に再興された祭礼も、六年には金枝村の頭人神長宮内少輔が鬼怒川・荒川・田川に川留めをしたが洪水で魚が獲れず、「鳥目」（銭）のみで勤役された。この洪水は七月二十九日に起きた大風と大雨で、八月一日には「大水来候。塩ノ谷山田郷に於て、同右近を始めとして、三百余人岩打に逢い候」という惨事となった。これ以後、鬼怒川流域の氏家郡では何年も洪水があり、永禄八年には、飯岡郷は七月二十三日夜半子の刻（午前零時頃）前代未聞の「蛇《じゃ》」（地滑りヵ）が起きて家屋・田畑が流出し、飯岡修理亮父子ら八人が死亡した。そのため、頭役は「原鳥の御供一盃」と「肴三献」を御正躰に納める略式で勤役された。この時は上麻村も大きな被害を出し、「前代モ当代モ未聞不見ニ候」と記されている。翌九年も泉郷の塩谷左衛門尉が大風の影響で「ライシハカリニテ勤役申事ハ、余ニハ、カリニ候」として「侘言」を申し、「懈怠」（怠慢で中止）となった。

天正四年は長雨の影響で平田郷では「半作」（平年作の半分）となり、「懈怠」となった。翌五年、上麻村は「蛇打ニ合」ったことを理由にして免役を願い出、一年間の延引となったが、翌六年の頭役も上麻右京亮が「侘言」をして「水バカリ」で勤役された。十一年も、石礎村では梁打ちをしたが御供が揃わず、頭人若色大膳は兄弟の社人某に懇望し、「タイヲ絹ニテハリ申、如形勤役候」すなわち鯛の張り物で代用して済ませた。十三年、飯岡郷は「風損」を理由に「宮本」（今宮明神カ）へ「侘言」したが、認められず勤役した。

文禄元年上平村では梁が流され「まんな」を準備できず、「からたい（鯛の張り物）四ッ」、鳥目四貫文の「半納」とされたが、それでも頭人の上平修理亮から「身體罷成不申」として訴えがあり、「水斗」で勤役した。この時

は「御公儀」（国綱）の決定ではなく、「宮本ニ而あいだがらに御座候間、用捨致」（今宮明神に侘び事を申して決定）している。翌二年の風見郷も「宮本江侘事被申候而」すなわち今宮明神の指示で「半納」とされた。当主国綱が豊臣秀吉の命で朝鮮に出兵し不在だったので、神社によって差配されたのであろう。

今宮明神「神主」宇都宮氏

宇都宮氏にとって、氏家郡は鎌倉時代から那須氏と境界を接する重要地であった。この氏家郡の惣鎮守が宇都宮大明神を勧請した今宮明神であり、宇都宮氏当主が「神主」として祭祀した。日頃は「禰宜」が神主に代わって神事を行ったが、時には当主自身が出仕することもあり、そのときには多くの供物が献じられた。

正安二年社殿が造営されると、祭礼日に「御屋形様」（宇都宮貞綱）と「芳賀殿」（芳賀高久）は、「政所殿」（氏家公宗）に迎えられて参拝した。つづいて宇都宮当主の出仕を確認できるのは応永十九年（一四一二）の一三代持綱であり、「持綱殿始テ御出仕也」とある。ついで享徳二年（一四五三）に「同霜月当社御建立」とあり、「勝綱」と「同若君」が出仕している。勝綱は宇都宮氏系図に見えず、等綱の誤りとされる（前後の年号と干支は矛盾があり、「享徳二年壬申」とあるが、享徳二年は「癸酉」である）。宇都宮氏は応永三十年（一四二三）持綱が鎌倉公方持氏に殺害され、跡を継いだ等綱の家中支配は安定せず、勝綱なる人物が参詣した可能性は否定できない。つぎの出仕の記録は明応元年（一四九二）であり、一七代成綱が参拝して「栗毛」の馬を御幣として納めた。今宮神社が所蔵する長享三年（一四八九）卯月の棟札に「御神主前下野守藤原朝臣成綱」「清原朝臣綱高」「禰宜大夫宗保」とあり、成綱の社参は造営三年後のことであった。清原綱高は宇都宮の重臣芳賀氏の庶流であり、氏家（勝山）城に居して氏家郡を領した。禰宜大夫宗保の出自は不明であるが、今宮明神の禰宜である。

成綱の時代、宇都宮家中は芳賀氏が主家を凌ぐ勢力を有していたが、永正九年（一五一二）成綱が芳賀高勝を殺害したことを機に家中が混乱に陥り、宇都宮氏と芳賀氏の対立は先鋭化していった。高勝の弟高経は下総の大

名結城政朝を頼り、大永三年（一五二三）成綱の跡を継いだ忠綱の軍を破り、忠綱は鹿沼に逃れた。宇都宮氏の実権を握った高経は忠綱の弟興綱を擁したが、興綱も高経と対立して幽閉された。興綱の兄俊綱は宇都宮大明神の神宮寺慈心院院主であったが還俗し、天文三年（一五三四）二〇代当主となった。

俊綱の時代も深刻な内紛が続いた。高経の専横を嫌った俊綱は天文八年、児山城に拠った高経を攻め、小田政治の協力を得て殺害した。この時、高経に与同した那須高資・塩谷孝綱が軍を動かし「氏家筋ニ被致乱入」た。今宮明神は九月十八日の祭礼であったが、敵からは「出仕之時分行イ可有之由」すなわち祭礼であっても行動を起こすと通告され、氏家方は甲冑を着して御正体に奉幣する略式で神事を斎行した。その日は御供えを納めることができず、翌十九日に納めた。

今宮神社が所蔵する天文十一年極月（十二月）の棟札写に「御神主藤原朝臣俊綱」「芳賀駿河守高秀」とある。翌十二年は造営後初めての祭礼であり、社参にあたり「屋形様」からは中間・馬屋役の者に至るまで賜り物があり、これらの役銭は氏家郡の二四郷に賦課された。さらに「御上衣四人浄衣・御はん尾（半臂）の役」は大窪、「御ここう」（不明）は上平、御供は金枝・前高野、「屋形様の御座」はひやうふ（不明）・やつぎ（八木）、「左右わきの御座」はひぢ内村（肘内村）が務めた。「芳賀殿」を伴い出仕した俊綱は、「御幣」として毛黒の馬を、「御女躰」に小袖一重を奉納し、「禰宜方」に太刀一腰を下げ渡した。芳賀殿も御幣として太刀一腰を納めた。「芳賀殿」は棟札の駿河守高秀のことと思われる。高秀は芳賀氏の庶流で、綱高の子孫であろう。高秀は氏家郡内の勝山城に居して宇都宮氏に忠勤を励み、芳賀本家と一線を画する行動をとっていた。俊綱は対立する那須氏との境目にある氏家郡の管理と支配を強化し、御料所すなわち今宮明神の頭役を勤仕する郷村を拡大した。

俊綱は天文十七年、那須領に侵攻したが、喜連川において「二百余人越度（討死）」する大敗を喫し、俊綱も討死した。この戦いで、「御曹司」（広綱）は戦場を脱して芳賀高定の居城真岡城に逃れた。弘治三年（一五五七）宇都宮城を回復した広綱は今宮明神の祭礼を復活した。広綱の時代は一層氏家郡への支配が強化され、泉郷・山

田郷・桜野郷が新しく御料所となった。宇都宮氏は神主として今宮明神の祭祀権をとおして氏家郡支配を強化したのである。氏家郡内の御料所を与えられた給人は明神の頭役を勤仕しなければならず、今宮明神は宇都宮氏と氏家郡の紐帯の場であったのである。

寺社領と頭役

氏家郡の御料所のなかには宇都宮氏によって寺社に寄進された郷や村があった。そこで、寺社領でもある郷村に頭役がどのように差配されたのかを見ておこう。

応永十年（一四〇三）青窪村は御頭の巡役であったが、寺領であることを理由に暫く延引するとの「上意」（宇都宮持綱の命）で上石礎郷に変更された。寺名については不詳である。

栗嶋郷が伊勢内宮の佐八神主に寄進されたのは、『佐八文書』によれば宇都宮忠綱の時代である。天文四年（一五三五）十一月、俊綱は「忠綱の寄進の旨に任せ」、栗嶋郷を安堵した。以来、栗嶋郷は広綱→国綱と伊勢神領として相承されたが、蒲生氏行の宇都宮入部によって没収された。「土貢」（年貢）は、大永六年（一五二六）八月一日の「佐八定栄書状写」に「神領栗嶋之郷御供料、競望之仁候と雖も、前々の如く八貫文旧冬御神納候」とあり、「競望之仁」がいたが、八貫文が納入されたとある。年次未詳十一月二十八日付「宇都宮俊綱書状」には「毎年千疋」（一〇貫文）とある。

『今宮祭祀録』によれば、栗嶋郷が最初に今宮頭役を勤仕したのは応永十八年（一四一一）であり、頭人は「御代官　小次郎」とある。栗嶋郷は宇都宮氏の御料所であり、小次郎が頭役を勤仕したのである。明応二年（一四九三）の頭人は「栗ヶ嶋殿」、永正十七年（一五二〇）は「長山之代官小窪雅楽助、御供不参候」とある。「長山」は栗嶋郷の給人永山忠好であり、宇都宮忠綱の側近である。年次未詳九月十六日付「永山忠好書状」によれば、「一戦を遂げ、大利を得られ」たのは御祈念の賜物と感謝した忠綱が「一所」を内宮に寄進する旨申し出たこと

を、佐八美濃守に書き送っている。他の文書から、この「一戦」とは永正十三年（一五一八）忠綱が上那須の浄法寺において岩城由隆・佐竹義舜を敗走させた合戦であるとされ、戦勝から栗嶋郷を寄進したのであろう。

年次未詳十月二十日付の「永山忠好書状」には「栗嶋土貢、当年は鎮守之神役相当り候間、百姓等侘言余儀無きと雖も、毎年の如く七貫文取納め候」とある。これは永正十七年の書状と推定され、栗嶋郷の農民らが今宮明神の神役年でもあるので、年貢を減免してほしいと願い出たが、例年と同様に年貢七貫文を納めると約束している。なお、当文書を天文三年（一五四三）とする新川武紀の研究がある。しかし、同じ文書中に「氏家と号する地に新造お立候」の文言があり、忠綱時代であると思われる。『今宮祭祀録』の永正十七年条に、永山忠好の代官「小窪雅楽助」が御供えを拒否したとあるのは、二重の負担に耐えられなかったからであろう。代官が今宮頭役を勤仕しなかったのは給人永山忠好の責任であり、忠好は間もなく改易され、桑窪修理亮が栗嶋郷を拝領した。つぎの巡役の天文三年、桑窪は伊勢神領との二重負担を理由に侘言を行い、「弌ノさかな六膳、らいし八本」の勤役に軽減された。天正九年（一五八一）は矢（谷）口但馬守が要求し、内宮に納める「十貫ノ御年貢五貫」に軽減され、今宮頭役も「水ハカリニテ梁御赦免、らいしも半分ニ而御座候」とされている。

佐八神主家は戦後時代に多くの庄園を失い、粟嶋郷は残された貴重な神領であった。宇都宮忠綱が寄進したとされるが、「下野国檀那之事」に「昔ハ毎年弐百疋宛出申候」とあり、寄進の時期は忠綱以前であったかも知れない。忠綱が八貫文、俊綱が一〇貫文として改めて寄進したのであろう。『下野国檀那之事』には「谷口筑前守殿」（傍注に「桑窪ト云在所ニ筑前被居候歟」とあり、桑窪氏の一族か）「同但馬入道殿」「同大学助殿（但馬か為ニ子）」の三人は「栗嶋代官ニテ候へ共、今ハ不弁シテ他人ノ平石善九郎殿ト云人へうり候由候」とある。平石善九郎は「此人、栗嶋代官ノ由候」とあり、善九郎の兄弟「平石紀伊守」は「谷口但馬か為ニ御聟の由」とあり、善九郎も「香悦ノタメニまま子のやうなる物」とある。香悦斎は「芳賀殿（国綱の弟高武）そうしゃ」とあり、栗嶋郷の「肝煎」として尽力したとも記されている。『今宮祭祀録』の頭人にも、天文三年「桑窪修理亮」、永禄元年「谷口大

表3：氏家郡の宇都宮頭役

応永 9年（1402）	宮下頭	迫田	
応永12年（1405）	宮頭	阿久津代	阿久津和泉守
応永14年（1407）	宮下頭	八木郷	
応永16年（1409）	宮ノ頭	青田郷	君嶋右京
応永18年（1411）	宮ノ下頭	料足百貫文進懸	
応永20年（1413）	宮ノ頭	八木郷代	舟生修理之助
文安 5年（1448）	宇都宮頭	文挾郷	高根沢宗衛門尉
享徳 2年（1453）	宇都宮頭	下阿久津郷	大長井八郎
享禄 4年（1531）	宮之大頭	前高野郷	平出修理亮被勤
永禄 8年（1565）	宮大頭	岡本郷	
天正 7年（1579）	和泉郷	大和田左馬助御代官トシテ大頭被申勤役候。	

覚助」、天正九年「矢（谷）口但馬守」と見え、『下野国檀那之事』と記述が一致する。栗嶋郷は宇都宮氏滅亡まで今宮明神領と内宮領であったが、秀吉の検地によって没収され、宇都宮藩の領地となった。

氏家郡の宇都宮明神頭役勤仕

『今宮祭祀録』には氏家郡の全郷村の給人らが宇都宮大明神の頭役を勤仕した記録を載せており、一覧にまとめたのが表3である。宇都宮頭役は「宮下頭」「宮ノ頭」「宮大頭」「宇都宮頭」などと記してある。宮大頭は宇都宮大明神の大頭役であり、宮下頭は宇都宮小頭と考えられるが、大頭と小頭の違いは不詳である。

宇都宮頭役の記録があるのは一一箇所であり、必ずしも全部の記録を載せているわけではなさそうである。このうち、御料所であったのは文安五年（一四四八）の文挾郷と天正七年（一五七九）の和泉郷である。文安五年に宇都宮頭を勤役した文挾郷は、三年後の宝徳三年（一四五一）に今宮頭役を務めている。和泉郷は御料所であったが、代官が長いこと決まらず今宮頭役を務められなかった。大和田左馬助が代官になると、天正七年今宮頭役を差定された。ところが、この年は宇都宮頭役を勤仕する年であり、今宮頭役は延引された。宇都宮頭役と今宮頭役が重ならないように配慮されているが、宇都宮頭役の負担が大きかったからであろう。応永十八年（一四一一）宇都宮下頭の

「料足百貫文」とある。一五〇年後の天正九年（一五八一）栗嶋郷が伊勢神宮に納めた年貢が一〇貫文であることを考えると、宇都宮頭役が多額であったことが窺える。

五、下野武士と神社

(1) 鶴岡八幡宮と足利氏

鶴岡八幡宮と御家人

鶴岡八幡宮は源氏の氏神であり、鎌倉幕府の守護社として尊崇された。前九年の役後の康平六年（一〇六三）八月、源頼義が石清水八幡宮を鎌倉由比郷に勧請した由比若宮（元八幡）がその濫觴である。治承四年（一一八〇）十月、頼朝はこれを鎌倉小林郷の北山（現在の下拝殿付近）に遷座した。鶴岡若宮である。寿永元年（一一八二）三月、若宮大路に段葛《だんかずら》を築き、四月には社前に苑池（源平池）を拓くなど、境内を整備して八幡宮を鎌倉の中心とした。建久二年（一一九一）三月、鎌倉の大火で社殿が灰燼に帰すと、頼朝は改めて石清水八幡宮を勧請して後山の中腹に上宮を造営したので、若宮は下宮と呼ばれた。

頼朝は鶴岡を内裏になぞらえ、多くの幕府儀礼を行った。文治二年（一一八六）従二位の直衣始めを鶴岡で行い、建久三年の征夷大将軍の除書は西廻廊で拝受した。承久元年（一二一九）三代実朝の右大臣拝賀の儀が鶴岡で行われ、廻廊で公暁に殺害されたことはよく知られている。頼朝は元旦奉幣・放生会・臨時祭などの行事を恒

例とした。とくに鶴岡最大の神事である八月十五日の鶴岡放生会は文治三年に始まり、建久元年からは八月十五日・十六日の二日間となり、恒例となった。初日は鎌倉殿の参宮があり、御家人を動員して扈従・警護の役を担わせ、法華経供養と舞楽を行った。二日目には流鏑馬・競馬があり、相撲・田楽も行われるなど盛儀をきわめた。

このように、幕府の行事や年中行事は鶴岡を会場に行われ、御家人は鎌倉殿の命を奉じて神事の役や社殿修理を分担し勤仕した。鶴岡八幡宮は鎌倉殿が祭祀をとおして、御家人支配を実行する政治的な場でもあった。

鶴岡八幡宮は創建から近世までの名称は「鶴岡八幡宮寺」であり、神仏習合の山号（鶴岡山）をもった寺院である。法会を司った僧侶が二五人の「供僧《ぐそう》」（供奉僧の略称）であり、供僧を統括した一山の責任者が別当である。初代別当は園城寺僧で頼朝の従兄弟円暁が就任した。別当・供僧の任免権は鎌倉殿が有していた。神事は鎌倉殿が祭主として主宰し、鎌倉殿の命を受けた別当・供僧が法会・仏事を執行った。上横手雅敬はこうした鶴岡について「僧侶は神前で読経し、鎮護国家を祈祷するが、俗人は奉幣や芸能の奉納によって神威増益に努める」とし、岡田荘司は「鎌倉殿頼朝の立場からいえば、仏事は僧侶に委託するとともに、神事については、御家人を率い自身が直接祭祀者として奉仕する姿が鮮明になってくる」と述べている。

別当・供僧は御家人同様に相続が認められ、鎌倉殿と主従関係にあった。鶴岡の祭祀に奉仕することは御家人の奉公と変わらず、過ちを犯せば改易された。改易供僧のあとは別当が任命権をもち、「進止供僧」と呼ばれた。

足利義兼と両界曼荼羅供養

頼朝と同じ源氏の一族は開幕の当初は「門葉源氏」と呼ばれ、御家人とは処遇が異なっていた。例えば、『吾妻鏡』元暦元年（一一八四）八月六日条に「武衛（頼朝）、参河守・足利蔵人・武田兵衛尉を招請す。又常胤已下宗たる御家人等召しにより参入す」とある。平家追討のため西海に赴く諸将を招いた宴であるが、頼朝が招請したのは源範頼・足利義兼・武田有義（甲斐源氏の棟梁）の源氏一門三人で、召されたのが千葉常胤以下の有力御

家人であった。こうした扱いはやがて鎌倉殿体制が強化されると失われるが、足利氏は鎌倉時代全期をとおして特別に処遇された。足利義兼の祖父は八幡太郎義家の三男義国である。生母は熱田大宮司藤原季範女（実は範忠の女。養女）で、頼朝の生母の妹である（『尊卑分脈』）。その縁から頼朝の信任が厚く、頼朝の配慮で妻北条政子の妹を娶り（『吾妻鏡』養和元年二月一日条）、頼朝と義兼は父子二代にわたる相婿となった。

前述のように、鶴岡の神仏事の執行と祭祀は鎌倉殿とその家族政子・頼家・実朝が独占した。家族的立場の一条能保（室は源義朝の女で、頼朝の同母妹。従二位権中納言。京都守護として、院との折衝、洛中警護など頼朝の耳目となり活躍した）が幣帛を奉じ、法会を行っているが、一般の御家人には許されるものではなかった。例外が梶原景時と足利義兼である。

梶原景時と大般若経供養　文治四年三月十五日、鶴岡若宮の道場で大般若経供養が行われた。梶原景時が持戒清僧に書写させた大般若経一部が完成したので奉納したいと願い出たところ、頼朝は「公私の祈祷」のために供養を許し、当日は頼朝も結縁として臨席した。先ず舞楽があり、箱根・伊豆山の児童八人が務めた。つぎに法会があり、「若宮供僧一和尚」の義慶が導師を務め、請僧三〇人が勤仕している。二十一日、景時は御所で慰労の会を開き、頼朝も出御し、供奉人・所役の者も招かれるなど盛大に行われた（『吾妻鏡』）。

この法会は翌年に迫った奥州への軍勢発遣にかかわるきわめて政治性の濃厚なものであった。景時が法会の目的とした「関東御定運」はこの段階では義経問題をおいてはほかにない。頼朝の出御の行列は「先陣随兵八人、御後二十二人各布衣、後陣随兵八人、路地随兵三十人各郎等三人を相具す」とあり、法会としては異例の規模である（『吾妻鏡』）。頼朝の腹臣で、侍所所司であった景時は征討軍の軍揃えに中心となることが期待されており、その準備的色彩があったのではあるまいか。

両界壇所の成立　足利義兼夫妻の場合は建久五年十一月十三日、鶴岡上宮の宝前において一切経と胎蔵・金剛の両界曼荼羅《まんだら》の供養を挙行した。施主の義兼は布衣を着して廻廊に着し、一門の平賀義信・山名義範らが列座し、

諸大名も群参して貴賤市をなす盛況であった。供養願文は元木曽義仲の祐筆で南都学侶の大夫房覚明が草し、正二位前権大納言藤原朝方が清書したものである。一切経は義兼と室北条氏が建久四年三月二十三日に自ら書写をはじめ、五年十一月二日に終えている。導師は鶴岡別当の宮判官円暁であり、題名を読みあげる僧六〇口が従った。題名僧の内訳は、鶴岡から二五坊供僧ら三五人、勝長寿院・永福寺・阿弥陀堂・薬師堂・持光寺・観音寺・伊豆走湯権現・箱根権現など鎌倉内外の僧が二五人であり、頼朝が崇敬を寄せた社寺を網羅した感がある。導師らへの布施は絢爛をきわめ、安房判官代源高重・三位判官代藤原教重ら頼朝の側近一六人が取次いだ。

翌十四日、義兼は大江広元を通して、昨日の供養は「将軍家御祈祷」のためであり、一切経および曼荼羅を宮寺に奉納したい旨を言上したところ、頼朝は快諾し、別当円暁に命じ上宮廻廊東門脇の一角に納置された。以後、両界壇所と号され、鶴岡供僧から二人の供僧が定められて長日の勤行が行われた。この壇所には八幡大菩薩が毎日影向《ようごう》（出現すること）したといわれる。

十五日には、頼朝と政子も結縁により参宮し、小山朝光が御剣役、愛甲季隆が御調度を懸け、平賀義信ら供奉人が三〇人に及んだ。参詣の後、義兼邸で盃酒・歌舞が行われた（『吾妻鏡』『鶴岡八幡宮関係古文書』）。

義兼は翌六年三月二十三日、壇所において一切経会を始行した。正治元年（一一九九）正月に頼朝が亡くなると、三月三日の鶴岡法会は一切経会のあった二十三日に変更された。これを機に、鶴岡法会は一切経会となり、鎌倉殿が出御する幕府公式の行事として「三月会」とも呼ばれるようになる。舞楽のほか、御家人が参加する流鏑馬や相撲が盛大に行われた（『吾妻鏡』）。

このように、足利氏が鶴岡において「天下安全、殊には御当家累代宝祚延長」のための法会を行い、上宮に壇所を設け、法会に勤仕する供僧二口を置くことが許可されたのは全く異例である。足利氏は源義家の血を引く名門であり、「貴種」として幕府内における立場は特別であった。北条氏もこうした足利氏を無視できず、一族の女を歴代の足利嫡流に嫁がせ、その所生の子が当主になる関係は鎌倉幕府滅亡まで続いた。

両界供僧について

建久五年、足利義兼は両界曼荼羅と一切経の供養を行い、鶴岡宮上宮に「両界壇所供僧職」二口を置いた。両界供僧は十一月十三日の供養当日に、鶴岡供僧の蓮華坊勝円と南蔵坊良成が任命され、以来両坊の供僧が勤仕している。勝円は治承四年に鶴岡供僧として頼朝から招請され、文治元年に補任（正式の任命）を受け、良成も治承四年に招請され、建暦三年（一二一三）に補任された。この鶴岡供僧二人が両界供僧を兼帯したのである。

両坊は両界供僧の「本職」とされて歴代相承された。供僧職は供僧間の「譲与」で他坊に移ることもあり、別当が関与することはできなかった。時代は下るが康暦二年（一三八〇）小山義政の乱がおきると、この混乱に乗じて別当弘賢が林東坊頼円（両界供僧職は蓮華坊から林東坊に譲与されていた）の供僧職を奪い、別当の進止として、尋賢・賢景を補任した。これに対して頼円は、義兼から勝円が拝領して以来、一一代にわたり「公方安堵」を帯しており、「社家の綺《いろい》」（干渉すること）なく祈祷に従事してきたとして、別当の不当を鎌倉府に訴えた。その結果、嘉慶二年（一三八八）鎌倉公方氏満は御教書および関東管領施行状をもって、弘賢が「是非無く押妨」したのは「先規に違背」しており、頼円の訴えが正当であることを認め、両界供僧職と供僧領を安堵した。しかしその後も社家の干渉はやまず、問題が最終的に解決したのは応永四年（一三九七）である（『鶴岡両界壇供僧次第』『鶴岡八幡宮関係古文書』）。

足利義兼は足利庄の公文所（足利庄の管理機関）から供料を負担したが、宝治二年（一二四八）義兼の子義氏が足利庄粟谷郷（足利市）を「修正已下の料所」として、「万雑公事」を除き「一円不輸地」として寄進した。さらに観応二年（一三五一）尊氏は、相模国富（戸）田郷（神奈川県厚木市）三分の一を「両界壇所料所」として寄進している（『鶴岡両界壇供僧次第』）。

(2) 下野武士の神祇信仰

八幡信仰

源氏と八幡神のかかわりは源頼信の代に始まり、頼義・義家の時に深化した。義家が石清水八幡宮で元服を遂げ「八幡太郎」と称されると、八幡宮は源氏嫡流の氏神となった。下野国には頼義・義家が勧請したと伝えられる八幡神社が数多く存在するが確証はなく、多くは後世の付会であろう。鎌倉幕府が成立し、鶴岡八幡宮の祭礼に接した御家人が、その威光を目の当たりにして分霊を本拠に勧請したのであろう。

義家の三男式部大夫義国は足利荘を本拠にして周辺に勢力を拡大した。その足利荘に鎮座したのが「足利庄八幡宮」、足利市八幡町の旧県社八幡宮である。社蔵の延文二年（一三五七）八月の「足利庄八幡宮勤行目録」の末尾に「開山朗澄法印、天喜四申年（一〇五六）八幡太郎殿両部習合御本地仏阿弥陀を頼まれ、当時吾寺安置するを以て、後々本地堂に安置すべし」云々と記すが、異筆であり、後世の附記であろう。大永三年（一五二三）の「足利荘八幡宮勧進状」には「抑当宮は後冷泉天王天喜年中、源朝臣義家奥州凶徒誅伐の時、勧請し奉る処也」とあるが、実際は義国が足利庄の舘近くに創建したのがその濫觴であろう。足利市樺崎町の樺崎八幡宮も康平六年に義家が勧請したと伝えている。元々この地には明治維新の神仏分離で廃寺になるまで「樺崎寺」があり、その跡地は国指定史跡となっている。室町中期の成立とされる「鑁阿寺樺崎縁起并仏事次第」（『鑁阿寺文書』）には、樺崎寺は足利三代義兼が「文治年中、泰衡（秀衡次男）追罸の為、大将奥州御発向の時、路次より使者櫻野を以て、御祈祷の為御寄進也」と見えている。義兼は建久十年樺崎で没し、廟塔を朱丹塗にしたので後世「赤御堂」と呼ばれたという。樺崎寺は義兼入定の地であり、寺跡の一角に建つ八幡宮の相殿に「義称命」（義兼）が「赤土命」とともに祀られ、本殿床下がその墓所であるといわれている。源姓足利氏の八幡信仰は義国とその孫義兼によっ

て始まったのである。

那須郡で「惣社三八幡」と呼ばれたのが那須神社（大田原市）・福原八幡宮（同市）・宮原八幡宮（那須烏山市）の三社である。三社は義家が勧請或は祈願したとの縁起が伝えられているが、実際は那須余一宗隆が屋島の合戦で扇の的を射たときに「南無八幡大菩薩」に祈って験があったことに基づくものであろう。那須神社（金丸八幡）は屋島の戦の後、文治三年（一一八七）宗隆が報恩により社殿を新築したとの伝承がある。福原八幡宮はその分祀であるといい、また元暦二年（一一八五）に創建されたともいう。宮原八幡宮は応永二十五年（一四一八）下那須氏の初代資重が烏山城を築城した際、城の守護神として創建したといわれる。

芳賀郡の中村八幡宮（真岡市）は社蔵の「中村八幡宮古記之写」によれば、頼義が奥州安倍氏討伐のため常陸・下野・上野に八座の八幡を建てたときの一社といわれ、文治五年中村朝宗が中村庄に居住し、当社を鎮守として崇め祀ったという。『下野国誌』によれば、頼朝も建久四年（一一九三）合田三三丁を寄進し、そのときの「同社什宝右大将源頼朝卿社領寄附簡札之図」を載せているが、これは様式・内容等に疑問が多い。さらに朝宗を伊達氏の祖「念西入道」としているが、『吾妻鏡』文治二年二月二十六日条に「時長」とあり、問題があろう。中村庄は近衛家領で、興福寺一条院が庄務権を有しており（『近衛家文書』）、建武二年（一三三五）の「後醍醐天皇綸旨」（『皆川文書』）に「同国中村庄地頭小栗掃部助重貞」とあり、常陸大掾の一族小栗氏が地頭であった。中村庄と伊達氏を関係付ける確たる根拠はないが、中村城と称する中世の城館址が残っており、当社は中村庄の開発領主・地頭によって創建されたのであろう。

中村庄の隣にある長沼庄は村上源氏中院流久我家の所有する庄園であり（『久我家文書』）、小山政光の二男宗政が当庄を領し、その際、鶴岡八幡宮を勧請したといわれる。長沼庄の西方を流れる鬼怒川を越えると河内郡薬師寺村・吉田村であり、ここから西方の下総国結城郡簗村にかけては肥沃な低地が広がっている。現在の下野市（旧南河内町）と小山市簗である。当地は鎌倉時代、長沼宗政の一族小山・結城の勢力下にあった。宗政の長兄

小山朝政の子朝長の二男朝村が寛喜年中（一二二九〜三二）に薬師寺城を築き薬師寺氏を興した。上簗の地も宗政の末弟結城朝光が領したと伝えられている。吉田八幡宮は文治四年に朝政が鶴岡宮を勧請したものと伝え、薬師寺八幡宮も薬師寺朝村が勧請したものといわれる。また「結城七社」の一社梁八幡宮も源頼義が社殿を創建したというが、朝光が奥州征伐で軍功をたて帰国すると、居舘の艮（東北）にあった当社を信仰したともいわれている。

このほかにも、佐野市の浅沼八幡宮と阿曽沼広綱、下野市の絹板八幡宮と結城朝光、栃木市都賀町の木八幡宮と木村信綱など、鎌倉初期の創建と伝えられる八幡宮がある。さらに室町・戦国時代の土豪が創建したという八幡宮も数多い。八幡宮は「弓矢八幡」と呼ばれ、武門の守護神とされた。中世・近世の武家の棟梁はいずれも清和源氏であり、武士社会では特別な存在であり続けた。それに肖り、武士は一族の氏神以外に八幡神を祀って崇敬したのである。

下野武士の神祇信仰

多くの神社は創建を古く遡り、天皇や源義家・藤原秀郷等の英雄を創建者とすることで権威付けを図っているのが一般的である。そうした虚構を取り除かないと、神社の歴史を知ることはできない。古代に創建されたとする神社は式内社などの一部を除き、奈良・平安時代の創祀などとある場合は一応疑うべきである。

平安時代後期以降に武士が勃興すると、一族の信仰する神を祀る神社を舘の近くに創建するようになる。下野武士がどのような神を祀り、信仰したのか、『下野国誌』四之巻には「総て宇都宮の一族ハ宇都宮明神を在所々々へ勧請し、小山の一門ハ牛頭天王をうつし、那須の家門ハ温泉明神を祀れるなり」と記している。

宇都宮氏は慶長二年（一五九七）改易になるまで、宇都宮大明神の「神主」として祭祀を行ってきた。氏家の今宮明神（今宮神社）は氏家公頼が勝山に築城の際、宇都宮大明神を勧請して城の鬼門に祀ったものである。河

内郡上三川町の白鷺明神も宇都宮朝綱の四男横田頼業が横田城を築いたときに宇都宮から分霊を遷し、同所の蒲生大明神も頼業が上三川城の守護として宇都宮大明神を勧請したと伝えられている。栃木市西方町に鎮座する近津明神（近津神社）も宇都宮の支族西方氏が永仁元年（一二九三）に宇都宮の神を遷座したものとされる。宇都宮氏は各地に宇都宮大明神の分祀を設けたのである。

小山氏の祇園信仰は『下野国誌』によれば、小山政光が平治年中（一一五九〜六〇）「感応のこと有りしに依て、山城国祇園ノ社を勧請せし」ことに始まるとあり、一説では尾張国津島の牛頭天王を遷座したものであるともいう。『吾妻鏡』文治四年二月二日条に「尾張国津嶋社」が見えており、同じ海部《あま》郡内の海東三箇庄は小山朝政が承久の乱の軍功で獲得している。牛頭天王は厄除け神として著名であり、東海地方から関東に多数の分祀社がある。小山氏の祇園信仰は朝政のときに始まるのかも知れない。

平安時代後期以降の小山氏居館は小山市神鳥谷に土塁の一部が残っており、小字を「曲輪」といった。北二《キ》には室町時代の祇園城があり、大手鬼門にあたる城山二丁目に「門守天王」（元須賀神社）が鎮座し、城内にも「本キオン曲輪」がある（『本祇園牛頭天王社由来』）。戦国時代の小山氏の支城榎本城（栃木市大平町）や富田城（栃木市大平町）は皆川氏の境目に接する城である。両城近くにも八坂神社（旧牛頭天王社）が鎮座しており、二社とも城の守護神として築城の折に勧請されたと伝えられている。

政光の二男長沼宗政は奥州征伐の軍功で陸奥長江庄（号南山）の地頭職を与えられ、鎌倉時代末に子孫が移住し、下野国よりもたらした牛頭天王に旧来の鎮守田出宇賀明神を合祀したといわれる。当社の祇園祭は今日も盛大に行われ、国重要無形民俗文化財に指定されている。三男朝光も結城に入部するときに牛頭天王を勧請したといわれ、康永二年（一三四三）に結城直朝が整備したといわれる「結城七社」の第一に「牛頭天王」と見えている（『結城御代記』）。現在の社名の健田須賀神社は明治五年、式内健田神社を合祀したことによるものである。

那須氏の温泉神社は与一宗隆が屋島の戦で「那須ゆぜん大明神」に祈願したことで夙に知られている。以来、

那須氏の分流が各地に居住すると、そこに温泉神社を分祀したといわれる。温泉神社の総本社は那須郡那須町湯本にある延喜式内温泉神社であり、六国史にも見える古社である。那須与一の寄進になるという鏑矢一隻があり、それを納める筥は那須家最後の当主資晴が慶長十二年（一六〇七）当社を再建したときに納入したと記してある（『下野国誌』）。

近世下野国の神社

二荒山神社
宇都宮市馬場通りに鎮座。旧国幣中社。古代・中世には延喜式内名神大社→大神宝使派遣社→一宮と変遷した。下毛野氏が二荒山の遙拝所として創建したのが濫觴であろう。中世には宇都宮大明神と称し、宇都宮氏が「神主」を務めている。祭礼は下野御家人・地頭が奉仕しており、幕府の崇敬が篤かった。

豊臣秀吉が天下を統一すると、下野国では宇都宮氏・小山氏・那須氏など鎌倉時代から続いた伝統的な大名が没落し、日光山も後北条氏に味方して存亡の危機に陥った。加えて、豊臣政権は神社の持つ武力を解体させ、太閤検地を実施して神領を没収したので、神社を維持することが難しくなり、祭祀の衰退や廃絶が進んだ。徳川幕府は「元和偃武」のもとで秩序を優先し、神領についてもこれを安堵して経済的な保障を与えた。地域の有力社は将軍や領主から「朱印地」や「黒印地」を与えられたので経営は安定した。宿町村にある多数の小社は数反歩の「除地」(領主から租税を免除された土地)や「見捨地」(除地以外の無年貢地)を保証され、神社の管理・祭礼の費用は名主や村人が負担した。

幕府が神社や神官を統轄するために発布したのが「諸社禰宜神主法度」である。第三条に、「無位の社人」は「白張《しらはり》」を着用し、それ以外の装束を着する場合は吉田家の許状(神道裁許状)を得なければならないとあった。白張は古代から雑役などに従事する雑色が着用する白衣の狩衣であり、神職の受けた衝撃は大きかったに違いない。地方神職の中には吉田家に接近し、献金をして入門を果たし、神道伝授を受ける者が増加した。こうして、吉田家による地方神職の組織化が進んだ。

だが、神社に奉仕した宗教者は神職ばかりではなく、「修験」と呼ばれた山岳修行者(山伏)がいた。幕府は治安の関係から、修験者が各地を遊行することを禁じ、村や町に定住させた。彼らは定住地の神社や仏堂の別当として祭りに奉仕し、加持祈祷や医療行為を行い、江戸中期以降に流行してきた各地の霊山や社寺参詣を導く先達となって、村落に根をおろした。修験は聖護院を本寺とする「本山派」と、醍醐寺三宝院を本山にあおぐ「当山派」の二流があった。下野国の修験は本山派が多く、有力修験で中間管理職の「年行事」「准年行事」が一定程度の地域を檀那場(霞)として所有し、そこに住む「同行」と呼ばれた下層の修験を配下とした。

また、「村持ち」「名主持ち」といって、名主や村役人が「禰宜」となって祭祀をおこなうケース、天台・真言宗寺院の下級僧侶が依頼されて「社僧」として奉仕した神社も少なくなかった。

一、近世の宇都宮大明神

(1) 宇都宮大明神の再建

宇都宮氏の滅亡

戦国期の宇都宮氏は反後北条の有力武将であり、宇都宮国綱は佐竹義重と同盟して後北条方の那須資晴（烏山城）や壬生義雄（壬生城）と死闘を繰り返した。『今宮祭祀録』によれば、天正十二年（一五八四）四月、北条氏直が下野佐野に進攻してきた。国綱は常陸の佐竹義重（国綱の母は佐竹義重の妹）らの支援で「沼尻」（栃木市）に出陣し、一一〇日も対峙した。翌十三年、国綱は北条軍の来襲に備えて宇都宮城の西北に多気城を築いて楯籠り徹底抗戦し、宇都宮城は玉生権太夫を城代として守備させた。北条氏直は十二月十五日、防備が手薄になっていた宇都宮に攻め込み、宇都宮城下を焼き払った。このとき、「大明神ノ御殿ヲ初メ楼門・廻廊・日光堂・大御堂・小寺山・蓬莱（観音堂）、其外興禅寺・東勝寺、不残一處悉ク焼キ払」われたという。

国綱は豊臣秀吉に臣従したが、重臣芳賀高継が一時氏直に内応するなど、後北条方の那須・壬生氏との争いは一進一退を続けた。天正十八年七月、北条氏直が降伏すると、国綱は豊臣政権下の大名として活躍するが、慶長二年（一五九七）十月、「不慮之子細」で豊臣秀吉から改易され、備前岡山藩主宇喜多秀家に預けられた。『下野国誌』によると、「侍の供一人も叶わざる旨」の達しによって、「城下の寺院慈心院・成高寺《じょうこうじ》・東勝寺・粉河寺《こがじ》・

池上坊・尼寺新院、以上六ヶ寺の住僧」のみが扈従したという。

徳川家康の保護

慶長三年一月、陸奥会津の蒲生秀行が宇都宮に移封された。秀行は城を修築し、城下の町割りを行い、近世城下町の原型を築いた。このとき、成高寺・粉河寺・東勝寺など秀吉によって廃された寺院の資材が利用されたといわれる。同六年八月、秀行は関ケ原の功により六〇万石の太守として会津に復帰し、その跡には美濃加納藩主奥平信昌の子家昌が一〇万石を賜わり、上野宮崎領から入封した。

七年十一月二十五日、家康は宇都宮大明神に神領として一五〇〇石を寄進した。神領の内訳は、一〇七五石が「造営祭礼免」であり、あわせて御贄漁料として鬼怒川での梁一瀬および境内地の山林・竹木の伐採権が認められ、四二五石が社家中に与えられた(『宇都宮二荒山神社文書』)。神領とされたのは、河内郡瓦谷・堀米・関沢・逆面・叶谷・高松六ヶ村で、江戸時代をとおして宇都宮神領となった。

九年六月二十三日、家康は関ヶ原の戦勝祈願に効があったことの報賽として、神領の安堵と社殿の造営を老中青山忠成・内藤清成および伊奈忠次に命じた。命を受けた三人は同日、神大夫・白祝・大金兵衛に対して下野国内で造営の用材を伐採することを許可した(『東照宮御実記』巻八・『二荒山神社年表紀事略』)。工事は宇都宮藩主奥平家昌と伊奈忠次が奉行となり、翌十年七月に竣工した。本社・幣殿・拝殿・下ノ宮・仮殿の総工費は永楽銭四八八貫四七九文、米三二三石一斗八升九合であった(『宇都宮二荒山神社文書』)。天正十三年の焼失から二〇年間、仮殿のままであった社殿は昔日の荘厳さを回復した。

その後の修復は『二荒山神社年表紀事略』によれば、寛文十年(一六七〇)・延宝四年(一六七六)・貞享二年(一六八五)・元禄十一年(一六九八)・同十五年(一七〇二)・宝永七年(一七一〇)・正徳二年(一七一二)・享保九年(一七二四)・同十七年(一七三二)・宝暦二年(一七五二)・同三年(一七五三)・同十二年(一七六二)・

明和五年（一七六八）の一五回、経費は総額一万四〇〇〇両を超えている。修復費は神領のうち「御造営免」が二七〇石とあり、宇都宮藩が管理する神庫に積み立てられた。

宇都宮の大火と明神の再建

江戸時代、宇都宮大明神は城下町の火災で二度の類焼に見舞われ、灰燼に帰している。安永二年（一七七三）三月七日、小幡町組屋敷より出火、上町に延焼して社殿の悉くを焼失した。幕府寺社奉行の命で神庫金から「御仮殿入用金七一八両・壱分銀一二匁五分、神輿神器入用金一四三両・二分銀六匁」が支出され、六月十二日仮殿の鎮座祭、二十五日に遷宮した。

本格的な再建は天明元年（一七八一）に開始された。一月、寺社奉行から社殿の再建費用は「造営入用金ノ儀ハ修理料ヲ以テ手軽ニ致スベク、不足ノ金ハ巡行勧化申付べキノ旨」と命ぜられた。四月、神主・社家惣代と供僧惣代が出府して、一〇ヶ国の巡行勧化を希望したが、寺社奉行からは関東七国と府内に限り一五年の期限で免許された。天明五年七月、本社地鎮祭・御柱立式、十月に上棟式、同七年拝殿地鎮祭・御柱立式、翌八年九月末社女體宮の上棟、寛政二年（一七九〇）四月大鳥居上棟式があり、五月、本社が完成したので正遷宮を執行した。七月には下宮の造営釿始式があり、寛政四年六月、下宮上棟式が行われた。文化五年（一八〇四）八月、楼門地鎮祭・柱立式、翌六年二月楼門上棟式、文化十二年十二月に再び下宮の造営上棟式、同十五年八月宝蔵上棟、文政三年（一八二〇）四月、本社屋根替のため仮殿に遷座していた神体を本社に還御し、九月二日に正遷宮を執行した。炎上以来実に四七年にわたる再建事業はここに終了した。総経費は一万二九六九両一分・銭五一〇文。内訳は修理料積金が六〇一一両一分二朱・銭七三貫一四九文、勧進や氏子・信徒の寄附金などが六九四三両二分二朱・銭一八七文である（頼母子興行「一口銀二匁」や宇都宮の侠客枝源五郎が五年間実施した相撲・芝居興行の利益も含まれる）。

完成してわずか一二年後の天保三年（一八三二）二月二十二日、本郷町からの出火が城下におよび、大明神の多くが焼亡した。延焼を免れたのは、大鳥居・下宮鳥居・御旅所・鳥居稲荷社・御供所・社人支度所・長屋一棟・鐘楼であり、神輿は神主中里市正宅に遷座した。同年七月仮殿釿始式、十一月には完成した。その後、十四年までは記録が残っていない。十四年四月、将軍家慶が日光社参の帰路参拝し、白銀一〇〇枚を寄附して供奉人にも寄進を命じた。翌弘化元年（一八四四）正月、拝殿地鎮祭・御柱建式、十月本社・拝殿の上棟式、これより先の三月には藩主戸田忠温が寄進した大鳥居の再建上棟式があった。この年、造営助成として文政の先例にならい、関東七ヶ国・府内への巡行勧化が認められた。二年七月、造営落成し、正遷宮が行われた。その後も再建事業は継続され、安政三年（一八五六）十一月楼門地鎮祭・柱建式、同六年三月上棟、十一月に完成した。文久元年（一八六一）には本社・拝殿の屋根の瓦葺への変更工事も終了した。天保の大火以来、三〇年をかけての竣工であった（『二荒山神社年表記事略』）。

(2) 宇都宮大明神の繁栄

近世宇都宮明神の景観

享保十三年（一七二八）の『宇都宮大明神明細書』によれば、本社（神躰：事代主命・大国主命・津御名方命。二間二尺×三間四尺）・幣殿（二間四尺三寸四方）・拝殿（二間六尺三寸×五間三尺五寸）のほかに、楼門（三間三尺二寸×二間半）・瑞籬（三十一間折廻）・宝蔵（二間×三間）・廻廊（九十三間五尺×二間半）・御供所（三間二尺×四間二尺五寸）があり、末社に三穂津姫女躰宮（三尺五寸四方）と十社（四間一尺五寸×七尺）があった。十社は「高靇神・山王・鹿嶋宮・野中明神・幣垂明神・若宮・田中宮・小寺山宮・星宮・餅宮」である。下之宮

（神躰：味耜高彦根命）には本社（一間四方）・拝殿（一間半×二間半）があり、「時之鐘」もあった。

同じ時期の『宇都宮繁花考』には社頭の様相が細かく記されている。社殿のある小高い山は古木・大木が鬱蒼とし、楼門から南に伸びる馬場先には宇都宮城を木立の間から見渡すことができる。境内は東西四、五町、南北一二、三町あり、社頭の周辺には社家・社僧の居所が並んでいた。鳥居は礎口から台輪の上端まで三丈二尺六寸、鳥居から社殿までは六尺二寸の竿で五五間三尺あり、鳥居と楼門の間は石段で、中程に休所があった。山上の楼門には「正一位勲一等日光山大明神」と書かれた額が掲げられ、拝殿の御拝には鰐口三つが懸けられていた。楼門の両脇より本社の後まで廻廊が引き通され、幣殿の左右から伸びた廻廊には御経所があり、元三・五節句・月次の朔日・十五日・二十八日・祝日に声明経・最勝王経が読誦された。拝殿の東西に番所があり、一二人の宮司が輪番で昼夜交々勤番した。本社は玉垣に囲まれ、本社の裏に女躰宮が祀られていた。廻廊と社殿の間には、神楽殿・御宝蔵・十社（二間社）・御仮殿・神輿舎があった。ほかにも廻廊の外には御供所・稲荷社・御宝蔵などがあった。社殿は丘陵の上にあり、裏御門が浄鏡寺前にあり、観音堂屋敷の入口にも御門があり、馬場町の出口には城戸があった。下宮は標茅原にあり、拝殿・本社・瑞籬・鳥居などは山上にあって、時鐘も同所にあった。摂社の山王権現は文殊院の境内にあった。冬渡・春渡に使用される御旅所は杉原町の山上にあった。

近世の組織

慶長七年（一六〇二）十一月の「徳川家康朱印状」によれば、明神料は一五〇〇石、うち一〇七五石が「造営祭礼免」であり、四二五石が明神に奉仕する社家以下に配分された。内訳は神大夫が六〇石、下宮白祝二〇石、白祝四〇石、藤太夫二〇石、屋祝二〇石、橋本坊二〇石、田中坊二〇石、宮仕六人三〇石、樵夫六人三〇石、神子五人二五石、八乙女八人四〇石、獅子田楽四人二〇石、楽者六人三〇石、鐘撞二人・馬場掃除三人一五石、掃除三人一五石、檜物師五石、土師師五石とある（『宇都宮二荒山神社文書』）。社家は神大夫・白祝（下宮）・白祝・

表4：宇都宮大明神社領内訳

社領：1500石2升2合 瓦谷村(692石1斗8升)・堀米村(186石6斗)・関沢村(183石7斗1升)・叶谷村(123石3斗7升)・逆面村(231石8斗9升6合)・高松村(82石2斗6升6合)
①修理料：285石2升2合（瓦谷村） 承応年中（1652～5)迄代官支配之処右代官不埒ニ付、寛文年中（1661～73）より城主預り罷成。
②大小湯祭礼料：215石（瓦谷村）
③神主中里右近：227石（堀米村・瓦谷村） 役料：55石（流鏑馬免・朔幣免・朔幣御菜免・五月会免・燈油免） 居屋敷58間×83間。坪数4814坪
④社家中里六郎太夫：136石（叶谷村・瓦谷村） 役料：41石（二月朔日、四月八日供物料・流鏑馬免・五月会免） 役儀：春渡冬渡大小湯神事並三月十五日花会・九月九日菊水控役、其外祝文等役儀相勤之。 支配：宮仕3人。 居屋敷36間2尺×22間2尺
⑤社家中里頭太夫：190石（逆面村・瓦谷村） 役料：75石（年中日御供料・四月、六月、十一月供物料・御酒料・御薪料） 支配：宮仕1人・樵夫5人・神楽師4人・巫女6人・雑司5人。 居屋舗：22間5尺×25間5尺
⑥社家中里屋祝：46石（関沢村・瓦谷村） 役料：16石（五月朔日、七月朔日供物料・七夕供物料） 居屋舗26間1尺×14間2尺
⑦社家飯田祝部：115石（逆面村） 役料：34石（三月十日、九月朔日、十二月朔日供物料・神馬1疋飼料） 支配：馬場掃除者2人・鐘撞2人・土師師1人・檜物師1人。 居屋舗：45間半×12間半 支配：旅所屋舗28間×24間
⑧社家古嶋主計：44石（関沢村） 役料：14石（三月三日、八月朔日、十月朔日供物料） 役儀：中里六郎太夫故障之時ハ九月菊水控役、大小湯之祝文勤之。 居屋舗：20間×40間
⑨下宮社家飯田白祝：30石（瓦谷村・逆面村） 役儀：九月大湯・十月小湯祭礼之節者下之宮ニ而祝詞相勤候
⑩供僧（大明神境内） ・本宮寺（日光山末寺・天台）50石（関沢村・瓦谷村）（役料25石：三月花祭礼料。楽人3人支配） ・神楽寺（日光山末寺・天台）50石（関沢村・瓦谷村）（役料25石：三月花祭礼料。楽人3人支配） ・大日院(塙田能延寺門徒・真言)15石(関沢村) ・不動院（塙田能延寺門徒・真言）15石（関沢村） ・浄心院（塙田能延寺門徒・真言）15石（関沢村） ・金照院（塙田能延寺門徒・真言）15石（関沢村）
⑪宮大工：15石
⑫観音堂屋敷（大明神境内） 観音堂（3間×4間）中里右近支配。別当示現坊。門前家14軒

藤大夫・屋祝の五人、社僧は橋本坊、田中坊である。

二年後の慶長九年二月の「宇都宮御神領之割符」によれば、「四季御祭免」五〇〇石、「御造営免」二七〇石とあり、明神奉仕者への配分も、神大夫一〇〇石、権大夫八〇石、白祝六〇石、六郎大夫四〇石、藤大夫三〇石、下宮祝三〇石、屋祝三〇石、小禰宜五三人二一〇石、供僧六人（但し此内使者三人、仕立可申）一一〇石、願人（但し御造営奉行也）三〇石とある。

この二文書を見ると、前文書は神社奉仕者全員の配分であり、二年後の文書は宮仕以下の下層者を「小禰宜」とひと括りにしている。以来神主・社家が七家、供僧六寺は明治維新まで変わらなかった。明神では造営奉行を「願人」と呼んでおり、僧体であったのだろう。願人は造営料二七〇石の管理者であり、「代官」とも呼ばれていた。承応二年（一六五三）に「不埒」があって免職となり、以降は宇都宮藩の預かりとなった。

享保十三年の「宇都宮大明神明細書」に見える「配当惣役人」は神主一人、社家六人、供僧六人、宮仕一三人、樵夫（御供役人）五人、楽人六人、田楽六人、八乙女六人、雑司（御供役人）五人、掃除之者四人、鐘撞（時之鐘撞）二人、檜物師一人、土師師一人、宮大工一人、供僧仕者三人、下番六人の七二人である。表4はその時の神領の内訳と神主・社家・供僧の石高配分、役料、役儀、支配関係の一覧である。宮仕以下は神主・社家・供僧の支配下にあり、「神人」とも呼ばれていた。この時期までには、明神の支配組織が整備されていたのであろう。

神主・社家　慶長二年に宇都宮国綱が没落して浅野長政が宇都宮城に入ると、宇都宮大明神の神職は一斉に立退いた。同五年七月、家康が上杉景勝を征伐するため小山に在陣すると、中里大和・神大夫の兄弟と神大夫の子の三人が家康に拝謁し、大和は下野国皆川領に二〇〇石の知行を与えられた。同七年十一月、家康から神領一五〇〇石を与えられた際、神大夫ら旧社家の五人は復職したが、玉生権大夫は宇都宮を出奔後に死去し、嗣子もなく断絶した。六郎大夫は帰参したが間もなく死去した。その後、牢人となっていた大和の孫が権大夫となり、神主神大夫の婿（宇都宮御代官大河内金兵衛の手代竹岸茂右衛門の甥）が六郎大夫の名跡を継ぐことを伊奈忠次から

認められ、慶長九年二月割符書換えとなった（田代善吉著『宇都宮史』掲載文書）。以来、神主一・社家六家の体制で幕末にいたる。「神主」は最も石高の高い神大夫が相承し、「位階五位下諸太夫」の格式を有した。残る六家が「社家」である。社家の中では八〇石の石高を有した権大夫が有力であった。

「神大夫」は中里姓である。建久五年（一一九四）中里季国は頼朝の命で「大祝」に任ぜられ、以来、中里氏は河内郡中里郷（宇都宮市）を領し、子孫が大祝として宇都宮大明神に奉職してきた。康暦二年（一三八〇）五月、宇都宮基綱が小山義政と戦い敗死した裳原の合戦に中里貞行は基綱軍の先鋒として出陣し討死している。貞行は嗣子なきをもって氏家高信が同家を相続し、中里祝部また神太夫を称した。やがて、中里氏は中里六郎太夫家と中里屋祝家の二家に分立したという（『二荒山神社年表紀事録』）。文安五年（一四四八）七月、宇都宮等綱は「惣行事御房」（慈心院ヵ）に宛て「大岡之郷より神宮寺大御堂行事分供料五貫文并経所七貫文堅く進納致すべきの由」を「神大夫」に申付けたとの書状を送付している。神宮寺・大御堂および経所は宇都宮大明神の附属である。永正九年（一五一二）五月、宇都宮忠綱は中里神大夫に「神太夫社務職」を安堵している（『中里家文書』）。永禄四年（一五六一）頃と推定される「関東幕注文」は上杉謙信の関東進出に際して上杉氏に味方した武将を書きつられたものであるが、その中の宇都宮衆の末尾に宇都宮の親類として「神太夫」が見えている（『上杉家文書』）。文禄・慶長頃の記録とされる『下野国屋形家并旗下家来衆之御帳』（神宮文庫蔵）は下野国の武将の名を記したものであるが、そのなかに「明神禰宜　中里神大夫殿」とある。中里神大夫は宇都宮氏麾下の有力武将であり、宇都宮大明神の神職であった。

「権大夫」は玉生の一族である。玉生氏は宇都宮氏の一族塩谷朝業の孫忠景を始祖にし、氏家郡内の玉生郷（塩谷郡塩谷町）を名字の地とした武士である。宇都宮国綱が発給した文書に「玉生権太夫」の名がしばしば見えており、国綱に近侍していた。天正十三年（一五八五）、国綱が多気城に本拠を移した際、宇都宮城を守備したのが玉生権太夫であり、この時北条氏直によって宇都宮城下は焼き払われ、宇都宮大明神も焼亡した。

江戸時代に入ると、神大夫と権大夫は明神経営の主導権をめぐり争いを繰り返した。貞享二年（一六八五）六月、神主中里市正（神大夫）と社家玉生権大夫は、社殿修復遷宮式における奉幣と祝詞をいづれが務めるかで争論におよんだ。翌三年三月九日、寺社奉行は先例を重視し、①社殿遷宮時の奉幣は市正、祝詞は権大夫が勤仕する、②「城主参詣並大湯・小頭祭礼の奉幣は古例に任」せて、「当役」（神官・社家）が交替で行うが、祝詞は「祝詞の職」の「玉生家職」の権大夫がその都度勤仕する、と裁許した。権大夫は「社家仲間筆頭」としての自負心が強く、他の社家とも悶着を起こしている。寛文九年（一六七一）には宝物帳の管理は神主と権大夫にあると主張し、宝永元年（一七〇四）にも同様の訴えを起こした。寺社奉行は訴え自体に正当性がないとして、権大夫は閉門五〇日に処された（『宇都宮史』掲載文書）。その後も権大夫は明神内で優位な立場を確立しようと訴訟を起こし、宝永六年（一七〇九）六月、再び神主と「社職」を争い、寺社奉行から「追放」に処せられ、家は断絶した。この時、中里屋祝宗識が事に連座して解職された。権大夫の後任には日光山社家古島織部安清の男主計安好が補せられた。延享三年（一七四六）三月には、中里頭大夫が追放され、下宮社家飯田白祝がその跡を継ぎ、飯田の後任には那須郡黒羽の八幡宮社主小泉将監が任ぜられている（『二荒山神社年表記事略』『中里屋祝系図』）。

宇都宮大明神の神主・社家は鎌倉時代以来の格式を有していた。神大夫の言によれば、中里家は宇都宮朝綱の「庶子より分」かれ、朝綱から「神職の統領」に任ぜられ、中里郷を拝領したという。社家五家は朝綱の宿老中から選ばれ、武士として軍役を勤仕してきた家柄であった。徳川家康もそうした由緒を追認し、中里神大夫は伊奈忠次から「統領として万事の儀仕るべし」との「御證文」を得て、最も多い石高を与えられた。社殿造営時の奉幣は「外之神役違い、奉納神体を儀に御座候得ば社家にて相勤申すべき儀」ではなく、神主の役とされた。一方で、朔幣の差配は月毎に神主と社家が順番におこない、ほかの神事も交代で担当するのを慣例とした（『宇都宮史』掲載文書）。

供僧　慶長七年段階の供僧は橋本坊・田中坊の二坊であり、二坊とも二〇石を配分された。ところが二年後の慶

長九年の「神領割符」には「供僧六人」とあるが、供僧名は記されていない。年次不詳の「宇都宮城下絵図」（『戸田忠和文書』）には明神の山下に「社僧」として本宮寺・神楽寺・橋本坊・田中坊・実桶坊の五ヶ寺が見える。橋本坊は中世の記録にも見え、その坊名を継承している。享保十三年の記録には本宮寺・神楽寺・大日院・不動院・浄心院・金照院の六ヶ寺とあり、幕末まで変更がなかったようである。神楽寺・本宮寺は日光山末寺であり、大日院・浄心院・不動院・金照院の四寺は河内郡塙田村（宇都宮市）の真言宗能延寺末である。浄心院・大日院・不動院は明神の境内地にあったが、神楽寺・本宮寺・金照院は戸田家寄進の除地に住した。

供僧は元旦に経所において勤行するほか、三月十五日の花会は供僧の役であった。しかし供僧は神前に上がることは許されず、神前に花を供えるのは神人の役割であった。神楽寺・本宮寺には役料として各二五石、大日院など四寺は一五石が与えられた。

二、人を神に祀る神社

(1) 人霊祭祀と御霊信仰

人霊祭祀

人を神に祀る習俗は古代からみられる。政治的な抗争に巻き込まれ非業の最期を遂げた人はこの世に怨みを残し、死後も強い力を失わずに祟りをなした。たとえば、摂関家は政敵であった菅原道真の祟りを恐れて道真を祀

る北野社を京都に創建して手厚く保護した。中世にも保元の乱で敗れた崇徳上皇、承久の乱で隠岐に流された後鳥羽上皇らは死後に御霊として恐れられ、やがて神として祀られた。こうした災厄をなす御霊は祀り鎮めることで、人びとを守護して安穏をもたらすと信じられるようになる。

近世になると、豊臣秀吉・徳川家康を祀る豊国廟と東照宮が造営され、大名家も東照宮を勧請するようになった。江戸幕府から神道家元を公認された吉田家は人霊祭祀に積極的であり、吉田神道の創唱者吉田兼倶以降、歴代の葬送は遺骸の上に社殿を設けて神として祀った。吉田家はまた人霊に明神・霊社・霊神などの神号を与えたので、こうした神社が全国に普及した。

人を神に祀る習俗は民間にも拡がり、郷土に功績のあった人霊を祀る神社が各地に創られた。しかし、これらの人霊は吉田家の認可を受ける場合もあったが、百姓一揆の指導者などを祀るときは世をはばかり、秘かに神社の境内に祀ることが多く、また幕府代官のように、生霊祭祀といって存命中に祀られる神社もあった。

近代になると、政府は国家神道の教義を表徴する神社を創建した。第一は歴史上の天皇・皇族を祀る橿原神宮や明治神宮など、第二は天皇に忠義を尽くした功臣を祀る湊川神社など、第三は戦没者慰霊のための招魂社（護国神社）であるが、これは後述しよう。

御霊信仰

中世東国の武士社会で、御霊神として知られたのが鎌倉権五郎景政を祀る御霊神社である。景政は源義家に仕え後三年の役に従軍し、眼を矢で射抜かれながらも奮戦してその剛勇を謳われ、死後は神に祀られて武士の信仰を集めた。現在も本拠のあった相模国鎌倉郡（鎌倉・横浜市内）には景政を祀る御霊神社が鎮座している。

本県にも、高惟真を祀る「堀内五霊宮」がある。高氏は足利氏の歴代に仕え、『高階氏系図』（『尊卑分脈』所収）によれば、始祖の惟章は母が源頼義の妹であり、二代惟頼は義家の四男であるという。三代惟真は「為夜討足利

被討。堀内五霊宮是也」と注記されている。夜討をかけられて討死し、堀内（足利氏の居館。現在の鑁阿寺）内の御霊宮に祀られたというのである。惟真は足利氏の盛衰を決定づける戦いで討死したので、堀内（足利氏の居館）に神として祀られたのであろう。また、大田原市前田の鎮国神社の境内社千本神社の祭神千本常陸介は、『那須郡神社明細帳』に「大関家ニ祟ヲ為スコト久シ伝テ、其霊ヲ祭ルト云フ」とある。那須の一族千本常陸介資俊は天正十三年（一五八五）主家大関高増に謀殺され千本家は滅亡した。鎮国神社は元の社号が北八幡宮といい、文化十三年（一八一六）大田原一一代藩主大関愛清《よしきよ》が河内国（大阪府堺市）の丹比神社から曩祖多治比古王と左大臣嶋の神霊を勧請して鎮国神社に改称したとされている。そのときに、千本常陸介が大関家を守護する神として祀られたのであろう。常陸介の死後、二三〇年後のことであるという。

(2) 藩主・代官を祀る神社

藩祖を祀る神社

○**精忠神社**　下都賀郡壬生町鎮座の旧無格社。祭神の鳥居元忠は幼少期から徳川家康に近侍し、慶長五年（一六〇〇）家康が上杉景勝征伐に東下した際に伏見城を守り討死した。次男の忠政は父の功により陸奥磐城平藩主となり一〇万石を領し、忠政の子忠恒は嗣子なく改易されたが、旧功により弟の忠春が信濃高遠藩三万石を賜り、子忠則のとき咎めをうけて一万石に減封された。次の忠英《ただてる》の代に二万石に復し、奏者番・寺社奉行や若年寄となり、正徳二年（一七一二）三万石に加増され、壬生藩主として入封した。以来、壬生の地は鳥居氏が領有し、忠文のとき明治維新を迎えた。

忠英は壬生に移封すると、城内帯郭西北の隅に一社を建立した。寛政十一年（一七九九）六月二十三日、吉田

家より「精忠霊神」の神号を賜ると、社を本丸東北の隅に遷して精忠神社と号した。さらに嘉永二年（一八四九）七月、忠挙《ただひら》が二の丸西北隅に社殿を遷し、拝殿・末社・唐門を整備した。のち、末社には関ヶ原から戊辰戦争に至る戦没者が祀られた。明治四年の廃藩置県に際し、忠文は神社据置を請願して九月二十九日に允許された。例祭は元忠が戦死した旧暦八月一日であったが（『栃木県史料』八一・『壬生領史略』）、現在は九月四日である。

○**大光神社**　芳賀郡茂木町鎮座の旧村社。祭神は藩祖細川興元である。茂木藩は慶長十五年（一六一〇）細川幽斎の二男興元が芳賀郡内に一万石余を与えられて立藩した。のちに居所を常陸国谷田部（茨城県つくば市）に移したが、興貫が明治四年春に藩庁を茂木に移転している。

本社は寛永年間の創建と伝えている。一説では、興元の二〇〇年忌にあたる文化十四年（一八一七）茂木城の郭内に「大光霊神」として祭られたともいう。昭和十九年三月、村社八雲神社（茂木町茂木）に合祀された。

○**寿亀山神社**　那須烏山市中央に鎮座する旧無格社。祭神の初代烏山藩主大久保常春が享保十年（一七二五）二万石で近江国より入封し立藩した。常春は同十三年老中となり、相模国内に一万石を加増された。以来、大久保家は八代一五〇年にわたり、この地に在封した。

常春の没後、顕彰のため常春の木像を刻して城内に安置していたが、維新後に境村の大平寺に遷した。しかし寺は無住で荒廃していたので、旧臣らが相談して明治十二年五月九日、この木像を神体とする祠を建立して「常春神社」と号した。のち允許を得て寿亀山神社に改めたといわれる（『那須郡神社明細帳』）。

○**土井神社**　小山市小袋鎮座宇治神社の境内社土井神社は「侍従土井利厚霊」を祀るとあるが、由緒は伝えられていない（『下都賀郡神社明細帳』）。土井利厚は下総古河藩主。寺社奉行や京都所司代を歴任して老中に就任し、土井家中興の祖といわれ、文政五年（一八二二）に死去した。鎮座地の小袋村は古河藩領である。

代官を祀る神社

現在も農村には江戸時代の代官の善政を伝える伝承や遺跡が残っている。代官の顕彰碑や記念碑、あるいは神社など種別も様々であり、善政の内容も新田開発、灌漑治水、農村復興、窮民救済など多岐にわたる。なかには生前に神に祀られ、「生祠」となった例もある。

幕府の組織において、地方行政を担当したのは勘定奉行である。天領（幕府領）を支配する代官は勘定所の役人から登用されたが能力に劣り、農村の疲弊に有効な対応のできない者が多かった。不正を働く代官もいて、幕府の地方支配が揺らぐ原因にもなった。享保の改革を行った徳川吉宗、寛政の改革を推進した松平定信は出身にとらわれず有能な人材を代官に抜擢した。学者や牢人、農民など多彩な出自を持つ者もいた。彼らはみずから支配地に赴き、陣屋に詰めて指導にあたり、農村の復興に力を尽くした。そうした代官のなかには一定の成果を上げ、後世名代官と呼ばれた人物もいた。

これらの代官は小児養育や間引き防止などの社会・福祉事業にも尽力し、その条理を弁えた姿勢は農民に支持され、農民から報恩として神に祀られたのである。しかし、神社建設の年紀や背景は伝承の部分も多く、新たな史料の発掘が待たれるところである。

なお、近世において神に祀られた人物は、百姓一揆の指導者も多く「義民」と呼ばれている。昭和五十六年に出版された神社新報社『郷土を救った人びと—義人を祀る神社—』は、老中・家老・代官から町人・農民までさまざまな階層であることに着目し、義民ではなく「義人」の名称を用い、郷土の人びとのために尽くしたあらゆる階層の人物を対象に掲載している。

○**鵜飼神社**　都賀郡藤江村（鹿沼市）は、寛保年間（一七四一～四四）領主三浦肥後守（旗本）から黒川端の河原開発を命ぜられたが、河川敷のため成功せず、再度、秣場（飼料とする草を刈る入会地）として開墾するように命ぜられた。困窮した村人は開発免除を願い出たが、代官は惣代二人を入牢、組頭を戸〆、惣百姓に過料を課したので、村内は大混乱に陥った。その後、幕府領になったのを機に年貢の減免を懇願したが容れられず、村では

潰百姓や離村者が続出し、一〇数年で一一六戸の農家が六一戸に半減したという。明和二年（一七六五）鵜飼佐十郎が新代官として赴任すると、十一月、全村民の連名で救済を願い出た。佐十郎は自ら現地を巡検してその窮乏を察し、幕府に上申して明和五年（一七六八）減免の措置を講じたという。

鵜飼代官の徳を慕った藤江村民は鵜飼佐十郎を社に祀り、その仁政を子々孫々まで伝えることにした。明和六年の『鵜飼神社祭礼当番帳』が現存している。口碑によれば、八月二十日の最初の祭典には佐十郎自身も列席したと伝えられている。昭和三十九年、ゴルフ場を造成するために現在地に遷座した。

鵜飼佐十郎を祀る神社がもう一社ある。下野市柴に鎮座する旧村社星宮神社の境内社鵜飼神社である。『下都賀郡神社明細帳』には、宝暦年間（一七五一～六四）以来困窮に陥った柴村の恢復に尽力した代官鵜飼佐十郎を、村人が安永八年（一七七九）に祀ったと記している。

○小出神社　江戸幕府の代官小出大助を祀る神社には、現在判明するものが三社ある。

鹿沼市奈佐原町に鎮座する奈佐原神社の境内社小出神社は、元は奈佐原宿の愛宕神社境内にあったが、愛宕神社が明治二十年（一八八七）奈佐原神社に合祀されたときに境内に遷されたという。小山市荒井の星宮神社の境内にも小出神社がある。小山市羽川の橿原神社の境内社吉田神社は吉田久左衛門と小出大助を祀っている。

小出大助照方《てるみち》は寛保三年（一七四三）の生まれ。幕府に出仕し、寛政五年～享和元年（一七九三～一八〇一）武蔵・下総・下野三国の幕領五万石の代官となり、善政を敷いたといわれる。飛騨郡代を経て江戸城二の丸留守居を務め、文政二年（一八一九）に死去した。

荒井・羽川の二社は殆ど由緒を伝えていない。後者は天保期（一八三〇～四三）にその由来が不明となり、稲荷神社として信仰されたといわれる（『小山市史』通史編Ⅱ近世）。荒井村は日光街道の助郷役を負担しており、奈佐原宿・新田宿（羽川村）は宿駅という共通点がある。奈佐原の伝承では、小出代官は街道筋の夫役を軽減し、奈佐原宿はその恩恵に浴したといわれる。また宿民に倹約と貯蓄を奨励し、縄を生産させ幕府の普請費用に充

て、利益を宿の収入にする善政を行ったという。宿民は小出が飛騨郡代に転じるに際し、小出を祀る神社を創建しその功績に感謝したと伝えられている。ほかの二社も同様に宿駅助成や助郷の軽減に尽くした善政に感謝し、神として祀ったのであろう。

○吉田神社　小山市羽川の吉田神社は旧郷社橿原神社の境内にあるが、元は日光街道新田宿（羽川宿）の代官陣屋跡の一角に建っていた。『下都賀郡神社明細帳』によれば、「当社ハ寛政年中旧幕府代官吉田久左衛門・小出大助謂アリテ勧請ス」とある。一社は間口が一尺二寸、奥行が二尺二寸あり、一社は間口一尺一寸、奥行二尺一寸で、両社共通の拝殿が間口二間、奥行一間三尺であったとあり、本来は別々に祀られていたのである。

○岸本神社　真岡市西郷に鎮座する。寛政五年（一七九三）岸本武太夫就美《なりよし》は下野・下総両国の幕府領六万七〇〇〇石の代官となり、翌六年都賀郡藤岡村（栃木市）に着任した。十一年に出張陣屋を芳賀郡東郷村（真岡市）に設け、翌年陣屋を藤岡から東郷に移し、衰弊した芳賀郡諸村の復興に取り組んだ。東郷陣屋は江戸幕府の寛政の改革の一環として、北関東の幕府領支配強化のために各地に設けられた在地陣屋の一つである。

岸本武太夫は寛政五年（一七九三）の就任以来、文化七年（一八一〇）病死するまで、一八年間代官として荒廃した農村の復興に尽力した。生家は美作国東南条郡（岡山県津山市）の大庄屋であり、代官下役から立身したので民情に通じ、年貢の軽減、荒地の起返し（荒廃した耕地を復旧すること）や諸手当金の貸付・下付などの農村復興策を行う一方、代官所の経費を節約し、勧農や手当代に充てるなどした。木綿の栽培を奨励し、真岡木綿は今日にいたるまで真岡地方の特産品となっている。また北陸の真宗門徒の入百姓政策を進め、芳賀郡東大島村（真岡市）に浄土真宗西念寺を建立して信仰の拠り所とした。岸本の仁政により、支配下の農村は面目を一新した。このことに感謝した同郡西郷村（真岡市）の村民が、武太夫在職中の寛政年間に神として祀ったという。また一説では、文化十三年（一八一六）に大字長峯の子育明神を改修して岸本神社としたとも伝えられている。下総国沓掛村（茨城県坂東市）の稲荷神社境内には、文政四年（一八二一）に村民が建立した顕彰碑「岸本君二世

功徳碑」が建っている。

○酒盛稲荷神社　佐野市堀米町に鎮座する。社伝によれば、祭神の岡見半太夫・黒田百良兵衛・徳力長左衛門は堀米町に置かれた彦根藩佐野領十五ヶ村の陣屋の役人であり、文政年間、湿地であった大芝原を開拓して当地の発展に寄与している。その功績に感謝し、村人が神として祀ったものであるという。

現在、鎮座地の字菊川では三月の第二日曜日を祭礼日とし、祭礼には三点の掛け軸（①は「酒盛稲荷大明神」と三人の名が、②③は、岡見半太夫の法名「念々齋癡了日新居士」と文政八年正月九日の没年月日が記されている）を公民館に掛け、拝礼の対象にしている。②は嘉永七年（一八五四）五月に堀米町新家（菊川の古名）の年寄田中金平が、江戸在勤の半太夫の孫太郎左衛門政弘から贈られ、③も嘉永七年に贈られたものである。

本社には二点の棟札が現存している。一点は掛け軸①と同じ文面が面に記され、裏に「寛政十二年庚申（一八〇〇）二月吉日　中田・大芝原氏子中」と記されている。中田・大芝原は堀米町の字名であり、神社創建時のものであろうが、社伝の文政年間と矛盾する。もう一点は表面に「奉遷宮稲荷大明神（後略）」、裏に「于時嘉永七年甲寅八月二十三日　愛宕山成就院有隣（花押）」と記されている。社殿を建替えたか、修理した時のものであり、掛け軸②と③はこの時の遷宮に際し、半太夫の子孫に揮毫してもらったものであろう。愛宕山成就院は酒盛稲荷の別当寺である。社伝と棟札に違いがあるが、神社の創建は棟札が正しく、社伝の文政年間は岡見の死と結び付けられて記憶されたものであろう。（この項は島村圭一氏の御教示を得た。）

○伊沢弥惣兵衛を祀る神社　井沢弥惣兵衛為永は江戸中期の治水家である。紀州藩に仕えていたが、八代将軍徳川吉宗に召出され、下総国飯沼・手賀沼の開発や武蔵国足立郡の見沼代用水の開鑿を指導した。勘定吟味役格、勘定吟味役を歴任し、元文三年（一七三八）に没している。

飯沼の開発は鬼怒川から水路を飯沼まで引き、下総国猿島郡と結城郡にまたがる広大な新田を干拓する大規模な計画であり、井沢弥惣兵衛に一切が委任された。鬼怒川の取水口が河内郡本吉田村（下野市）にあることから

水路は吉田用水と呼ばれ、享保十年（一七二五）吉田用水口より飯沼までの全長一四里の水路が完成した。

天明五年（一七八五）八月の『石宮勧化寄進帳』は、延島村（小山市）と絹板村（下野市）の村民らが井沢弥惣兵衛等を祀る石宮を建立したい旨を願い出たものである。延島村・絹板村は、享保十四年、飯沼新井筋用水の掛引・堀浚・藻刈御用（用水の堀さらいや藻刈りなどの役）を理由に助郷役を免ぜられ、「永久に両村、相助かり候」として、井沢弥惣兵衛・太田新十郎・八木清五郎三人の「御恩をわすれんため、御三人共ニ水難除水神ニ祭」る願意をもっていたが、「作違」つまり不作が続いて、ここまで延引してきた。既に井沢弥惣兵衛は亡くなってはいるが、新田開発に着手した享保十年から六〇年後の同じ巳年の天明五年に石宮の建立を願い出たのであると述べている。天明年間は連年の天候不順や冷害、浅間山大噴火による降灰で関東の農村は深刻な打撃を受け、さらに吉田用水両岸の村々では鬼怒川や田川が氾濫して大きな被害を受けた。この時、両村の呼びかけに応じ、用水組合八八ヶ村の村民三三人が勧化（寄附）し、大豆七斗三升・銭二八〇文が集まったので、水難除けの石宮を建てようとしたのである。ほとんどが大豆一～三升の僅かな勧化であり、水難除去を願う農民の切実な思いが伝わってくる。現在、「石宮」の所在は不明となっている。

○野田源五郎稲荷・蓑笠稲荷　鹿沼市板荷の厳島神社の境内社野田源五郎稲荷は「享和三年（一八〇三）代官野田源五郎氏が板荷畑開発に尽力したので、村民、氏の徳を尊び祭ったものである」と伝えられている（『上都賀郡誌』）。また、都賀郡喜沢村（小山市喜沢）の村社日枝神社にも「野田源五郎」が配祀されているが、由緒等は不詳である（『下都賀郡神社明細帳』）。

鹿沼市板荷の蓑笠稲荷は安永九年～天明七年（一七八〇～七）の代官蓑笠之助（豊昌）を祀るものという。蓑（巳野）家は、初代正高が享保十四年（一七二九）江戸町奉行兼関東地方御用掛大岡忠相の支配下に属したのを機に笠之助に改め、のち勘定奉行支配下に移り、幕府領代官として功を成した。以来、蓑家の当主は代官を世襲し、笠之助を通称とした。豊昌は正高の曽孫である。天明六年、板荷村は村内を流れる板荷川（黒川）が洪水で

堤や土橋が崩壊し、その修復を公儀の負担で行うように蓑笠之助役所に願出ており（『鹿沼市史』資料編近世1）、それが許可されたからであろうか、天明七年、石見国へ転任する蓑笠之助の報恩のため建立したといわれる。また、板荷の羽黒神社は野田・蓑両氏を祭神として祀るという。

○両所神社　佐野市村上町の旧村社星宮神社の境内社である。足利郡村上村は慶長八年（一六〇三）に旗本牧野成里《しげさと》の知行地となり、牧野成純・成常兄弟の代に二家の相給となり、明治維新に至る。『足利郡神社明細帳』によれば、明和五年（一七六八）幕府より助郷役を賦課された際、例幣使街道の川越役を負担していたことを理由に牧野氏に嘆願し免除となった。このことに感謝した村民が時の領主牧野大隅守・牧野伊予守を祀ったという。

○谷明神　壬生藩鳥居家の山川領は下総国結城郡を中心に二三ヶ村約一万石の飛び地であった。この地を管轄した代官が谷郡太夫君雄である。壬生藩は農村復興の一環として北陸地方の真宗門徒を転入させる入百姓取立て策を行った。郡太夫は、水利を起こし、御手当金を付与するなどの善政を行い、起返し（荒廃した耕地を復旧すること）に成功した。山川領の大町新田（茨城県結城市）の入百姓は文政十一年（一八二八）藩主に願い出て郡太夫を村の鎮守として祀り、谷明神として称え、毎年九月二十五日を祭日としたという。郡太夫は天保九年（一八三八）九月、勘定奉行に昇進して山川を去ったが、それまで谷はたびたび祭りに出席したという。嘉永年間（一八四八〜五五）社殿が焼失したので、大正二年（一九一三）六月に再建され、祭日も十一月十四日と改めて現在に至っている（『結城市史』第五巻近世通史編）。郡太夫は慶応三年（一八六七）に死去し、壬生町の興光寺に葬られた。

(3) 百姓一揆と義民神社

近世の義民を祀る神社

人びとの困窮を見かねて越訴や一揆の指導者となり、処刑された者を「義民」と呼び、各地には義民伝承が残っている。その地には顕彰碑が建っていたり、神社を建立して神に祀ったところもある。江戸時代は百姓一揆、村方騒動など為政者に抗することは法度で禁止され、事の正否を問わず、指導者は厳しく罰せられた。その恩恵を受けた人びとが、敬慕し神として祀ったのが「義民神社」であり、佐倉宗吾郎を祀る口之宮神社が有名である。

○喜国神社　寛延二年（一七四九）肥前島原から宇都宮に転封になった松平氏は転封による藩の財政困窮を打開するため、倹約令を出し、家臣の俸禄を借上げたが、到底危機を乗り切れるものではなかった。宇都宮藩はそのため年貢の収納法を改革し、一時は五合摺に減額していた年貢率を六合摺（一升の籾から六合の玄米がとれると換算し、年貢を徴収すること）に戻す計画をたて、領内の庄屋一同を城中に集め、連判・了承させた。うち続く凶作で疲弊した領民はこれに反発し、領内は不穏な情勢となった。明和元年（一七六四）九月十二日、岡本村以下一二ヶ村の領民数百人が城の北側にある宇都宮大明神の馬場先広場に集合して、年貢負担の軽減を求めた。この日は藩の重臣の説得でひとまず鎮静したが、翌日には再び各地から領民が集まり、城下の豪商宅を打ち壊す行動に発展した。騒動は三日後に鎮圧され、農民は五合摺に復帰する成果を得たが、宇都宮藩に与えた衝撃は大きく、この騒動を「籾摺騒動」と呼んでいる。この騒動の糾弾は苛酷を極め、「頭取」（指導者）三人は極刑に処せられた。宇都宮藩主の『松平忠恕《ただひろ》日記』によれば、三田長嶋村庄屋源之亟、今泉新田村庄屋六兵衛は竹林村で獄門、上平出村太郎兵衛は打首、その外の者も仕置きにあった。ところが、時代が経つと処刑された三人の名も騒動のあった年も誤って伝えられるなど錯綜が見られる。

村人は、処刑後一〇〇年とされる嘉永五年（一八五一）宇都宮市御田長島町の高尾神社境内に鈴木源之亟を祀る「喜国源之亟大明神」の石祠を建て崇敬した。石祠の右面に「嘉永壬年十月十九日建立」と刻されている。現在も源之亟の命日とされる旧暦十月十九日には赤飯を供え、源之亟の遺徳を偲んでいるという。神社の隣地には

供養碑が建っている。ほかにも上平出村庄屋後見亀右衛門を祀る宇都宮市平出町の平出神社境内社の喜国神社(『栃木県神社誌』は平出亀右衛門、水沼亀右衛門を祀る帰国神社二社とするが、「帰国」は「喜国」の誤りである)、今泉新田村庄屋六兵衛を祀る宇都宮市今泉新町の八幡宮境内の喜国大権現の二社がある。

○六之丞八幡　足利市板倉町に六之丞八幡という小祠があり、地元民の信仰を集めている。寛保元年(一七四一)足利郡板倉村金丸《かなまり》の百姓五〇人が不作のため年貢減免を訴えて五十部村の丹南藩代官所に押しかけた。百姓六之丞は初め説得に当たり事態の収拾に努めたが成功せず、遂には彼らと行動を共にし、扇動者として捕えられた。妻よねは六之丞の無実を訴え、江戸表へ直訴したが容れられず、夫婦ともに処刑された。その後、代官も処分され、年貢は減免されたという(『近代足利市史』第一巻)。明治四十四年刊『三和村郷土史』には、「六之丞選ばれて総代となり地頭所に訴ふ。官之を許さず強訴として終に死刑に処せられ、妻ヨネ即ちその非道を恨みて江戸表領主へ直訴す。其訴訟不成立にて郷里板倉に帰り自殺す。後夫婦が霊領主及村内へ祟りをなすこと屢なり。文化年中、一村挙って一小社を羽黒山頂に立て、堀江神社と称し年々祭礼を行ふ」との所伝を伝えている。

○市兵衛八幡　元禄八年(一六九五)若年寄の加藤明英《あきひで》が近江水口から都賀郡壬生に転封になった際、「七色掛物反対越訴」事件が起こった。民権運動が全国的に高揚した明治十六年(一八八三)小室信介編『東洋民権百家伝』が発行され、その中で紹介されたことで世に知られるようになった。事件の内容は、事件の舞台となった下稲葉村出身の民権家の鯉沼九八郎が口碑伝承を集め、「改刪増」したものである。

『東洋民権百家伝』によれば、加藤家では国替えによる出費が嵩み、定法の年貢以外に新税を掛けることにし、大麦・大豆・稗・荏油・真綿・紅花・麻苧の七種に村高に応じた運上金が賦課された。そのため困窮する領民が続出し、各地で集会が開かれ、不穏な空気が領内をおおった。上稲葉村の神長市兵衛、下稲葉村の石井伊左衛門、壬生新町の須釜作十郎は訴願を主張して村内に廻状を回したが、藩の取締り強化によって連判するものが少なく、企ては失敗した。そこで、三人は一一ヶ村惣代として江戸表へ直訴したが捕えられ、斬首された。しかし、

七色掛物は免除されたという。上・下稲葉村と壬生の町村民はその恩徳を敬い、一祠を建て総社八幡と称し、毎年祭典を行ってきた。国谷村（壬生町）の名主林蔵の『御用留』には、加奈川市兵衛が領内七ヶ村（上下稲葉村・助谷村・国谷村・福和田村・細谷村・藤井村・蓑輪村）の惣代として七色掛物の御用捨を哀願したことを記しており、天保期（一八三〇〜四四）にこの事件は壬生藩領でよく知られていた（『壬生町史』通史編Ⅰ）。

現在、石井伊左衛門を祀る小祠が壬生町下稲賀の鹿島神社境内の一隅にあり、上稲葉には神長市兵衛を祀る市兵衛八幡がある。

功労者を祀る神社

○包孝神社　佐野市戸奈良町の鹿島神社境内に建つ包孝神社は石井五郎左衛門包孝を祀っている。戸奈良村は文政三年（一八二〇）より一五年間、野木宿の代助郷を賦課され、年季明け後も休役郷の代わりに助郷を課されたので村は困窮した。戸奈良村の旗本諏訪領内に住む石井包孝は百姓身分であったが太物呉服商として成功し、名字帯刀を許され御用役を務めていた。戸奈良村から嘆願された包孝は、野木宿と交渉して助成仕法を結び、石井家が七〇〇両を貸出、野木宿も毎年七五両を八年間積み置き、其の利息を「加宿勤人馬代」にすることになった。この仕法は、天保六年（一八三五）道中奉行に願い出たが、審問期間が長く続き、包孝は心労で十四年に病死してしまった。包孝の意志は子の五右衛門が受け継ぎ、ついに弘化三年（一八四六）五月、聞き届けられた。

戸奈良村民は翌四年六月、「御厚志小前末々迄一同感伏致、子々孫々迄不致亡却様、鎮守社地に石祠建立致、五郎左衛門殿亡霊年々相祭」ことを決議し、神祇管領長上吉田家から「包孝霊社」号の宗源神宣を賜り、毎年祭礼を行い、三月三日の祭礼は西原、谷・羽室、久保・曲田・柴宮の三郷が交替で年番を務めた（『田沼町史』第四巻「資料編3・近世」）。

○機神神社　足利市粟谷町の旧村社粟谷《あわのや》神社境内の「機神宮《おりはた》」は機織の神である栲幡千千姫命《たくはたちぢひめのみこと》を祀る。足利紋

織物の祖金井繁之丞（一七五八～一八二九）ら機業仲間が天明七年（一七八七）、金井家の隣地に小祠を建立した。

繁之丞は天明六年から京都西陣の紋工小坂半兵衛に学び、やがて紋織の技術を独自に改良し、花鳥・風景・人物などを織り出す技法を創案した。桐生・足利織物の特産となった模様玉川・お召し縮緬などは繁之丞の発明であり、足利織物の発展に貢献した。

そうした功績から機屋仲間から生き神として仰がれ、「機神様」と呼ばれて機神宮に配祀されるようになった。本社のすぐ近くに足利市指定文化財の「金井繁之丞の石塔」がある。文政元年（一八一八）繁之丞が逆修のため建立したものであり、死後墓塔となった。昭和四年は繁之丞の百年祭にあたり、子孫が中心となって盛大な祭典が執行された。

○**櫻神社**　鹿沼市武子に鎮座している旧無格社。祭神は廣田六右衛門である。由緒は「往古廣田六右衛門ト云フモノ下総国佐倉ノ城主堀田家ノ臣ニ挙ケラレ、同人故郷ノ廣田氏ニ金員ヲ送リ、荒地ヲ開墾セシム。故ヲ以テ神ニ祀リ、佐倉ノ神ト云フ」であり、神社の規模は間口一尺一寸、奥行一尺八寸とある（『上都賀神社明細帳』）。

○**桜木神社**　栃木市柳原町に鎮座する旧村社。柳原町は近世には柳原新田村という癸生村の枝郷である。主家壬生氏の滅亡によって癸生村に土着した大木義右衛門義尚が、天正十八年（一五九〇）柳原新田の開発に着手し、慶長三年（一五九八）鎮守として稲荷社を創建した。正保元年（一六四四）十月、村民が義右衛門の遺徳を讃えて合祀し、桜木神社と改称したという（旧『栃木県神社誌』）。江戸時代は桜木稲荷と呼ばれていた（『壬生領史略』）。

○**琴平神社**　宇都宮市東岡本村に鎮座する旧無格社琴平神社の配神が菊池教中である。宇都宮藩は財政再建策の一環として、鬼怒川沿岸の開墾を計画した。開発を請け負ったのが江戸の呉服・木綿商の菊池孝兵衛教中（佐野屋孝兵衛）である。開墾は安政二年（一八五五）から始まり、宇都宮の浄土真宗観専寺の援助を得て、加賀・越後の真宗門徒を入植させ、東岸の桑島新田と西岸の岡本新田を開いた。そのため、この地は孝兵衛新田とも呼ば

れた。教中は開墾を始める際に藩主の許可を得て琴平神社を奉斎し、文久二年(一八六二)に教中が没すると、村民はその徳を慕って本社に合祀したといわれる(『栃木県神社誌』)。

三、近世下野国の神社分布

(1) 近世下野国の神社

村明細帳と近世神社

江戸時代の神社数を把握するのは困難である。明治時代の神社数は『日本帝国統計年鑑』で知ることができ、明治三十五年末の一九万六三五八社が最大である。加瀬直弥は「神社分布と神道の現在」(岡田荘司編『日本神道史』)において、天保期の地誌書『新編武蔵風土記稿』に記載された神社数約二三〇〇社と『御府内寺社備考』の神社約一〇〇社を加えた二四〇〇社が、幕末期の東京都域の神社数であると指摘している。統計年鑑の東京府下神社数二五〇〇社とほぼ一致することから、幕末期から「神社数の著しい変化は明治末の神社合祀に至るまでなかった可能性がある」と結論付けている。さらに府域の村数八四〇で二三〇〇社を割ると、一村当りの神社数はおよそ二・七社になる。この一村当りの神社数を、天保郷帳に載る全国の村数六万三七九五村を掛合わせた一七万五〇〇〇社が統計年鑑の一九万社と大きな差異がないとして、維新期の神仏分離は基本的に「神社は神社、寺は寺」という意識を基礎に行われたと推測している。下野国の神社を同じように二・七社として、天保郷帳の一

三六五ヶ村に掛合わせると約三七〇〇社となる。この数は明治三十五年末の六二〇〇社のほぼ六〇%である。六二〇〇社を村落数で割ると、一村約四・五社となる。

『日本帝国統計年鑑』の社数が近世後期の神社数とほぼ一致するとの考えには同意できない。神社整理が進捗中の明治四十二年に発行された『神職試験問題講義』附録の「府県社以下神社数現在表」の傍注に「無格社及私祭招魂社にして公認にならざる者全国を通じ猶数万あるべきを想像せらる」とし、兵庫県が最近脱漏無格社の調査を行ったところ「一千百八十八社」あり、これは「兵庫県のみならず各府県に脱漏無格社多きを聞き及べり」と、明治四十年代になっても脱漏神社が多くあるというのである。この時期まで神社明細帳に掲載されなかった神社は住民の信仰も薄く、やがて消滅した可能性が高い。さらに明治初期の政治的混乱のなかで合祀されたり、放棄されて消滅した神社も少なくなかったであろう。しかしこの点を史料から裏付けることは難しい。

下野国には『新編武蔵風土記稿』のような一国にわたる地誌書は現存しない。僅かに嘉永三年（一八五〇）に編纂された壬生藩領の地誌書『壬生領史略』があるだけである。それによれば、相給を除いた壬生領二五町村に一五二の神社を掲載しており、一村平均六社となる。

そこで、『壬生領史略』とほかの史料を比較してみよう。都賀郡家中村（栃木市）は、鷲宮大明神・御嶽権現・八幡・八龍神・禰々神・吾妻・下八龍神・新八幡・神明・星宮・八幡宮の一一社を載せている。宝永八年（一七一一）の村高明細帳には、八幡・八龍神・鷲宮大明神・禰々神・阿津間明神・下八龍神・新八幡・神明・山王権現・山王権現・山王権現・愛宕・星宮・住吉の一四社、鷲宮神社が所有する『神社台帳控』（年次欠）によれば、明治維新後は村社鷲宮神社と摂社（無格社）が磐裂根裂神社・住吉神社・子ヽ神・吾妻神社・闇龗神社・愛宕神社・八幡神社・闇龗神社・八幡神社・日枝神社・日枝神社・御嶽神社・八坂神社・水神社・八幡神社・稲荷神社・加茂神社・猿田彦神社・稲荷神社・愛宕神社・十二神社・八坂神社・八坂神社・愛宕神社の二五社である。『下都賀郡神社明細帳』は村社一、無格社一二、合祀社一〇の二三社であり、二社の減少である。都賀郡薗部村

（栃木市）も冨士浅間・神明・神明・長宮権現・星宮・七星権現の六社であるが、明治元年十二月の『都賀郡薗部村明細帳取調帳書上帳』では七星権現が消え、愛宕大神と神明宮が加わり七社とある。明治八年の第一大区一小区の神社便覧には村社浅間神社、無格社八幡神社（長宮権現）・岩裂根裂神社と神明大神三社の計六社とあり、十四年の『薗部村村誌調』も六社である。『下都賀郡神社明細帳』は村社の浅間神社一社のみであり、七社から一社に減少している。このように、近世の記録と明治のそれにはかなりの変動があるのである。

市町村史に収録する近世の村明細帳には惣鎮守一社だけを載せる場合が多く、複数社を載せる村明細帳は少ないが勿論例外もある。例えば、都賀郡藤岡村（栃木市）の寛延四年（一七五一）の村明細帳には一八社を載せ、明治元年十一月に藤岡村が日光県に提出した『神社由緒書上帳』には一九社とある。『下都賀郡神社明細帳』は「妙躰権現」「庚申」の二社を除き、残る一七社を収録している。足利郡松田村（足利市）の元禄九年（一六九六）の村明細帳は一〇社を載せており、『足利郡神社明細帳』では五社に減少している（合祀の記録はない）。

つぎに河内郡の村明細帳のいくつかを見ておこう。免之内村（宇都宮市）の延享元年（一七四四）村明細帳は「大鎮守白山宮」以下六社を載せるが、『河内郡神社明細帳』は無格社五料神社（御料大権現）一社のみである。寛延三年（一七五〇）の関白村（宇都宮市）と今里村（宇都宮市）の差出帳は関白村に六社、今里村に「羽黒山」以下一〇社があるが、『河内郡神社明細帳』には、関白村は明治十二年創建の村社関白山神社一社のみ、今里村は郷社羽黒神社と無格社二社の三社である（両村とも合祀の記録はない）。文化二年（一八〇五）の多功宿の明細書上には一六社が収録されているが、『河内郡神社明細帳』は村社二、無格社九（全て村社に合祀）とあり、五社の行方が不明である。

つぎに明治初期の史料に載る神社のその後を見ておこう。明治四年の『古河県神社巨細取調帳』と『下都賀郡神社明細帳』を比較すると、都賀郡中根村（栃木市）は六社が一一社となり、友沼村（下都賀郡野木町）も二社が二一社に大幅に増加しているが、逆に冨吉村（栃木市）は九社が六社に減じている。冨吉村では「六社合殿」

の蛇木大神は淫祠として廃され、住吉大明神が村社となり、水神と厳島大神は無格社として独立した。また稲荷大明神・稲荷大神・稲荷大神の三社は無格社稲荷神社と境内社稲荷神社となり、熊野大神三社も無格社熊野神社と境内社熊野神社となった。天神は無格社天満宮として存続した。なお、合殿の愛宕大神と星宮大神のその後は不詳である（表5）。

以上の事例からみると、明治の神仏分離に際して神社整理を行った村落があったことが推測される。明治四十四年の『間々田村郷土誌』によれば、都賀郡粟宮村（小山市）の旧郷社安房神社は四十年二月に村内の無格社四社を合祀しており、そのことは『下都賀郡神社明細帳』からも確認できる。しかし郷土誌は「其他十有余ノ神ヲ安房神社ニ合祀セリ」とも記している。粟宮村には無格社に登録されなかったような小祠があり、無格社四社とともに合祀されたのである。こうした記録に残らない多くの神社が明治維新によって廃社となり、人びとの記憶から消え去ったのである。

『日本帝国統計年鑑』の年次別の神社数は県の報告に基づき作成されたものであり、栃木県は最大六二〇〇社が明治期の神社数である。しかし、この数字を江戸時代後期の神社数とすることには同意できない。既に明治初期に合祀されたり、廃止された神社があり、近世の神社数はもっと多かったのである。その数は六二〇〇社を優に超えていたことは疑い得ない。

ここで付言しておくと、村内には農民が屋敷地内で個々に祀る祠もあったが、村明細帳に記載されることはまれである。管見では、享和元年（一八〇一）の河内郡町谷村（日光市）の村明細帳によれば、町谷村は針貝村と共同で高尾大明神を惣鎮守として祀り、村内には愛宕大権現・牛頭天王も鎮座していた。また「村内氏神　拾五ヶ所（内正一位稲荷壱ヶ所御座候）」とも見える。これは農民が家単位で祀る氏神であろう（因みに、愛宕大権現と牛頭天王は『地誌編輯材料取調書』にも『河内郡神社明細帳』にも所載されず、明治初期に廃社となったのであろう）。安永四年（一七七五）の同郡西汗村（河内郡上三川町）の村明細帳には「村鎮守高靇大明神宮」を

表５：下都賀郡中根村・冨吉村の神社合祀

(1) 古河県神社巨細取調帳	(2) 下都賀郡神社明細帳	(3) 栃木県神社誌（昭和39年）	(4) 栃木県神社誌（平成18年）
中根村 八幡宮・星宮大神・厳島大神・雷電宮・稲荷社・冨士浅間大神 （本社６社）	①八幡宮（村）○ 祭神：誉田別命・磐裂命・稲倉魂命・大雷神・木花咲耶姫命・市杵嶋姫命 〈合祀〉大正１・８・22 星宮神社・稲荷神社・厳島神社・雷電神社・浅間神社 〈境内社〉天神社 ②無格社 神明宮・神明宮・神明宮・稲荷神社・道祖神社	①八幡神社（村） 主祭神：誉田別命 配　神：磐裂命神・木花開耶姫命・大雷神・稲倉魂命・大杉神・市杵島姫命 〈境内社〉天神社	①八幡神社（村） 主祭神：誉田別命
冨吉村 住吉大明神・愛宕大神・星宮大神・蛇木大神・水神・厳島大神合殿稲荷大明神・三嶋大神・熊野大神・天神・稲荷大神・稲荷大神・熊野大神・熊野大神 （本社９社）	①住吉神社（村）○ 祭神：表筒男命・中筒男命・底筒男命・気長足姫命 〈境内社〉稲荷神社・熊野神社 〈由緒〉明治５年郷社、明治９・４　区画改正ノ結果、村社ニ列セラル ②無格社 熊野神社・稲荷神社・天満宮・厳島神社・水神社	①住吉神社（村） 主祭神：上筒男命・中筒男命・底筒男命・息長足姫命 配　神：伊弉諾命・伊弉冉命・菅原道真公・稲倉魂命	①住吉神社（村） 主祭神：上筒男命・中筒男命・底筒男命・息長足姫命
友沼村 八幡宮・高良大明神 （本社２社）	①八幡神社（村）○ 祭神：誉田別命・大日孁貴命・火産霊命・稲倉魂命・上筒男命・武甕槌命・天児屋根命・素盞嗚命・天日鷲命・水速女命 〈合祀〉明治40・２・25 神明宮・愛宕神社・稲荷神社・稲荷神社・住吉神社・鹿島神社・春日神社・御前神社・鷲神社 大正５・11　水神社 ②無格社 雷電神社○・水神社○・水神社○・水神社○・愛宕神社○・鷲神社・高良社・神明宮・稲荷神社・高良神社○	①八幡神社（村） 主祭神：誉田別命 配　神：大日孁貴命・武甕槌命・天児屋根命・火産霊命・吉国男命・素盞嗚命・稲倉魂命・天日鷲命 〈境内社〉稲荷神社 ②無格社 愛宕神社・高良神社・雷電神社	①八幡神社（村） 主祭神：誉田別命 ②無格社 愛宕神社・高良神社・雷電神社

註：○印は「台帳記入済」とあり、戦後、宗教法人法に基づく神社である。

記した後に「外ニ宮数合五拾八社　村中百姓氏神社」とある。家数が八七軒なので、ほぼ七〇％の家に氏神が祀られていたことになる。

近世神社の管理者

神仏混淆の時代は神社と寺院、神と仏の関係は信仰的には一体とされる。しかし、近世の村明細帳を見ると神社と寺院、さらに観音堂などの仏堂と神社は明確に区別されて記載してあり、寺院・神社・仏堂が併置して記されているのが一般的である。例えば、社の数は「社」、仏堂は「軒」「宇」と区別され、除地（領主から租税を免除された土地）も「社地」「堂地」と区別している。明治維新は神仏混淆的な要素を神社から追放はしたが、仮に仏像を神体とする神社であっても、政府は廃社にする意図はなく、仏教的な色彩が一掃されたに過ぎなかった。

『鹿沼聞書・下野神名帳』は作者も成立年代（雨宮義人は明和七年（一七七〇）前後とする）も不明であるが、下野式内一一社を巻頭に、都賀郡・河内郡・芳賀郡・塩谷郡・那須郡・足利郡・梁田郡・安蘇郡・寒川郡の順序で、一〇二一社の社名・鎮座地・管理者（神職・別当・「村正」「村」「村民」の別）を記載している。本書は岡田順平（明治八年に栃木県庁入庁。庶務課記録係として県内の文書調査を担当）が所蔵していたものを丸山瓦全が発見し、丸山が昭和二年に書写し、さらに同七年に栃木神職会の村田正夫が手写したものである。筆写を重ねる過程で起きたと思われる誤記もあり、内容も簡潔で、また「聞書」の限界として全ての宿町村が載せているわけでもない。また、一村に一社を原則に記載しているが、必ずしも村内の有力社を載せているわけでもなく、明治時代の神名帳にも載っていない小祠を記す村落もある。

そうした限界があるにしても貴重な史料であることは間違いない。表6は『鹿沼聞書』所載神社一〇二一社を管理者別に一覧にしたものである（神社を維持し祭祀を行う階層を一応管理者と呼んでおく）。何の記載もない神社六七社を除いた九五四社のうち寺院名が記されている神社が四五六社、四八％である。この場合は修験者と

表6：『鹿沼聞書』掲載の郡別神社数（神社管理者別）

	神社数	僧・修験	神　職	村・村正	不　明
都賀郡	297	148	83	48	18
河内郡	97	54	36	6	1
芳賀郡	126	69	45	12	0
塩谷郡	117	62	26	14	15
那須郡	213	51	132	4	26
足利郡	42	20	12	9	1
梁田郡	29	11	6	12	0
安蘇郡	91	37	31	17	6
寒川郡	9	4	4	1	0
計	1021	456	375	123	67
		48%	39%	13%	

僧侶の場合とがあるが、本書からは窺うことはできない。神職が祭祀を行っているのが三七五社、三九%である。那須郡に神職が突出して多いが（一八七社のうちの一三二社、七〇%）、その理由は不明である。

『下野神社沿革誌』附録の「栃木縣神職傳記」は明治三十五年当時の有力神職一六〇人の名を載せているが、その旧身分は社家出身が最も多くて七〇人である。つぎに修験が四二人で、僧侶出身も二人いる。修験のうち「本山修験」とある者が二二人であり、二〇人は単に「修験」と記すだけで本山か当山かは明確でない。農民出身者も二五人おり、士族・医とある者や不明が二一人である。多様な身分の者が神職になっているのは、明治四年に神官の世襲が廃止され、県が採用に国学試験を課したことが理由であろう。県庁の国学試験に不合格となり帰農した神官も多く、試験を受けて新たに神官に採用された者も多かったのである。

(2) 星宮・高尾神社の分布と特徴

星宮・高尾・温泉神社の分布

星宮・高尾・温泉神社の三社は栃木県に広範囲に分布し、県域に特徴的な神社である。『現代・神社の信仰分

布―その歴史的経緯を考えるために―』（國學院大學刊）の「都道府県別神社数順位表」によれば、栃木県の神社一九〇六社のうち、最多は一五四社の星宮神社であり、稲荷神社の九八社、温泉神社の八五社、愛宕神社の八三社、八幡宮の七七社、高龗神社の六一社と続く。星宮・高龗・温泉の三社は栃木県に集中して分布し（県域神社における占有率は三社で一七％になる）、独自の拡がりを見せている。全国の神社数は星宮神社が一九〇社、温泉神社が一二三社、高龗神社が九九社なので、栃木県の三社が占める比率は八一％、六九％、六二％である。

風山廣雄編著『下野神社沿革誌』は明治三十六年に発行され、神社合祀前の県郷村社一二一七社を掲載している。それによれば、星宮神社が一七七社（一五％）、温泉神社が一〇〇社（八％）、高尾神社が八七社（七％）であり、三社で三六四社、三〇％を占め、『鹿沼聞書』は、星宮神社が一三九社（一四％）、温泉神社が一〇九社（一一％）高尾神社が七五社（七％）、この三社で全一〇二一社の三二％を占めている。各々数字の違いはあるが、県域神社のなかで三社の占有率が高いことには相違がない。

星宮・高尾・温泉の三社を神社明細帳（郡別）によって一覧にしたのが表7である。三三二社ある星宮神社は、下都賀郡の九〇社を筆頭に、芳賀郡が六二社、河内郡が五六社、上都賀郡が五四社、塩谷郡が四一社と続き、五郡を合計すると三〇三社となり、星宮神社の九一％を占める。一方、那須郡が一六社、安蘇・足利郡は合計しても一三社に過ぎず、県央部に集中して分布している。高尾神社は一二六社あり、河内郡の七六社が突出して多く、芳賀郡の二六社が続く。安蘇郡・足利郡には一社も見られない。温泉神社はほとんどが那須郡に分布し、塩谷郡が一五社であり、そのほかの郡には存在しない。

星宮神社は県央部を中心に広く分布しており、三社のなかで信仰圏が最も広い。高尾神社は星宮神社の信仰圏と一部重なるが、都賀郡には少ない。両神社が南西地域の足利・安蘇の両郡にほとんど鎮座しないのは、この地が古代以来、政治・文化的に上野南東部の影響が強い地域であり、神社の分布にも上野国の影響がある可能性がある。また温泉神社が分布する那須郡に星宮・高尾神社がほとんど鎮座しないのも注目される。農業神としての

表7：星宮・高尾神社・温泉神社の郡別神社数（栃木県神社明細帳）

星宮神社	県社	郷社	村社	無格社	小計	高尾神社	郷社	村社	無格社	小計	温泉神社	郷社	村社	無格社	小計
那須郡	0	0	6(0)	10(4)	16(4)		0	1(0)	0	1(0)		3(0)	90(13)	139(75)	232(88)
塩谷郡	0	0	28(2)	13(5)	41(7)		0	5(0)	3(3)	8(3)		0	7(0)	8(0)	15(0)
河内郡	0	0	28(1)	28(15)	56(16)		1(0)	55(1)	20(10)	76(11)		0	0	0	0
芳賀郡	0	0	24(0)	38(9)	62(9)		0	17(0)	9(0)	26(0)		0	0	0	0
上都賀郡	1(0)	0	24(0)	29(10)	54(10)		0	3(0)	7(3)	10(3)		0	0	1(0)	1(0)
下都賀郡	0	1(0)	43(1)	46(18)	90(19)		0	3(0)	2(1)	5(1)		0	0	0	0
安蘇郡	0	0	3(0)	1(0)	4(0)		0	0	0	0		0	0	0	0
足利郡	0	0	6(0)	3(1)	9(1)		0	0	0	0		0	0	0	0
合計	1(0)	1(0)	162(4)	168(62)	332(66)		1(0)	84(1)	41(17)	126(18)		3(0)	97(13)	148(75)	248(88)

（　）は合祀神社数

表8：星宮神社の社名別神社数と主祭神別神社数

〈社名別神社数〉　〈主祭神別神社数〉

	星宮神社①	磐裂根裂神社②	地名を社名とする神社③	その他の社名④	㋐	㋑	㋒	㋓	㋐+㋑	㋐+㋒	その他
那須郡	15	1	0	0	12	0	0	0	4	0	
塩谷郡	38	0	0	3	24	5	0	0	12	0	
河内郡	53	0	1	2	52	0	0	0	4	0	
芳賀郡	56	0	0	6	48	2	2	0	8	0	1（稲倉魂命）・1（磐筒男命・磐筒女命）
上都賀郡	18	22	5	9	48	0	0	0	5	0	1（稲倉魂命）
下都賀郡	61	19	2	8	65	1	3	8	12	0	1（軻遇突知命）
安蘇郡	4	0	0	0	3	0	0	0	0	1	
足利郡	7	0	0	2	3	0	5	0	1	0	
合計	252	42	8	30	255	8	10	8	46	1	

注：〈星宮神社の主祭神〉㋐磐裂神・根裂神（「磐裂神」あるいは「根裂神」とする場合も含む）、㋑経津主命、㋒瓊々杵尊、㋓香々背男命。

※ちなみに、旧社名が「妙見神社」は、管見によれば、上都賀郡足尾町長坂（日光市）の旧村社磐裂神社（祭神：磐裂神・根裂神）、上都賀郡上粕尾（鹿沼市）の無格社妙見神社（祭神：上御中主命）、下都賀郡今泉村（栃木市）の今泉神社（祭神：天御中主命）の三社である。

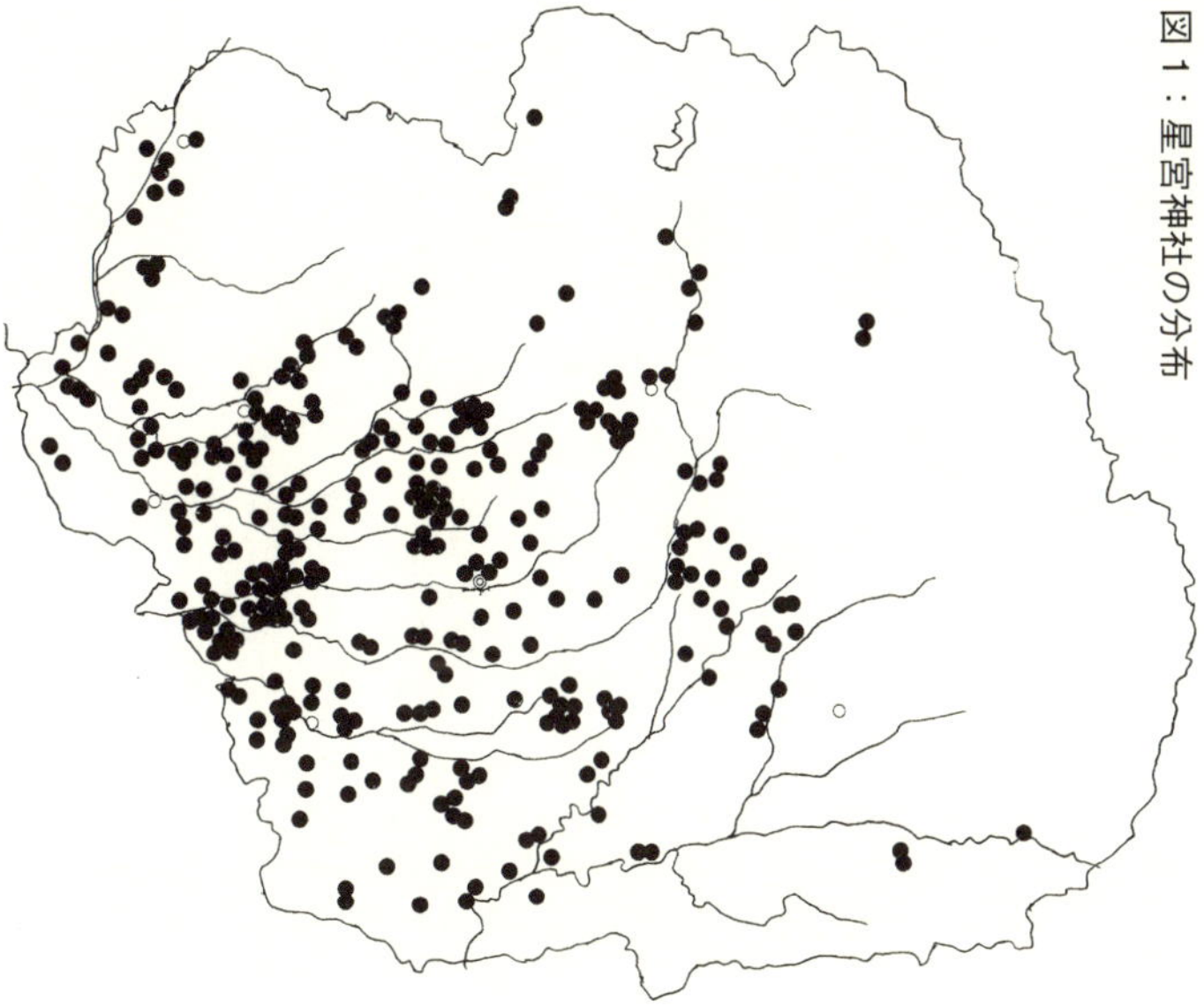

図1：星宮神社の分布

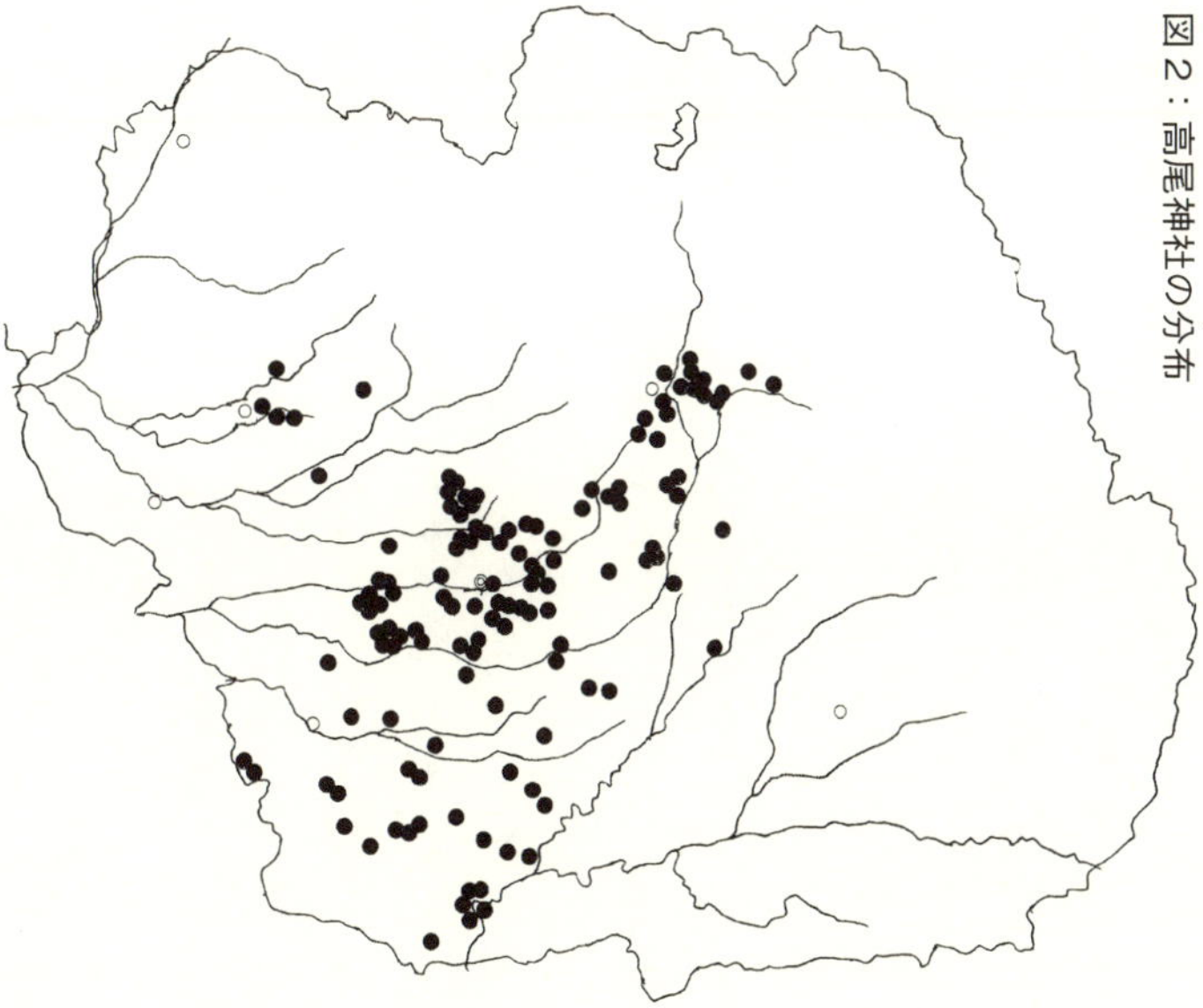

図2：高尾神社の分布

性格がある三神社の鎮座に地域的な特徴があるのは興味深い。

中世の虚空蔵・高尾信仰

日光市上鉢石町の大谷川に架かる神橋右岸の台地に磐裂神社が鎮座している。『補陀洛山建立修行日記』によれば、勝道が弟子に対し日光開山は明星天子と深沙大王の教導によるものなので、両神に帰依するように語ったという。明星天子が磐裂神社、深沙大王は大谷川対岸の深沙王社（現深沙王堂）に祀られている。磐裂神社一帯は、中世、日光修験が興隆すると「星宿」と呼ばれ、冬峰の重要な宿（道場）が設けられた。『下野国日光山鉢石星宮御鎮座伝記』（文治六年の奥書があるが、元禄四年の作成である）は、『補陀洛山建立修行日記』の記述を援用しながら、磐裂神社の鎮座の由緒を「鉢石星宮之神者磐裂神也。本地者虚空蔵菩薩、則明星也」と記し、天平宝字元年（七五七）勝道はみずから刻した「天童子形之虚空蔵」を祀る小祠を建て「星宮是也」とも記している。『日光山志』は「此宮小社なりといへども、日光緇素《しそ》（道俗のこと）大切なる社頭」であるとし、勝道七歳のときの夢に明星天子が現れて二荒山の開山を教示し、「是虚空蔵の垂迹なり。天に在ては大白星とあらハれ、此土に来下しては磐裂の荒神たり」と告げたと記している。また『瀧尾建立草創日記』によれば、空海が来山し、瀧尾神社近くの白糸滝付近の「八葉蓮華池」で仏眼金輪法を修していると、池中から二個の白玉が現れ、「天補星」と「妙見尊星」を名乗ったので、天補星を本尊として「小玉殿」に祀り、妙見尊星は中禅寺に安居されたとする。天補星は小玉堂の本尊虚空蔵菩薩（明星＝金星）、「妙見尊星」は妙見菩薩（北斗七星）であり、中禅寺の妙見堂に祀られたという。日光山では虚空蔵菩薩が明星や妙見菩薩或は太白星と混用されているが、星に対する信仰が早くからあったことがわかる。日光山に伝わる戦国時代の記録『年中行事帳』にも、「星宮講」が毎月十三日に行われていたと記している。

『日光山縁起』によれば、有宇中将の乗馬が「青鹿毛」、お供の雄鷹が「雲の上」、犬が「阿久多丸」であり、前

世においては有宇中将が猟師、青鹿毛が母、雲の上が子、阿久多丸が妻であったとしている。そして、鷹は「本地虚空蔵菩薩」、犬は「地蔵菩薩、今ハ高尾上とあらハれ給」とあり、馬は「太郎大明神、馬頭観音の垂迹」とある。中世の宇都宮大明神は日光の太郎明神を遷し、馬頭観音はその本地仏であった。室町時代の宇都宮大明神の境内には、高尾神・剣宮・文殊堂・三嶋・日光・星宮が鎮座しており、十四世紀初頭に宇都宮大明神を詠った宴曲『宇都宮叢祠霊瑞』にもこれらの社堂が詠いこまれている。「高尾神」は明神に奉仕する僧のなかで五坊に次ぐ序列にあり、境内堂社のなかで最も重んじられていた。年欠五月八日付の「岡本宗慶書状」(『下野国御旦那帳』によれば、宗慶は宇都宮広綱の家老であり、天正五年正月に皆川氏によって殺害された)にも「高尾神院主」との記述がある(『中里家文書』)。宇都宮当主が神主であったさくら市馬場の今宮神社にも「高尾神」が祀られていた(『今宮祭祀録』)。また、『雍州府志』上には、山城国宇治郡大塚村(京都市山科区)の星宮は「妙見菩薩」を祀り、「宇都の宮弥三郎朝綱が尊崇する所なり」と記されている。

ちなみに、宇都宮氏の星宮信仰は明星ではなく妙見信仰であろう。妙見は北極星・北斗七星を神格化したもので、妙見菩薩は尊星王・北辰菩薩ともいい、国家を守護し災厄を滅除し人の福寿を増すとされる。北極星は北辰ともいい、天空の星座が北極星を中心に回転するように見えることから、古来、中国では全てを司る最高神とされた。また北斗七星の第七星は剣先に見立てられて破軍星とか七剣星とも呼ばれ、戦勝祈願と結び付き、中世には武士の間に広まった。平将門の子孫と伝える千葉氏の北辰信仰はよく知られている。

宇都宮氏にもそうした信仰があったということであろう。中世の宇都宮大明神の境内図に「星宮」と「剣宮」が描かれていることは前述した。剣宮は『日光山縁起』にも例えば、実川本に「承平年中将門賊兵をおこししとき、神威をたのみ給ひしかば、まのあたり神剣社頭より出て、賊首を九重につたえ給ふ」とあり、これも北斗七星の七剣星とかかわりがあるのかも知れない。

さらに北極星は狩猟の民が方位を示す星として信仰の対象としていた。日周運動でほとんど位置を変えない北

極星は山中で狩猟生活を送る民が方角を知る神として祀ったのである。宇都宮大明神に狩猟信仰のあることは夙に知られており、当社が狩猟の神として崇められたことと境内に星宮が祀られたこととは関連があるのであろう。

以上のように、中世の日光山や宇都宮氏が星宮・高尾神の信仰を有していたことを看取できる。現在も、日光山の神領のあった都賀郡と河内郡の一部、宇都宮氏の支配地であった河内・塩谷・芳賀郡に二社が濃密に分布するのは、中世以来、虚空蔵・高雄神の信仰が拡がっていたことと関係しよう。

太平山大権現　栃木市街地の西方、標高三四三メートルの太平山頂近くに鎮座する旧県社太平山神社の虚空蔵信仰について見ておこう。本社は天長四年（八二七）慈覚大師の創建とされる古社である。明応三年（一四九四）と推定される長沼駿河守宛「曼珠院覚恕法親王書状」に、正一位の神位と後小松天皇の勅筆が付与されたとある。覚恕法親王の年次欠の六月書状には、「太平山別当」に命じて「天神御影堂」を修造させたとある（『太平山神社文書』）。太平山別当は山中の連祥院般若寺である。『東路の津登』に、永正六年（一五〇九）連歌師宗長は壬生綱重らと当地を訪れ、「太平とて山寺あり。般若寺と云。一宿して連歌」の会を催している。連祥院は寛永十八年（一六四一）寛永寺直末となり、明治維新後は連祥院僧の本準が明治元年九月に還俗して小林津祢麿と改名し、日光県より「太平神社」に神勤することが認められ（『栃木県史料』七一）、連祥院は廃寺となった。

寛永十二年の『太平山伝記』によれば、慈覚大師が山中に入ると「北斗七星」が眼前に現れて「方五里ヲ以テ結界スベシ」といって身を隠した。大師が「本地之真身」を見たいと思って念ずると、山中に金色の光を放つ虚空蔵菩薩が松樹の上に現れた。このことを淳和帝に表奏したところ、帝から「太平大権現」の宸翰の額と「社頭修造費」として「荘田若干」が附されたという。また、「古法太平三所」として「御本地虚空蔵　太平大権現御神体　天孫太神・明星御相殿二神、御本地大日　熊野大権現御神体　伊弉冊尊・日輪御相殿二神、御本地千手　日光大権現御神体　大己貴尊・月輪御相殿二神、右天正十四丙戌年ヨリ御同殿也」とあり、太平大権現の本尊が虚空蔵菩薩、大日如来、千手観音の三像であること、また太平大権現の相殿には天孫太神（瓊々杵尊）・明星の二

神が祀られていたことがわかる。近辺の星宮神社には太平権現を勧請したとの伝承のあるものがあり、太平山神社が地域の虚空蔵信仰の中心であったことを窺わせている。明治維新後、別当が還俗し、祭神も国家神道にふさわしいように主祭神が瓊々杵尊に、配神の「大日」が天照皇大神、「千手」が豊受姫大神と改められているが、境内には「虚空蔵堂」が現存し、境内社星宮神社として往時の名残りをとどめている。

近世の星宮神社

虚空蔵信仰が拡がりをみせたのは中世である。多くの星宮が分布する都賀郡には「日光山往古社領六拾六郷」と呼ばれた日光山の所領が拡がり、日光修験が活発に活動した地域である。都賀郡の西を走る足尾山地の太平山から出流山→石裂山→古峰に到る山の道はかつて修験の抖擻路であった。栃木市平井町の向山《むこやま》は採石によって山の姿は失われたが、コクゾウ山とも呼称され、勝道が最初に足を踏み入れたところとの伝承がある。南の太平山神社と北の加蘇山神社の祭神がかつて磐裂・根裂神であったこと、二社を結ぶ山塊に抱かれた平野に星宮神社が広範囲に分布することは注目される。また河内郡・塩谷郡・芳賀郡は宇都宮氏とその一族や重臣の芳賀氏・益子氏の支配地であった。宇都宮氏に星宮信仰があったことは前述したが、この地にも星宮神社が多数分布している。

栃木市尻内町の旧無格社星宮神社の棟札には、天文四年（一五三五）十二月十三日、領主佐藤治部少輔宗連が本願となって再興したこと、「本躰虚空蔵」の記載とともに、「檀那」である佐藤氏の一門名、勧進の「おとな」衆の名が記されている。同地の旧村社愛宕神社は現在は火産霊命《ほむすびのみこと》を祀り、磐裂・根裂神を配神としているが、明治時代は磐裂・根裂神が主祭神であった（『下都賀郡神社明細帳』）。鹿沼市草久の岩裂神社に奉納された鰐口には「貞治三年（一三六四）十一月十五日」と「星宮」の刻印が残されている（『鹿沼市史』資料編古代・中世）。この地方に、虚空蔵信仰が拡がっていたことを窺うことができる。

中世の上都賀・下都賀・河内・塩谷・芳賀の五郡には虚空蔵を祀る堂や祠が広範囲に存在した。虚空蔵菩薩の

勧請に日光修験の介在を確認できる史料は残っておらず伝承も少ないので、今後検討の必要があろう。星宮神社の創建が中世に遡る例は少なくないと思われるが、戦国時代から近世にかけて創建されたものはさらに多い。近世の村明細帳には一般に「星宮大明神」「星宮大権現」と所載されている。虚空蔵菩薩の効験は福徳増長であり、垂迹神は明星天子、妙見尊星であるといわれる。県域の星宮は「コクゾウさま」と呼ばれ、「国造」「穀蔵」と音通であることから開拓の神、農耕神として祀られ、その祭礼は虚空蔵祭りと呼ばれた。

河内郡上川島村の枝郷、中川島村（下野市）は、宝暦九年（一七五九）の棟札帳によれば、鎮守がなく本郷の上川島村の星宮を鎮守としてきたが、自前の鎮守が欲しくなり、「星宮虚空蔵御宮」を建立しようとして金子を積み立て合計が二分二朱となった。たまたま村内の地蔵堂に「諸国行脚之御僧鉢海和尚」が一宿したので、「村方若イ者」が相談し、「願主」となることを申出たところ快く引き受けてくれた。村民から材木や金子などの寄進もあって、翌九年正月に社殿工事に着手し、九月十三日に遷宮式を迎えた。この時の「棟札帳」「御遷宮新祭礼入用帳」は現在も同村の相澤家が大切に保存している（『南河内町史』史料編3）。江戸時代は新田開発が進み、下野国では四〇〇近い村が新たに誕生したといわれる。中川島村の星宮神社もそうした村落に祀られた神社の一つである。都賀郡延島村（小山市）の旧村社延島神社は旧号が星宮神社である。寛延二年（一七四九）の宝性寺の由来によれば、百姓伊賀之助が「見付ヶ」てきた「虚空蔵之尊体」（恐らく石であろう）を暫く宝性寺に納置いたが、万治二年（一六五九）領主に願い出、空き地の払下げを受けて「藁宝殿」を造り、「星之宮」として祀り、別当（社僧）は宝性寺支配下の常光院が務めた。村内にはほかにも宝性寺が支配する古くからの高尾神以下六社の勧請塚が築かれており、「当所繁昌為加護所」て祀られていたが、後発の星宮が村鎮守になり得たのは、同四年、百姓八左衛門が死去し、所有していた田二反五畝と畑八畝を伊賀之助が「八左衛門為菩提、右之田畑宝性寺へ相納度由」を願い出、「虚空蔵免」として認められたからである。以来、星宮は村民の信仰を集め、元禄四年（一六九一）には吉田家より正一位星宮大明神の宗源宣旨を授与されている（『小山市史』史料編・近世Ⅰ）。近世初

期に開発された延島新田村の鎮守星宮神社は寛文三年（一六六三）に延島村の星宮神社を勧請したものといわれる（『下都賀郡神社明細帳』）。

嘉永三年（一八五〇）の『壬生領史略』によれば、壬生藩領一町三〇村のうち一町一六村に二〇を数える虚空蔵を祀る祠堂が載せられている。「星野宮」とあるのが一一社、「虚空蔵」が一〇社である。ほとんどは除地が一反にも満たない小祠である（相給の村が五村あり、上古山村・下石橋村の他領の相給地にも星宮神社が鎮座していた）。壬生町には虚空蔵尊を本尊とする寺院が二寺あり、壬生表町の上原山豊栖禅院（曹洞宗）の本尊虚空蔵菩薩は一尺六、七寸の立像で、慈覚大師の作であると伝えている。壬生通町の真言宗宝幢院は朱印地二〇石を有した壬生表町の興生寺の門徒寺であり、本尊が虚空蔵である。虚空蔵尊を本尊とする寺院の周辺に多数の虚空蔵堂や星宮が鎮座しており、両寺とのかかわりも充分考慮しなければならない。二三社のうち一五社（村社二、無格社一三）が『下都賀郡神社明細帳』に載っており、近代まで残っていることがわかる（表9）。明治時代に入ると、仏教的要素が取り除かれるなど祭祀の形態は大きく変わったが、村民が祭祀を続けたのである。

明治期の星宮神社

社名　佐野賢治によれば、近世の虚空蔵堂（社）が明治維新の神仏分離で星宮神社になったとされる。しかし、これは近世の史料を読むと間違いであることがわかる。前述した『鹿沼聞書』に所見する社名は全て「星宮大明神」か「星宮大権現」であり、少なくとも十八世紀には「星宮」の名称が一般的であった。例えば、現在も栃木市寄居町に鎮座する旧無格社星宮神社は、天和二年（一六八二）六月の指出帳に、「惣村鎮守　星宮大権現」はもとは名主金兵衛・半左衛門の氏神であったが、村民が相談して社殿を建て、馬場道も寄附して「郷中鎮守」にしたとある。都賀郡上石川村（鹿沼市）の旧村社根裂神社は、嘉永二年（一八四九）白川神祇伯家より「正一位星宮大明神」の神位を授与されたが、嘉永七年の「差上申一札之事」には「鎮守虚空蔵御宮」ともあり、星宮が虚空

表９：下野国壬生藩領の虚空蔵・星宮一覧

町村名	社名	『下都賀郡神社明細帳』	村明細帳
壬生両町（通町・表町）	上台虚空蔵	花廼木神社（無）：磐裂神・根裂神	虚空蔵宮：正徳2年（1712）
下稲葉村	星の宮	磐裂神社（無）：磐裂神	
七ツ石村	星野宮	無	
亀和田村	星野宮	磐裂根裂神社（無）：磐裂神・根裂神	
赤塚村	星の宮	磐裂根裂神社（無）：磐裂神・根裂神	
磯村	虚空蔵	無	
福和田村	虚空蔵・虚空蔵（２社）	磐裂根裂神社（無）：磐裂神・根裂神、磐裂根裂神社（無）：磐裂神・根裂神	
助谷村	虚空蔵	磐裂根裂神社（無）：磐裂神・根裂神→M43・9・1合祀	虚空蔵宮：正徳2年（1712）
細谷村	虚空蔵	磐裂神社（村）：磐裂神・根裂神	
藤井村	虚空蔵	星宮神社（無）：磐裂神・根裂神→M43・12・27合祀	
川中子村	星の宮・星宮（2社）	星宮神社（無）：磐裂命・根裂命、川西神社（無）：磐裂神・根裂神	
国分村	虚空蔵	星宮神社（無）：磐裂神・根裂神→T6・2・1合祀	
小宅村	虚空蔵	無	
下石塚村	星宮	星宮神社（村）：香々背男命	
発生村	星宮	無	
大塚村	星の宮	星宮神社（無）：磐裂神・根裂神→T4・3・25合祀	
家中村	星宮	磐裂根裂神社（無）：磐裂神・経津主命	星宮：宝永８年（1711）
薗部村	星宮	無	星宮：明治1年（1868）

註：町村名・社名は『壬生領史略』が出典である。

表中の村は村社、無は無格社である。

壬生藩領の相給村は６ヶ村である。『下都賀郡神社明細帳』によれば、上古山村に東明神社（無）、下石橋村に星宮神社（無）がある。


蔵とも呼ばれていたのである。芳賀郡青谷村（真岡市）の旧村社星宮神社は、寛延二年（一七四九）の指出明細帳に「虚空蔵堂　密教院持」とある。中世の日光神領であった都賀郡大葦郷の村々は「大芦神」の「神体」を「本地虚空蔵」として分祀し、「星宮大明神」を鎮守としていた（『樫渕義雄家文書』）。このほかの村明細帳に見える

社名は「星宮」とある場合が多く、「虚空蔵」とするのは少ない。

十八世紀になると、地方では村鎮守として箔を付けるため神道家元吉田家から宗源宣旨を得て、正一位の神位を授けてもらうことが流行した。しかし、社名が「虚空蔵」という仏教的称号は好ましくないので、虚空蔵社は星宮大明神・星宮大権現と改められて神位を獲得したのであろう。こうして下野国内の虚空蔵社は正一位の神位を得た神社ばかりでなく、別当・神職がいない小祠までもが「星宮」と名乗ることが一般化したのであろう。

表8は栃木県神社明細帳に載せる近代の星宮神社の社名別神社数である。①星宮神社が二五二社、②磐裂根裂神社（磐裂神社、根裂神社、磐根神社）が四二社、③鎮座する地名を社名とするものが八社、④その他が三〇社である。社名は異なるが、祭神の多くが「磐裂神・根裂神」である。

磐裂・根裂を社名に冠する四二社のうち上・下都賀の二郡が四一社、ほぼ独占的である。磐裂・根裂神を表徴する神社は日光とその周辺地域に集中している。二郡の神社明細帳は殆ど由緒は記載されていないが、日光町大工町の村社磐裂神社の由緒には「星ノ宮ノ同称ニシテ虚空蔵堂ヲ建ツ。明治二年改称」とあり、日光町日光の村社磐裂神社は「明治四年星ノ宮から磐裂神社に改称」とある。また上石川村（鹿沼市）の村社根裂神社は「本社ハ星ヲ祭祀セシ、故ニ星宮ト称ス。明治二年改称」とあり、星宮から磐裂根裂神社に改号したのは明治初頭のことであった。この地方を管轄したのが日光県であり、その後継県が栃木県である。明治四・五年、栃木県は妙見神社と星宮神社を神社として認めてよいかどうかを教部省に問合せている。政府が神社から仏教色を一掃し、社名改号を命ずるなか、妙見菩薩や虚空蔵尊を本地とする神社は認められないと判断したのである。教部省は「妙見」の仏語を有する妙見神社は承認しなかったが、星宮神社については再調査して報告するように命じている。再報告の結果、辛うじて星宮神社は存続を認められ、二〇〇を超える神社が明細帳に掲載された。こうした状況下で、日光県役所の置かれた日光周辺の星宮神社が県当局の考えに敏感であったのは当然であり、星宮神社の多くが社名を磐裂根裂神社に改号したのである。日光二荒山神社が教部省の命で栃木県に提出した明治七年五月二

十日付「二荒山神社摂社調届書」（『戸田家文書』）には一五の摂社を載せるが、そのうちの三社が磐裂神社であり、祭神は磐裂神・根裂神とある。

祭神　管見では、星宮の祭神を記した江戸時代の記録は『下野国誌』所載のつぎの三社である。

①小来川星宮（日光市）：「当所ハ日光領なれバ、開山勝道上人の帰依し給ふ明星天子を勧請せしものなるべし。此外日光領大葦郷村々にも星宮あまたあり」

②多功星宮（河内郡上三川町）：「北極星を祀る所といふ。是も日光山の星御前のうつしにてもあるべし」

③星宮明神（佐野天明駅＝佐野市）：「祭神ハ瓊々杵尊なりといへり。されど星ノ宮ハいづれも北辰明星天子など云ものなるを天孫尊といふハあらず、星ハ日本書紀神代巻下に香々背男《カヽセヲ》とのミありて、神とも命《みこと》とも尊《タツト》ミたる称もなくて、いと賤しき神と聞えしを天照ラス日ノ大御神の孫瓊々杵ノ尊に称奉るハいとも〳〵もかしこきわざなり」

国学を学んだ勤皇家の河野守弘にとって、星宮は明星天子や北極星を祀り、「賤しき神」の「香々背男」を祭神とするのに、佐野天明駅の星宮明神が天孫の瓊々杵尊を祀るのは恐れ多いことであったのだろう。

星宮の性格は氏子が鰻を食さないとの禁忌がある程度で、星に関する伝承はほとんど残っていない。人びとは開拓の神や農業神として祀り、本地仏が虚空蔵尊であるという程度の理解はあったかも知れないが、星宮祭神の本来の意味・性格が知識としてあったとは思えない。

明治三年（一八七〇）十一月、都賀郡下茂呂村（鹿沼市）が佐倉藩に差出した『村鎮守星宮大明神書上』には「往古虚空蔵与唱来候由之処何年之頃ニ候哉星宮大明神与相改」めたが、祭神も勧請年も「相分り不申候」と上申している。村人にとって「コクゾウさま」が虚空蔵菩薩か大明神であるかは大した問題ではなかったのであり、祭神がどうのこうのと問われても答えようがなかったのであろう。

神社明細帳の祭神は、㋐の磐裂神・根裂神（磐裂神とするケース、根裂神とするケースを含む）が二五五社で

あり、七七％と最多である。社名の磐裂根裂神社（磐根神社・磐裂神社・根裂神社も含む）の社名も祭神に因むものであるから、㋐の祭神は明治初期にはかなり定着していたのであろう。『古事記』には「石柝神」「根柝神」と記され、磐裂神・根裂神は『日本書紀』の表記である。伊弉諾神が伊弉冉神の死因となった火の神軻偶突智《かぐつち》神の頸を切ったときに、剣の先に付いた鮮血が磐石に落ちて化成した神とされる。

㋑の「経津主《ふつぬし》命」は、『日本書紀』一書では、剣から滴る血が固まって天安河辺《あまのやすのかわべ》の五百箇磐村《いおつつのいわむら》になり、「即ちこれ経津主神の祖なり」とある。また他の一書では血に染まった岩群を磐裂神・根裂神とし、その御子磐筒男・磐筒女が生んだのが経津主命であるとする。経津主命一神を祀る神社が八社、磐裂神・根裂神＋経津主命の三神を祀る神社が四六社ある。この中には、三神を祀るところから「三宮神社」を社名とするのが七社、「三光神社」とするのが一社ある。

㋒の皇孫瓊々杵尊を祭神とするのが一〇社あり、磐裂神・根裂神＋瓊々杵尊とするのが一社である。

㋓の香々背男命は『日本書紀』一書に、天津甕星《あまつみかぼし》は別名が「天香香背男」とあり、天に住む悪しき神として見え、経津主神・武甕槌神が葦原中国平定の手始めに誅した神とされる。金星や北斗七星に充てる説があり、星に関わる伝承を伝えていたので、河野守弘も星宮神社の祭神に結びつけている。

このほかにも、塩谷郡に太白神（金星）を社名とする太白神社が四社ある。磐裂・根裂神を祭神とするのが一社、経津主命を祀るのが三社である。北高根沢村平田（塩谷郡高根沢町）の神明宮は旧社号が「明星宮」であり、経津主命を祭神としている。

以上、祭神から見ると、㋒の瓊々杵尊は天孫降臨神話の主役神であり、国土統治の神であるが、一一社と数は少ない。星宮神社の祭神は磐裂神・根裂神、経津主命、香々背男命の国つ神系が多い。とくに磐裂根裂神が圧倒的であることは、地方神としての星宮神社の特徴をよく伝えている。

明治四年八月神祇省に提出された『古河県神社巨細取調帳』には、星宮（一二）、星宮大神（六）、星宮大明神

（二）、星明神（一）の一一社を載せている。天香々背男命を祭神とする神社が五社で最も多く、磐裂命が二社、磐裂命・根裂命＋経津主命、天津瓊々杵尊、日々儀命、香々比日命とする神社が各一社ある。この取調帳は権現号を「大神」に変更するくらいのお茶を濁す程度のものであり、「弁財天」の社名が用いられていたり、神明宮・大神宮の祭神を「日読命」としたり、「蛇毒気神」「事待主命」など地域特有の神名を載せるなど、神仏分離が徹底する以前のものである。その段階で、星宮神社の祭神が磐裂命・経津主命・香々背男命・瓊々杵尊とあるのは、江戸末期から磐裂命・根裂命・経津主命・香々背男命を用いた神社のあったことを窺わせている。一方、「日々儀命」は瓊々杵尊のことであろうが、「香々比日命」は不詳である。

明治五年二月、栃木県が教部省に提出した伺書に「当国ニ星宮ト称候鎮守村々比々有之。其祭神区々ニシテ一定不致」とあり（『栃木県史料』九）、管轄下にある多くの星宮の祭神が一定していないと述べているのは注目される。磐裂命・根裂命や香々背男命に定着する以前に、様々な神を祀っていた可能性のあることを窺わせている。明治十、二十年代に県域で作成された地誌編輯材料取調に収録する「神社明細帳」によれば、祭神名を磐裂命・根裂命や香々背男命とするものが多いが、都賀郡細谷村（下野市）の村社星宮神社と上古山村（下野市）の無格社星宮神社が「王御祖命」、町田村（日光市）の無格社星宮神社が「豊城入彦命」、上三川村の郷社白鷺神社の境内社星宮神社が「天明玉命《あまのあかるたま》」を祭神とする例もある。「王御祖命」が「大御祖神《おおみおやがみ》」とすれば、天照大神であるのかも知れない。「天明玉命」は伊弉諾命の子であり、「豊城入彦命」は下毛野国造の始祖である。明治十年代までに星宮神社の祭神はほぼ定着するが、一部に異なる祭神とする神社も残っていた。これが、明治三十六年の『下野神社沿革誌』掲載一一三村社の祭神と、昭和十六年に再調製された郡別神社明細帳の祭神は一致しており、明治後半には祭神が統一されていたことがわかる。

高尾神社の祭神

高尾神社は近世の村明細帳に「高尾大明神」「高尾大権現」と見え、「高靇」とも記載されている。『鹿沼聞書』には「高於加美明神」と記す神社もあり、高靇神（タカオカミ）と本来の神名で呼ばれていた神社もあった。郡別神社明細帳では「高尾神社」「高雄神社」「高靇神社」の社名が使用され、すべて「タカオ」と訓じている。

郡別の神社明細帳掲載の一二六社のうち、日本武尊を祭神とするものが二社、大山祇命が一社である以外はすべて高靇神を祭神とする。しかし、明治前半の祭神はかなり様相を異にしている。『河内郡村誌材料』は明治十八年に作成された河内郡六九ヶ村の地誌編纂材料取調書を収録したものである。取調書には、明治八・九・十年の三年間の神社調べの経緯を載せてあり、二九社ある高靇神社の祭神を見てみると、「高靇神（高於加美神）」は七社に過ぎず、「大己貴命」が八社（大己貴命・少名彦命とある一社を含む）、「大山祇命」が四社、「素盞嗚命」が一社であり、「祭神不詳」とする神社が四社、祭神の記載が全くないものも五社ある。これらの祭神も星宮と同じく『下野神社沿革誌』になると、栃木県神社明細帳の祭神と一致する。

高靇神は伊弉諾神が加具土神の頸を斬った際に、剣の柄から滴る血が手の股から洩れ出て生れた二神のうちの一柱である。『日本書紀』の一書では加具土神を三段に斬ったとき、雷神・山神とともに生まれた神とされる。「靇」は龍神で雨を掌る神とされ、古来から祈雨・止雨の神として信仰された。

県域にはほかにも高靇神を祭神とする神社がある。龍神社・八龍神社・青龍神社などである。しかし、これらの神社は高尾神社とは系統が異なっている。『鹿沼聞書』に八大龍王とか八龍神とみえる龍神・水神を祀る神社であり、栃木県神社明細帳には六二社が見えている。

栃木県における神仏分離

星宮神社
佐野市鐙塚町に鎮座。旧村社。近世の社号は星宮大明神である。明治初期の日光県の『神社明細帳』には「星宮神社」の氏子数「五十七」とある。現在の祭神は磐裂神・根裂神であるが、『地誌編輯材料取調帳』には「天之瓊々杵尊」とある。写真は昭和62年3月撮影の社殿。神仏分離以前の祠堂の名残りをよくとどめている。

慶応三年（一八六七）十二月に成立した明治新政府は、神社から仏教色を一掃して神道中心の宗教政策に転換し、神道の国教化を推進しようとした。翌四年三月十七日、神祇事務局が全国神社の別当・社僧に復飾（還俗）を命じたのが神仏分離の第一弾である。三月二十八日には太政官布告をもって、神号に権現・牛頭天王などの仏号を使用することや、神社から仏像・仏具等を撤去することを指令し、閏四月四日には、別当・社僧で還俗した者は神主・社人と称して神社に奉仕すること、仏教信仰により還俗しない者は神社から退去することが命ぜられた。これにより、別当・社僧で神職に転身するものが続出した。奈良の興福寺では、一乗院・大乗院の両門跡が還俗すると、多くの僧侶が追随して春日社の神職に転じたので、興福寺は無住となり荒廃に帰した。現在の奈良を代表する国宝五重塔は二五円（諸説がある）で売却されたといわれる。買主は金具類をとるために塔を焼こうとしたが、近辺の住民が類焼を恐れて反対したので残ったというのはよく知られている。

一方、長く寺院の支配を受けてきた神職のなかには好機至れりとばかりに過激な廃仏活動を行う者も現れた。廃仏毀釈は、復古神道家・国学者たちの扇動、寺院の豊かな経済的基盤を藩の再建に利用したい地方官、近世寺院の収奪に苦しんだ民衆の動きなどが複雑に絡み合って起こったといわれている。慶応四年四月十日の太政官布告は、神職の暴走を「社人共俄ニ威権ヲ得、陽ニ御趣意ト称シ実ハ私憤ヲ霽《はら》シ候之所業」と記している。新政府は行き過ぎた神仏分離を禁じ、廃仏ではないことをしばしば言明したが、一部の地方では効果は見られなかった。

神仏分離政策により、神社は寺院から分離され、仏教的要素が一掃された。それまで多くの神社は寺院に従属し、神仏習合の祭祀を営んできたが、この結果、仏教は有史以来ともいえる大きな打撃を受け、今日見るような寺院と神社の形が出現したのである。

一、戊辰戦争と県域の神職

(1) 県域神職の動静

戊辰戦争と下野国

下野国の戊辰戦争は、慶応四年三月九日の梁田宿（足利市）での戦いから始まった。三月十四日の西郷・勝会談で江戸開城が決定すると、不満を持った旧幕臣や会津藩兵が南北の両面から下野に進出してきた。下野諸藩は抗戦か恭順か、対応に苦慮することになった。そのなかで最も早く旗色を鮮明にしたのが黒羽藩であり、ついで大田原・足利・壬生の各藩も新政府側についた。下野最大の宇都宮藩も三月下旬に勤王に決し、宇都宮城をめぐる攻防は政府軍が勝利した。日光に楯籠もっていた大鳥圭介も今市の戦いで政府軍に粉砕され、会津に退いた。

五月三日、東征大総督府は肥前藩主鍋島直大《なおひろ》に上野（まもなく下総国に管轄を変更）・下野両国の鎮撫・取締りを命じた。この下総野鎮撫府は最初古河に置かれたが、六月三日には宇都宮に移された。四日に肥前藩士鍋島道太郎（幹《みき》）が真岡知県事（→下野国知県事→日光知県事）に任ぜられ、旧幕府領八万五〇〇〇石余を支配した。その後、支配地は旧旗本領・寺社領に拡大され、八月には日光山領も管轄し、二六万石を支配することになった。役所ははじめ宇都宮城内に置かれたが、やがて石橋宿（下野市）に移され、日光に出張役所が設けられた。明治二年（一八六九）二月には日光を本陣とし、石橋役所を出張所に代え、県名も日光県と改められた。

県域神職の動き

下野国は東国の戊辰戦争の発火地であり、多くの地域が戦火に見舞われ、県域の神職は難しい対応を迫られた。新政府は慶応四年三月、神社の別当・社僧に復飾を命じ、神社が権現などの仏語を用いたり、仏像を神体とすることを禁ずる神仏分離令を発した。この布告は本所をとおして各地の神社に伝えられた。

こうしたなか、県域の神職には東征軍との接触を模索する動きも見られた。慶応四年八月七日、宇都宮藩領芳賀郡中村（真岡市）の八幡宮神主中里摂津は、源頼義の安倍氏征伐や頼朝の奥州征伐が叶ったのは本社に祈祷を命じたからであるとの先蹤を申立て、これに倣い「於神前三七廿一日之間、潔斎清浄之上」で祈祷を行いたい旨を「社寺御裁判所」に申請した。鎮将府からは「嘆願之趣、奇特之儀ニ者候得共、不被及御沙汰間、精々其職分者相尽可申候事」と、体よく断られた（『真岡市史』第三巻）。真岡県（→日光県）管下でも、七月、那須郡成田村（矢板市）の八幡宮・星宮両神主高野伊予が「唯一神道組合」を代表して社寺裁判所に祈祷・御祓いを願い出、塩谷郡鷲ノ巣村（真岡市）の鷲宮・星宮両社神官村上大炊らも祈願願書を日光県を通じて鎮将府御伝達所に提出した（『栃木県史料』七一）。これらは、戦局を有利に進める東征軍に接近し、立場を優位にしようとした地方神職の行動の一環であった。

(2) 利鎌隊の活動

利鎌隊の結成

戊辰戦争において、下野国では「利鎌隊《とがまたい》」という草莽隊（有志隊）が結成された。主に都賀郡の神職が隊員となり、主導者は壬生藩領の神職黒川豊麿であった。以下、主に『壬生町史』資料編・近現代Ⅰと昭和十四年（一

九四〇）に発行された黒川直著『利鎌隊記』（私家版）に掲載する史料からその活動を見ておこう。

譜代である壬生藩は勤王と佐幕の対立に揺れていたが、慶応四年四月になると、藩論を勤王に統一し、東征軍の支配下に入った。この頃から、壬生町（下都賀郡）の雄琴《おごと》大明神神職の黒川豊麿が中心となり、有志隊をつくる動きが表面化した。豊麿は壬生藩領における吉田家本所（神道家元）の触頭であり、支配下神職への伝達や神職の伺書の仲介、壬生藩と本所間の窓口の役割を担い、藩内神職集団の頂点にいた。豊麿と父豊前は、平田鉄胤《かねたね》門下で壬生に住していた常世長胤と交流があり、長胤から「皇朝ノ学」（国学）を学び、「教子共も数多有之」といわれた。豊麿は慶応三年末に京都に上り、有栖川宮に仕え、東征軍に従軍して関東に下った。豊麿は、遠州報国隊・赤心隊や蒼龍隊など神職による草莽隊の設立や活動をつぶさに知る機会もあり、自身も神職隊結成の意思を強く持ったことが容易に想像される。

慶応四年四月十五日、黒川豊麿と家中村（栃木市）の鷲宮大明神神職菱沼紀伊は「神道事務局ヨリ不用意御達」があったとして、「集会之上御相談申上度」との廻状を壬生領の神職に伝達した。新政府は三月十八日「神社執奏支配之儀、自今於神祇事務局取扱被　仰出候間、執奏之儀被止候事」を達し、神社・神職を支配下に置いていた本所吉田家を罷免したので、神職は大きな衝撃を受けた。呼びかけに応じた一二人の神職が平柳村（栃木市）の星宮大明神神職林和泉方に集合した。彼らはその後も会合を持ち、参加者は徐々に増加していった。

しかし、度重なる会合でも有志隊結成の意見はまとまらなかったようである。一定規模以上の人数を確保するには、結成のための大義が必要であったからである。そこへ、「吉田殿江戸御役所」から「神職隊」を結成して「勤王之宿志」を貫き、七月十五日までに出府するよう呼びかける「上野両郡神職中」（「上野・下野両国神職中」の誤りヵ）に宛てた六月二十一日付の「急廻状」が廻達されてきた（『田沼町史』第五巻）。この廻状に応じた神職等は八月二十一日、菱沼紀伊方に参集し、神職隊を結成して「利鎌隊」と名付けることを決議した。

九月、江戸に上った豊麿は東征大総督府御参謀に「祝詞ノ神文ニ因ミ利鎌隊と相称し、残賊ノ奴輩ヲ相除キ申

度奉存候」として、隊員の名簿と結成の目的を記した願書を提出した。大総督府応接方から五日に登営するように命じられた豊麿は、希望した大総督宮（有栖川宮熾仁親王）の守衛は認められなかったが、「残賊追討、黎民ノ疾苦無之様いたし候」と命ぜられ、利鎌隊の結成は許可された。また、同月には鎮将府から「一郡ノ内一両人宛人撰ノ上、人体可申立様」に指令され、都賀郡の神職四四人は、藤森神社（雄琴大明神）神主黒川豊前・豊麿父子を都賀郡の「神職触頭」に推挙する願書を鎮将府御伝達所に提出した。

利鎌隊の構成

表10は、利鎌隊の隊員五九人と神職触頭推挙人を一覧にしたものである。

利鎌隊欄の№2・3の常世長胤《とこよながたね》（上総国出身で、壬生町居住）・刑部善十郎（都賀郡家中村名主）は甲斐国都留郡の吉田御師が結成した蒼龍隊の元隊員である。蒼龍隊は東征大総督有栖《ありす》川宮《かわのみや》熾仁《たるひと》親王《しんのう》の直属として戊辰戦争に従軍しており、都賀郡からは鹿沼の今宮明神の柿沼広身・雅雄父子も参加していた。常世と刑部の二人は、柿沼と旧交のあった有栖川宮の側近北畠治房の口利きで慶応四年閏四月二十五日、蒼龍隊の入隊を認められた（柿沼は病気で間もなく除隊）。常世・刑部と黒川は平田国学の同門であり、九月に出府した黒川から入隊を誘われたのであろう。十月七日に蒼龍隊を除隊して帰国し、監察役の要職に就いた。常世はやがて利鎌隊を除隊して新政府の宣教使に出仕し、教部省中録などを歴任した。常世は新政府出仕後も黒川や刑部と交流を続け、政府の動静を伝える一方、利鎌隊の行く末についても様々な助言を与えている。

隊員の出身郡を見ると、都賀郡の四一人が最大で、ついで安蘇郡が八人、寒川郡と河内郡が各四人、塩谷郡一人、不詳一人である。身分は神職が四四人と圧倒的である（○印。△印の四人は呼名から神職と推定した）。ついで復飾神主が四人、農身分が三人、不詳八人である。利鎌隊は十一番編成からなり、一〇番組は長士（隊長）を除くと、全員が元修験の復飾神主から構成されていた。利鎌隊はこうした元僧侶や修験の復飾者を積極的に受

け入れ勢力の拡大を図った。

利鎌隊が短期間にこれだけ多くの神職を集結させ得た理由は何か。後に利鎌隊は日光県との間に紛争を抱えるが、その理由のひとつが「士装帯剣」である。このことは、利鎌隊に結集した神職達の上昇志向すなわち武士身分への並々ならぬ願望があったことを窺わせている。

一方で、当時の神職の置かれた社会的地位の問題もあった。彼らは村落や神社内での地位や身分は必ずしも安定していなかった。神社の奉仕者には神職以外にも修験・僧侶がおり、いつ何時、取って代わられるかも知れない不安定なものであった。大宮司や神主などの号はそれなりの価値はあったにしても、「社人」などと呼ばれた下層神職の境遇は厳しいものがあった。そうした境遇を打開するための行動という一面もあったのであろう。

都賀郡家中村では、惣鎮守鷲宮大明神の神主菱沼紀伊（No.24）に対し、復飾神主新井主殿が村内の祭祀権を奪おうと挑戦する騒動があり、新井が祭礼で抜刀騒ぎを起こすほど激しく争い、明治維新の神仏分離が思わぬ騒動を生んでいた（この事件は後述）。都賀郡磯村（鹿沼市）の磯山大明神でも主導権争いがあった。当社は朱印地七石余を有する地域の有力社であるが、江戸中期以降、祭祀権をめぐり神主金子家と別当円徳寺が争論を繰り返していた。また当社には村内の鈴木一族を中心に構成された宮座があり、祭礼で様々な役を勤仕しており、金子家の地位も安泰ではなかった。利鎌隊には宮座の鈴木慎三郎（No.12）が参加したが、神主の金子左京と配下の七ツ石村（鹿沼市）の社人森友伊豆は参加せず、対立があったのであろうか。小山宿の牛頭天王社（須賀社）は朱印地一五石を有する地域の大社である。当社の組織は別当（真言宗持宝寺末）・社僧（四寺）・社人（四人）・神子である。社人四人は沼部姓二人、青木姓一人、高橋姓一人である。沼部家は祇園社勧請の際に京都から従って来た宝満太夫の子孫といわれる。青木家は太平山大権現に居住する社家で両社の神役を兼帯していた。高橋は元は正徳寺という修験で「神楽男神役」を以て奉仕し、神子を妻として夫婦で神社に所属していた。利鎌隊に参加した沼部靫負（No.21）と高橋主馬（No.22）は社内でも厳しい生存競争を戦っていたのである。

表 10：利鎌隊と神職触頭推挙人名簿

利鎌隊員										神職触頭推挙人
No.	隊員名	組織		出身地	郡名	神職		身分	No.	神職触頭推挙人
1	黒川豊麿		隊中取締	壬生町	都賀郡	藤森神社（雄琴大明神）神主	●	○		
2	常住長胤		鑑察役	壬生町	都賀郡			農		
3	刑部善十郎		鑑察役	家中村	都賀郡			農		
4	黒宮織衛（江）	一番組	長士	栃木町	都賀郡	明神宮神主（神明宮）	●	○	1	黒宮織衛
5	大和田伊予			真弓村	都賀郡	諏訪大明神神主（諏訪大明神）	●	○	2	大和田伊予
6	鈴木丹後			富田宿	都賀郡	須賀社祠官（牛頭天王社）		○	3	鈴木丹後
7	山形市正		斥候方	榎本宿	都賀郡	須賀社社人（牛頭天王社）		○	4	山形市正
8	荒木田市之進			久野村	都賀郡	（小松大明神）		○		
9	小林主水		斥候	高嶋村	都賀郡	熊野大明神（熊野大権現）	●	○	5	小林主水
10	小野　連	二番組	応接方	小野寺村	都賀郡	八幡宮大宮司（八幡宮）	●	○	6	小野式部
11	高橋山城		応接方	馬門村	安蘇郡	浅田大明神神主（浅田大明神）	●	○	7	高橋山城
12	鈴木慎三郎		応接方	磯村	都賀郡	磯山大明神宮座（磯山大明神）		農	8	鈴木慎三郎
13	戸賀崎河内	三番組	長士	犬伏宿	安蘇郡	鷲宮大明神神主（鷲宮大明神）	●	○	9	戸賀崎河内
14	神保出羽			天明町	安蘇郡	（星宮大明神）	●	○		
15	鈴木摂津			皆川城内村	都賀郡			△		
16	磯　庄太夫			古江村	都賀郡	時平大明神		○	10	磯庄太夫
17	富士田主計			富士村	安蘇郡	露美根大明神神主（露垂根大明神）	●	○	11	富士田主計
18	粟宮伊織	四番組	長士	粟ノ宮	都賀郡	粟神社神主（粟宮大明神）	●	○	12	粟宮伊織
19	久楽持山城			網戸村	寒川郡	網戸大明神神主（網戸大明神）	●	○	13	久楽持山城
20	林　和泉			平柳村	都賀郡	星宮大明神神主		○	14	林　和泉
21	沼部靭負			小山宿	都賀郡	須賀社社人（牛頭天王宮）		○	15	沼部靭負
22	高橋主馬			小山宿	都賀郡	須賀社社人（牛頭天王宮）		○	16	高橋主馬
23	早瀬佐十郎	五番組	隊中書記	壬生町	都賀郡			不詳		
24	菱沼紀伊			家中村	都賀郡	鷲宮大明神神主（鷲宮大明神）	●	○	17	菱沼紀伊
25	刑部忠吉		長士	家中村	都賀郡	鷲大明神祠官（鷲大明神）		○	18	刑部忠吉
26	鳩山保彦			家中村	都賀郡			不詳		
27	川嶋采女			金井村	都賀郡			△		
28	館沼大膳			癸生村	都賀郡	浅間大明神祠官（浅間大明神）		○	19	館沼大膳
29	小倉伊賀	六番組	長士	大久保村	都賀郡	星宮大明神神主（星宮大明神）		○	20	小倉伊賀
30	久我常麿			大柿村	都賀郡	白山大明神神主（白山大明神）		○	21	久我常麿
31	菅井加賀			梅沢村	都賀郡	（熊野大権現・星宮大明神）		○		
32	高橋右京			大久保村	都賀郡			不詳		
33	森田為司			大柿村	都賀郡			不詳		

34	国保近江	七番組	長士	惣社村	都賀郡	大神神社大宮司(室八島大明神)		○	22	国保近江
35	軽部甚兵衛			家中村	都賀郡			不詳		
36	鈴木 蔀			吹上村	都賀郡			△		
37	飯塚此面			木ノ地村	都賀郡	△		△		
38	荒川左近			吹上村	都賀郡	住吉大明神神主(住吉大明神)		○	23	荒川左近
39	斎部隼人	八番組	長士	鏡村	寒川郡	日鏡大明神・雷大明神神主(大明神)		○	24	斉部隼人
40	玉野筑後			川原田村	寒川郡	八幡大神神主(大明神)		○	25	玉野筑後
41	猪股出雲			小袋村	寒川郡	熊野大明神神主(大明神)		○	26	猪股出雲
42	玉野源司			本沢村	都賀郡			不詳		
43	安良岡喜十郎			本沢村	都賀郡			不詳		
44	小久保伊織	九番組		千渡村	都賀郡	日光山大明神(日光大権現)		○	27	小久保伊織
45	高村越前		長士	引田村	都賀郡	(星宮大明神)		○		
46	荒木田隼人			久野村	都賀郡	小松大明神社人(小松大明神)		○	28	荒木田隼人
47	岡嶋右近			日向村	都賀郡	星宮大明神社人(星宮大権現)		○	29	岡嶋右近
48	加藤式部			玉田村	塩谷郡	鹿島大明神社人		○	30	加藤式部
49	横田大炊	一〇番組		横田村	河内郡	(房大明神祠官・復飾)		□		
50	宮田壱岐		長士	葛生町	都賀郡	須賀社神主(牛頭天王宮)		○	31	宮田壱岐
51	鈴木大膳			東横田村	河内郡	(南学院・復飾)		□		
52	河内主膳			川俣村	河内郡	(高龗大明神祠官大定院・復飾)		□		
53	外鯨要人			徳次郎宿	河内郡	(明王院・復飾)		□		
54	阿部肥後	一一番組	長士	船越村	安蘇郡	熊野三社大宮司		○	32	阿部肥後
55	村樫加賀		金穀	葛生町	都賀郡	浅間大明神神主(富士山大明神)		○	33	村樫左京
56	毛利志摩		金穀	下多田村	安蘇郡	菊沢社神主(雷大権現)		○	34	毛利志摩
57	茅嶋加賀			富張村	都賀郡	三宮大明神神主(三宮大明神)		○	35	茅嶋加賀
58	石田大和			御神楽村	安蘇郡	宇都宮大明神神主(宇都宮大明神)		○	36	石田大和
59	上田 進							不詳		
				家中村	都賀郡	星宮大明神祠官□(星宮大明神)			37	荒井新吉(主殿悴)
				越名村	安蘇郡	藤田大明神神主(富士田大明神)			38	青木石見
				横堀村	都賀郡	春日大明神神主(春日大明神)			39	板垣若狭
				稲葉村	都賀郡	高尾大明神神主(高尾大明神)			40	荒川但馬
				大橋村	都賀郡	八幡大明神祠官(正八幡)			41	川津藤太夫
				磯村	都賀郡	磯山大明神神主(磯山大明神)			42	金子左京
				七ツ石下	都賀郡	磯山大明神社人(磯村当山明神)			43	森友伊豆
				西方新宿村	都賀郡	近津大明神神主(近津宮大明神)			44	阿久津金吾

註：●印は利鎌隊の発起人、○印は社家、△印は社家の可能性大、□は復飾神主。神職欄の(　)は近世の社名。

利鎌隊の設立目的は「勤　王実効相立、残賊追討黎民ノ疾苦無之様いたし候」であったが、利鎌隊はそうした信念で参加した者ばかりではなく、結集した隊員の資質も多様であった。大総督府から公認された軍事組織という高揚感もあって、問題行動を起こしかねない隊員も存在していた。黒川はそのことに神経質になっており、九月十四日、隊員一二人に宛てた廻書の中で、「神職并元修験復職ノ面々、今般御布告ノ御趣意ヲ擅《ほしいまま》にし所々寺院共を中威《おど》し、祈願其外可相渡抔《など》及掛合候段、自然強談金作ノ姿ニ相聞不束ニ候。急度相慎、素志ノ勤　王無二相立候様精々可心掛事」として、寺院との紛擾を引き起こすことのないように指示し、さらに「近来所々ニ於テ偽名相語り、且ハ　宮様御高名等相唱ひ、暴行ノ趣相聞ひ、不届ノ至ニ候」と戒めざるを得ないところに、隊としての限界があったのである。例えば、前記した星宮大明神荒井主殿は還俗の許可を得るため上京した際に金銭問題を起こし、帰国してからも河内郡桑嶋村（宇都宮市）の金剛定寺・感応寺に押しかけ悶着を起こしたとして宇都宮藩から捕縛され、その行状で子の新吉は利鎌隊に参加できなかった。利鎌隊員の横田大炊（№49）・河内主膳（№52）は主殿と終始行を共にしたとして干与を疑われ、黒川豊麿に弁明の書簡を提出している。

利鎌隊の変遷と解散

戊辰戦争がほぼ終結し、下野国が東征軍の支配下にはいり静謐に向かっていた明治元年（一八六八）の後半、黒川は東京で活動しており、十月、関宿藩主久世広文の乗馬を拝借する名誉に預かった。大総督宮関係者とも交流が続いており、十月十日には大総督宮御内の西野昇から推挙された上田進が「周旋掛り」として入隊してきた。十三日には、黒川・鈴木・早瀬・小野・菱沼・村樫・毛利・斎部・国保が大総督府の通達によって、東京に遷幸する主上を品川でお迎えした。この月、黒川は刑部善十郎の仲介で鉄砲二〇挺・銃弾を七〇両余で購入しており、この頃の黒川と利鎌隊は絶頂期にあったに違いない（鉄砲購入費や諸経費一〇四両は隊員五六人が分担した）。利鎌隊の隊員も「六拾人余」に増加していた。

しかし、戊辰戦争が集結すると、草莽隊の活動は厳しく制限され、彼らの後ろ盾であった東征大総督府も十月二十四日に解散され、有栖川宮は十一月二日東京城に参内し、錦御旗と節刀を返還している。十一月四日、黒川は有栖川宮から「御肴料として金千疋」を下賜されたが、これは利鎌隊のそれまでの労苦に酬いるためのものであったろう。黒川は以来、利鎌隊の団結、維持に苦労することになる。

十一月五日、利鎌隊は平柳村の神職林和泉方に「文武稽古所」を設立したい旨を真岡知県事役所に懇願した。設立の目的は、奥羽平定後も「脱走のもの共も不少哉に相聞候間、当御役所之御差図に随ひ、非常の節は御皇恩之片端をも奉報度存候」とあり、利鎌隊が武力を重視する姿勢は以前と変わらなかった。そのため、この要請は知県事役所の許可を得ることはできなかった。九日には「今日之急務者武術に有之候故、先剣弓槍銃を専と致し」てきたが、今後は「古学之主趣を会得」し、「非常之節に者御役所御指揮に随ひ、身命を擲而尽力」したいとして、改めて稽古所（文武修練所）の開設を願い出て許可された。

この頃から隊員の不協和音が表面化し始める。十一月十四日は修練所開所日というのに、三番組長士戸賀崎河内と十一番組長士阿部肥後と組下の隊員が出席せず、安蘇郡の神職らが離脱した。利鎌隊は十二月明治天皇が京都に還幸する際に供奉することを願い出て拒否されたが、六番隊員の高橋右京（№32）が伝《つて》を頼って供奉しようと抜け駆けするなど、隊規は乱れる一方であった。明治三年、利鎌隊の解散に際し、都賀・河内・寒川・安蘇・梁田五郡の神職らは、一番組長士黒宮織江が「職分をも不顧、神仏混淆ノ別なく私欲ニ長し、御政令ヲ奉犯、剰ハ与盗ノ如キ所所モ有之。其余職業不似合ノ所為、且大道ニ背違候義、不遑枚挙」として「職道ニ関係候義、都て絶交」すると決議しており、隊員のモラルの低下には著しいものがあった。

一方、利鎌隊の行動そのものも真岡県（→日光県）から疑いの目を向けられるようになる。黒川らは「練銃場」を確保すると称して稽古所の移転を希望し、入費の補助を願い出ている。管轄地の安定的支配を強化しようとしていた真岡県からは徐々に目障りな存在になってきた。独自の軍事力を擁する集団を県が容認するはずもなかっ

たのである。

危機感を持った黒川らは明治元年十二月二十三日、隊中の規則を改正し、

一、向後隊号唱まじき事。

一、御しるし佩《つけ》まじき事。

一、神職ノ外ハ私用ノ節帯刀無用ノ事。

の三ヶ条を定めたが、そのための会合を呼び掛ける文中に「万一脱隊致度候様ノ所存ノ方々有之候共、会日御出席ノ上承り届可申候」と記さねばならないほど、利鎌隊の存立自体が危ぶまれる状況になっていたのである。

こうした危機的状況を打開しようと、黒川らは、都賀郡下南摩村（鹿沼市）の百姓で平田銕胤門下の国学者として著名な青木条右衛門（幸躬）を招聘して「文道教授」を委嘱した。さらに「隊号」を停止し、屯集所も「都賀郡講舎」と改め、講舎規則を定めて、青木を講舎知事とした。利鎌隊を軍事組織から教導機関に衣替えして生き残りを計ろうとしたのである。

二年五月、青木・刑部は日光県に規則書と青木・黒川・鈴木・刑部連名の願書を持参して村上銕四郎と面会し、届願いの次第を陳述した。村上は「知事東京に出候間、附属のものえ可申聞」として中座したが、ほどなくして戻った村上から、「百姓と記し乍ら士装帯剣御玄関より参上候段如何の心得に候哉」と譴責された。さらに野村精一郎から宿預けを命ぜられ、青木は「手錠宿預け」、刑部は「村預け」、豊麿も「組合預け」となった。六月、鈴木慎三郎の歎願書を持って高橋山城・福田斎宮が日光県役所に出向いたが、尋問もされずに「衣服双刀被召上」たうえで獄場に引き出され、吉田収蔵から「是迄神職卑賎の者共、勤王抔相唱へ心得違に候条、早速講舎解体可致旨」を申し渡された。「士装帯刀」を誇りとしてきた神職にとっては大きな屈辱であったろう。

日光県役所で対応した三人はもと日光奉行所の下級役であり、維新後に日光県下吏として登用されている。野村精一郎は日光県士族（明治二年八月、権大属）であったが、吉田収蔵（明治二年八月、権大属）と村上銕四郎

（明治二年八月、権少属）の両人は日光県卒である。卒身分は旧幕府では足軽の軽輩であり、彼らには神職は百姓と同じ身分の「卑賤之者」という認識があり、その対応には身分にこだわる姿勢がみられる。

こうして、明治三年一月五日、鈴木慎三郎（沢外務卿内）・青木幸躬（大学校大得業生）・黒川豊麿の三人は利鎌隊を解隊する書状を隊員に通知し、十二日に解散式を挙行した。ここに、利鎌隊は僅か二年でもって解散し、都賀郡の神職たちの士族身分にという夢ははかなくも消え去ったのである。

静鎮隊　足利・安蘇郡にも「静鎮隊」という神職隊が結成され、安蘇郡飯田村（佐野市）神明宮の松井峯尊、安蘇郡赤見村（佐野市）沼鉾神社の斎藤盛忠、足利郡奥戸村（足利市）春日神社の茂木佐内が参加したとされるが、活動の実態は不明である。彼らは神祇管領代吉田家当主を頭目に活動しようと明治元年九月に上京したが成功せず隊は解散している。松井・斎藤は加須屋右馬允が創設した因幡新英隊に加わり東北地方を転戦したが、明治二年一月帰国したという（『下野神社沿革誌』）。

二、日光山の神仏分離

(1) 日光県の日光山支配

下野知県事の日光支配

慶応四年六月四日、新政府は鍋島道太郎（幹）を真岡知県事とし、真岡代官所支配地（旧天領）八万五千石を

支配させた。鍋島は同月二十九日に「日光今市御蔵掛り」を兼務し（『栃木県史料』三八）、その後旗本知行地も支配して下野知県事となった。知県事役所は支配地のほぼ中央に位置する石橋宿（下野市）に置かれ、日光には出張役所が設置された。明治二年二月、日光県に改名すると、日光役所を本庁とした。

慶応四年八月二十七日、鍋島知県事は日光奉行支配吟味役小野善助に対して「日光神領・日光霊屋領何れも道太郎支配ニ被　仰付候間、可被得其意。猶又惣寺院并神職中等江、貴所様より可然通達被致置」ことを命じた。幕府の崩壊によって、日光山はその庇護者を失うに至ったのである。四月十七日に執行された例祭は「上様朝敵一件ニ付、御名代并御祭礼奉行御差遣無之。右ニ付日光奉行供奉無之」という有様で、渡御したのは奉行所の吟味役・同心ばかりで、警衛もすべて日光山のみで行うという寂しさであった（『社家御番所日記』二二）。

鍋島知県事は八月二十九日夜、古河・結城両藩兵に護衛され、鉢石宿に到着し、九月一日夕刻、日光奉行所に入り、翌二日には「学頭始一山衆徒一坊社家楽人其外とも」など全山関係者を奉行所に呼び出し、「当主迄幾代相勤候趣」を調査して提出するように指令した（『社家御番所日記』二二）。

東照宮神体の動座

戊辰戦争の舞台となった日光は危うく戦禍を免れたが、一触即発のなか、東照宮神体の動座が実行された。慶応四年四月二十六日、東照宮別当大楽院は神体および神宝・在世品を携え、栗山村（日光市）に逃れた。供奉したのは社家中麿丹波守・古島織部および神人一五人である。ところが、官軍に日光を占領された旧幕府兵が会津を目指して後方から迫っており、一向は日光に帰山することも叶わず、会津藩領の田島（福島県南会津郡）を経て、閏四月四日、会津若松に到着した。同日に神体は会津若松城三の丸の東照宮に動座し、八月二十三日までここに安置された。会津城攻防戦のなか、神体はさらに米沢・山形城下を経て立石寺に遷った。東北戦争が終結すると、十月六日、立石寺を出立した神体は八日に仙台の仙岳院（仙台東照宮の別当寺）に到着した。十二日、神

体は輪王寺宮と共に仙台を出発し、二十八日に大田原で東京へ向かう宮と別れ、翌二十九日夕に日光へ還御した。同日戌刻に安座式が行われ、神体は七ヶ月ぶりに東照宮に帰座したのである。

八月二十二日、日光に進駐してきた芸州藩役所から出頭を命ぜられた妙道院（本坊仮留守居役）らは「大楽院脱走」の件を詰問され、「金御幣・御太刀・修理料金（員数不分）」の持出しは認めたが、「御神躰并御内陣向御道具等聊御別条無御座候」と返答し、神体の動座はあり得ないと否定したのである（『社家御番所日記』二二）。

明治元年～三年の日光山政策

明治三年まで日光県が日光山の処理に積極的に取り組んだ様子はみられない。知県事は政府の地方出先機関の長であり、政府が行う政策の忠実な実行者に過ぎなかった。政府の指令がないのに、日光県が独自に日光山に手を付けるわけにはいかなかったのである。

日光県は旧幕府領・旗本領および日光山領を接収して成立し、支配領域は下野国の全域に及んだが、組織は脆弱であった。とくに日光山は旧幕府と二五〇年におよぶ特別な由縁があり、広大な領地も有していたので、慎重な扱いが必要であった。そのため、日光県は日光奉行所を接収すると、同心らを採用し、日光の安定を企図した。日光山の実情に通じた人材が必要だったのである。

日光県が取組む喫緊の課題は民生の安定であった。日光領は生産性が低く、相次ぐ飢饉で著しく荒廃しており、そこに、慶応三年に起きた「日光領支配替一件」といわれる騒擾（幕府が日光領を真岡代官支配に変更しようとして起きた騒動）、さらには戊辰戦争の戦場となるなど、日光山領の窮乏と治安の悪化は尋常でなかった。

このような状況下で、日光県が神仏分離を断行すれば混乱を招く可能性があったのである。日光県は、

（前略）神仏分離ノ公布アリ。然リ而シテ其之ヲ実際ニ施行スルニ当テ処置ノ難易之レ無シトセス。即チ我県管内日光山ノ若《ごと》キ、是其至難ナルモノト謂ハサルヲ得ス。而シテ其他管内各社寺ノ如キハ易々タルモノ、

ミ。抑々日光ハ東照宮及ヒ二荒山神社等従前ノ祠典、其他瑣細《ささい》ノ事ニ至ルマテ、一トシテ仏式ヲ混セサルハナシ。故ニ今之ヲ神式ニ改メントスルノ際、若シ緩急疾舒其宜キヲ得サルアレハ、大ニ地方民心ノ向背ニ関スルノ恐レアリ。其従来徳川氏祖先神廟ノ地ト称シ、民皆該社ノ沢ニ浴スルヲ以テナリ。

と、日光山の神仏分離の困難さを主張している（『栃木県史料』七一）。

奉行所同心の登用　最初に日光県が着手したのが日光奉行所同心の任用である。古河・結城藩兵に警護され進駐してきた鍋島にとって、日光山を警備してきた同心の処遇は早急に取り組まねばならなかった。多くの同心は最初に日光に進駐した芸州藩に忠誠を誓っており、知県事は彼らを取り込み、日光支配を容易にすることにした。九月三日・四日、一一人の同心が刑獄方・戸口方・金穀方・御門守衛に登用され、五日、知県事役所に出頭した組同心・支配同心、六日には七ヶ所御番所同心に対し、知県事は「御一新之際出格寛大之御処置ニ因リ、以来改心いたし旧習を去リ実務相立候者者、是迄通御採用之道も可有之間、丹精を尽くし、早急実務相立候様、屹度相励可申候」と申聞かせた。十一月二日、知県事は「御支配并七ケ所御番所」の勤番を廃止する布達を出し、ここに日光奉行所同心による日光山の警備は終焉したのである（『社家御番所日記』二二）。

翌明治二年二月、鍋島知県事は弁官に対して、元日光山附同心八〇人（元日光奉行支配三八人、目代兼役組頭支配四二人）を日光県支配とし、「近傍ハ勿論当支配所一円取締」に登用したい旨を出願し、許可された（『公文録』）。こうして、旧幕府時代の日光における軍事力は解体され、日光県の組織に組み込まれたのである。

神官・僧侶の処遇1　慶応四年九月八日、鍋島知県事は日光山に対して「山内僧俗等脱走之者取調差出可申旨」を命じ、十二日、日光領を支配する基本方針を定め、政府につぎの七ヶ条からなる伺書を提出した（『公文録』）。

①社人・僧侶の処遇は一応これまで通りとし、今後の処置は伺の上で行う。
②奉行所同心で「勤王ノ実効」のない者は今後は扶持を支給しない。
③社人・楽人等の小身者は当面これまで通りとするが、来春からは手当を廃止するので生計が立つよう準備する

こと。
④日光山附属の神官・僧侶で脱走者の跡は取潰しとする。
⑤日光への参詣者の礼式はこれまでの旧格を省略する。
⑥日光神領が祭礼の備え物を納めることを一切禁止する。
⑦足尾銅山の開発にとりかかりたい。

新政府からは①と⑦を除いて許可されたので、九月、②③④⑤⑥を日光山に通達した。さらに同月、僧侶および輪王寺家臣の処遇に関するつぎの伺書を会計官に提出した（『公文録』『栃木県史料』六九）。

①僧侶は賊徒に与同したわけでもないのに御手当が一切廃止され、一山にあった一坊（八〇坊からなっていた）は二〇坊に減少してしまった。飢寒を前に渇命のないように扶助しては如何か。

②旧輪王寺宮家来の扶持米をどのように扱えばよろしいか。

十月、政府からは「徳川亀之助七拾万石ノ内ヨリ可相祭儀ニ付、同人ヨリ社寺扶持米モ可差出儀ニ相当候」ところであるが、格別の賑恤をもって、①は翌年二月まで「弐拾坊へ現地ノ人数ニ応シ而」相続米を支給すること、②は「脱走人或ハ宮御供ノ者モ可有之ニ付御扶助ノ訳無之候」であるが、「老父母等有之向極難渋ノ者ハ、見計ヲ以暫クノ内扶助相成候様ノ事」と命ぜられた。

この指令を受け、日光県は十月二十七日、満願寺学頭や東照宮・大猷院・慈眼堂の各別当、新宮上人等の有力衆徒、社家・山中療病院・神馬別当・掃除頭・楽人・一坊・鐘撞番僧・宮仕・神人・八乙女の代表ら神勤する全階層を知県事役所に召出し、「是迄ノ石数月割ヲ以テ向フ巳二月迄」相続米を支給する旨を達し、代表から証印を提出させた（『社家御番所日記』二三一・『栃木県史料』六九）。こうして、日光山に神勤する僧侶・社人らの処置は決定したが、それは翌明治二年二月までの臨時的な措置であり、関係者にとっての厳しさに変化はなかった。

つぎに、元輪王寺宮家臣の扶助問題が表面化したのは明治三年五月である。十八日、旧家臣の嘆願を受けた日

光県は民部省に対し、「公裁」（政府の処置）を待って窮迫に陥っている様子を述べて迅速なる裁きを上申し、九月にも同様の救済願いを提出した（『法令全書』『栃木県史料』六九）。上申を受けた太政官は十月、元輪王寺宮家来四七人に対し、禄高に応じて二五両〜二〇両の扶助金（御手当）を三年間下賜することにし、その間に「夫々農商ノ内へ帰籍致候様」にとの処分を決し、日光県に通達した。また明治四年、日光県は東照宮附属の諸職棟梁六人の扶助金下賜を弁官に願い出たが、認められなかった（『栃木県史料』六九）。

神官・僧侶の処遇2　日光県の全山奉仕者への扶助は明治二年二月までであり、「明治二年三月已後ハ全ク無禄」となり（『品川弥二郎文書』一四四七）、日光県は新たな対応が迫られた。三年十二月、日光県は弁官に対し「二荒山神社并東照宮及満願寺等処分」に関する願書を提出した（『太政類典』『公文録』『栃木県史料』三九）。それによれば、日光山は「県庁側近之場所、神仏混淆候ヲ捨置候様成行、御政体ニモ差響キ」かねず、社人・僧侶も飢寒に耐えて政府の決定を待っており痛心の至りである。よって、驚懼を顧みずに処分見込案を立ててみたとして、つぎの内容を伺い出た。

①二荒山神社は式内社につき、祭式等を旧典に復し祭典料を下賜してほしい。

②東照宮は一〇〇有余年勅祭が行われ、勅額も下置されているので、廃絶せずに祭典料を下賜してほしい。

③満願寺は往古からの大寺であるが、今は比叡山の末寺となり、東照宮・二荒山神社との関係も廃止された。故に、従来の二六院・八〇坊を一ヶ所に集め、一寺として廩《りん》米（扶持米）を下賜してほしい。

④社人は従来通り両社兼務をさせたい。

⑤東照宮附属の楽人・医師・神馬別当・掃除頭・八乙女・宮仕・神人らには、扶助金を支給したうえで農商へ帰籍させたい。

⑥以上を実現するため、二荒山三社領として高五〇〇石、東照宮にも高五〇〇石、満願寺には現米（扶持米）一〇〇石を下賜したい。二荒山・東照宮は免（租率）二ッ五分として、現米一二五石である。内訳は「年中祭式

并社修覆料」六五石、社司六人の給料六〇石（一人一〇石）であり、社司は両社に兼勤する。
⑦神勤の楽人二〇人・医師一人・神馬別当一人・掃除頭二人には三〇両を三年間、宮仕一〇人・八乙女八人には二五両を二年間、神人七六人には二五両を一年間支給し、農商に帰籍させる。

この方針は「当分伺之通」として、政府の認めるところとなった。その結果、満願寺僧侶は本坊に集住させられ、現米一〇〇石で六〇人とも八〇人ともされる僧侶が生活することになり、貧窮の極に達した。二荒山神社と東照宮二社の支給額は同額である。二社は社司六人（一人は解任）以外の全奉仕者が下山してしまい、五人で神勤しなければならず、下僕一〇人を雇用して雑用に従事させたが、その費用は社家の給料から支弁せざるを得ず、満願寺の僧侶ほどではないにしろ決して余裕があるというわけではなかった（『戸田家旧蔵文書』）。

日光山衆徒の苦境

近世後期の日光神領・御霊屋領は約二万五千石であったが、慶応四年六月に悉く没収されて日光県の支配となった。財政的基盤を失った日光山が頼れるのは徳川宗家を継いだ駿河府中藩であった。衆徒・社人以下神人に至る神勤者は、日光県から明治二年二月まで相続米を支給されたが、それ以降は無給となった。新政府は祭祀や神勤者の年給は本来徳川宗家が負担すべきものと考えていたからである。

輪王寺宮門跡は廃されたが、明治三年末までは本坊留守居・学頭・東照宮別当・大猷院御堂別当等の勤務に変化はなく、様々な祭祀（年中行事）は例年と変わらずに行われており、全山の困窮は深まるばかりであった。『社家御番所日記』を見ると、全山が経費の節減に努力した様子が記されている。東照宮神前に供える御膳の品数や幣殿の金燈籠の證明を減じ、下男も削減して神人に御供所の飯炊きをさせ、また中禅寺蟇目祭《しきめ》（武射祭）の料物を廃止したり、番料を半減するなど、できる対策は何でもしたことが窺われる。下層の宮仕・神人は「内職稼之外相続方無之」というので、輪番宿直を軽減して内職に支障のないように配慮もし、食事も「御下リ御膳」を与

えるなどした。収入増を図るため賽銭箱を拝殿正面に移し、多くの拝観者に「御内通リ拝見」（内陣拝殿前での参拝ヵ）を受け容れたのも御供料を期待してのことであった。しかし、こうした血のにじむ努力にも限界があった。掃除頭は賽銭泥の疑惑を受けて内済となったというのに、男体山禅頂札の板を他に流用してしまう始末である。社家の一人は銅御蔵から太刀を盗み出して日光県から解任されるなど、モラルの低下は著しかった。祭礼に不参する一坊の僧侶も続出し、全山は混乱の極に達した。

期待を掛けた徳川宗家も立藩した直後で、旧幕臣を家臣として抱え、徳川一族諸藩も藩政の混乱の渦中にあり、日光山を援助できる余裕はなかった。『社家御番所日記』明治二年二月四日条によれば、「何とし而も金子無之ニ者困入」として養源院を田安家（徳川宗家）に遣わしたが、いまだに帰山しないと嘆きの文言が載せられている。それでも、二年末には徳川宗家から「御宮御霊屋御膳料等ニ相備屋候」として一〇〇〇両が遣わされ、「各給江金弐百疋ツヽ配当致し候趣意之書付」が添えられており、翌三年一月十日には社家六人に三両づつが手渡された。二月二十一日には静岡藩から派遣された徳川家達家来岡部丹陵が社家惣代を宿所教城院に召出し、「兼而朝廷江も奉願置候事候得共、何レ不遠内何ニと哉御沙汰も可有之候間、夫迄取続為手当差遣之。尤御屋形も必迫ニ付、少々之趣ニ而金札拾弐両被下候事、一山一坊を相除キ外諸給一同壱人ニ付金弐両ツヽ、同断之よし」を申渡した。徳川家からも日光山の救済を新政府に嘆願しており、その手応えを感じた様子が窺える史料である。五月には再び宗家から「御救助金五百両」が送られ、「社家已下諸給　御門主様家来中小野善助・大竹新・根本孝一郎迄平均割之配当致し候」ようにとの指示があった。社家六人の配当は一四両一朱と銭二一八文であり、糊口を凌ぐ程度に過ぎなかった。九月、諸侯からも救助米として五〇〇両が下賜され、全給人に配当された（『社家御番所日記』一二二）。

日光県は二年二月、「日光山廟地之義ニ付申上候書付」を政府に提出した。その中で、日光廟地附属社人・僧侶に特別の配慮で二月まで扶持米を下し置き、それまでに身を処するように命じたので、退去する社人・僧侶が

相つぎ、「神社全狐狸狼藉之地」と化してしまった。ついては、徳川氏関係の社寺ではあるが「片時モ捨置候無謂之義」なので、社人・僧侶の帰山に配慮して欲しいと願い出るほどの疲弊ぶりであった（『栃木県史料』三八）。

駿河府中藩と日光山　明治初年の段階で、徳川宗家は日光山との関係を維持していた。慶応四年五月、田安亀之助（家達）が徳川宗家を相続し、駿河府中藩（静岡藩）七〇万石に封ぜられると、林右近（燵《あきら》。大学頭林述斎の子。右近は下野国に采地を有した元旗本である）を日光奉行取扱に任ずるとの達しが九月十三日、日光山に届いた。二十七日、東京から村上嘉久弥が帰山し、日光奉行取扱（御宮・御霊屋御用取扱）林右近の附属に野沢小輔（元日光奉行吟味役）・村上嘉久弥（元組同心出役）、御宮御霊屋附属組頭に小杉右藤次（元組頭）、同書役に小野善助・塚田東作（元吟味役）、同下役に小林長次郎（元組同心見習）を任命する人事書がもたらされた。

駿河府中藩は不測の事態が起きないように、新体制で東照宮保全の役割を担わせようとしたのであろう。日光奉行所は日光県との摩擦を避けるため東京に置かれ、奉行以下の諸役は東京在住が命ぜられ、小野善助のみが日光在住となった。小野は元日光奉行所地附吟味役であり、前任の日光奉行岩田織部正（慶応四年閏四月十八日、東征大総督府より任命された）からも「日光御役所之義」および「御宮　御霊屋等之儀も給仕可仕之儀」を命ぜられており、日光山の事情に通暁していた人物である。

日光県も小野の役割を認め、慶応四年の「御神領御霊屋領、鍋島道太郎支配ニ被仰付候旨」を達したのも小野善助であった。小野は八月二十九日「惣寺院社家中等」にその旨を口達した。九月一日、鍋島知県事は日光奉行所を接収し、翌二日に小野の案内で奉行所施設や土蔵などを見分、六日に関係書類の引渡しを受けて、十一日に引渡しが完了した。小野はこの経緯を林右近に報告して指示を仰いだ。九月十七日の臨時祭は静岡藩から時節柄見合わせるように命ぜられたが、鍋島知県事の指示で「万端御規式如例年」く実施された。二十二日、林右近は、同心らに対して「知県事方所置沙汰次第」であるとし、暇を願い出て日光県に仕えるもよし、「無禄ニ而も御領地移住願」のある者は申出るように命じたが、小野はそのまま在山するように指示された。

小野は明治元年十月十五日、維新後初めて東照宮に参拝した。これは「是迄参拝無之処今朝ヨリ出勤之よし、尤徳川氏ヨリ御差図之よし」からである。翌二年になると日光県の関与が強まり、小野の役割は縮小する。三年九月には、前年静岡藩が派遣した大竹新之助・根本浩一郎の二人が「御宮・御霊屋御用」を拝命しており、小野との三人態勢となったが（『社家御番所日記』二二）、その後の彼らの動静は不明である。

明治四年一月、東照宮の処遇が決まると、日光県は静岡藩に対し「東照宮之儀祭式等追て被仰出候迄、先以祭典料其外高五百石下賜候旨御差図相成候条、此段御心得迄申進候也」を通達した（『勝海舟全集』二一巻）。それまで東照宮の祭祀は徳川家の私祭の扱いであったが、この段階で定額の経費を支給して政府の関与するところになり、日光奉行も存在意義を失い、小野らは離山したものと思われる。

(2) 日光山の神仏分離

神仏分離の開始

神仏混淆を廃止した政府にとって、家康を祀る神廟を支配する輪王寺の処分は早晩避けられない問題であった。慶応四年九月、比叡山は下野国天台宗諸寺院に対し、輪王寺宮に代わり妙法院・青蓮院・梶井の三門跡が統括することを達し（『社家御番所日記』二二）、明治三年三月二十八日、太政官は「東叡・日光二山ハ本山之名目被止、総テ比叡山管轄ニ被仰付候」ことを命じ（『太政類典』）、寛永寺・輪王寺は延暦寺の末寺となった。ここに、天台宗に対する輪王寺（満願寺と改称）の支配は正式に除かれたのである。

東照宮は日光山以外にも祀られており、東京府下では江戸城や徳川家ゆかりのある社寺の境内にも祀られていた。これを問題視した神祇官は二年二月二十九日、四月十七日の例祭執行を認めるか否かを弁官に問合せ、日光

山については「神霊ヲ相慰候軽キ祭典、日光県へ被仰付可然歟ト存候」を具申した。弁官は「日光山之儀神仏混淆ニ付、祭祀不条理ニ候間、日光県ヨリ伺出候ハヽ可及御掛合候事」と指令した。十一月十三日、弁官から東照宮の「仏社混淆」の意見を求められた神祇官は「東照宮　神社名義勿論ニ付、仏具等取除混淆ノ筋無之様可致事ト被存候」と答えた（『太政類典』）。この段階で、日光山の神仏分離の方針は決定していたのである。

日光県に、日光山の処分が伝えられたのは一年後の明治四年一月である。この政府の方針を受けて、日光県は同月「社寺坊」に対して、

一僧侶之神勤ヲ廃止セラレ候事。

一神地仏地ヲ判然シ、凡ソ神地内ニ属スルノ地ニアル仏堂ハ都ヘテ満願寺附属地内エ移遷スベシ。

一新宮本宮及東照宮且ツ中禅寺・寂光寺ハ渾《す》ベテ神ニ属スルモノニ付、社家エ引渡スベシ。

一廿六ヶ院ノ衆徒及ヒ一坊等都ヘテ壱、両寺内エ合併シ、其他一般上地スベシ。

との四ヶ条を布達した（『品川弥二郎文書』一四四九）。さらに一月九日には「一山一坊中」に対して、

①二荒山神社・東照宮の神勤を禁じ、社人へ引き渡すこと。

②満願寺の処置は比叡山から達があるまで、「当分当県之趣意を以、玄米百石被下置事」。

③現存の僧侶名を報告し、どこに移転したかを報告すること。

④「社家中」には二荒山三社と東照宮への神勤を命じ、玄米一〇石を付与する。

⑤それ以外の者は賜金を与えたうえで帰農させること。

を命じた（『勝海舟全集』二二巻）。

明治四年一月、日光県は大猷院の処分について「旧幕中祭典料等寄附イタシ、満願寺僧侶ノ内別当等ノ名号有之」のであるから、「静岡藩ニヲイテ何レトモ取計ノ方至当ノ儀ト奉存候間、其旨県ヨリ右藩へ相達シ候テ可然哉」を伺い出たが、弁官からは「満願寺ヨリ同家へ申立可然」と指示された（『公文録』）。大猷院は満願寺の附属で

あり、日光県が関わる問題ではないとされたのである。

こうして、日光山は二荒山神社・東照宮の二社と満願寺の一寺に分離させる基本方針が決定し、一月十三日から分離作業が始まった。一月十一日の僧侶による東照宮恒例の祈祷は、日光県は「早速東照宮可引渡、神勤も被差止候」として認めなかったが、社家の同意を得て例年通りに行われた。結願日の十七日には「僧徒ヨリ相初八乙女ニ至ル迄、御暇乞として」神酒を頂き、僧徒達は御神体に「御暇乞御目見拝礼」した。この日をもって、二五〇年続いた僧侶の東照宮神勤は終了したのである。

満願寺が二荒山神社・東照宮を社司に引渡す期限は一月十八日と決まり、満願寺衆徒中から「御道具取調掛四、五人」を選任し、一月十三日に「三社并諸社末社」の調査をして「神之末社と仏堂の区別」が行われた。宝物・什器類の調査は社家の立会いのもとで満願寺僧侶が行った。二十三日の護摩堂・上神庫から始まり、作業は連日のように実施されたが、準備不足のため二月十五日に延期された。十四日には鍋島知県事が内陣・神輿舎・神楽殿・護摩堂・本地堂・三神庫・銅蔵等を検分した。十五日は引渡しの最終日であったが、一部末社の扱いについて満願寺から異論が出たので、十七日に改めて本宮・星宮・御旅所・山王・瀧尾・新宮の「末社之体、神仏見届」を行い、翌十八日「三社諸末社之見届書」を県庁に提出した。「神橋外岩裂神社」の所属は未定とされたが、それ以外は一応決着した。二十八日、日光県渡辺邁権大属が立ち合い、新宮・本宮・東照宮の鍵が満願寺から社家に引渡された。三月五日には仁王門から仁王像が撤去され、七日に陽明門の風神・雷神像、九日に本地堂の御正体仏三像が取り除かれた（『新編明治維新神仏分離史料』二巻）。

同四年三月十七日、日光県は弁官に対して、
一二荒山神社東照宮其外共神社之分、満願寺僧徒ヨリ社司中へ去二月二十八日全引渡方取計相済申候。

一東照宮附属楽人ヲ始神人ニ至ル迄、諸給一同不残生計之見込為相立、夫々入籍方取計相済申候。

一満願寺僧徒之儀、本坊ハ山内中之大院殊ニ因故モ有之候ニ付、当月晦日限同坊へ合併申付置候。

と、日光山の処分が終了したことを上申した（『公文録』『栃木県史料』七一）。しかしながら、その後も仏具と神器の分離作業は続き、僧侶と社家に引き取られた。三月十七日に「東照宮御宸筆之御額三面、二荒山・瀧尾・本宮・寂光・中宮祠」の額面が取り外され、二十一日には中宮祠の引渡しも完了した（『御番所日記』）。

神仏分離を巡る問題

明治四年六月、日光県は日光山の神仏分離が終結したとして、「転庁之儀相伺書付」を弁官に提出し、本庁を日光から栃木宿へ移転し、県名を栃木県に改称したい旨を願い出た。元来「光山之儀ハ野州北隅之山間ニ而県庁ホ《等》可差置地勢ニ無之候」であり、日光に本庁を置いたのは日光神領や日光山支配のためであった。戊辰戦争後の騒擾も収まり、「旧神領改革筋およひ東照宮其他之廉々万端所置済之儀」となったので、「諸民輻輳・四通八達」の栃木宿に転庁したいというのである（『栃木県史料』三八）。この時は許可されなかったが、十一月十四日、県域南部が整理統合され栃木県が誕生すると、十二月、県庁の栃木町移転が実現した。

しかし、その後も日光山の分離事業は続いた。政府・日光県（→栃木県）の方針は明治四年一月に「社寺坊」に達したように、神地内の仏堂をすべて満願寺境内に移転するというものであり、その際、堂塔を「毀ト不毀ト」はさしたる問題ではなく、取壊しも視野に入っていたことになる。しかし、事態は栃木県の計画通りには進まなかった。財政が切迫していた満願寺に移転や取り壊す力がなかったからである。

この移転問題は七年二月に再び表面化し、栃木県と教部省の間で書面のやり取りが行われた。栃木県は改めて満願寺に絵図面を提出させ実地調査を行った上で、二月九日、教部省に伺書を提出した。これに対する教部省からの指令は、東照宮・二荒山神社宮司が立会い、改めて連名で伺出るようにというものであった。

明治七年三月日付で提出された満願寺学頭代彦坂諶厚の「奉願光山諸堂移遷之事」は、指令通り二荒山神社・東照宮の宮司・権宮司の証印が付せられ、移転は二社一寺の共同責任となったのである。その附属文書「諸堂移

遷副願事」に載せる満願寺の処分案はつぎのとおりである。
①東照宮神地
・旧本地堂は満願寺境内に移し、三仏堂の本尊を安置して本堂兼説教所とする。
・輪蔵・護摩堂・相輪樘は満願寺境内に移転する。
・五重塔・鐘鼓二楼・虫喰鐘は東照宮神廟荘飾のため現状を維持する。
②元中禅寺内
・木立観音堂・妙見堂・護摩堂・釣鐘堂はかねての指令とおり、中禅寺湖南岸の歌ヶ浜に移転する。
③瀧尾神地内
・阿弥陀堂・不動堂は旧本地堂を満願寺境内に移転した後、瀧尾山元別所近くに適地を購入して移す。
・諸小堂六宇は仏像を瀧尾山の元別所に移した後に取壊す。
④二荒山神地内
・三仏堂・諸小堂九宇・小堂二宇は取壊して、銅物売却代金を本地堂移転の費用に用いる。
⑤寂光神地内
・念仏堂・小堂は取壊して、銅物売却代金を本地堂移転の費用に用いる。
三月二十八日、栃木県はこの処分案を教部省に提出しており、その際に出された伺書によれば、東照宮が境内の「堂塔据置」を、二荒山神社が立木観音ほかの「堂宇引取」を望んでおり、東照宮の本地堂据置願いは「維新以前上姿ニ復候訳ニ付、右本地堂エ再ヒ仏躰安置為致候テモ不苦筋ニ相聞エ、僅々タル一小堂之故ヲ以テ是迄之区画分離モ水泡ニ属シ、彼是不都合之場合ニ可立至」と、神仏分離を徹底したい栃木県には容認しがたいものであった。しかし、この本地堂の扱いについては東照宮にも言い分があった。六年十月四日、東照宮は教部省に「旧本地堂ヲ説教所ニ相用、説教之節中央四柱神ヲ祭リ、大教院之通リ神官僧侶交席ニ説教仕候テモ宜舗候哉」との

伺いを提出し、二十日付で「伺之通」とされていたからである。東照宮は七年三月三日、栃木県に説教所であることを理由に「当社本地堂其外共、是迄之通リ御居置相成候様致度」と願出ており、栃木県と東照宮には考え方に相違があったのである。

栃木県の要望にもかかわらず、四月五日、教部省は「東照宮神地内本堂ヲ除之外、願之通可聞届候事」と回答し、東照宮宮司永井尚服へは「本地堂之儀其儘据置、向後トモ神官・僧侶説教所ニ相用度儀ニ候ハヽ、満願寺申合之上連署ヲ以テ更ニ可申立候事」が指令され、本地堂の据置が決定した（『新編明治維新神仏分離史料』二巻・『栃木県史料』九）。この結果、東照宮から満願寺境内に移転することになったのは、輪蔵（経蔵）・護摩堂・相輪橖の三施設である。

満願寺の苦難　この段階の満願寺は前述したように貧窮の極にあった。明治四年一月八日の知県事達で、衆徒二六院・一坊（八十坊）・承仕三坊の一〇九寺（明治五年十一月段階で、三六坊の僧侶が離山しており、僧侶数は約七〇人に減少していた）は一ヶ寺（本坊）に合併され、収入も稟米一〇〇石に過ぎなかった。これに追い打ちをかけるように、四年五月十二日の早暁、満願寺本坊が全焼し、仏器・什物類が烏有に帰した。三月に僧侶の転住が完了したばかりの満願寺の受けた衝撃は大きかった（『公文録』『品川弥二郎文書』一四四七）。さらに翌五年五月七日、太政官布告で輪王寺（満願寺）が「旧諸藩ヲ始士民へ融通」した貸付金（「上野日光両山ノ貸付金ハ勿論右宿坊金ニ至迄」）が棄捐《きえん》とされ（『藩債処分録』乾）、回収することが不可能となった。

満願寺は起死回生を期して、六年三月から中禅寺の秘仏「波之利《はしり》大黒天」の開扉興行を東京で実施した。天台宗管長から教部省に提出した届書によれば、浅草寺境内念仏堂を借用し、展示品は大黒天のほかに、伏見院宸筆の「弥陀経」など一〇数点と仏像・仏器・幡・天蓋などの「霊宝」である（『社寺取調類纂』一五〇）。しかし興行は失敗し、多額の借財を負い、大黒天ほか宝物が世話人に差押えられた。展示品の一部を売却して、八月ようやく大黒天のみ還座することができ、負債を償却して「宝物三拾ヶ」を還納できたのは七年七月であった。

それでも、七年十二月には焼失した本坊が再建され、八年三月には相輪橖の移設も完了した。しかしながら、東照宮から境内の諸堂移転についての「厳談」（期限内に移転が完了しなければ、神社側で取り壊すとの強硬な申入れ）があり、満願寺は苦しい立場に置かれた（『新編明治維新神仏分離史料』二巻）。

九年一月十八日、満願寺は「諸堂移遷方法改革之事」を栃木県に提出し、次の五点について再考を願い出た。

①本地堂移遷が認められなかったので、取壊す予定の三仏堂を「九間半四面」に縮減し、境内に移して本堂としたい。

②東照宮境内の護摩堂は移築費用の手当ができるまで、「当分据置」としたい。

③輪蔵（経堂）も同様に当分の間据置きたいが、その間の蔵経転読を認めてほしい。

④東照宮仮殿の「時鐘」は以前に伺い済の通り、速やかに満願寺境内に移転する。

⑤中禅寺・瀧尾山境内の仏堂は従前定めの通りに移遷に着手する。

二月二十七日、栃木県からは「願之通聞届」られたが、輪蔵での蔵経転読は許可できないので三仏堂の縮減移転が終え次第、仏像・経巻を移すようにと指示された（『新編明治維新神仏分離史料』二巻）。こうして、二社一寺の神仏分離の形が固まり、三月には三仏堂の取壊しに取りかかった。

社寺掛の強硬策　神仏分離の過程で、東照宮・二荒山神社の二社が満願寺に強硬な態度を採った様子はみられない。四年二月まで東照宮幣殿の「御膳献備」には僧侶も出勤した。方針が厳しくなったのは、日光県出仕社寺掛に柿沼啓二（広身）が就任してからである。柿沼は鹿沼宿今宮神社の旧神官で、戊辰戦争では一時蒼龍隊に参加している。四年四月二日、日光県に出仕し（十二等出仕。八月四日に権少属）、社寺掛に任命された。『栃木県史料』七一に「初メ社寺ノ事務ハ戸籍掛ノ所轄タリ。此ニ至テ全ク啓二ヲシテ之ヲ担当セシム」とあり、日光県は柿沼を神仏分離に専任させたのである。四月十日、柿沼の召しを受けて県庁に罷り出た社司の古橋義所は「御祭礼見込急速可差出旨」を命ぜられ、さらに「石燈籠惣計何基、銅燈籠何基、取調之事」と「中宮祠二荒山社東照

宮御祓と鈴之事」の詳細な説明が求められた。以後、柿沼は二社の仏教色一掃を強硬に進めていく。

五月、柿沼が立会い、御宮御餅殿（元東照宮別当大楽院）が中麿勝信・齊藤光寛、二荒山神社御餅殿（元新宮別当安養院）が古橋義所・高科信年に社司居宅として宛行われ、移転が行われた。

柿沼はその後も栃木県社寺掛・少属として神仏分離事業を推進していく。瀧尾神社境内は栃木県から仏地とされていたが、明治六年五月、社地境界見分のため来山した柿沼らが神地に変更し、戸田忠友二荒山神社宮司に引渡された（『戸田家旧蔵文書』）。

日光町民の不安　日光山麓東西町（鉢石宿）は「僻陋遍陬《へきろうへんいん》之山間ニ不似合、是迄意外ニ繁華四民輻輳之地御坐候」とか「千軒余ノ戸数是迄全ク旅人散財之余沢ニ浴シ相続罷在候」といわれ（『栃木県史料』三八）、日光山の門前町として繁栄してきた。町民は「山内の殿宇に頼りて繁栄を致す者、今之を毀たれなば衰微招くこと必せり」という認識があり、七年三月の満願寺による「奉願光山諸堂移遷之事」は、町民には死活に関わる問題であった。ここから町民の抗議活動が始まる。彦坂諶照の『維新以来の日光山輪王寺と諶厚大僧正』によれば、「町民数多満願寺に押し寄せ、談判に及」び、さらに栃木県庁に訴え出たが「社寺係り柿沼広身、県令の命を受けて之を排斥せらる。然れども総代等終に服せず、有らゆる要路の官衙、天台管長にまで嘆訴する所ありて、事弥々紛糾を重ねた」とある（『新編明治維新神仏分離史料』二巻）。

九年六月二日、古町惣代高田長徳・巴快寛は岩倉具視右大臣に「日光諸堂御据置之願」を提出した（『公文録』）。願書によれば、前年七月三十日の諸堂据置嘆願に対し、栃木県から「人民ニ於テ三仏堂ノ換堂」を満願寺境内に新築するように命ぜられ、県の方針に沿った見込書を提出すると、今度は輪堂・護摩堂の据置を願うならそれに代わる堂を新築するようにと指示された。そこで、再度見込書を差出し、八月九日に帰村して県庁の沙汰を待っていたところ、栃木県は三仏堂をそのまま満願寺境内に引移すように命じてきた。町民にはとても不可能なのでお断りした。その後は何の沙汰もなく「願意御採用」と安堵していたところ、九年二月二十七日になって

「願ノ趣難聞届旨」という回答があった。すぐに代表が県庁に罷り出て、内務・教部両省に直願するのでその添翰を求めたが拒否され、「何レヘ成共勝手ニ可願立旨」を口達された。そこで、三月中旬に教部省、二十二日に内務省に直接願書を提出したところ、内務省からは「県庁江幾度モ嘆願可致」か「添書持参可致」として門前払いされた。四月十四日、再び県庁に出頭して三仏堂の据置願いを提出したが拒否されたので、改めて添翰を出してほしいと願い出、翌十五日に返答を貰うために出頭した。すると、鍋島県令から直接に「三仏堂ノ義ハ既ニ破却ニ着手シタル上ハ何様嘆願候トモ無栓事ニテ、既ニ東照宮デスラ自然立腐ノ外無之。況ンヤ三仏堂等ハ寧ロ今ノ内取毀候方可然」と説諭され、惣代一同は「牧民長官ノ御言トモ不奉存、愕然嘆息」し、いちいち反論したところ、「何レ其係リヲ以テ可取調旨」を言い渡されたので、十六日に県庁での交渉が開始されるものと思っていた。ところが同日、今市署の警部尼子久城が日光に派出され、東六ヶ町の伍長二九人を巡査屯所に押込め、「小前ノ人民ヲ逸々誣勧シ、威力ヲ以テ已来堂塔据置ノ願立等ハ致間敷」ことを強要された。それでも町民は翻意せず、惣代が五月五日、この顛末を書面にしたため内務省に上申するため上京した、という内容である。

三仏堂は日光山を代表する施設であった。栃木県は神仏を判然する象徴として、三仏堂を取壊すか移転するかの方針を決めていた。満願寺は三仏堂を据置するのは望ましいが、財政状況から縮減して境内に移築し本堂とするのが現実的解決策と考えていた。一方、日光山の観光資源に頼る日光町民にとって、三仏堂や東照宮景観の現状維持は死活に関わる問題であった。

(3) 神仏分離問題の決着

明治天皇の日光行幸と三仏堂問題

『明治天皇紀』によれば、明治天皇は明治九年（一八七六）奥羽巡幸の途次日光に行幸した。六月六日騎馬で神橋を渡り、行在所となった満願寺に入御した。翌七日、二荒山神社・東照宮に勅使を派遣し、天皇自身も午前に東照宮・二荒山神社に行幸し、東照宮では神宝・祭器、宝物類を見学して境内も巡覧した。二荒山神社では内殿において一揖（拝）し、宝物を見学した後に大猷院に幸じた。午後は行在所において「家康の位記数通及び東照宮和文縁起五巻・同漢文縁起三巻」を御覧になった。八日は肩輿で中宮祠に行幸し、帰路は華厳瀑に立ち寄っている。そして、翌九日に日光を発した。同書七日条には、

徳川氏廟域内に三仏堂と称する一宇あり。慶安元年の建築にして其の規模甚だ壮なり。然るに其の地神域に属し神仏混淆の禁に触るゝを以て移転を命ぜらる。然れども其の資の出づる所なきに苦しみ、之れを縮小せんと欲す。偶々巡行に際して事叡聞に達す。天皇、其の旧観を失はんことを惜み、東京還幸の後、御手元金三千円を満願寺に賜ひて其の工事に意を致さしめたまふ。

とあり、天皇の叡慮で三仏堂の縮減移転が中止になったと記している。この間の経緯を他の史料から見ておこう。

五月三十一日、内務少輔林友幸が岩倉具視右大臣に宛てた書状がある。大久保利通内務卿の意を受けて出されたものである。八〇〇字を超える全文が日光町民の三仏堂縮減移転反対運動に関するものであり、巡幸先発として栃木県を巡回していた大久保が鍋島県令に直接問い質し、現地調査を実施した内容を伝えている。県令の回答は「今時ニ在テハ同寺所有物ニ付人民情願候。迚《とても》移転等可差止条理無之ニ付願意難及詮議」であり、大久保の調査結果も「三仏堂ハ東照宮境外ニモ有之。移転候共荘観ヲ減シ候義ニモ無之」く、日光町民の主張には根拠がなく、惣代が「利通旅宿へ願書」を提出してきたが、県令に差し戻した。天皇の滞在中も「直ニ願書可差出哉モ難計候得共、前陳之事理ニ付必御採用不相成候様」を願じたものである（『巡幸録』東巡雑録）。

大久保が案じたとおり、古町惣代高田長徳・巴快寛は木戸幸一の宿所を訪ねて「日光諸堂御据置之願」を提出した。すなわち、三仏堂は「当山第一ノ伽藍」であり、「東叡山中堂」が戊辰戦争で焼失した現在「日本全国中第

一」の伽藍であり、「空敷破却尚又再度造立致シ候義ハ決シテ相成不申、実ニ歎息ヲ極候義ニ御座候。私共一同死ヲ決シ歎願仕候義ニ御座候」として、「近頃ニ至リ遷移紛紜ノ義ハ全ク満願寺住職修多羅亮栄已下僧徒ノ私慾奸曲ニ出テ候ヲ、管轄庁之レカ愚弄ヲ請ケ、此ノ奸謀ヲ採用セラレ哀訴ノ正廉ヲ擯析《ひんせき》セラレ」たことに因があるとして、委細は口頭をもって申し上げたいと結んであった。さらに「日光三仏堂銅瓦屋根売却古堂改正再営（但其他堂塔営繕方法見積書）」という附属文書も添付して、破却しても何の利益もないと主張したのである。

六月九日、岩倉は宇都宮から大久保に宛て私信を発した。日光での天皇の動静を伝え、大久保の先発としての仕事を称賛する一方、「両度御文通之儀夫々致承知候三仏堂破毀、其之儀ニ付テハ既ニ歎願之次第等も有之候得者、何レ拝顔之上答議可致」と、三仏堂の件は帰京後に「答議」する必要があるとして、暗に大久保の思惑通りにはいかないことをほのめかしている（『東巡雑録』往復公翰）。

つぎに、内閣顧問木戸孝允の日記・文書を見ておこう。木戸は奥羽巡幸の供奉員として日光滞在中、野村一三郎宅に宿泊した。『木戸孝允日記』の六月六日条には「日光町中のものより三仏堂解除の事に付、余に歎願の趣貫徹候様依頼」があったと記している。その日の夜、木戸は天皇の召しに応じ、岩倉右大臣・徳大寺実則宮内卿と御前において「時勢談」を行っている。この時に三仏堂の件が話題にされ、方向性が決まった可能性がある。木戸は翌七日、岩倉の宿所を訪ね、夕五時から十一時まで「時勢の談より前途の事に及」んだ後、「掛杉孫七郎」の許を訪問し、帰宿したのが午前一時であった。奥羽巡幸掛りの杉は宮内少輔の任にあり、職責を考えると「手元金」下賜の件も話し合われたかも知れない。三仏堂問題はこの段階で事実上決着していた。岩倉が大久保に宛てた書簡で三仏堂問題が期待のとおりにいかないことをほのめかしたのは、こうした背景があったのである。

木戸は九日、宇都宮から京都府知事の植村正直に宛て、東照宮の壮観を述べつつ、「（前略）可嘆息は西京など、反対に、神祇官一時暴論之余波、却県庁なとにも残り居候歟。神仏混交は出来ぬと歟、何と歟申処より広大なる有名之堂宇をこぼち掛、為其人民などの嘆願も不一形、于時いかなる間違歟。内務卿も県庁同様示令いたし

置、実に人民之申出候辺も至極之事に而、日光之一景色を失し自然土地之不繁昌にも相成、且一つには如此ものこそ後代之歴史に関し候而も、保存いたし置度ものと頻に残念にぞんじ工夫いたし居申候」と述べ、同十一日の品川弥二郎宛の書翰でも、「（前略）神祇官之暴論に而段々堂宇等もこほち候由、此頃も三仏堂と申第一之大堂をこわし掛け居申す候。是は教部省之大分周旋と甚遺憾存申候。人民とも丶頻りに歎訴いたし居申候。とふぞ周旋に而日本の景色中之一に保存いたさせ度と相考へ居申候。乍去大久（大久保利通）もいたし方なき論と示令いたし置候由に付、一難柄に御坐候。日本人之開化と申ものは始終如此平仄《ひょうそく》に付浩歎《こうたん》の至に御坐候」と記して、神祇官・教部省が進めてきた神仏分離政策と、それに無分別に従う栃木県、さらには民意を顧みない大久保の姿勢を痛烈に批判している（『木戸孝允文書』巻一七）。

木戸は六月二十五日、鍋島県令に宛て「御管下日光山満願寺中江三仏堂移転之儀、過日御県下御駐輦之際縷々御話談モ有之通、三千円御下渡相成候上ハ、有形之侭移転之義無論着手可相成義トハ存候得共、為念今一度及御問合候間、御巡幸先江至急御一報被下度、此段申進候」と指示し、御手許金三〇〇〇円の下賜もあるのだから、現状を維持したままに移築することを念押している（『巡幸録』東巡雑録）。

その後、御手許金三〇〇〇円を正院が出すか、宮内省が支出するかで正院と宮内省の間に遣り取りがあり、七月二十九日「特別之典」で宮内省の「御巡幸旅費」から下賜することに決した。この決定書には岩倉・木戸・徳大寺の検印が捺されており（『巡幸録』東巡雑録）、この問題が終始、六月六日に天皇の御前で時勢を論じた三人によって進められたことがわかる。『木戸孝允日記』七月三十日条に、「先達て供奉中日光山々仏堂をこぼち満願寺へ移し縮小して建築云々に付、土地の人民云々苦情あり。又如此堂宇を容易破壊候も残念なる事と考へ種々尽力いたし、漸其儘満願寺へ移すに決せり」とあり、八月十日に宮内省に出仕した木戸は「鍋島を呼出し御書付及金三千円を渡せり」との報告を受け、「日光山三仏堂旧観のま丶不変転移云々に付、去々月来尽力漸御手許金を玉わるに決し」と感慨深く記している。こうして、明治四年以来続いた三仏堂の移転、据置問題は収束したので

ある。

その後の二社一寺

三仏堂の現状移転が決定したことから、その後の神仏分離は順調に進捗した。『新編明治維新神仏分離史料』二巻の「日光に於ける神仏分離調査資料」に手際よくまとめられているので、それを参考に記しておこう。

明治九年八月、満願寺は「東照宮地内之二堂置据願」を栃木県に提出し、東照宮境内にある輪蔵・護摩堂の永久据置を願い出、十一月二十日に許可された。

三仏堂の移築は明治十年十二月二十八日に上棟が行われ、十二年七月十八日に完成した。以来、満願寺（輪王寺）の本堂（金堂）となり、今日に至っている。

明治十三年、東照宮と満願寺は様々な定約を結んだ。二月の「定約證書」は「将来紛紜《ふんうん》之患無之タメ」に結んだもので、次の四点からなる。

①東照宮仮殿境内の釣鐘堂は据置とし、満願寺が境内に新築する鐘楼に釣るす梵鐘が完成するまで釣鐘（時鐘）を一〇年間貸与する。

②一切経堂（輪蔵）が据置かれるので、満願寺所有の堂内の経巻および附属品も据置とし、東照宮の差問えのない日に僧侶が堂内で経巻の閲読をすることを妨げない。

③東照宮の元本地堂（薬師堂）の薬師仏厨子を満願寺に移すか否かは政府の指令に従う。

④元大楽院境内の教旻僧都墓地および深砂大将堂地を満願寺附属地とするように願い出る。

九月七日、内務省社寺局長桜井能監が視察に訪れた。進捗状況の確認のためと思われ、改善すべき事がらも指摘されたのであろう。二十四日、東照宮と満願寺は新たに二通の議定書を作成した。この議定書は、二月の定約の②③④に関するものである。③については、満願寺に移されていた薬師如来（元東照宮本地仏）を元本地堂（薬師堂）に還座させ、仏事の執行を認める。薬師堂の修繕は「内部ハ使用ニ関スル廉ハ満願寺ニ於テ負担シ、外回

リハ風致ニ関スル廉ヲ以東照宮ニ於テ負担シ、内外難区分箇所及大修繕ハ双方打合之上、費用半額宛可支出事」とされ、鍵は満願寺が管理することになった。薬師堂は東照宮境内で最大の建造物であり、本尊薬師如来は東照大権現（徳川家康）の本地仏である。この定約により、東照宮境内にありながら現在も輪王寺が管理し、「鳴龍」の別称で知られている。②については、経蔵堂（輪蔵）の修繕は東照宮が、経筒および仏像の修補は満願寺が行い、鍵は経蔵が満願寺、外回りが東照宮が管理すべしと決した。もう一通の議定書では、④の深沙大王堂の修繕と教旻僧都の墳墓管理は満願寺とすることが約定された。

十三年三月三十日、東照宮は「社務所移転伺」を内務省に提出し、据え置きとなった旧護摩堂を社務所にすることを伺い出、四月二十一日に聞き届けられた。

十四年六月九日に結ばれた議定書は五重塔に関わるものである。塔の修繕は所有者である東照宮が受持ち、塔内の仏像・仏器は据置き、修補は満願寺の責任で行い、鍵についても開閉の便宜上満願寺が管理するとした。

こうして、東照宮・二荒山神社と満願寺の神仏混淆問題は決着した。輪王寺境内に移転された施設は本坊（三仏堂）と相輪樘であり、現在に至るまで山内はほぼ往時の景観を留めている。十五年、満願寺は一山支院（十二院三坊）の再興が許可され、現在の一五ヵ院となった。十六年十月十一日に「輪王寺」の旧号使用、十八年には門跡号を使用することも允許され、現在見られるような二社一寺体制が完成したのである。

三、栃木県の神仏分離

(1) 日光県の神仏分離

明治政府の下野国支配

慶応四年五月、下野国内はほぼ東征軍の支配下に入り、下野諸藩は新政府に恭順した。政府は十七日真岡代官山内源七郎を処刑すると、十九日に鍋島道太郎を真岡仮代官とし、六月四日「真岡知県事」(下野国知県事)に任命して旧幕府領を支配させた。翌明治二年二月十五日、下野県は県名を日光県と改称した。六月には版籍奉還があり、下野国内は旧幕府領・旗本領・日光領を支配する日光県と、壬生・吹上・佐野・足利・宇都宮・烏山・黒羽・大田原・茂木・喜連川の一県一〇藩体制となった(明治三年、喜連川藩は領地を返上して廃藩となった)。

明治四年七月に廃藩置県が断行されると藩は県となり、十一月には、下野国は中・北部地域の芳賀・塩谷・那須・河内四郡を管轄する宇都宮県、南部の足利・梁田・寒川・安蘇・都賀五郡と上野国の一部を管轄する旧栃木県(便宜上「旧」字を付す)となった。さらに六年六月、宇都宮県が廃され栃木県に合併された。栃木県は、九年に旧上野国の邑楽・新田・山田三郡を群馬県に移管し、現在の行政区域がほぼ確立した。廃藩によって、新政府が全国の土地・人民を支配する中央集権体制が実現したのである。

日光県の神仏分離

明治政府の神仏分離に関する法令は、慶応四年(明治元年)に集中して出されている。

①慶応四年三月十七日、神道事務局は諸社に対して「僧形ニテ別当或ハ社僧杯《など》ト相唱ヘ候輩ハ復飾被　仰出候」を布達し、復飾して神職となり、浄衣(白衣)を着しての神勤を命じた。

②同三月二十八日、太政官は仏語をもって神号とする神社の由緒を調査報告すること、仏像の神体は相改め、仏像・鰐口・梵鐘・仏具は神社から撤去することを命じた。

③同四月十日、太政官は神仏分離における社人の粗暴を戒めた。
④同閏四月四日、太政官は「別当・社僧之輩ハ還俗之上、神主・社人等之称号ニ相転、神道ヲ以勤仕可致候」を達し、「仏教信仰」から承服できないものは神勤を禁じ、神社からの退去を命じた。
⑤閏四月十九日、神祇事務局は「神職ノ者家内ニ至迄神葬祭ニ改」める旨を命じた。
⑥同九月十八日、行政官は「神仏混淆不致様先達テ御布令有之候得共、破仏之　御趣意ニハ決テ無之候」と政府の意図が神仏混淆を解消することであり、仏教の破却ではないことを強調する一方、「僧ニ於テ妄ニ復飾之儀願出候者往々有之。不謂事ニ候」と勝手な復飾を禁止し、「仏門ニテ蓄髪致シ候」ことも禁じる布告を出した。
以下、『栃木県史料』七一から日光県の神仏分離を見ておこう。明治元年十一月、日光県は、⑥の行政官布告につき「全破仏ノ御趣意ニテハ無之。妄ニ復飾ノ願難被差免趣ニ候得ハ、是迄ノ通修験ハ勿論別当・社僧ニ候テモ法衣著様致、神勤可致哉」との社寺からの問合せが相ついでおり、神祇官の判断を仰ぎたいと伺い出た。神祇官は十二月二十三日、「九月中妄ニ復飾難相成趣御布告有之候ハ、神社ニ関係無之。寺院ノ事ニテ神社別当・社僧・修験其外神事に相携候モノ復飾差止候御趣意ニハ無之候事」と回答した。社僧・修験は復飾せずに従来通り神勤したいというのが本音であり、日光県域ではかなりの混乱があったのである。

都賀郡藤岡村（栃木市）は、元年十一月、神主鈴木伯耆と繁桂寺以下の五寺が村役人惣代と連名で「知県事鍋島道太郎御触書、天台・真言両宗者是迄両部ニ而祈願并に神社別当相勤罷在候処、今般御一新に付右両部不相成、僧家者減、一ト通是迄別当之分者相離請書可差出候。但梵鐘共掛置事不相成候。殊ニ僧家者風俗替シ神職ニ相成候者不宜。其者之百姓の内心ニ掛神職願出候者有之候者ば社人ニ取立、風折烏帽子・苅衣御差免シ神職可相勤旨御触至仕候」との請書と「村内神社由緒取調」をまとめて知県事役所に提出した（『藤岡町史』資料編・近現代）。藤岡村では、僧侶の安易な復飾を認めず、百姓を社人に取り立てる厳しい姿勢を採ろうとしたのである。

表11：日光県修験及別当社僧等復飾表

郡		村町宿	寺院号	旧　職　名	復飾年月	奉仕社名	近世の社名
都賀	1	土与村	安養院	愛宕神社別当	2年　3月	愛宕神社	
	2	牛久村	午来寺弟子	天台宗	2年　5月	雷電宮外一社	
	3	平井村	連祥院	太平神社別当	1年　9月	太平神社	正一位太平大権現
	4	片柳村	北連寺	△天満宮別当	2年　5月	天満宮	
	5	久保田村	泉蔵院	八蛇神社別当	2年　9月	○	
	6	木村	華厳寺	真言宗	2年　2月	八幡神社	
	7	梁村	観音寺	八幡神社別当	3年　7月	八幡神社	
	8	土塔村	和光院	△愛宕神社別当	2年　2月	愛宕神社	愛宕山大権現
	9	石橋宿	泉蔵院	愛宕神社別当	2年　5月	愛宕神社	
	10	入粟野村	明王院	△不動尊別当	2年　9月	○	
	11	中宿村	光永寺	修験	2年10月	八坂神社	
	12	上石川村	泉蔵院	根裂神社別当	2年11月	根裂神社	星宮大明神
	13	岩寄村	昌伝院	△岩寄神社別当	2年12月	岩寄神社	星宮大権現
	14	引田村	玉宝院	△冨士神社別当	2年11月	冨士神社	
	15	下澤村	明珠院	△二荒神社別当	2年11月	二荒神社	
	16	蓮花石村	妙覚院	修験	4年　4月	八幡神社	
	17	千本木村	弥勒院	修験	4年　3月	熊野神社	王子宮
	18	土澤村	金剛院	修験	4年12月	春日神社	春日大明神
	19	葛生町	常学院	修験	2年　3月	小藤神社	正一位小藤大明神
安蘇	20	中村	三條院	△御嶽神社別当	1年12月	御嶽神社	
	21	田沼宿	玉宝寺	△稲荷神社社僧	1年　9月	稲荷神社	稲荷大明神
	22	船越村	龍光院	聖徳太子別当	2年　2月	上宮神社	
	23	赤見村	天神坊	天満宮別当	1年　3月	天満宮	
	24	鎧塚村	一明院	修験	2年　2月	星宮神社	正一位星宮大明神
	25	畳岡村	光明寺	修験	2年　6月	五世神社	五世神社
	26	飯田村	持明院	修験	2年　2月	熊野神社	
	27	免鳥村	久松寺	△星宮神社別当	2年　2月	星宮神社	正一位星宮大明神
	28	足尾村	宝寿院	△八坂神社別当	4年　3月	八坂神社	
足利	29	八ッ椚村	蓮成寺	天満宮別当	2年　7月	天満宮	天満天神宮
	30	大沼田村	宝蔵寺	△駒形両社別当	2年11月	駒形神社	駒形・大山祇両大明神
	31	勧農村	宝積院	△赤城神社別当	1年　9月	赤城神社	(赤城大明神)
	32	田島村	宝蔵院	△熊野神社別当	1年　8月	熊野神社	
	33	利保村	安養院	修験	1年　9月	○	
	34	樺嵜村	秋葉寺	△秋葉大神別当	1年　9月	秋葉神社	
	35	名草村	五宝院	△日光神社別当	1年　8月	日光神社	日光三社大権現

足利	36	同村	教栄院	△嚴島神社別当	1年 2月	嚴島神社	
	37	山下村	普門院	△愛宕神社別当	1年 8月	愛宕神社	（愛宕山大権現）
	38	同村	東岳院	修験	1年 8月	琴平神社	
	39	松田村	仙岳院	△八幡大神・機神別当	2年 2月	○	正一位両社大明神
	40	同村	加納院	△八坂神社別当	2年 5月	○	
	41	同村	喜宝院	△六處大神別当	2年 5月	○	
	42	葉鹿村	正定院	△愛宕神社別当	1年 8月	愛宕神社	
	43	大前村	持宝院	△八幡神社・熊野神社別当	1年 8月	大原神社 ※	
	44	同村	宝性院	△八幡神社・熊野神社別当	1年 8月	大原神社 ※	
	45	下菱村	天光院	△八雲神社別当	1年 11月	八雲神社	
梁田	46	八幡村	神宮寺	八幡神社別当	2年 2月	八幡神社	八幡
	47	上渋垂村	快乗院	赤城神社・秋葉神社・白山神社別当	2年 2月	赤城神社外二社	
	48	高松村	千手院	△八幡神社別当	3年 2月	八幡神社外一社	八幡大神宮
	49	羽川(刈)村	大重院	修験	2年 2月	神明神社	神明宮
	50	八木宿	持明院	母衣羽神社・八坂神社別当	2年 2月	母衣羽神社外一社	母衣羽山大権現
	51	下渋垂村	泉蔵院	雷電神社別当	3年 2月	稲荷神社	正一位稲荷大明神
	52	野田村	愛宕寺	△愛宕神社別当	2年 2月	愛宕神社	
	53	同村	地蔵院	人丸神社別当	2年 3月	人丸神社	正一位柿本人丸大明神
河内	54	上三川村	普門寺	白鷺神社別当	2年 8月	白鷺神社	（白鷺明神）
	55	坂上村	宝蔵院	△星宮神社別当	2年 9月	星宮神社	
	56	三王山村	大正院	△星宮神社別当	2年 9月	星宮神社	
	57	上吉田村	本願寺	菅原神社別当	2年 3月	菅原神社	
	58	上神主村	成就院	浅間神社・甲神社社僧	2年 5月	浅間神社外一社	
	59	上郷村	橋本寺	愛宕神社社僧	2年 9月	愛宕神社	
	60	雀宮宿	常覚院	△雀宮神社別当	1年 11月	雀宮神社	
	61	徳次良宿	明王院	修験	2年 5月	浅間神社	
	62	中里村	神照寺	真言宗	4年 4月	○	
	63	大桑村	宝伝院	修験	4年 5月	愛宕神社	
	64	小林村	清流寺	滝尾神社別当	3年 12月	滝尾神社	（滝尾大権現）
	65	町谷村	大正院	修験	4年 5月	稲荷神社	
	66	大室村	光明院	△八坂神社別当	3年 4月	八坂神社	
芳賀	67	谷田貝村	華蔵寺	八幡神社別当	2年 9月	八幡神社	八幡大神宮
	68	阿部品村	安養寺	八幡神社別当	2年 2月	八幡神社	正一位八幡宮
	69	大島村	吉祥院	修験	4年 9月	三ノ宮神社	
	70	西沼村	楽法寺	三島神社別当	2年 6月	三島神社	
	71	東郷村	神宮寺	大前神社別当	2年 5月	大前神社	大前神社
	72	飯貝村	箕輪寺	△熊野神社別当	3年 3月	熊野神社	正一位熊野大権現

芳賀	73	同村	西光院	△出流大山神社・星宮神社別当	2年 4月	出流大山神社外一社	出流山大権現
	74	下大田和村	城学院	△浅間神社別当	2年 4月	浅間神社	
	75	上大田和村	久宝寺	△八坂神社別当	3年 3月	八坂神社	
	76	真岡町	真岡寺	△愛宕神社別当	2年 2月	愛宕神社	山王廿一社大権現
	77	大澤村	景政寺	△御霊神社別当	2年 2月	御霊神社	御霊神社
	78	中村	持宝院	△八幡神社別当	2年 4月	八幡神社	正一位八幡宮
	79	多田羅村	正楽寺	△星宮神社別当	2年 3月	星宮神社	
	80	小宅村	利剣寺	浅間神社別当	2年 3月	浅間神社	
	81	山本村	光明寺徒弟	八幡神社別当	2年 8月	八幡神社	八幡宮
	82	長堤村	龍門寺	八幡神社別当	2年 6月	八幡神社	
	83	深澤村	和光院	△鹿島神社別当	2年 3月	鹿島神社	
	84	小山村	神宮寺	高雄神社別当	3年 1月	高雄神社	
	85	木幡村	安楽院	△星宮神社別当	2年 6月	星宮神社	(正一位星宮大明神)
	86	杉山村	福正院	八幡神社社僧	4年 4月	八幡神社	八幡宮
	87	田野辺村	瑠璃光寺	△天満宮別当	3年 4月	天満宮	(天神)
	88	続谷村	遍照寺	琴平神社別当	3年 4月	琴平神社	
	89	市塙村	薬師寺	日枝神社別当	3年 4月	日枝神社	
塩谷	90	前高谷村	正宝院	△白鳥神社別当	1年 11月	白鳥神社	白鳥大明神
	91	東泉村	歓寿院	箒根神社別当	2年 3月	箒根神社	箒根権現
	92	日向村	養学院	△北根山神社別当	4年 3月	北根神社	
	93	田野原村	大学院	△八幡神社別当	2年 6月	八幡神社	
	94	下伊佐野村	南学院	△箒根神社別当	2年 6月	箒根神社	(箒根大明神)
	95	下塩原村	大行院	△温泉神社別当	3年 6月	温泉神社	
	96	藤原村	覚法院	△十二神社別当	4年 5月	十二神社	(十二神社大明神)
	97	小佐越村	大行院	△鷹尾神社別当	4年 5月	鷹尾神社	
那須	98	曲畑村	大光院	修験	2年 9月	高雄神社	高麗大明神
	99	蛭田村	不動院	△温泉神社別当	2年 2月	温泉神社	温泉大明神
	100	苅田村	成就院	△温泉神社別当	2年 1月	温泉神社	温泉大明神
	101	佐久山宿	金剛寺	温泉神社別当	2年 12月	温泉神社	温泉大明神
	102	鍋掛宿	伍大院	△愛宕神社別当	2年 4月	愛宕神社	
	103	百村	光照寺	修験	2年 6月	温泉神社	
	104	同村	光雲寺	修験	2年 6月	温泉神社	
	105	伊王野村	吉祥院	愛宕神社・熊野神社別当	2年 7月	愛宕神社外一社	
	106	蘆野宿	南岳院	温泉神社別当	2年 10月	温泉神社	
	107	漆塚村	温泉寺	温泉神社別当	2年 9月	温泉神社	

人員通計　百〇七名　　※印は同一神社

四年十月、日光県は「神社明細帳」を神祇省に進達しており、神仏分離や神社調査が進みつつあることを窺うことができる。同月、「戊辰以来本年ニ至ル迄管下各村ノ修験及ヒ別当・社僧等ノ復飾セシモノ」を一覧にした「修験及別当・社僧等復飾表」を作成して提出した。この表は明治元年から四年までの復飾者の一覧である。日光県は帳簿を遺佚したことから改めて作成しており、この復飾表は郡・村町宿・寺院号・旧職名・旧名・年齢・復飾年月・奉仕神社名・姓名の九項目からなっている。旧名（僧名）と年齢を除いて一覧表にしたものが表11であり、それを復飾年月、郡別にまとめたのが表12である。なお「旧職名」には次の注記が附されている。

表12：日光県修験・別当の復飾年月

	月	都賀郡	安蘇郡	足利郡	梁田郡	河内郡	芳賀郡	塩谷郡	那須郡	計
明治1	1			1						1
	2		1							1
	3									
	4									
	5									
	6									
	7									
	8			7						7
	9	1	1	3						5
	10									
	11			1		1		1		3
	12		1							1
明治2	1								1	1
	2	2	4	1	5		3		1	16
	3	2			1	1	3	1		8
	4						3		1	4
	5	3		2		2	1			8
	6		1				3	2	2	8
	7			1					1	2
	8					1	1			2
	9	2				3	1		2	8
	10	1		1					1	3
	11	3								3
	12	1							1	2
明治3		1			2	2	6	1		12
明治4		3	1			3	2	3		12
計		20	9	17	8	13	23	8	10	107

○職名ハ単ニ某社ノ別当タルモノアリ。又修験ニシテ別当ヲ兼ルモノアリ。故ニ修験ノ別当ヲ兼ルモノハ△ヲ附シテ之ヲ表ス。

○修験・別当ノ外等尋常ノ寺院ニシテ復飾セシモノハ、職名ノ格ニ其ノ宗名ヲ掲ク。

表12によれば、復飾（還俗）者は一〇六社一〇七人である。復飾の年は、元年が一八人、二年が六五人、三年が一二人、四年が一二人であり、明治二年までに八三人、七八％が復飾している。明治元年の還俗者一八人のうち一五人が足利・安蘇郡の下野国南西地域の修験・僧侶である。この地方は最初に政府軍の支配下に入り、東征軍の軍事力を目の当たりにした該地の神職が逸早く還俗令に応じたのであろう。

還俗者の出自をみると、天台・真言宗の僧侶で復飾した者は僅かに三人、ほとんどは別当・修験であった。別当は神社や別当寺に属して神仏事を修した僧侶である。復飾表の「表記」に従えば、復飾者のうち「別当」が八二人、「修験」が一八人、「社僧」が四人である。また「別当」のうち修験で別当を兼ねる者（△印）が五一人とある。これに修験一八人を加えると六九人となり、復飾者の六五％を修験が占めている。修験がいかに農村社会に浸透していたかを窺わせている。「奉仕社名」の〇印の七人は「神官トナラス、直ニ帰農セシモノ」である。復飾の手続きについては「県庁ニ出願シテ許可セシモノアリ、又県庁ノ添簡ヲ以テ鎮将府伝達所等ニ於テ許可ヲ得シモノアリ。然レトモ煩ナルヲ以テ委曲之カ別ヲ為サス」の二種があったと記してある。

(2) 修験の復飾と廃寺

本山派修験の復飾

慶応四年の一連の神仏分離令は、僧侶や修験に大きな衝撃を与えた。近世の修験は本山派か当山派に所属して「山伏」とか「別当」と呼ばれ、庶民の求めに応じ現世利益的な加持祈祷、時には施薬などの医療行為を行い、江戸中期以降盛んとなった山岳登拝の先達も務め、鎮守の祭祀に関与する者も多かった。神と仏を同時に祀る修験は庶民に最も身近な宗教者であったが、滅罪（葬式）檀家を持たないのが一般であり、修験は政府の方針にどう対応するか難しい局面におかれたのである。つぎに本山派修験の復飾の事例を見ておこう。

慶応四年七月、安蘇郡下彦間村（佐野市）の惣鎮守慈（示）眼大明神別当成龍院舜誉は幸手不動院から「神仏混淆之儀は御廃止」との廻状に接し、復飾を決意した。成龍院改め小野兵庫は村役人と相談して、鎮守社の杉二〇本を売却して得た五〇両のうち三〇両を「明神修復料」とし、二〇両を「上京諸入用金」として受け取ると、

八月、京都の本山聖護院に罷り出て、白川殿への口添えをもらい無事門下となることができ帰国した。明治元年十月、彦根藩の調査に対し、名主・年寄等は聖護院宮より小野兵庫が「復飾神勤」を認められた旨を返答した。そして三年二月、示現大明神を宇都宮神社と改号し、改めて神祇官に「神主御許状」を申請している。

成龍院と一緒に八人の修験が京上した。安蘇郡閑馬村（佐野市）の鎮守羽黒大神の仙光院（桑子監物）、天満宮の金明院（松村大部）、八雲大明神の三蔵（早川雅楽）、八幡大神の神宮寺（山田宮内）、足利郡名草村（足利市）の日光大神の五宝院（堀口主水）、利保村（足利市）の蔵王大神の安養院（前原雅楽）、樺崎村（足利市）の秋葉大神の秋葉寺（千田主計）、それに赤見村（佐野市）天満宮の天神坊（北野監物）である。五宝院・安養院・秋葉寺・天神坊の四人は表11に載っており、五宝院（No.35）・秋葉寺（No.34）・天神坊（No.23）の三人は明治元年八、九月に復飾が認められたが、安養院（No.33）は神勤せずに帰農した。

安蘇郡閑馬村の八幡大神の神宮寺復飾名山田宮内保明は六年六月、栃木県令に「本宗帰入願」を提出した。保明が申すには、上京して聖護院より譜代の東太を復飾させることが認められたので神宮寺を廃寺としたが、「先般修験之名称御廃止ニ付本宗帰入被　仰出、旧修験之輩追々本宗へ帰入相成候」となったので、「従前之通神宮寺と相名乗、本宗へ帰入相成候様」に懇願したのである。これは、五年九月の「修験宗ヲ廃シ天台真言ノ両本宗へ帰入セシム」との太政官布告で本山の聖護院が天台宗に帰属したことに追随する動きであった（『田沼町史』第五巻）。

梁田郡下渋垂村（足利市）の雷電宮・神明宮両社別当本山修験泉蔵院は、元年十一月、下野知県事役所に「当七月中、本山武州幸手不動院ヨリ達シニ付キ、神職之旨相守居候間、何卒格別之以御慈悲神職ニ相改、右両社共進退仕候様被仰付」ことを、名主・組頭との連名で願い出た。表11によれば、泉蔵院（No.51）が復職を認められたのは明治三年二月である。

このように本山派修験の明治初期の動向をみると、神仏分離に際しての素早い行動に幸手不動院の存在があっ

たことがわかる。本山派修験の地方組織は、二七ある先達が最上位で、次位が年行事であった。先達は国単位、年行事はほぼ郡単位に置かれ、霞《かすみ》（修験の縄張り）に居住する末端の修験である同行《どうぎょう》を支配した。下野国の本山派修験を配下に置いたのが先達の幸手不動院である。京都の門跡寺院である聖護院を頂点とする本山派は本末組織がしっかり機能しており、王政復古の動きは正確且つ早く地方にも伝えられたのである。

復飾した本山派修験には年行事のような有力修験も見られた。表11の都賀郡岩崎村の昌伝院（No.13）は六六郷、三六院を配下に持ち、芳賀郡飯貝村（真岡市）の箕輪寺（No.72）は芳賀郡内四九ヵ村の霞を支配していた。足利郡川崎村（足利市）の貞瀧坊も「足利之内廿二郷」の霞地を支配する正年行事であったが、復飾し神職となっている。彼らは聖護院門跡から御教書を賜る有力修験とはいえ、檀家を持たず、将来を考え復飾するか帰農するかの岐路に立たされたのである。芳賀郡堀込村（真岡市）の本山派修験金剛院は朱印地三〇石を付与されており（『旧高旧領取調帳』）、芳賀郡・都賀郡・河内郡に一二〇ヶ村の霞地を持つ年行事である。金剛院住職幸純は去就に迷っていたが、修験宗廃止の命が出ると触頭幸手不動院と相談し、五年十一月、天台宗への帰入伺を栃木県に出したが認められずに帰農し、金剛院は廃寺となった（『二宮町史』史料編Ⅲ）。

県域の廃寺

廃仏毀釈は明治三、四年ころにピークに達した。一部では寺院全廃という過激な政策をとる藩もあったが、県域では過度な政策はとられず、穏健といってよい対応であったといえる。

壬生藩は版籍奉還後、士卒の帰農を奨励したが土地の確保に苦労し、目をつけたのが寺院の所有地であった。明治二年「社寺本末合併其数件伺書」を弁官（太政官の庶務を処理する機関）に差出したが、召出しを受けた藩知事名代鳥居忠文は、少弁から廃寺は許可を得て行うよう口頭で下知された。三年十月二十三日に「廃寺ノ名及ヒ其数ヲ民部省ニ録上」したが、民部省からは再調査が命ぜられた。閏十月七日、壬生藩は「旧来無住并ニ本堂

廃絶ノ寺院或ハ貧寺ニテ永続難相成分、本末故障ノ有無相糺、民心動揺ノ憂モ無之分、寺号相廃シ、墓地有之分ハ其儘差置、檀中ハ本寺ニ合併申付候。尤モ本堂・庫裏并ニ竹木等残居候分ハ本寺へ差継キ、境内田畑山林上納申付候。其他ハ士卒請地為致候儀モ御坐候」と申上したが、民部省は再度「廃寺跡境内田畑山林取計方ノ手限ノ所置ハ難相成」として報告を求めた。後に壬生県が政府に提出した『壬生藩県史』(『栃木県史料』八〇)によれば、この時の対応を「本藩ノ廃寺跡ヲ処分スル授産勧業ノ意ニ急ニシテ具状或ハ尽サヽル所アリ。故ニ境内田畑山林士民へ授与スルノ処分殆ント専決ニ近ク、再査頗ル苦渋ニ渉レリ」と反省を記しているが、壬生藩にとって廃寺跡は士族授産の土地として魅力的であったのである。さらに、三年十月五日、城郭に営繕を加えなくてもよいか、山林を士卒名目に「請地」してもよいかの二点を伺い出たところ、弁官からは「妨ケナキ」との指令が出された。これを受け、壬生県は「厚ク意ヲ拓地ニ用」いるとの方針から、城地を「黍粟ノ圃」として士卒に与え、「社寺境外ノ山林藪蕪」も士民に授与することにした。

宇都宮藩は三年閏十月二十二日・十一月十五日・十二月七日と三度にわたり、「無住事故無之分廃寺」に関する伺書を提出した。これに対し、弁官からは「全体無禄無住、破壊ノ寺院廃絶可致条理有之候得ハ、本寺・組寺等故障可申立筋無之ニ付篤ト説諭ノ上、故障無之上可取計処、無其儀威力ヲ以テ、圧制候テハ必他日ノ弊害ヲ可生事」と、廃寺は慎重に行うように指令されている(『公文録』)。

三年七月二十八日、太政官は府藩県および各宗本山・触頭に対して「本末寺号其他明細帳」の作成を命じた。調査内容は、寺名・本末別・住所・住職名・境内坪数・滅罪檀家数・朱印地の有無・除地等であり、明細帳が民部省に提出されたのは明治四年、五年である。この寺院明細帳で無檀と無住とされた寺院が廃寺の対象となった。政府は廃寺に際して軋轢のないように、廃寺の手順につき一定のルールを定めている。

五年三月、神祇省を廃して教部省が新設されると、二十八日、太政官は各府藩県に社寺の合併および附属地の処分は理由を「明細取調」べたうえで教部省に伺出ることを命じたが、翌月には境内地の処分は大蔵省に移管し

た。この布告が出されると、「地方官ニ於テハ其主旨ヲ誤解シ専ラ廃合ヲ而巳主張勧誘」して「僧侶中疑惑不少趣」が生じたので、教部省は「強テ合併可致トノ御旨意ニハ無之」との布達を出した。十月二十九日、教部省は正院に対し、無檀・無住の寺院は多くが他寺の兼職か村が管理しており、営繕・相続の目途が立たないこと、また堂宇が既に廃頽し寺号だけの寺もあり、そのまま捨て置いては名目が立たないので、本寺・本山以外の無檀・無住寺院は全て廃寺とすべきであるとして、廃寺の基準を明示した伺書を提出した。これを受けて十一月八日、太政官は諸寺院中、総本山・本山を除き、無檀・無住寺は渾て廃止する方針を布告したのである（『公文録』）。

『栃木県史料』九・三二には廃寺に関する宇都宮県・旧栃木県の伺書が収録されている。四年十二月、足利県は、管内小俣村（足利市）にある五寺の廃寺届を大蔵省に提出した。このうち四寺は村内の古刹鶏足寺の末寺であり、境内除地が一反にも満たない小寺である。滅罪檀家も安養院の七六軒を除くと、他は数軒か無檀であり、「修復等モ不行届」で、本寺に合併したいと届け出たのである。ところが翌五年三月、普賢寺の廃寺について大蔵省が問題視した。大蔵省の問合せに対し、足利県域を管轄地とした旧栃木県は、寺が京都醍醐寺三宝院の末寺で遠隔なので「尓談」できなかったこと、無住で滅罪檀家もなく境内も年貢地であり、「有名無実」と判断して廃寺を認めたのであると弁明した。大蔵省は足利県が勝手に廃寺したのは問題があるが、今回に限り許可するので、今後は本山に通達することと境内地の処分は改めて大蔵省に申出るように指令した。五年一月、旧栃木県は管内五寺の「廃寺取調伺書」を大蔵省に提出し、二月「伺之通」として許可された。このうち正観寺（都賀郡岩崎村）・医王寺（安蘇郡葛生町）・金照院（都賀郡富張村）の三寺は「空寺」（無住）であることを理由としている。

五年五月、宇都宮県が「本末寺号帳」を作成している時、新たに管轄となった河内郡上小池村（宇都宮市）の龍興寺、芳賀郡東沼村（真岡市）の長命寺・観音寺の三寺が日光県から廃寺・帰農を認められ、寺地・除地を下げ渡されたことが分かり、大蔵省から日光県の対応を「手順不相踏」として問題にされた。宇都宮県は二度の伺

書を提出し、九月四日に大蔵省から「除地」は「今般改テ上地致シ、相当ノ代価」をもって払下げること、廃寺伺を教部省に差出すことが指示された。二十九日、指示通り教部省に伺書を提出したが、この問題が解決したのは半年後の十一月であった。廃寺は教部省、境内地は大蔵省と管轄が異なり、地方庁も混乱したのである。

宇都宮県第三大区二小区の芳賀郡八木岡村（真岡市）の常光院は真岡村の天台宗般若寺の末寺であり、高一四石六斗二升余（内境内一反二畝二四歩）と祈願檀家三〇余軒を有していたが、廃寺の上で還俗・帰農したい希望を持っていた。常光院はおそらく修験であろうが、維新後、村内の祈願は同村の神職細島孝重が務めることになり、所持の手作り地で自立しようとしたのである。常光院は村内で談判し了承を得たうえで、五年四月二十九日、副区長・村総代・伍長および本寺般若寺と連名して宇都宮県に廃寺を願い出た。五月八日、宇都宮県はこの願書を添えて教部省に「聞届可然哉。尤地所之儀ハ篤ト取調、於当県可及処分候」を伺い出た。三十日、教部省は廃寺・帰農を承認したが、「寺趾境内并所持之地面処分之儀ハ大蔵省」に伺い出るように指令している（『社寺取調類纂』一五一・『栃木県史料』三二）。

こうした曲折を経て、宇都宮県は六年二月八日、各区に対して「無住寺院詳細」を取調べて二十日までに届出るように命じた（『栃木県史料』三二）。宇都宮県は調査が一応終了したからであろうか、五月二十日、三三四ヶ寺におよぶ「無檀無住廃寺取調帳」を作成し、教部省に提出した（『社寺取調類纂』一三六）。

以上のように、明治四、五年以降、旧栃木・宇都宮両県では多くの寺院が廃止された。①無檀で無住の寺院は廃寺とする。②少数の檀家のある場合は合寺を原則に行う。③廃寺・合寺の住職は還俗・帰農するのが一般的であった。合・廃寺となった境内地・附属田畑・山林は狭小である場合が多かったが、除地は原則として大蔵省が官収したのちに対価で売却され、年貢地は帰農者に払下げられた。政府は莫大な現金収入源を手にしたが、滅罪檀家が少ない寺院は壊滅的打撃を受け、存在できたのは多くの滅罪檀家を有する寺院であった。

⑶ 神仏分離と村落

神職の確保

村落が神仏分離で問題となるのは神職の確保である。従来から神職が奉仕している神社は継続して勤めてもらえばよいが、僧侶や修験が神勤している神社は復飾してもらう必要があった。それでも、神職の不足は否めず、確保には苦労したようである。

○**都賀郡**　上南摩村（鹿沼市）の真言宗宝城寺は一〇石の朱印地を有し、上南摩村と隣村に一〇ヶ寺の末寺を持つ地域の有力寺院である。上南摩村の八幡宮は末寺の金蔵院、愛宕山は満福寺、深程村（鹿沼市）の愛宕山や諏訪大明神は無量寿院が別当寺であった。しかし、明治初期はいずれも無住となっており、宝城寺が兼務して祭祀を執行していた。政府の神仏分離方針が伝わると、三年元旦から「御供備ひ之義」は神職長蔵が担当し、「御供」は従前通り宝城寺が務めた。深程村の愛宕山・諏訪大明神、上南摩村の愛宕山の祭礼では別当の宝城寺が「梵天」（幣束）を上げ、「法楽」など仏式で行っていた。二月、上南摩村では神仏分離が本格的に実施されることになり、宝城寺で檀家世話人らを交えて度々打合せが開かれた。その結果、七日に満福寺と愛宕山、翌八日に金蔵院と八幡宮を分離する方針が決まった。こうして、愛宕山の本地仏は満福寺の薬師堂へ、八幡宮の本地仏は宝城寺へ移管した。宝城寺はこれらの建物を取壊す予定にしていたが、氏子中から「是迄之通信仰仕度」という嘆願があり、宝城寺は建物と地所を愛宕山と八幡宮に寄付することにした。八幡宮神職は境内地に「店地所」を持つ石川清右衛門が「復飾之上神職ニ相成」ることを希望したが、氏子や村役人の同意を得られず、愛宕山・八幡宮の神職は「村方神主」である大森大和が兼務した（『鹿沼市史』資料編近現代・『鹿沼市史叢書』九）。

上石川村（鹿沼市）の鎮守星宮大明神は別当の泉蔵院が神勤してきたが、神仏分離に際し、村内の仙吉から「祭

主之儀、素々ゟ神道相学ひ罷在候ニ付、私方ニ而相勤度」との申し出があり、村役人・百姓代が連印して領主の下野県（→日光県）に願書を差出し、名主の四郎右衛門が出府して「東京御上屋舗」（白川家の東京役所ヵ）に罷出て内諾を得、仙吉を「出府之上御掛り御役所様迄罷出御進退被成下候様」にと命ぜられて帰村した。ところが、翌二年になると、仙吉は「能々勘考仕候処、及老年新規之義行届間敷与心付、今更先非後悔仕」と言って辞退してしまった（『鹿沼市史』資料編・近世2）。話は振り出しに戻ったことになる。結局、氏子の協議で別当の泉蔵院光源に還俗を願って神勤してもらうことになった。光源は復飾して立花精吾と改名して、十一月から神勤した。社名もこのときに根裂神社に改められている（『鹿沼市史叢書』九・『栃木県史料』七一）。

◯塩谷郡　塩谷郡中柏崎村（高根沢町）の高秀寺は、那須郡田野倉村（那須烏山市）の真言宗安楽寺の末寺で滅罪檀家数が一八軒という小寺であり、神仏分離以前は中柏崎村・下柏崎村の鎮守高尾神社の別当を務めていた。明治維新で僧形での神勤が禁じられたことから、大田原県支配地の那須郡八ヶ代村（那須烏山市）の復飾神主中山大膳が兼務することになった。しかし、氏子らは他村の兼務では「神拝モ不行届、諸神祭・祈願一同万事差支」があるとして、高秀寺に復飾を願い出た。そこで、高秀寺は高山一メと改名して芳賀郡町田村（茂木町）の神主板橋信利に入門して「一社守護ノ司」即ち神職になる準備をしていたところ、宇都宮県から「神官一般御廃止被仰出」（明治四年五月の「天下大小ノ神官社家ニ至ル迄精撰補任可至旨」の太政官布告）との布達があると、将来に不安を感じたのであろうか、帰農してしまった（『高根沢町史』史料編Ⅲ　近現代）。

塩谷郡太田村（高根沢町）では鎮守社をめぐり悶着があった。三年四月、百姓太兵衛が忰蔵之助を代役に組頭吉蔵を「差添」として、日光県役所に訴えを行った。太兵衛の訴えによれば、白鳥大明神は元来、屋敷内の氏神であり、以前から稲毛田村（芳賀郡芳賀町）の神主岩松備前に奉幣・祭礼を依頼しており、「修復ハ勿論、祭礼等都テ私壱人ニテ仕来候」なのに、修験三條院が村方一同に取繕い、復飾して塩田主計と改名して「村方鎮守」を唱え、前年九月に役所から「祭主」になることが認められたと称し、明神の御札を村内に配布した。十二日に

は三条院・百姓源左衛門・同吉兵衛の三人が廻村してきた県役人に出訴したので、太兵衛には「百姓ノ身分ニテ神号建、右所持致候義不相成候間、三条院へ相渡申旨」を命ぜられた。この決定に承服できず、県役人に訴えたところ「御廻村ノ節猶亦再御取調被成下置候趣」を申渡された。その後、一向に出役がないので役所に「社地ハ勿論、社号・鍵共相渡、以後難題不申様」を出訴し、三条院の復飾については異存はないが祭主については承服できないと主張した。『鹿沼聞書』によれば、白鳥大明神は稲毛田村の牛頭天王の神官「岩村右近」が奉仕しており、太兵衛の主張が事実であったのであろうが、その結末は詳らかではない。王政復古の混乱に乗じ、したたかな行動に出る三条院のような修験もいたのである（『高根沢町史』史料編Ⅲ近現代）。

○河内郡　河内郡別当川原村（下野市）では三年十二月、「小前惣代兼組頭」の国府田熊蔵が日光県に「村方鎮守八幡大神往古ヨリ村方一同ニテ祭礼出来候処、氏子之者困窮仕詰、同社修覆祭礼等行届兼候ニ付、其以来右幸七へ任置年々幣納仕来候得共、御一新之折柄復往古、近村神主相願村方一同ニテ幣納祭礼仕度」との訴えを起こした。これに対し、返答人（被告）名主伊澤幸七の申分は「祭礼ハ勿論灯明御供無怠慢、先祖ヨリ今ニ至迄相勤、殊ニ右社普請入用等是迄村方ヨリ一切手伝受不申、私壱人ニテ（中略）進退在、村方村々鎮守ニハ無御座」というものであった。日光県より「扱人」（仲介役）を命ぜられた雀宮領の名主芦谷次左衛門が調停して、①名主幸七の主張は正当であるが、「村内ニ鎮守無之候ニ付今般示談之上、以来村方鎮守ト取扱」うこと。②幸七は「社守同様之心得候」とし、今後祭礼は氏子一同が幸七に相談の上で執行すること。③社殿の修復は幸七の差図によって氏子が負担する、の三点で内済された（『南河内町史』史料編4・近現代）。

県域の村落は多少の混乱はあったが、比較的スムーズに神仏分離を受け入れたようである。社僧や修験が奉仕していた神社では彼らが復飾して神職となり、着衣も浄衣《じょうえ》に変わったが、そのまま宗教活動を続けたのである。新たに神職を探すよりは、そのほうがずっと楽だったからである。鰐口・仏具・仏体が撤去され、神体には鏡を飾り、注連縄が張られ、一応神社としての体裁だけは整えたのである。

神仏分離の実態

都賀郡鹿沼押原町（鹿沼市）の天満宮は、天文年間（一五三二～五五）壬生綱房が今宮大権現の摂社として勧請したといわれる。維新時の別当は真言宗薬王寺末の実相院が務めていたが、明治三年、神仏分離によって社務を離れることになり、鹿沼宿今宮神社の福田・柿沼・大貫の「三宮司」が祭祀を担うことになった。その時の『天満宮御日記』によれば、閏十月二十八日、宇都宮県から召しを受けた今宮社家は柿沼広身が代表して役所に参上し、「今宮社家三人」で社務を務めるように指示された。薬王寺（今宮権現社僧）は「実相院境内江勧請有之候天満宮、今宮社家江社務相譲リ、右寺境内社地ニ寄附いたし、本尊仏具等之儀ハ薬王寺へ引取」るように命ぜられた。実際の明渡しは一か月後の十月十九日、薬王寺と引田村星宮大明神の高村越前が立会い、鍵の受渡しが行われた。二十二日、社家三人一同が内陣を掃除して、大工を入れて普請をした。二十五日は初めての「御献備」であり、塩・榊枝・青菜・魚などが供えられ、神体も本尊から金幣に変更された。二十九日には天神町の世話人の立会で、天満宮の境内地の確認を行い、神仏分離は順調に進捗した（『鹿沼市史』資料編近世2）。

壬生藩領都賀郡家中村（栃木市）では、幕末から村内の祭祀権をめぐる神職と修験の争いがあった。村の惣鎮守は享保十一年（一七二六）吉田家から正一位の神位を得た鷲宮大明神で、菱沼家が神主を世襲してきた。村には星宮もあり、九月九日の祭典には獅子舞・相撲があり、相撲取組の前に八、九歳から三四、五歳の男子が棒受け太刀と称して一斉に棒を振り声を発して社殿を廻る風習があり、賑わっていた。別当の星宮山月蔵院は本山修験幸手不動院配下の同行（最下級の修験）であり、境内地入口に屋敷地があった。月蔵院はなかなかのやり手で、慶応二年（一八六六）に村内の帰依者から集金して正一位星宮大神の神位を得ると、村惣鎮守にすることを企て、村内の光明寺（真言宗）と結託して「仏威」を以て「無理非道之口論」を仕掛けた。明治維新後は月蔵院は還俗して荒井主殿（後に義信）と改名し、社名を星宮から磐裂根裂神社と改め、着々と地盤を強化した。その後も両

家の争いは続き、孝一郎（名主ヵ）や雄琴神社の黒川豊麿が調停し、「一村東西と坪分ヶ」することで和解した。ところが、菱沼義章が氏子域の東坪内にある住吉社で奉幣・祈願をしていたところ、主殿が「神役」を止めようとして「発釼」（抜刀）して乗込み、当座の村役人にまで「雑言悪口論外之始末」に及んだ。主殿の言い分によれば、壬生藩小参事が菱沼の「村内一統」と「竈住連」の神勤を禁止し、「村内者素ゟ星宮惣鎮守氏子ニ候」との指図があったからというものであり、菱沼は何度も壬生藩に訴訟を起こしたが解決しなかった。決着を見たのは廃藩置県後の明治四年十二月であった。十四日、菱沼義章は壬生県戸籍掛役所の命で村役人と同道して出庁すると、壬生県大属茂木譲から「磐裂根裂神社社務兼帯」を命ぜられた。二十二日には名主以下の村役人が立ち会って義信から「宮請取」を行い、鷲宮大神は壬生県第八区（家中村）の村社となり、磐裂根裂神社は鷲宮神社の摂社（無格社）に位置付けられることになった（『鷲宮神社文書』）『壬生領史略』）。

国家神道下の栃木県神社

神明宮
栃木市旭町に鎮座する。旧県社。応永10年(1403)の創建と伝える古社。栃木県中教院は太平山頂に創建されたが、明治8年(1875)に神明宮境内に移り、栃木県神道事務分局となった。現在の配神造化三神は中教院の神殿に祀られていたものを受け継ぎ、拝殿は事務分局の講堂であったものである。

慶応四年一月、神社を管掌する行政機関として神祇事務科が置かれ、二月に神祇事務局、閏四月に太政官七官の一つである神祇官と随時規模を拡大し、明治二年七月の官制改革で神祇官は古代の律令制度に倣って太政官外に特立され、宣教を監する役目が新たに加えられた。「宣教」とは「惟神《かんながら》之大道」(神道)に基づいて国民を教化することを意味する。三年一月三日、大教宣布《たいきょうせんぷ》の詔が発せられ、「大教」の布教活動が実施されることになった。キリスト教に異常なまでの警戒と脅威を有した新政府は、神道の国教化で対抗しようとしたのである。四年には神職の世襲禁止、社格制度、氏子取調規則などの施策が次々に打ち出され、五月の太政官布告で「神社ハ国家ノ宗祀」、国家が公に祀るものとされた。こうした国家戦略は神祇官(→神祇省)に集った復古的な神道家や国学者を中心に推進されたが、人材不足や未熟さから十分な効果をあげられなかった。全国支配の安定化によって過激な政策は不要となり、明治四、五年、彼らは政府を追われり、閑職に追いやられ、神道国教化政策は挫折した。

五年三月、宣教関係を扱う役所として教部省が置かれ、仏教各宗を巻き込んだ国民教化を進めようとしたが、神道色が濃厚なことに仏教界が反発して失敗した。十五年一月、内務省は神官の教導職兼職を廃し、葬儀への関与を原則禁止した。これにより、神官は祭祀・儀礼を扱うことになり、神社は宗教と切り離され、国家の祭祀を担う役割に特化されたのである。「国家神道」体制の始まりである。しかし、財政難に苦しむ政府は徐々に神社への経済的保護を打ち切り、官国幣社ですら国家から自立させようとした。国家の祭祀を担うのは伊勢神宮のみで事足りるというのが当時の内務省の考えであった。

危機感を持った神社界や議会関係者は神祇官の復興と公費による神社保護を求める運動を展開した。折から日露戦争などの対外戦争で戦勝祈願の場として国民の神社への崇敬意識が高まっていたこともあって、四十年に官国幣社の保存金制度、府県郷村社への神饌幣帛料供進などの政策が導入された。全神社が国家の祭祀を掌るように神社政策が変更され、「国家神道」体制が確立したのである。神社界の神祇官復興運動が結実したのは昭和十五年(一九四〇)の神祇院開設であるが、これも六年後の敗戦によって終わりを告げた。

一、栃木県の神社調と社格制度

(1) 社名改号と神社調

神名の改号

明治政府は社名から仏教色を一掃する方針を徹底した。明治元年十二月、真岡県(→下野県)は支配地の名主や別当・神官に「神社改号」を命じた。管下の都賀郡塩沢村(小山市)には十二月十二日、石橋役所から、

神祇改号

八幡大菩薩ハ八幡大神	熊野権現ハ熊野大神	山王権現ハ日枝大神
牛頭天王ハ八坂大神、或は八坂神社		白山権現ハ白山大神
弁才天神ハ厳大神	蔵王権現ハ御嶽大神	愛宕権現ハ愛宕大神
金毘羅権現ハ琴平大神	東照権現ハ東照宮	秋葉権現は秋葉大神

右之通仏語ヲ以相称候神社改号相違候事。

との神仏混淆的な神社の改号を命ずる廻状が届いた(『小山市史』史料編・近現代Ⅱ)。同月、同じ廻状に接した梁田郡下渋垂村(足利市)の修験泉蔵院改め根岸弾正は「春日大明神」を「琴原神社」とする改号願いを下野知県事役所に提出した(『栃木県史』史料編・近現代八)。安蘇郡下多田村(佐野市)でも、翌二年七月、雷大神神

主毛利志摩が「菊沢源神社　賀茂皇別雷大神」に変更する神号改号願を民政役所に提出している（『田沼町史』第五巻）。こうして、各地の神社は徐々に仏教色を排除した社名に改められたのである。

明治初期の神社取調

政府が神道国教化政策を円滑に推進するには、神社の実態を正確に把握する必要があり、神社取調べを実施して報告書を提出するように府藩県に命じた。政府の神社取調の経緯は次のとおりである。

①仏語をもって神号とする神社の由緒調査と報告（慶応四年三月二十八日）

②諸国大小神社神職の継目及び式内社・式外大社・府藩県崇敬社の調査と報告（明治元年十二月二十日）→明治二年六月十日、三年二月二十九日にも精査を指示。

①は「仏像ヲ以神体ト致候神社ハ以来相改可申候事」ともあり、調査から一歩進んで実行が指令されている。②は三度にわたり指令され、調査対象とされたのは式内社と式外大社および府藩県の崇敬神社であり、この段階では全国に数多ある宿町村に鎮座する神社は調査対象にはなっていない。

三年閏十月二十八日の「大小神社」取調に関する太政官布告は、初めて村に鎮座する神社も調査の対象とされた。その調査内容は、①某国某郡某村鎮座②某社（但式内式外或ハ府藩県別段崇敬之社等之別）③宮社間数並大小ノ建物④祭神並勧請年記　附社号改替等之事（但神仏旧号区別書入之事）⑤神位⑥祭日（但年中数度有之候ハ、其中大祭ヲ書載スヘシ）⑦社地間数　附地所古今沿革之事⑧勅願所並ニ宸翰・勅額之有無　御撫物・御玉串献上等之事⑨社領現米高（所在之国郡村或ハ廩米並神官家禄分配之別）⑩造営公私或ハ式年等之別⑪摂社・末社之事⑫社中職名・位階・家筋・世代　附近年社僧復飾等之別⑬社中男女人員⑭神官若シ他社兼勤有之ハ本社ニテハ某職他社ニテハ某職等之別⑮一社管轄府藩県之内数ケ所ニ渉リ候別⑯同管轄之庁迄距離数、の一六項目である。

この調査は「国内大小神社之規則」を定めることを目的にしており、政府は府藩県に対し、三年十二月までに

詳細且つ具体的に報告するように指令した。日光県は同年十二月、弁官に宛て「管内手広ノ儀」故に翌四年一月中までの「猶予」願いを提出し、宇都宮藩も猶予願を差出した。宇都宮藩はさらに「何分未タ全備不仕候」として、二月中までの再猶予願いを提出し、二月十日付けで「願ノ通聞届候」と認められた。壬生藩も四年一月二十九日「播州支配所之方取調不行届之廉有之」からと、飛地播磨国の調査遅滞を理由に二月中旬までの延引を願い出て認められた（『公文録』）。府藩県の調査は維新期の混乱のなかで、順調にいかなかったのである。

日光県は、二度にわたる伺書でどのレベルの神社まで調査するのかを問合せている。神祇官の指令は「氏子持」の神社は書き載せ、「社家神主等モ無之居屋敷内又村内毎ニ有之、仮ヘハ稲荷トカ明神トカ之分」は書出す必要はないというものであった（『公文録』）。

上記の雛形に基づき、芳賀郡給部村（芳賀郡芳賀町）が四年二月、日光県に提出した「村内神社書上」を次に掲げておこう（『芳賀町史』史料編・近現代）。

下野国芳賀郡給部村鎮守①

高尾大明神　　但式外・府藩県別段崇敬之社無御座。給部村鎮守ト相尊候②

一官社　弐尺四面③　　一玉垣　間口九尺　奥行弐間③

一鳥居　高サ九尺　開キ七尺③　　一祭神　高龗於於賀美尊　勧請年記不分明御座候④

一神位　無御座候⑤　　一祭日　毎年九月二十九日⑥

一社地　間口三間　奥行六拾弐間⑦　　一勅願所并宸翰・勅願　無御座候。

御撫物・御玉串献上等無御座候⑧

一社領・現米高共無御座候⑨　　一造営之儀は給部村氏子中ニて仕来候⑩

一末社　無御座候⑪

一社中職無御座候。村内千蔵院別当相勤候處、御一新以来黒羽藩管轄所同郡上稲毛田村復飾神主足利良

定方ニて当分兼帯仕居、祭主未夕治定不仕候⑫⑭

一日光県御庁迄里数拾四里、石橋御出庁迄八里半⑯

給部村は鎮守高尾大明神を調査し一六項目（①〜⑯）にわたる報告を提出したのである。同年正月に日光県に提出された芳賀郡長沼庄大田村（真岡市）鎮座の「正八幡大神」の明細調も同じく①〜⑯の全項目に及ぶ詳細なものであった（『二宮町史』史料編・近現代）。

日光県が管内神社の調査を一応終えて神社明細帳を神祇省に提出したのは、栃木県になる直前の四年十月である。日光県は遅延したのは「御維新以来万般御用積集仕、追々遅延相成」からであると弁明している。この時に作成された簿冊は失われたが、日光県が管内から徴した「管内神社表」が『栃木県史料』七一に載っている。それによれば、日光県が提出した管内神社数は六四一町宿村に七〇二社、氏子数は四万八三九二人であった。

古河県の神社巨細取調

『古河県神社巨細取調帳』（『社寺取調類纂』三二）は古河県（旧古河藩）が明治四年八月、管下の下総・下野国の神社を調査し、神祇官に提出した報告であり、前年閏十月の太政官布告の調査項目に準じている。神仏分離により社号や祭神、社殿から仏教色が一掃され、社僧・別当ら僧職の神勤が禁じられた直後の古河県の実態を知ることができる。下野国の管轄地八四宿村の神社二五八社を載せている。「本社」が二〇〇社、「摂社」が七社、「末社」が五一社である。本社二〇〇社のうち社号を改号したとあるのが三三社である（大菩薩・大権現・牛頭天王は「大神」号に変更し、大明神は大明神のままか、大神にするのかで対応が分かれた）。改号年次は明治元年が一社、二年が三一社、三年が一社である。

古河県は、日光県との間に「支配所出入訴訟」を抱えていた都賀郡今泉村の四社（日光県支配地に鎮座）を除き全神社に六五五人の神職を置いた。出自別では社家が三二一人、修験が一六人、僧侶が二人、農民が一六人であ

る。社家は一〇人が古河県管轄域の神職であり、他村の神社の神職を「兼勤」する者が多い。野木宿鎮座の野木宮神職海老沼津守は九村二二社を兼勤した。二一人は管轄域外の神職である。修験・僧侶の復飾時期は明治元年が五人、二年が一〇人、三年が三人である。農民出身者は明治元年が三人、二年が一二人、三年が一人であり、彼らは村内の複数社に神勤はしたが、他村の神社に奉仕することはなかった。古河県は神職の確保に苦心しており、なりふり構わず頭数だけを揃えたのであろう。

祭神については未だ政府の方針は徹底せず、高良大明神の玉垂命、十二神の赤土命、稲荷大神の倉稲晩尊、星宮大明神の香々比日命、日枝大神の日天子など、地域的な祭神名である。蛭沼村の神倉大神は近世には龍頭大権現と呼ばれ水の神を祀っていたが、祭神「不詳」とある（後に「水速女命」となる）。羽抜村の星宮大明神の「日々儀命」（瓊瓊杵命）は、戦後「香々背男命」に変更された。飯田新田村の大神宮の「日読命」は『下都賀郡神社明細帳』に「大日留女命」、網戸村（小山市）の網戸大明神の「思姫命」は「田心姫命」を記録者が「田心」を「思」と筆記ミスしたのであろう。御門村の将門大神の「相馬将門」は『下都賀郡神社明細帳』に「大己貴命」、戦後「平将門」に戻されている。冨吉村の「住吉大明神・愛宕大神・星宮大神・蛇木大神・水神・厳島大神」の合殿一社のうち「蛇木大神」の祭神は「蛇毒気神」であり、間もなく淫祠として廃されたのであろう。

社殿の規模についても見ておこう。施設が最も充実していたのは野木宿の野木宮である。神殿（本殿）が桁行三間半×梁間四間、内拝殿七間×四間、外拝殿三間×一間半とあり、境内には二間×三間半の神楽殿もあった。二〇〇社のうち、拝殿を持つ神社が七九社、東水代村の八坂大神と下多田村の加茂別雷大神の二社は幣殿もある。村檜神社は三間×二間四尺の神殿のみで拝殿はない。押切村の星宮大神の神殿は二尺八寸×二尺三寸であり、一間にも満たない小規模神社である。寒川村の胸形神社は二間×二間の神殿と三間二尺×二間の拝殿を有しているが、五年七月、旧栃木県が教部省に差出した伺書に「殊の外零落致し、宮殿雨漏り等見るに忍ばざる為体」と記される有様であった。いずれの神社も「国家ノ宗祀」とするにはあまりに貧弱であり、幣殿・拝殿も境内に

ある仏教施設を流用した可能性も否定できない。

式内社取調

政府の神社調査は明治元年十二月二十日の行政官達に始まるが、このとき行政官が府藩県に命じたのは「延喜式神名帳所載諸国大小神社」と「式外ニテモ大社之分且即今府藩県側近等ニテ崇敬之神社」の取調と報告であり、地域の大社と並んで古社重視の姿勢が見られる。府藩県の調査は順調には進まず、政府は二年六月十日の神祇官達や三年二月二十九日の太政官布告を以て調査を厳命している。五年八月十九日、史官が教部省に官国幣社と府県社数を問合わせたが、「府県社ノ儀ハ地方ヨリノ取調書未タ相揃不申ニ付、総数相分不申候」であり、府社は「東京府　三社、京都府　未定、大阪府　一社」、県社は「未定」と回答している（『公文録』）。府県社ですら選定に日数を要しているのに、式内社の調査が順調にいっていたとはとても思えない。

五年六月、旧栃木県は教部省に対して、

一二荒山神社　往古河内郡、方今都賀郡日光山　一大神社　都賀郡総社村
一大前神社　都賀郡大崎村　一村檜神社　都賀郡小野寺村
一阿房神社　往古寒川郡、方今都賀郡粟野宮村　一胸形神社　寒川郡寒川村

右者何レモ所在判然有之候ニ付、祭典等社格相応之御取扱ニ相成候様仕度、此外今般引渡相成候ヒ、上野国式社之儀ハ追テ検査之上可申上候。

と、管内の式内社六社を調査報告し、新たに管轄に入った上野国内の式内社は後日調査が済み次第報告すると上申した。教部省からは「二荒山神社之儀ハ方今御取調中ニ付、大神社以下先ツ県郷村社之内へ加へ、神祇省壬申第一号布達ニ照準シ詳細記載可伺出事」と指令された（『栃木県史料』九）。

特選神名牒の編纂　教部省は七年四月「特撰神名牒纂定之儀」を三条実美太政大臣に伺い出、太政官は内務省と

「掛合」の上で許可を与えた。この決定を受けて、教部省は六月二十九日、府県に対し「神名牒纂定」のため、管内の延喜式内・国史現在社を「当今其所在未定或ハ社地堙埋《いんまい》ノ分ハ無遺漏捜索検覈致シ、毎社考證書及絵図面ヲモ相添可差出」ことを命じた。調査は①鎮座地（大小区、国郡町村）②神社名③祭神④由緒⑤勧請年月⑥例祭日⑦社殿建坪⑧境内反別⑨旧社領⑩氏子戸数⑪府県庁からの距離の一一項目であり、「九月限リ取纒メ可差出」とされた。しかし、府県の調査は相当に難航したようで、年月日欠の「教部省達按」によれば、九月の期限を過ぎても提出しない「無届府県」が東京府以下二四府県あり、「他ノ府県ガ数箇月ノ間ニ完了シタルハ、明治二、三年調査ノ際充分研究ヲナシ置キタルニ因ルナルベシ」と、調査が進捗しないことに苛立ちを表している（大正十四年刊『特選神名牒』所収「特選神名牒編纂次第」）。

栃木県が「当国管内下野上野両国式内神社調帳進達書」を提出したのは七年十月である。その「表目」には、

大神神社（下野国都賀郡惣社村鎮座）	安房神社（同国同郡粟宮村鎮座）
高椅神社（同国同郡中高橋村鎮座）	胸形神社（同国寒川郡寒川村鎮座）
大前神社（同国都賀郡大前村鎮座）	村檜神社（同国同郡小野寺村鎮座）
三和神社（同国那須郡三和村鎮座）	健武山神社（同国同郡健武村鎮座）
温泉神社（同国同郡湯本村鎮座）	大前神社（同国芳賀郡東郷村鎮座）
荒橿神社（同国同郡小井戸村鎮座）	加茂神社（上野国山田郡下広沢村鎮座）
美和神社（同国同郡安楽土村鎮座）	以上拾三社

とあり、「国幣中社二荒山神社ハ別ニ調書差上有之ニ付省ク」とあった（『栃木県史料』九）。この進達書によって、県域の式内社が公的に確定したのである。

『特選神名牒』は九年十二月に完成した。教部省は翌十年一月に廃止されることが決定しており、完成を急いだので記載項目が空白の神社もみられた。神社配列は『延喜式』神名帳に準拠し、記載項目は「祭神、祭日、社

格、所在」であり、「神位」を記載した神社もある。教部省廃止後は内務省社寺局が保管していたが、関東大震災の災禍で関係書類とともに焼失した。本書が刊行されたのは大正十四年（一九二五）である。原本には国史現在社の項目があったとされるが、刊行本には載せられていない。編纂に従事したのは、のちに『姓氏家系大辞典』の著者として知られた太田亮である。下野国は国内一一座のうち「荒樫神社」が全項目とも空白となっており、「今按」として『下野国誌』の記事を紹介している。疑問のあるものは府県の調査を鵜呑みにせず、諸書を参照して後日を期すという考証の姿勢を窺うことができる。

(2) 明治五、六年の神社と氏子調

社格制度と県域神社

明治四年七月四日、太政官は「郷社定則」を布告し、戸籍区（小区）ごとに郷社一社を置き、区内に原則一村に一村社を置いて、郷社の附属とすることを達した。郷社は「式内カ或ハ従前ノ社格アルカ又ハ自然信仰ノ帰スル所カ凡テ最首トナルベキ社」から選ばれ、府県社が郷社を兼ねることも認められた。郷・村社以外の神社は「摂社」と呼ばれ、社格のない神社であることから「無格社」とも呼ばれた。こうして郷村社列格の基準が定められたのである。

神祇省はこの郷社定則に基づき、翌五年一月、府県に対し、全国一定の雛形による府県郷村社区別調べを行い、二月までに報告するように命じた。調査項目は①式内・式外の別②氏子数③祠官・祠掌名④鎮座地の四項目であり、小区単位でまとめて報告するように指令した。

日光県（→旧栃木県）は四年十月三日、「神社改正之儀ニ付伺書」を提出し「妙見ヲ以鎮守ト致居候村」が「北

斗七星ヲ祭」り、「神ニ改号仕候テモ可然哉」を問合せた。神祇省からは「北斗七星ヲ祭候分ハ神社ニ無之事」と指令された（『栃木県史料』七）。本県に妙見社は少ないが（『鹿沼聞書』には一社も記載されていない）、これにより、都賀郡今泉村（栃木市）の妙見社が五年八月、地名の今泉神社に改号し、祭神も天御中主命・稲倉魂命・誉田別命と改められた（『下都賀郡神社明細帳』）。

旧栃木県は「北斗七星」が認められなかったので、翌五年二月十九日付「郷社村社改正之儀ニ付伺書」で「当国ニ星宮ト称候鎮守村々比々有之。其祭神区々ニシテ一定不致、正邪不分明ニテ甚疑惑罷在候。却而是ガ為ニ旧来之鎮守者自然衰微ニ及候モ不少候得者、若一村中他ノ小祠ニテモ因由深キ旧社有之候ハヽ、鎮守ニ引直シ、若他社無之候ハヽ、祭神相改一定仕候而可然。仍而星宮所由考別記一冊相添此段相伺候」と、管轄下に多数所在する「星宮」の一覧を添えて、鎮守として相応しいかを伺い出た。教部省は六月五日付で「星宮之儀ハ考證難取上候ニ付、今一応祭神等篤ト取調処置方見込相立、更ニ可伺出事」と指令した（『栃木県史料』九）。この問題は「祭神相改」ることで決着したようで、「磐裂神・根裂神」を祭神とすることで存続が認められたのであろう。

五年三月、旧栃木県は管内に対して「今般神社改正被　仰出候ニ付而者、是迄一村之鎮守ト称シ候社数ヶ所有之。村方者其中惣鎮守一社ヲ定、所由大略記載シ雛形之通相認メ、当月限可差出事」を達した。また、教部省には「一村中両三社有之。其中一社ヲ以村社ト相立、其他所摂之両社古来ヨリ神職有之候ハヽ、何レモ氏子無之トモ祠掌再任申付宜候哉」との伺いを提出したが（『栃木県史料』九）、教部省の指令は残っていない。

安蘇郡船越村（佐野市）は旧栃木県の「村内総鎮守一社ヲ相定可書上」との布達を受けて村内で談判したが、「耕地七坪」つまり幕府領と旗本六人の七給の時代から村内に七社があり、三騎大神・上宮大神・熊野大神の三社が村民の信仰を集め、意見がまとまらず決着がつかなかった。五年四月、村役人と小前一同は「社地絵図面・明細帳并神社調書」を添え「何卒出格之以　御仁恤ヲ御上様御差図ヲ以、一社被　御申付候」と願い出ており（『田沼町史』第五巻）、旧栃木県は熊野神社を村社と決定した。江戸時代の下野国は一村を複数の領主が分割知

行する相給の村落も多く、村鎮守が給ごとにある場合など村社の決定過程で揉めることもあり得たのである。

五年七月、旧栃木県はつぎの「村社之儀ニ付至急伺」を教部省に提出した。

式内寒川郡寒川村胸形神社殊之外零落致、宮殿雨漏等見ルニ不忍。就而者当時寒川郡土地追々狭迫ニ及、終ニ拾七ヶ村ヲ以不残胸形神社氏子ニ申付、大鎮守ト致シ村々ニ立居候社者小鎮守ト称シ候様為致候ハヽ、自然式社之光栄モ相増可申哉。右差掛リ候ニ付、至急御下知相成度依之此段奉伺候。

寒川村鎮座の式内胸形神社を「大鎮守」として郡内の住民を全て氏子とし、他の神社は「小鎮守」にしたいとの内容である。八月、教部省は「大小鎮守之称号難聞届候条、県郷社之内エ取調、更に可伺出候事」と指令した。八月二十日、県は①胸形神社を郷社とし、寒川郡全村民を胸形神社の氏子とすること。②郡内の他神社は胸形神社の「摂社」とすることの二点を再伺したところ、九月、教部省から「伺之通」と許可された（『栃木県史料』九）。これにより、寒川郡第一区（明治五年三月の区画制定で、寒川郡の全一三ヶ村は「単ニ一区トナス」）の全村民が胸形神社の氏子となり、それ以外の神社は胸形神社の摂社に位置付けられたのである。

旧栃木県は、郷社を一小区に一社、一村に一村社を基準に郷村社の選定を行った。ところが、管下の上野国山田郡四八区に式内社が美和神社（安楽寺村）と加茂神社（下廣澤村）の二社あることがわかると（式内社は郷社にする基本原則があった）、五年十一月十四日「一区ニ両社アルヲ以テ之ヲ分チ両区ニ置キ、各郷社ト為シカ為ナリ」と、四八区と四九区の区割りを変更し、同一区内に式内社すなわち郷社を重複させせない決定を下した（『栃木県史料』五四）。

このような経緯を経て、六年五月八日、旧栃木県は教部省に郷村社名と祠官・祠掌名を記した「郷村社区別書上候ニ付申上」を提出し、七月二十五日付で聞き届けられた（『栃木県史料』九）。

宇都宮県は五年二月二十八日、「管内郷村社之区別相立当月中可伺出旨兼テ御達有之候處、当県所轄分区当時取調中、且未タ旧県ヨリ引渡不相成村々モ有之。昨今取調行届兼候」として「暫時御猶予」を伺い出た。廃藩置

県後の管轄域の拡大で戸籍区の再編成があり、戸籍区を決めてからでないと郷・村社を決められないというのである。宇都宮県が「管内諸神社区別調書」を教部省に提出したのは六年五月二十日である（『二荒山神社年表紀事略』）。

ところで、社格を決定する際に重要なのは氏子の有無である。都賀郡上草久村（鹿沼市）の古峯神社は近世中期以降、火伏・風除けの信仰で関東・東北を中心にして古峯講社が結成され、多くの参詣者を集め、明治期はその最盛期であった。古峰ヶ原には日光修験の華供養・冬峰における入峰の拠点があり、隼人家邸に金剛童子が祀られ、参詣者に風除けの札を配布していた。隼人家は『九峰修行日記』に「社人も非す百姓家也。前鬼と云ひ、又天狗使ひと江戸表にては専ら言ふ」とあり、石原隼人と一族の主水は日光修験とかかわる宗教者であった。明治維新がなると、隼人と主水は「古峰原社人」と号し、「当山神宮之儀者古峯神社日本武尊ニ而往古ゟ私共両家守護罷在、（中略）何卒私シ共江神道御許容被仰付」ように日光県に出願し、明治二年に金剛童子を日光山に還仏して「古峯神社」の社号許可を得た。しかし「公社」になると講社員の自由な参拝に影響が出ることが予想されたので、石原重次（隼人）は「自祭ノ社」の道を選び、十二年六月十六日「今回信徒共有社トシ、衆庶参拝請願」した。どれほど参詣者が多くても「信徒八戸」では無格社とならざるを得ず、また神官の「精撰補任」で何時解職されるかもわからず、石原家は「信徒共有社」の道を選ぶのが得策と判断したのであろう（『鹿沼市史』資料編近世Ⅰ・『上都賀郡神社明細帳』）。一方、上久我村（鹿沼市）の加蘇山神社は古峯神社と同じように、近世から明治時代に山岳信仰で栄えたが、古峯と異なり氏子二二五戸を有する地域の中心神社であり、明治十年六月に郷社、大正四年三月県社に昇格している。神社を氏子調べの拠点とする県にとって、古峯神社のような氏子の少ない神社は利用価値がほとんどなかったのである。

県域の大小区

明治四年四月、政府は戸籍法を公布して全国の人口調査と戸籍編成を命じた。戸籍法は近世の身分別の戸籍編成を廃して居住地別の編成にしたものであり、戸籍事務が円滑に行えるように設けたのが戸籍区である。区の規模は「四五丁モシクハ七八村ヲ組シ合スヘシ」との原則が立てられ、地方官（府藩県知事）の裁量に委ねられた。

宇都宮県が大小区制を導入したのは五年三月、管下四郡を分画して七大区七六区の区制とした。日光県は四年六月、管下七六三ヶ村、二〇ヶ駅、一九ヶ町を七五区に区分けした。十一月に日光県が廃されて栃木県が成立すると、旧栃木県は五年三月、管下八郡を八七区に分画した（五月に七七区に再画定）。その後、六年二月に大区制を導入して九大区七七小区とした。

六年六月、宇都宮・旧栃木の両県が合併し栃木県が誕生すると、八月には宇都宮県管轄下の四郡を組み込んだ区制を設定し、一三大区一一四小区とした。区制はその後も改定を行い、七年十一月に一三大区一一五小区、九年四月に四大区五二小区に再編成された。同年九月に上野国邑楽郡・新田郡・山田郡の三郡が群馬県に編入されると、栃木県は四大区四六小区となり、十一年七月の郡区町村編成法によって大小区制が廃止されるまで続いた。

旧栃木県の氏子取調

明治四年七月四日、「郷社定則」と同日付けで次のごとき「大小神社氏子取調規則」が布告された。

①臣民一般出生ノ児アラハ其由ヲ戸長ニ届ケ、必ス神社ニ参ラシメ其神ノ守札ヲ受ケ所持可致事。
②守札ヲ所持セサル者老幼ヲ論セス生国及ヒ姓名住所出生ノ年月日ト父ノ名ヲ記セシ名札ヲ以テ其戸長ヘ達シ、戸長ヨリコレヲ其神社ニ達シ守札ヲ受ケテ渡スヘシ。
③他ノ管轄ニ移転スル時ハ其管轄地神社ノ守札ヲ別ニ申受ケ併テ所持スヘシ。
④死亡セシモノハ戸長ニ届ケ、其守札ヲ戸長ヨリ神官ニ戻スヘシ。
⑤自今六ヶ年目毎戸籍改ノ節守札ヲ出シ戸長ノ検査ヲ受クヘシ。

氏子調べは近世の寺請け制度に代わり、神社に寺院の役割を担わせようとしたものである。七月七日、壬生藩は「戸籍法第二十則ニ氏神ノ守札検査ノ儀有之。此氏神ト唱エ候ハ氏ノ祖神ト申儀ニ候哉。又ハ鎮守産土神ヲ氏神ト称候儀ニ候哉。但氏ノ祖神ニ候得ハ人々某ノ氏ハ某ノ社神ト申スコト容易ニ弁シ難ク、故ニ伺置、自今取調度候事」と伺い出た。神祇官の指令は「氏神ト唱へ候ハ産土神ト可心得事」である（『栃木県史料』八〇）。氏神は氏の祖神か鎮守産土神かを伺出なければならないほど現場の混乱は大きく、氏子調べの前途は多難であった。

戸籍法と「郷社定則」、氏子調べの三者は相互に密接な関わりがあった。郷社定則に「郷社ハ凡戸籍一区ニ一社ヲ定額トス」と定められ、同一小区内に置かれた神社は郷社の附属とされた。一小区に戸長一人、副戸長二人を置いて戸籍の作成と異動の取扱い業務を担当させた。正副戸長は旧栃木県では「小区内ノ事務最大トナク通知総括一切取扱フベシ」と決められた（『栃木県史料』五五）戸長と共同して氏子調べを担当したのが神官（祠官・祠掌）である。郷社祠官の統率のもと祠掌が村民の守札交付と回収と検査にあたるので、戸籍編成の責任者の戸長との連携は不可欠であった。守札は「竪三寸、横二寸」の木札とするのが原則であり、表面には「某所某神社氏子、生国、父名、男女別、氏名、出生年月日」を記入し、神社印を押印して、裏面には「年月日、神官氏名印」を記すことになっていた。実際は県によって差違があり、六年三月に旧栃木県第一大区八小区塩山村の農佐藤幸次郎に渡された紙製の氏子札には、生国・父名・男女別は記されていない（『鹿沼市史叢書』九）。

国民はあまねく氏子として神社に届け出、守札を所持することが義務付けられた。四年七月四日「大小神社氏子取調規則」と同時に布告された「各地方管内神社ノ輩守札差出方」の心得には「出生ノ児及ヒ氏子入ノ数其名前ヲ録シ、毎年十一月中其管轄庁へ差出シ、十二月中太政官へ差出スヘシ」とあり、出生や氏子入りの届出があると神社備え付けの「氏子帳」に登録し、氏子帳は毎年十一月、管轄庁に提出し、その管理は神官の重要な業務となった。五年二月、旧栃木県は『戸籍編修心得書』を管下に布達したが、一四条には守札の取扱い、戸長と神官の役割が詳細に明記されている（『栃木県史料』五三）。

しかし、この制度は当初から問題を抱えていた。廃藩置県による管轄地の変動、それによる戸籍区の変更が重なり、郷村社の社格を決定するのですら容易ではなかった。さらに職務に耐えうる祠官・祠掌をどう撰任するのか、業務多端な管轄庁にとっては大きな負担になった。そのため、六年五月二十九日、政府は太政官布告で「辛未七月相達候氏子調ノ儀ハ追テ　御沙汰候迄不及施行候事」を達し、氏子調べを事実上中止とした。栃木県は「其簿冊ヲ製シ及ヒ配札等ノ事功已ニ半ヲ過」ぎていたが、この布告を受けて中止した（『栃木県史料』五三）。

一方、教部省は「郷村社区別方ハ勿論、氏子ノ儀モ可為従前之通候」と、郷社定則は存続する方針を明示しており、郷村社の社格と氏子制度は維持され、終戦まで続くことになる。

栃木県は氏子調べが中止された後も一小区一郷社の原則を維持している。宇都宮県の四郡を合併し区画を再編成すると、七年九月十九日「毎区組替候ニ付一区内ニ郷社二社三社ニ相成区モ有之。或ハ郷社無之区出来不都合相成候ニ付、今般再調之上一区一郷社ニ改定致度、就而者旧宇都宮県ヨリ差上候郷社村社区別書上帳之儀ハ一旦御下相成、改定之上差上候様致度此段相伺候」との「郷社改定致度候ニ付伺書」を提出した。教部省は十月十日「明細帳下渡之儀ハ難聞届候条、其県稿本ヲ以テ再調、更ニ可伺出候」とする一方、「神官月給之儀民費課出被廃候上ハ、社柄ニヨリ一区内之郷社或ハ両社已上ニ相成候分有之候共不苦候」と指令した（『栃木県史料』九）。神官給与の民費課出が廃止されたので、一小区一郷社でなくても構わないというのである。十年八月、栃木県は社格の改定を行い、都賀郡高椅村（小山市）の高椅神社、芳賀郡東郷村（真岡市）の大前神社を郷社から県社、都賀郡平井村（栃木市）の太平山神社、皆川城内村（栃木市）の東宮神社、上久我村の加蘇山神社を村社から郷社に昇格させた。また、郷社から村社に降格された神社が続出した。いずれも「区画改定」を理由に実施されており、『下野神社沿革誌』からその数を拾ってみると三七社、『那須郡神社明細帳』によれば、那須郡中野内村（大田原市）の郷社温泉神社は十年の「区画改正」で村社となり、十四年三月に郷社に復したとある。これを加えると、十年八月に村社に降格したのは三八社におよぶ。九年九月に上野国三郡が群馬県に編入され、栃木県の大小

区が最終的に確定したので、一小区一郷社を基本にして社格を見直したのである。

(3) 神官の精撰補任

神官身分について

明治四年五月十四日の太政官布告は「神社ノ儀ハ国家ノ宗祀ニテ一人一家ノ私有ニスヘキニ非サルハ勿論ノ事ニ候」と神社の公的性格を明示し、神官・社家の世襲は「祭政一致ノ御政体ニ相悖《もと》リ、其弊害不尠候」として「伊勢両宮世襲ノ神官ヲ始メ天下大小ノ神官社家ニ至ル迄精撰補任可致旨」を定めた。全神職を解任し、相応しい人物を新たに任命するというのである。この布告をもって、それまで様々な名称で呼ばれていた神職は統一して「神官」と呼ばれ、その職制も明らかにされた（二十七年、神宮の職員を除いて全て「神官」の称が廃され、県郷村社の祠官・祠掌は社司・社掌と呼ばれる）。神官は「神官職員規則」により官吏の身分が与えられ、その職務は、教部省が六年七月七日に制定した一一ヶ条の「神官奉務規則」において、祭祀（一・二条）、祈祷（三条）、教導職としての心得（四条・五条）、社殿の維持管理（七条・八条）、葬祭（九条）と規定された。

宇都宮藩は六月二十日「当管内郷社ノ神主従来百姓ニ候處、右一旦解任ノ上吏ニ其者へ祠官祠掌申付候節ハ勤職中ハ士卒ニ取立不申候テハ不相成儀ニ御坐候哉。又ハ士卒ヨリ前ニ撰任候事ニ御坐候哉」と、祠官・祠掌は在職中は士卒身分とするのか、それとも士卒から撰任するのがよいかを伺い出た。これに対し弁官は「一旦解任ノ上吏ニ撰任ノ者別段士卒ニ編籍ニ不及、従前ノ神職ノ者無之候ハヽ、士卒ハ庶民ノ内ニテ広ク撰任勿論ニ候事」と、士卒身分に編籍する必要はなく、幅広く人材を登用するように指令した（『公文録』）。神官の族籍は壬生藩でも関心事であり、同年七月七日「諸社祠官祠掌農ヨリ撰挙致候節ハ祠官ハ士族、祠掌ハ卒ニ召出、各官禄ヲ賜

候哉。又ハ格式而已賜候哉」を伺い出、神祇官からは「農ヨリ撰挙ノ節ハ原籍ノ儘ニテ別段士卒ニ召出ニ不及」と指令された（『栃木県史料』八〇）。旧来の支配階級の士族身分にこだわる地方官の意識が垣間みえる。太田原藩も五月三十日「是迄之神職共多クハ士卒へ編籍ハ為仕《なし》カタク農ニ帰ス可ク候得共、中ニハ極窮之者トモ所持之田畑等無之者、藩ヨリ田地等附与仕候ハ迚《とて》モ不行届。左候得者其者共差当リ今日之活業如何取計可申哉」との伺いを提出し、弁官は「一定之規則追而差図ニ可及事」と指令した（『栃木県史料』八一）。

旧栃木県・宇都宮県の神官撰任

明治四年十一月の県治条例により長官は県令と呼ばれるようになった。県域では廃藩置県後に置かれた一〇県の整理、統合が行われ、宇都宮県と旧栃木県の二県となった。郷村社の決定と祠官・祠掌の撰定は新たに成立した両県に引き継がれた。

旧栃木県は五年二月十九日、「郷社村社雖為祠官一端解任之上、全ク其器ニ当ルモノハ猶亦再任可申付儀ニ候得共、先者不堪其職者多ク候得者官国幣社職務華族士族新任モ有之赴之的例ニ準シ、郷社村社之祠官祠掌等者当県貫属ヲ始メ平民之中ヨリ相当之者相撰新補申付候而者如何可有之哉」を伺い出、教部省は六月五日付で「伺之通」と回答した（『栃木県史料』七一）。旧栃木県は四年十一月に管轄郡の変更と拡大を受けて戸籍区の大幅な変更を実施しており、神官の「精撰補任」という政府の方針が「今般旧諸県より引渡相成候郷村之内ニは未タ承知不致ものも有之」という状況で徹底できなかった。それでも、「従前之神官追而免職申付候次第も可有之。其社地境内地ニ家作等有之向、当分拝借地と心得居可申。品ニ寄他ニ移住申付候義も可有之間、其旨兼而相心得農商帰籍漸々覚悟し、其期ニ至リ難渋不致様、厚心掛ヶ手当活計之見込立置可申事」と、神官は農・商に帰籍することも覚悟しておくようにとの姿勢で臨んでいる（『鹿沼市史』資料編近現代Ⅰ）。

神官は定額の月給が決まっており、氏子が負担しなければならないという問題もあった。五年八月二十日、旧

栃木県は全村社に神官を置くのは「氏子トモ必然苦情可申出候」故に「新任祠官祠掌一区内一両人置之」ことにし、「其他従来之神職免職帰農申付候。（中略）氏子相対適宜ニ任セ猶再職申付宜候哉」との二点を伺い出た。教部省からの指令は「祠官祠掌適宜ヲ以減少」することは許可するが、神官の月給は定額の通り支給すること、旧神官が氏子と相対のうえで再就職することと「神職之有無ヲ以祠掌差置候」ことは禁止された。この指令を受け、十月二十七日、各区正副戸長に対して、神官の「免職受書」を取揃えて十一月十日までに持参するように命じ、全神官を解任した（『栃木県史料』九）。

十一月七日、旧栃木県は正副戸長を通して「郷村摂末小祠旧神官」に対し「国学熟否吟味之上、猶再任申付候品も可有之。而ハ両日滞在之積を以、当十七日五ツ時礼服着用、無遅々可罷出候」を布達した。一八区都賀郡磯村（鹿沼市）の郷社磯山神社旧神官金子惟嘉は十七日、栃木町の県庁に裃を着用して出庁し、掛りの少属柿沼広身・十四等出仕関口光遠の前で「祝詞正訓・広瀬祭、日本紀・神代部、古語拾遺・素戔嗚部」の訓読と「書熟否」からなる試問を受けた。後日、金子は正副戸長と同道して出庁するようにと命ぜられ、区内の楡木宿（鹿沼市）の村社楡木神社旧神官島田厳石、七ツ石村（下都賀郡壬生町）の村社熊野神社旧神官外山貢と同道して出庁した。石川定栄権参事と柿沼広身少属から、金子は一八区の郷社磯山神社の祠官、島田は同区の村社楡木神社の祠掌、外山は別区の下稲葉村（下都賀郡壬生町）郷社鹿島神社の祠掌に任ずるという許状が下付され、柿沼からつぎの「御申諭ケ条」も渡された。

第一条　御宮等庭前迄不見苦候様掃除可致事。
第二条　此度祠官祠掌申付ケ候共権威振不被可事。
　物事静ニ氏子者ニ夫々教諭可致事。
第三条　吉田流の様ニ札守ヲ売ル不被可事并都而区長副ニ物事相断（談）之上取計へ可致事。

こうして、一八区（六年六月に一大区八小区となる）は、郷社磯山神社祠官金子惟嘉と村社楡木神社祠掌島田

厳石の二人で祭祀・葬祭および「壱人別守札相渡候様」に命ぜられた（『鹿沼市史』資料編Ⅰ）。なお、磯山神社と鹿島神社の両郷社は区画の変更により、十年八月村社に社格変更された。

旧栃木県は祠官・祠掌の確保に苦慮し、六年二月九日、正副戸長に対して「当管内郷村社祠官祠掌いまた二十員余闕員有之候ニ付、国学試験之上可致補任間、貫属平民とも篤志のものハ当二月二十五日迄ニ願書差出候様、小前末々まて無洩落可相達もの也」と回達した（『鹿沼市史』資料編Ⅰ）。

宇都宮県は六年三月十八日、教部省に「神社之儀者追々取調候得共、未夕祠官祠掌之選挙全備不仕取調中ニ御座候」と、郷村社の決定以上に祠官・祠掌の撰挙に難航していることを申立てた。三月二十九日、管下の四郡の「旧神官中有志之者」に対し、「四月七日河内郡、同八日芳賀郡、同九日那須郡、同十日塩谷郡」の日程で任用試験を行うので一〇時までに出庁するように命じた。しかしそれでも欠員が生じ、四月十七日に戸長・副戸長に「貫属士族僧侶平民ヲ不論、試業之上可令撰挙候」と、志願者を四月二十七日午前九時までに出庁させるように布達した（『栃木県史料』三二）。この「国学試験」は厳格に実施され、不合格となり帰農した者、合格しても他社の神官を命ぜられ、数世代も続いた神社を離れざるを得ない者も相ついだ。旧神官のなかには生計の維持が困難になるケースもあり、五年七月二十四日、大蔵省は上知された社領内の宅地を「旧社人」に「売買直段ノ半数」程度で払下げる救済手段をとっている（『法令全書』）。三大区一小区の芳賀郡太田村（真岡市）の八幡宮旧神官野沢主税は六年五月、鍋島宇都宮県令に対し、上知された元朱印地九反四歩（高一〇石）と社用地等九二八〇坪、八幡宮添地六畝、立木一一〇本（七両三分）の有償払下げを願い出た。野沢は同年の国学試験に合格できずに先祖相伝の八幡宮を離れなければならず、「右地所不残手作仕活計補助罷合、其余収納等も一切無之」として、旧社地の払下げを願ったのである（『二宮町史』史料編Ⅲ）。

旧栃木県と宇都宮県が郷村社を確定し、祠官・祠掌も撰定して名簿を教部省に提出したのは六年五月である。それでも宇都宮県は欠員があり、五月二十日の「管内諸神社区別調書御届」において、「管内県郷村社区別相立、

祠官掌別之通撰挙、欠員ノ分ハ当分兼勤申付置候。追テ全備ノ上更ニ御届可仕候」と報告している（『二荒山神社年表紀事略』）。

この時の撰任は、郷社祠掌が同じ小区内の村社祠掌を兼務することを基本にした。『下野神社沿革誌』によれば、少なくとも宇都宮県の三大区八小区、同一一小区、四大区一〇小区、五大区一小区、同五小区、同九小区、六大区一小区と旧栃木県七大区三小区は郷社の祠掌が小区内の全村社の祠掌を兼務したとある。旧栃木県は五年八月、教部省より一小区内の祠官・祠掌は「一両人」にすることを認められている。神官の月給は氏子負担であり、小区内の祠掌が少ないほど氏子の負担は少なくて済む事情もあったからである。

県庁所在地の栃木町と近隣の第一大区は八小区からなり、一ノ小区（十ヶ町村）は県社神明神社が郷社を兼ね、祠官に小村隣が任命された。二～八小区の郷社は、二ノ小区（一三ヶ村）諏訪神社（祠官大和田茂信）、三ノ小区（一三ヶ村）琴平神社（祠官小村隣）、四ノ小区（一二ヶ村）春日神社（祠官小倉豊光）、五ノ小区（一〇ヶ村）八幡神社（久我正通）、六ノ小区（九ヶ村宿）大神社（祠官国保能道）、七ノ小区（一六ヶ村宿）近津神社（祠官阿久津真澄）、八ノ小区（一二ヶ村宿）磯山神社（祠官金子惟嘉）である。三小区の琴平神社（都賀郡柏倉村）祠官は県社祠官小村隣が兼任し、五小区八幡神社（都賀郡木村）祠官には同区大柿村の村社白山神社の久我正通が任命され、他の六郷社祠官は代々の社家が任命された。郷社祠掌が区内の村社祠掌を兼ねたのが一・五・六・七小区、四・八小区は郷社に祠掌は置かれず、区内の村社に祠掌を置いている。一・六小区は郷社祠掌以外に小区内の一村社に一名の祠掌が置かれた。二・三小区は不詳である（表13―①）。

八年八月作成の『第一大区一ノ小区　各神社便覧表扣』（神明宮の旧社家黒宮家蔵）は県社祠官小村隣、祠掌黒宮織江、村社祠掌岡宮真澄と戸長・副戸長が連名して、鍋島県令に提出した便覧である。各村に村社が一社、摂社（無格社）が数社あり、一覧に纏めたのが表13―②である。嘉右衛門新田の村社神明神社祠掌岡宮真澄のほかは八村の村社祠掌は県社祠掌黒宮織江が兼務した。平柳村の村社星宮大神の神職は利鎌隊で活躍した社家の林和

表 13 －①：栃木県第 1 大区神官一覧

	祠　官	祠　掌
第 1 小区	小村隣（県社神明神社・栃木町）	黒宮織江（県社神明神社） 岡宮真澄（村社神明神社・嘉右衛門新田村）
2	大和田茂信（郷社諏訪神社・真弓村）	不詳
3	小村隣（郷社琴平神社・柏倉村）	不詳
4	小倉豊羌（郷社春日神社・大久保村）	大館慶常（村社熊野神社・安蘇郡下長野村）
5	久我正通（郷社八幡神社・木村）	木村尚信（郷社八幡神社・木村）
6	国保能通（郷社大神社・惣社村）	野中通直（郷社大神社・惣社村） 菱沼義章（村社鷲宮神社・家中村）
7	阿久津真澄（郷社近津神社・大沢田村）	佐知田歳躬（郷社近津神社・大沢田村）
8	金子惟嘉（郷社磯山神社・磯村）	島田巌石（村社楡木神社・楡木宿）

※『郷社磯山神社日誌』（『鹿沼市史叢書』9）ほかを参考に作成した。

表 13 －②：栃木県第 1 大区 1 小区神社・神官一覧

社　名	鎮座地	社格	氏　子	祠官・祠掌
神明神社	栃木町	県社	976 戸・3990 人	祠官 小村隣 祠掌 黒宮織江
星宮神社 東宮明神・八坂神社・日光社	栃木城内村	村社 摂社	180 戸・765 人	黒宮織江（兼務）
日枝大神 鹿島大神・稲荷大神・白山姫大神 厳島大神・八坂大神・愛宕大神 熊野大神	沼和田村	村社 摂社 〃 〃	196 戸・949 人	黒宮織江（兼務）
二杉神社 天満宮・赤城社・東宮社	片柳村	村社 摂社	236 戸・960 人	黒宮織江（兼務）
浅間神社 八幡神社・神明大神・磐裂根裂神 神明大神・神明大神	薗部村	村社 摂社 〃	194 戸・968 人	黒宮織江（兼務）
星宮大神 神明宮・水神宮・天満大神 大国神社・稲荷大神・愛宕大神	平柳村	村社 摂社 〃	229 戸・1014 人	黒宮織江（兼務）
星宮神社	小平柳村	村社	46 戸・168 人	黒宮織江（兼務）
神明神社 八幡神社	嘉右衛門新田村	村社 摂社	152 戸・564 人	祠掌 岡宮真澄
大杉神社	大杉新田村	村社	109 戸・380 人	黒宮織江（兼務）
鷲宮神社 十二所大神・稲荷大神・彌巻神社 雷電神社・愛宕神社	箱森村	村社 摂社 〃	174 戸・813 人	黒宮織江（兼務）
			惣戸数 2492 戸　惣人員 10571 人	

泉であるが、祠掌になれなかった。

栃木県は県域神官の「精撰補任」という政府の方針に沿って着実に実施した。数百年、何世代も続いた神職が解任され、社家の断絶というケースもみられた。県社神明神社祠官は栃木県貫属小村鄰（六年三月二十八日任）、祠掌に旧社家の黒宮織衛（六年一月二十三日任）が撰任された（『栃木県史料』八）。神明神社は応永十年（一四〇三）に創建された古社であり、氏子も栃木町の九七六戸・三九九〇人という大社である。創建時から黒宮氏が神職を務めてきたが、織衛（江）が明治十年八月、都賀郡惣社村（栃木市）の郷社大神神社祠掌に転ずると、四七〇年続いた黒宮家と神明神社の歴史は終焉した。宇都宮県社二荒山神社は六年二月四日「旧神官・社人不残廃職」となり、祠官には二大区の初代戸長梅園春男が任命された。梅園は三月十二日に宇都宮県十四等出仕に転出し、後任には四月二十二日、宇都宮県貫属の戸田香園が任ぜられた（『栃木県史料』三二）。社家の中里氏も千族が祠掌となったが、九年四月依願免職し（「中里屋祝系図」）、二荒山神社との繋がりも終わることになった。このほかにも、神社を立ち退いたり、他社に転任する神官が続出した。

五年三月三日、宣教使・大講義生常世長胤は雄琴神社黒川豊丸（麿）に宛てた私信で「神職ノ儀も御改補ノ御規則ニ相成候ハ、右御含ノ通、殊ニ是迄ノ通子孫ニ相譲候事も無覚束、其時々ノ人撰ニ相成、将亦朱印・除地共返上、新任ノ社職、県社・郷社共月ニ三両位ノ給分、是も其氏〳〵ヨリ取立候テ給リ候様子ニテ、実ニ御気毒ニ奉存候」と述べ、精撰補任や上地で苦境に立つ神官に同情を寄せている（『壬生町史』資料編・近現代Ⅰ）。

神官になるには県庁が実施する国学試験に合格しなければならなかったが、不合格者も中教院→神道事務分局で教義を講究し神官に採用される道もあった。事実そうして神官に復帰した事例が『下野神社沿革誌』に何人も見えている。八年五月には、教部省達によって府県社以下祠官・祠掌の任免は氏子が撰出し、氏子惣代と同区内神官二人以上が連署して地方庁に願い出て、地方庁が取調の上任免することに改められた。氏子調べが中止され、神官の民費負担も廃止されたので、氏子が祠官・祠掌を推薦してもとくに支障はなくなったのである。さら

に、二十八年八月七日の内務省令「府県社以下神社神職登用規則」において、「明治元年以前ニ於テ五代以上引続キ其神社ニ奉祀シタル者ノ子孫」で直接国税年額二円以上を納付した者は、試験を経ずに社司・社掌になることが認められ、歴代奉職してきた神社に復帰する道筋が開かれたのである（『神社法令輯覧』）。

二、明治前期の神社と経済

(1) 栃木県の官社

神社の種別

明治四年五月十四日、太政官は「官社以下定額及神官職制等規則」を布告した。全国の神社を官社と諸社に分類し、官社に九七社が列格した。官社は神祇官が祀る官幣社（三五社）と地方官が祀る国幣社（六二社）の二種とし、それぞれ大中小の三等に分類された。「別冊」において、二荒山神社は国幣中社と定められたが、「二荒山神社　下野国」とあり、日光とも宇都宮とも記載がない（『法規分類大全』社寺門）。

諸社は「府藩県崇敬之社」である府藩県社と「郷邑産土神」を祀る郷・村社に区分され、地方官が所管した（藩社は七月の廃藩置県により廃された）。諸社は「先達テ差出候明細帳ヲ以取調区別ノ上、追テ神祇官ヨリ差図ニ可及候」とされ、太政官布告に基づき府県が作成する神社明細帳によって、府県社・郷社・村社の社格を決定するという道筋が示されたのである。

国幣中社日光二荒山神社

明治六年三月七日、太政官は「下野国都賀郡日光山鎮座」の二荒山神社を国幣中社に列格した（『公文録』）。大蔵省は「今般式内神社被仰出候上ハ」と、式内社であることを理由にしている（『栃木県史料』八）。十二日、元宇都宮藩主で大教院詰の権少教正戸田忠友が初代宮司を拝命し、二十三日に相模国寒川神社宮司・中講義の阿部浩《とおる》が権宮司に任命された。

三月二十八日、鍋島県令は「素当山社務古橋義所・中丸勝信両人共篤実厚志之者ニテ既ニ先達而義所者教職十二級試補拝命相成、且去ル午年当山處分以来諸般改正旧弊一掃之折柄一片之丹心ヲ貫キ必死尽力罷在候者ニ付、義所者禰宜、勝信者権禰宜ニ被補、其他古嶋安之・齊藤光寛・高科信年等主典補任相成候ハヽ、彼等先年之実功モ相立、神人共ニ歓悦可有之哉。御下知次第当人共出京申付、御省ニ於而夫々拝任相成候様致度、依之此段相伺候」と、禰宜・権禰宜・主典は神社の実情に明るい二荒山神社の旧社務から任命することを伺い出、教部省は「伺之通相任候上可届出事」と指令した。国幣社の宮司・権宮司は判任官であるが、禰宜以下の「神官ノ進退ハ地方官ヨリ伺ヲ遂クヘシ」との規定があり、栃木県令が推挙したのである。

一方、戸田宮司からも栃木県東京出張所を通じ鍋島県令に対し、禰宜に間宮魚用《なむち》（大教院十三級試補出務）、権禰宜に安藤澂《きよ》夫・戸田忠剛を推薦してきたので（『戸田家旧蔵文書』）、栃木県は改めて五月、教部省に「国幣社県社神官職員録」を提出した。その人員は県令推薦の禰宜一人、権禰宜一人、主典三人、宮司推薦の禰宜一人、権禰宜二人の均衡ある配置となった（『栃木県史料』八）。

四月十七日、日光に着任した戸田は、翌日禰宜らの立会いのもと神社を受け取り、二十一日に宮司拝命後初となる祭典（奉告祭）を行い、二十八日には中宮祠に参拝した。五月十二日、禰宜・権禰宜の役割分担を始め、出勤時間、休暇日および配膳、宿直の「規則」を定めて体制の刷新に取り組んだ。一応の任務を終えた戸田は十七日に日光を出立し、十九日夜に帰京、再び大教院詰としての勤務が始まった。六月二十日、戸田は禰宜古橋義所

を少講義、権禰宜安藤澂夫を権少講義、主典古島安之・高科信年を訓導に推薦した（『戸田家旧蔵文書』）。

戸田は、八年九月三日に宮司を依願免官し、十月九日に東京府下神道事務分局副長に就任した。宮司在任中、栃木県中教院の設立に神道取締としてかかわり、国幣二荒山神社神官の質向上にも尽力した。七年七月、阿部権宮司が教部権少録として転任すると、後任に柿沼広身を推薦した。柿沼は県社寺掛として日光山の神仏分離に携わるなどの実績を残していた（『栃木県史料』五五によれば、六年十二月、社寺掛を廃し、機能は戸籍掛に移行したが、柿沼は戸籍掛として「全管社寺ノ事務ヲ担当セシム」とあり、十年一月、神官と官吏の兼務禁止までその任にあった）。柿沼が戸田の後任宮司に就任すると、代わって権宮司となった小村隣は県社祠官の時代、中教院設立に取締代理として貢献しており、二人は栃木県を代表する神官である。

七年十月五日、戸田は禰宜・主典ら三人の免官を教部省に出願した。禰宜兼中講義増淵操三と主典兼訓導北山一作（二荒山神社下僕から抜擢）は「当社ニ於テ一同不服ニテ殊ニ布教筋更ニ尽力不仕」故に「本官并兼職トモ免セラレ」てほしい。また主典兼権少講義古島安之は免官すべきであるが、「長ク当社ニ奉仕候」功績を考慮し、若松県下伊佐須美神社権禰宜に転任させてほしいというのである。後任の禰宜には、二月に権禰宜に任官した梅園春男（元宇都宮二荒山神社祠官・元宇都宮県社寺掛・河内郡今里村郷社羽黒神社祠官・中教院講究課長）を、権禰宜に加藤重寧（千葉県貫属・士族）、主典に小泉友（那須郡三輪村郷社三和神社祠官を兼任）及び西山真太郎（那須郡矢又村郷社鷲子山《とりのこさん》神社祠官を兼任）を推挙した。二荒山神社社務出身の中麿勝信主典は東照宮禰宜、齋藤光寛主典は東照宮権禰宜として転任し、齋藤松寿主典（明治七年二月任）も官幣小社札幌神社権宮司に任命され（『戸田家旧蔵文書』）、近世以来の歴史を持つ旧社家と二荒山神社の関係は途絶えたのである。

別格官幣社東照宮の成立

官幣・国幣社のいずれにも分類できない神社を「別格官幣社」と称した。歴史上の功臣を神に祀り、明治五年

五月二十四日に列格された湊川神社を嚆矢とする。官国幣社の用語は律令時代に淵源しており、政府は臣下を祀る神社を官幣社に列格することは適当ではないとの判断から、別格官幣社という社格を新設したのである。別格官幣社は官幣小社と同等の扱いとされた。

三年三月十一日、弁官は日光県に「東照宮　勅祭被　仰出候」につき、知事か大参事が日光山の事情に明るい者を連れて至急上京することを命じ、二十二日、鍋島知県事が出京した（『栃木県史料』七一）。「勅祭」はこの時は見送られたが、二年後の五年四月八日、教部省は正院に対して、東照宮の維新以来絶えていた「幣使」の復活を「追々遂詮議社格相定候方可然相考申候。併当四月十七日例祭マテニハ間合不申候」故に、本年は楠社・豊国社と同様に奉幣使を派遣したいと伺い出、了承された。正院は東京府に「為心得徳川家達」へ相達することも命じた。教部省から祭典は「其県参典事之内ニ而宮司之心得ヲ以奉仕可致候」と指令され、式部寮も「祭典之神饌以下諸器物代料」は「東照宮神領高五百石」から支出するように命じ、白川大掌典らを奉幣使として派遣した。教部省も九等出仕足立正聲・十一等出仕長村保固を取調のために遣わした（『公文録』『栃木県史料』八）。

東照宮の列格は湊川神社について、六年六月二十日であった。教部省が三条実美太政大臣に差出した届書には「栃木県管内東照宮今般別格官幣社被　仰出候処、右ハ湊川神社同列ヲ以相伺候儀ニ付、一社経費ヲ始神官定員共、凡テ官幣小社ニ照準取扱申候条、此段御届申進候也」とあり（『公文録』）、湊川神社と同列、神社経費・神官定員は官幣小社に照準とされた。八年五月、教部省は別格官幣社の取扱を定め、談山神社（藤原鎌足）・護王神社（和気清麿・和気広虫）・湊川神社（楠正成）・建勲神社（平信長）・豊国神社（豊臣秀吉）・東照宮（源家康）の序列とし、徳川家康を祀る東照宮の扱いは建勲神社と豊国神社の下位に位置付けられた。

ちなみに終戦までに設置された別格官幣社は二七社であり、佐野市の唐沢山神社は二十三年十一月に列格された。徳川家康を祀る久能山東照宮の列格は二十一年五月である。

東照宮の列格が計画されていた六年四月、日光二荒山神社の戸田宮司・阿部権宮司は「社格御決定ノ上、兼務

ノ命を蒙ラハ」と、両社兼務の「採用願」を大教院に提出したが、教部省の認めるところとはならなかった。東照宮初代宮司には六年六月十三日、権少教正松平忠恕《ただゆき》（元上野国小幡藩主）が就任したが、在任約七ヶ月で退任し、七年一月八日に権少教正永井尚服《なおこと》（元美濃国加納藩主）が、さらに十一月五日には松平忠和（元肥前国島原藩主）が就任した。戸田が宮司在任中の三年間で三人もの宮司が交替したことになる。

宇都宮二荒山神社の社格問題

宇都宮二荒山神社の社格問題は明治三年九月十七日、戸田忠友宇都宮藩知事が弁官に対して二荒神社が名神大社であり、崇神天皇所縁の神社である由緒を述べ、「勅祭被仰出、旧来ノ神領其儘被下置候様仕度奉懇願候」したことに始まる。この時は「指令欠」とあり、弁官から特段の指示はなかったようである（『太政類典』『公文録』）。宇都宮二荒山神社は五年十一月の新嘗祭に際し、式部寮より幣帛神饌料八円を供進され、十二月二日に「国幣中社ニ列セラレタルニ付キ、本日新嘗祭典執行」し、宇都宮県小幡高政参事が奉幣使として参向している（『二荒山神社年表紀事略』）。翌六年一月十三日、宇都宮県は式部寮に「新嘗祭執行之儀兼而御達有之候ニ付、当県下二荒神社ニ於テ去壬申十二月二日挙行仕候」と報告している（『栃木県史料』三二）。

式部寮（宮中の儀式や官国幣社の祭祀等を所管する役所）は同年三月、日光二荒山神社が国幣中社に列格すると、新嘗祭の神饌幣帛料供進の件につき栃木県に問合せを行った。八月、鍋島県令が坊城俊政式部頭に差出した「二荒山神社昨壬申冬新嘗祭幣帛神饌料之儀ニ付申上」には、「二荒山神社江昨壬申冬新嘗祭班幣之帛神饌料ホ《(等)》御渡相成候処官幣執行被仰出前ニ付、右幣帛神饌料ホ返納相成候哉。最末書取ヲ以可申上旨御達ニ候得共、日光山鎮座二荒山神社エ御下渡之儀無之候ニ付彼是取調候処、宇都宮二荒神社エ昨壬申十一月廿二日前幣帛神饌料金八円御下渡相成、其節同社於テ祭式執行候趣旧宇都宮県引継書有之候」とあり、五年の新嘗祭に幣帛神饌料八円を供進されたのは宇都宮二荒山神社であると報告した（『栃木県史料』八）。教部省が「官社未定」とするなか、式

部寮が神饌幣帛料を宇都宮に下賜しており、政府内にも混乱があったのである。宇都宮県が宇都宮二荒山神社を国幣中社に列格したと考えたのは無理からぬところがある。後記の「内務省稟告」にも「宇都宮ノ方明治四年ヨリ御取扱振種々変更相成候」と記しており、内務省も暗に混乱のあったことを認めている。

四年六月二十日、宇都宮県は「国幣社式年ノ造営年分ノ営繕等ハ公廨入費ノ外タルヘシト有之。公廨入費ノ外於テ何レヨリ出候事ニ候哉。寄進勧化等ニテモ被差免候事ニ可有御坐候哉」との伺書を提出したが、弁官は「二荒山神社国幣官社決定ノ上可相伺候」と指令した（『公文録』）。翌五年八月十九日、史官が教部省に「官幣社国幣社府県社等全国ニテ幾許有之候」を問合せたが、教部省は国幣中社四五社のうち「在所未定」が四社と回答した。「未定」の中に二荒山神社が含まれていたのは容易に推察される。十一月、宇都宮県は「二荒山神社神官撰挙ノ儀ニ付伺」を教部省に提出し、「官社ト相心得、神官撰挙仕候テ可然哉」との指図を仰いだが、「同社ノ儀ハ御取調中ニ付、先ツ県社ノ心得ヲ以テ神官ノ撰挙可致事」と指令された（『栃木県史料』三二）。既に日光二荒山神社の国幣中社指定の方向性は決まっていたのであろう。六年二月四日、宇都宮県は宇都宮二荒山神社に対して「二荒神社ヲ以テ当分県社ニ被相定候条」を達し、教部省へは梅園春男を二荒山神社祠官に任じたことを報告した（『栃木県史料』三二）。こうして、国幣社問題は一応の決着をみたのである。

十年四月、戊辰戦争で焼失した本殿・拝殿が竣工すると、宇都宮二荒山神社は社格復旧運動に乗り出す。七月には戸田香薗祠官、氏子総代縣信緝等らが中心になって内務省社寺局への陳情を行った。その際、宇都宮が強調したのは二荒山神社が『延喜式』に「河内郡」とあることである。社寺局は「中立ノ内都賀・河内郡界ニ関シ、社寺局一手ノ調ニ能ハズ」として、内務省地誌課が調査をすると回答した。地誌課の調査は「都賀郡・河内郡境界未ダ曽テ変革セシ事ナシ」とあり、宇都宮側に有利な結果となった。意を強くした宇都宮は社寺局との交渉を加速した。十二年五月、内務省は栃木県に「式内外未定社ト可相心得」を口達した。六年十一月の教部省の指令が「式外ト可心得旨」とあるのに較べれば一歩前進といえる。さらに十三年十二月、内務省は栃木県に対し、「昨

十二年五月、橡木県へ達中、式内外未定社ト可心得ノ十字ハ取消候趣」を指令し、併せて「従来式内ノ称呼有之之社ハ自今各社共渾《すべ》テ従前ノ通慣称ニ一任為致候筈ニ候間条、書面却下ニ及ニ付、其旨願人へ可相達」とも訓示した。式内社の呼称は慣習であり、宇都宮の主張は否定しないが、社格昇格は認めないというのである。

それでも社格復旧に執念を燃やす縣らは十四年七月、有栖川宮熾仁《たかひと》親王に拝謁して「延喜式内二荒山神社」の染筆を下賜された。神社はこれを縮小刻印し、十月七日に拝殿に掲げた。十五年五月六日、町村戸長二六人、氏子惣代四七五人と神官が連署した願書を山田顕義内務卿に提出し、九月二十六日にも再度「社格復旧」の願書を提出した（『公文類聚』『宇都宮二荒山神社誌』資料編）。

こうした度重なる陳情が実り、十六年四月二十五日、内務省・宮内省は栃木県に宛て「国幣中社ニ被列候」との達を下付した。二月二十一日の「内務省稟告」には「（前略）従前ヨリ河内郡宇都宮、日光山両所ニ二荒山神社有之候処、明治六年日光山ノ方国幣中社ニ列セラル、ノ御達有之。宇都宮ノ方明治四年ヨリ御取扱振種々変更相成候ヨリ、氏子人民悲泣慨歎ノ余リ屡々願書差出シ、猶亦別紙之通願出候事ニテ人気甚穏ナラス。此儘差置候テハ他ノ行政上ニモ障害ヲ生スヘキ旨、県令ヨリ逐一申出候事ニ有之候。尤宇都宮ハ従来下野国ノ一ノ宮ト称シ、社殿境内広大ニシテ衆庶崇敬他ニ殊ナル神社ニ付テハ旁特典ヲ以テ日光山同様国幣中社ニ被列候様致度、依テ御達按相添此段上申候也」と、国幣中社昇格の理由が記されている（『公文類聚』）。内務省は従来から日光二荒山神社を式内社と認めており、宇都宮二荒山神社を式内社とする訳にもいかず、「一宮」として崇敬を集めてきたことを理由にして「特典」をもって国幣中社に列格させるというのである。

同年五月十八日、初代宮司に旧宇都宮藩主戸田忠友が任ぜられた。戸田は日光に続いて二度目の国幣中社宮司就任である。禰宜に祠官の戸田香園（元宇都宮県士族）が、主典に馬場弘介（東京府向島の牛島神社祠掌）・角田十郎（当社祠掌）・中里倭文（旧社家・当社祠掌）が任命された（『戸田家旧蔵文書』）。

(2) 明治前期の神社経済

上知と半租給与から逓減禄へ

近世の寺社領は朱印地・黒印地・除地《よけち》で構成されていた。朱印・黒印地は幕府・藩主から給付された田畑・山林であり、年貢・課役が免除され、立木の伐採権も認められていた。除地は領主から年貢所役を免除された土地であり、ほとんどの寺社が所有していた。太政官は慶応四年閏四月十九日、朱印地を持つ社寺に対して判物を提出させ、五月九日には府藩県所轄下の社寺、二十四日には万石以下の寺社領を最寄りの府藩県に支配させた。明治二年正月九日には、社寺が有した村役人の進退、宗門人別帳作成などの「人民支配之儀」を府藩県に指揮させた。こうして社寺の進退は年貢の徴収権を除いてほぼ停止され、府藩県に移行された。

明治四年一月五日、太政官は社寺の経済的基盤である社寺領を官収することにし、「現在ノ境内」を除く全社寺領の上知を命じた。さらに五月二十四日、社寺境内の区別調べ方につき、府藩県に命じて境内地の広狭に関わらず「相当ノ見込ヲ以テ」境内を定め、それ以外の「田畑山林ハ勿論譬ヘ不毛ノ土地ニ候共墓所ヲ除クノ外」を上知するように達した。六年に地租改正が始まったが境内外の区別調査は難航し、八年六月二十九日、地租改正事務局は「社寺境内外区画取調規則」を作成して、社寺の境内は「祭典法用ニ必需ノ場所」を区画して「新境内」とし、それ以外を全て上知させた。境内地の解釈を一層厳格化したので、世人はこれを「引裂き上知」と呼んだという。こうして残されたわずかな社寺境内は官有地（国有地）となり、地租改正でも地券は発行されず、地租・区入費（地方税）は課さないことになった。

社寺領が上知されると、社寺の受けた打撃は大きかった。広大な朱印地・黒印地を所有した寺院は一層深刻で、江戸時代の輪王寺は日光神領・大猷院領を合わせると約二万五千石余を領していたが、明治四年に支給され

た稟米《りんまい》がわずか一〇〇石という悲哀を味わうことになった。栃木町の満福寺は朱印地五石を上知され、七年八月、内務省は栃木県に対し、上知一三二三坪を足利藩旧陣屋敷地とともに栃木裁判所の用地として司法省に引渡すように命じた（『栃木県史料』三二）。また神葬祭に変更する檀家もあり、経済的に窮迫する寺院が続出した。無住や滅罪檀家を持たない寺院は廃寺となり、境内地や除地は官収されて官有地となり、有償で払下げられたり、学校敷地となるケースも少なくなかった。仏教界にとっては未曽有の受難の時代であったといえよう。

上知によって土地を失った社寺に対する政府の保護は微々たるものであった。明治四年七月九日、臨時の措置として旧社寺領の年収納額の半分を支給する「半租給与」の制が四、五、六年の三年間に限り実施された。

栃木県が大蔵省に提出した年月日欠の「下野・上野国壬申川々国役金仕訳書」（「壬申」は明治五年）によれば、旧栃木・宇都宮両県管轄下（下野国九郡・上野国三郡）の総石高は八九万四六三四石二斗三升四合四夕であり、そのうち「社寺上知掛高」は六八〇一石八斗七升七合一勺七才であった（旧栃木県三二八八石二斗四合、宇都宮県三五七三石六斗七升三合一勺七才）。五年までに日光山領を除いても、七千石近い社寺領が上知されたことになる。七年六月の「下野上野国元社寺領壬申年収納之内五分通御下之儀申上」によれば、五年に旧栃木県が元社寺領（下野国都賀郡・寒川郡・梁田郡・足利郡・安蘇郡及び上野国邑楽郡・新田郡・山田郡）から収納したのは「高米九百三十一石四斗四升二合（此代金三千七百四十八円三十三銭九厘）」と「高金千百八十三円九十八銭九厘」の二種であり、合計四九二七円九五銭一厘一勺七才とある。このうち、「貢納分」が二六〇二円三三銭八厘、「社寺収納分」が「半租給与」の二三二五円六一銭三厘である。つぎに六年の栃木県（六月宇都宮県を合併し、下野国九郡と上野国三郡を管轄）の元社寺領からの収納は高米二〇五七石四斗五升六合（一万五八一円六九銭一厘）・高金一五八九円二五銭八厘、合計一万二一七〇円九四銭九厘である。内訳は貢納分が六四三〇円九四銭七厘、社寺収納分（半租給与）が五七四〇円二厘である（『栃木県史料』一八）。

この半租給与は明治七年九月に廃止され、「逓減禄制」に移行された。この制度は旧草高（収穫高）の「免二ッ

五分」(二割五分)の半分を支給し、翌年からその十分の一ずつを減じ、十七年をもって全廃とするものである。七年の社寺禄は全国で二三万六七九七円であったが、最終年の十六年が一万三八四円、十七年度は〇円である(『法規分類大全』財政門)。

明治初期日光二荒山神社の経済

明治四年の神仏分離により、日光二荒山神社と東照宮は各々草高五〇〇石が付与された。両社の実収入は免(租率)二ツ五分なので、現米一二五石である。「年中祭式并社修覆料」が六五石、社司六人の給料が六〇石(一人一〇石)である(社司は両社に兼勤したが一人が解任され、実際は五人である)。これらの経費は米ではなく、現金で支給された。六年五月、官幣社を除き営繕費の官費支給が廃止され、国幣中社日光二荒山神社は、社領を上地されて「無社領」となった。七年三月、二荒山神社が栃木県に提出した「官国幣社社領米調書本省へ差出シニ付、栃木県へ御届」(『戸田家旧蔵文書』)によれば、国幣社昇格前の三年間の収支は次のとおりである。

四年は、現米一二五石を米一石あたりの貢納石代相場金六円七五銭一厘に換算した八四三円八七銭五厘が支給された。内訳は「社家給料」が三三七円三〇銭五厘(社司五人)、「営繕入費」が九二円八二銭九厘三毛、「祭典入費」が一一一円五九銭三厘一毛であり、残金の三〇二円一五銭九毛が県庁に預け置かれた。翌五年(旧暦改易ニ付十一ヶ月分)は米一石あたり三円四九銭六厘八毛に換算され、支給額は四一五円一六銭五厘である。「社家給料」が一七五円一二銭三厘、「祭典料費」が四〇円八二銭。残金の一九九円二二銭二厘が県庁に預金された。六年(社格御改定ニ付一月ヨリ六月迄)は米一石あたり三円六二銭一厘三毛に換算した一八一円八銭二厘である。

三年間(四年~六年六月)の総社領米は二九三石七斗五升、総支給額が一四四〇円二〇銭二厘である。内訳は「社家給料」五一二円四二銭四厘七毛、「営繕入費」九二円八二銭九厘三毛、「祭典入費」一五二円四一銭三厘一毛、「鈴木喜三次方へ貸渡分」三〇〇円である。鈴木喜三次は明治五年以来、神饌・諸道具の調達や境内地の管

理に当たる「用達」であり、「社入之内ヲ以相雇申候」とあり、三〇〇円は用達費として支払われたのであろう。二荒山神社は社家五人以外は全員が離山したので、東照宮・二荒山神社の神勤を五人でしなければならず、下僕一〇人を雇用して雑用に従事させたが、手当は社家の給料から支弁された（『戸田家旧蔵文書』）。

明治六年、二荒山神社が国幣中社、東照宮が別格官幣社に列格すると、祈年祭・新嘗祭の経費を式部寮、例祭については大蔵省が下行し（ちなみに、官幣社は三祭とも式部寮から下行された）、「神官月給并旅費日当」も官費から支給された。そのほかの「元始祭、遙拝式、祓式入費并神饌日供料及社頭公事入費」は「社領高渡方之内ヲ以為取賄可申事」とされた。ところが、六年五月十五日、太政官は国幣社造営修繕の官費支出を廃止し、地方庁に一任することを布告したので、二荒山神社は社領を官収された。七年に作成された「官国幣社々領取調書」にも東照宮が社領高五〇〇石、半租給与二二五石とあるのに対して、「無社領ノ分」として「二荒山神社（右ハ昨六年六月限リ社領被没候」）と見えている（『公文録』）。県域に国幣社を持つことは名誉には違いないが、緊縮財政の折り、県費の支出は切実な問題であった。栃木県は二荒山神社の草高五〇〇石を据え置き「毎朝之神饌年分之営繕其他諸費」即ち祭典費と営繕費をその中から支出したい旨を願い出たが、大蔵省は六月二十九日付で、五月十五日の太政官布告に従うように指示し、栃木県の要望は認められなかった（『栃木県史料』八）。

二荒山神社は少しでも財政の不足分を補おうとして、十二月、県内の「毎軒御玉串一顆ヲ頒布」したいと栃木県に願い出、「願之通聞届候事」として許可された。七年三月二十五日、二荒山神社は教部省に「地方官へ出願候處許可相成候」との届出を提出する一方、四月五日に改めて県令布達を全区に配布してもよいかを願い出ている（『戸田家旧蔵文書』）。しかし、八年五月、「官国幣社ノ配札ヲ停ム」との教部省達において、二荒山神社の計画は中止せざるを得なかった。

七年三月、二荒山神社は六年三月〜同七年三月までの「社入之部」「社費之部」「預ヶ金之部」「貸付金之部」「操替金之部」「社費惣計」「別口」からなる「出納調」を県に提出した（『戸田家旧蔵文書』）。国幣中社列格前後一年

間の現金出納帳である。それによれば、一年間の社入は二四三五円七三銭四厘一毛であり、大半は八月の二荒山登拝祭（旧男体山禅頂）の収入金で二三五五円六三銭三厘、次に本社・本宮・滝尾社の賽銭と氏子の供料が六四円一〇銭一厘一毛、祈年祭・新嘗祭の式部寮からの神饌幣帛料が一六円である。社費（支出）は四三四七円九五銭七〇銭六厘三毛で、登拝祭関係が三七八一円一一銭三厘四毛で最も多く（中宮祠の止宿所営繕費が二二四三円九〇銭九厘八毛と六〇％を占め、参拝人の賄料が一〇一三円七九銭一厘六毛である）、これに神官往復旅費宿泊費（管内）・毎朝神饌物買入費などの支出があり、四二九二円九五銭八厘三毛は用達の鈴木喜三次から借り入れた。社入金の中から、鈴木に二三五五円八三銭三厘を支払い、供物や社務所の買入費と大教院納入金の計五四円七四銭八厘は社務所が社入金から支払っている。その結果、鈴木からの借財は一九四二円九七銭二厘（社務所用意金として用立てた五円六四銭六厘七毛を含む）となった。

社入金とは別に、六年一月に伐採した若子神社境内の伐木売払代金八六二五円と社格昇格以前の残金三八二円七〇銭五厘の合計九〇〇七円七〇銭五厘が社用費として栃木県庁に預置かれた。ここから中教院設立に伴う献金三七〇円（祭典諸用一一五円、布教入費二五五円）、大教院焼失見舞金三〇円、若子神社伐木諸経費六二五円（鈴木喜三次に支払）の一〇二五円が支出されたので、永続金（残金）は七九八二円七〇銭五厘である。内訳は県への貸付金が四〇〇〇円（日光町復興費）、県預入金が三三八二円七〇銭五厘、県庁から下渡された鈴木喜三次への返済金六〇〇円である。二荒山神社は「永続金」から三〇〇〇円（大教院再建費献金）を七年五月と六月、二度に分けて下げ渡しを受け、「社用予備金二〇〇円」を加えた三二〇〇円を「年六朱之利」を以て府県方小野組の栃木表出張所に預金したが、小野組の閉店（倒産）により回収不能となった（小野組は七年の官金預り高は三井組・島田組を抜いて第一位であったが、十月に官金抵当増額令が出されると資金に窮して破綻した）。

七年九月、官国幣社に対する官費支給の定額が布告されると、二荒山神社には年間定額一六〇〇円一銭が支給され、経済的難局も一応乗り越えることができた。

官国幣社経費定額制度

明治七年九月三日、官国幣社に対する官費支給の定額が布告され、国幣中社日光二荒山神社の「一ヶ年定額」が一六〇〇円一銭、別格官幣社東照宮は一一六五円五〇銭と定められた。十二月十日、栃木県の大蔵省宛「下野国国幣中社二荒山并同国官幣小社東照宮本年経費定額金御渡方申上候書付」によれば、国幣中社二荒山神社の一年間定額は一六〇〇円一銭（神官給与九八九円を含む）、別格官幣社東照宮が一一六五円五〇銭（神官給与七二三円を含む）であり、大蔵省は申請のとおり、神官給与を除いた定額一〇五三円五一銭を栃木県を通して下行した（両社の神官給与は三月と九月の二度に分け、出納寮より支払われた）。八年一月〜六月半年間の二荒山神社定額費八〇〇円五厘、東照宮定額費五八二円七五銭五厘、「神官外宅宿代」（管外旅費）一一八円五〇銭は十二月に下行された（『栃木県史料』二六）。神官の管外旅費（出張費）は神社定額以外の官費から支給されている（『栃木県史料』二七）。

明治十年からは経費が減ぜられた。十二年の定額常費は日光二荒山神社九一二円三一銭、東照宮七五〇円三七銭四厘であり、十九年度は日光二荒山神社九一三円、宇都宮二荒山神社八四一円、東照宮七七五円とある（『法規分類大全』財政門）。宇都宮二荒山神社は十六年に国幣中社に列格し、定額常費は八四〇円三一銭と決められた。内訳は神官俸給四九二円、雑給一二五円（管内旅費一〇円、傭給一一五円）、庁費一一〇円（備品二〇円、消耗品六〇円、郵便税四円、賄費二六円）、営繕費一六円、祭典費九七円三一銭である（『戸田家旧蔵文書』）。

一方で、十年から官費による営繕が認められ、営繕費は定額常費とは別に支給する仕組みに変更された。宇都宮二荒山神社の「営繕費予算御届」によれば、十八年度が六〇〇円（「本社幣殿・拝殿棟木并千木・勝男木修繕」三五〇円、「本社拝殿掛樋修繕」八〇円、「玉垣・門二ヶ所、屋根并棟木修繕」五〇円、「外囲丸木柵修繕」一〇〇円、「水屋家根修繕」二〇円）、十九年度が二〇二〇円（「幣殿・拝殿棟木并千木・勝男木修繕」三五〇円、「玉

垣・門二ヶ所・屋根并棟木修繕」五〇円、「外囲丸木柵修繕」二五〇円、「水屋家根修繕」二〇円、「鳥居根巻修繕」二〇円、「表門外三ヶ所木戸修繕」三〇円、「摂社下ノ宮本社并玉垣外再建」一三〇〇円）である（『戸田家旧蔵文書』）。予算案は毎年、県から内務省に申請したが、全額が承認されるとは限らなかった。

定額制度の最終年である十九年度の神社費（神宮費・官幣社費・国幣社費・国幣社例祭費・遷宮諸費・招魂社費・神宮営繕費・官幣社営繕費・国幣社営繕費・招魂社営繕費の一〇項。神宮及び官国幣社幣帛料は宮内省下付金のため除く）が二六万八二一三円である（『法規分類大全』財政門）。逓減禄の初年度、明治七年の社寺禄が二三万六七九七円であるので、政府は社寺禄で神宮・官国幣社の経費をほぼ賄えたことになる。神宮・官国幣社の経営は府県社以下神社の犠牲の上に成り立っていたといっても過言でない。

神官の待遇

神官は官吏として官等が付与され、月給が支給された。明治五年二月二十五日の太政官布告によれば、官国幣社・府県社神官の給与は大蔵省から支給され、郷・村社神官の給与は「民費ヲ以テ課出」すなわち氏子が負担すると定められた。「別表」（神官官等・給禄ノ定額）によれば、一等官の神宮祭主が八〇両、五等官の神宮大宮司四〇両、六等官の神宮少宮司三〇両、七等官の官国幣大社宮司二五両、八等官の同少宮司・神宮禰宜は二〇両であり、九等官の官国幣中社宮司は豊受宮禰宜と同じ一五両、権宮司が十等・一二両、禰宜が十二等・八両、権禰宜が十三等・七両、主典が十四等・六両、官国幣小社の宮司が十等・一二両、権宮司が十一等・一〇両、禰宜が十三等・七両、権禰宜が十四等・六両、府県社祠官が十五等・五両、祠掌が等外二等・三両二分であり、「已上官社及ヒ府県社神官ノ給禄ハ大蔵省ヨリ下行、最寄地方官ニ於テ月々相渡候事」とされた。郷社祠官が等外一等・四両、祠掌が等外三等・三両であり、「一郷氏子中ヘ課シ祠官祠掌ヘ可相渡」とされた（『法令全書』）。

栃木県が六年五月十三日に大蔵省に提出した「上野下野国諸費凢積伺」（明治六年一月ヨリ十二月迄）に「縣社

祠官一員祠掌一員」の月給（予定）として「金百弐円」を計上していたが（『栃木県史料』一二五）、これは県社神明神社の祠官・祠掌一年分の月俸の合計である（一両が一円、二分が五〇銭である）。歳入不足で経費節減に取り組んでいた政府にとって、全国に数多ある府県社（『日本帝国統計年鑑』によれば、十年の府県社は二五七社）の神官に給与を下行するのは軽い負担ではなかった。

翌六年になると、政府は神官給与の見直しを決した。二月二十二日、郷村社神官給与の民費課出が廃止されたのに続き、七月三十一日には府県社祠官・祠掌給与の定額制も廃止され、郷社と同じように「人民ノ信仰ニ任セ、適宜給与為致可申」と改定された。七年の社寺逓減禄の採用とあわせ、政府は神社に対する官費負担の節減に努めたのである。さらに十二年十一月、府県社以下神官は「等級ヲ廃シ、身分取扱ハ一寺住職同様タルヘシ」（刑法上の取扱は寺院住職同様「準士族」）として公的身分も失い、国家神道体制の埒外に置かれることになった。

官国幣社神官定員も、十年十二月八日の太政官達において「但該社ノ広狭ニ依リ実際不得止向ハ壹弐員ヲ増減スルヲ得」との条件付きではあったが、官国幣社が宮司・禰宜・主典（三員）、官国幣小社・別格官幣社が宮司・禰宜・主典（弐員）に削減された。また官国幣中社の官等・月俸についても、宮司が九等・一五円、禰宜十三等・八円、主典十七等・六円に、官国幣小社・別格官幣社宮司十等・一〇円、禰宜十三等・八円、主典十七等・六円に改定された（十五年九月にも「官等」の一部改定があったが、月俸に変化はなかった）。十年段階の諸省・府県官吏の月俸九等・五〇円、十等・四五円、十三等・三〇円、十七等・一二円に比べると、同じ官等でも給与に大きな格差があったのである（『法令全書』）。

神仏分離は神社から仏教色を一掃し、祭祀や施設の管理権は神官に移った。前代に仏教の支配に甘んじていた神官は我が世の春が訪れたと歓喜したことであろう。ところが、四年に社領が官収され、神官の世襲も廃され、運よく代々奉仕してきた神社の祠官・祠掌に任官できても、神官は神社の維持・管理や国家の宗教官僚として教導の任に無償であたらねばならなかった。神社には社格が付与され、運営費の一部が補助され、神官も月給が官

費や民費から支給されたが、間もなく府県社以下（民社）の神官には廃止された。官国幣社も政府から支給された神社費や神官給与は必ずしも十分ではなかった。神社・神官は「国家ノ宗祀」とは名ばかりの境遇に置かれたのである。十年一月に教部省に代わり、宗教行政を扱う機関として内務省社寺局が設置されると、この方向性は一層強化されるが、これについては後述しよう。

三、栃木県の国民教化運動

(1) 宣教掛の設置

宣教使は明治二年七月八日、政府が「惟神之大道《かんながら》」を宣揚することを目的に設置した中央機関である。官員のうち長官・次官・判官は神祇官の兼任とされ、大宣教使以下少講義生までの教官がキリスト教防御に資する宣教活動に従事し、十月九日には神祇官の所属とされた。三年三月二十七日、太政官は大教を国民に宣布（教化）するため、適任者一両人を宣教掛として神祇官に推挙することを府藩県に命じた。六月には在京の府藩県知事以下権少参事以上の地方官に宣教の聴聞をすることを命じて趣旨の徹底を図った。さらに、十一月十四日には宣教掛の資格を「参事或ハ属准席為ラシム」と定めた。

県域では、宇都宮藩が三年四月十四日「当藩儀者右選挙可申上程之者無御座候」として適任者を選任できないと進達したが、これは神祇官が認めるはずもなく、結局縣勇記を選任した。黒羽藩は十一月二十八日、元権参事

三田称平（藩校文学教授兼任）を「宣教使係」に任じ、茂木藩も大属青木英音を宣教掛とし、四年三月二十八日に出京させた。壬生県が宣教使に「宣教ノ事務」を正・権大参事に担當させる旨を神祇省に具申したのは、栃木県に合併される直前の四年十一月二日のことであった（『太政類典』『公文録』『栃木県史料』七八・八〇・八二）。

宣教掛がほぼ決定すると、政府は四年一月から宣教掛を東京に召集し、月割で教育にあたることにした。県域の大田原・烏山・壬生・宇都宮・黒羽・吹上・足利・佐野諸藩の割当月は三月であった。しかし、翌五年三月に神祇省が廃止され、大教宣布事業は教部省が継承し、宣教の役割も教導職が担うことになったので、宣教掛がどの程度の成果をあげえたかは不明である。

⑵ 栃木県中教院

教導職と大教院

明治政府は、当初キリスト教の進出に強い警戒心を抱き、神祇官を再興しその管下に宣教使を設置して「惟神之大道」を布教させようとした。明治三年一月、神祇官神殿で祭典が執行され、「宣布大教詔」が出された。翌四年五月の太政官布告は「神社ノ儀ハ国家ノ宗祀」であるとし、社家の世襲が禁止され、社格が制定された。この段階において、政府が神道の国教化を企図していたことは明らかである。この神道国教化政策は神道家や国学者を中心に推進されたが、人材の不足や未熟、あるいは時代錯誤的な政策から十分な成果をあげられず、四年八月には神祇官が廃止され、新設の神祇省として太政官の管轄下に置かれた。さらに五年三月には神祇省も廃止されて、祀典関係は式部寮に移管され、宣教関係を扱う役所として教部省が設置された。政府は神道国教化の方針を遺棄して、神道理念を基礎にした国民教化策へと転換したのである。

教部省は国民教化にあたる教導職を置いて、その事務章程を定めた。教導職は無給で、活動費や教院の維持経営も自弁とされた。教導職は大教正・権大教正・中教正・権中教正・少教正・権少教正・大講義・権大講義・中講義・権中講義・少講義・権少講義・訓導・権訓導の一四級があり、権少教正以上が勅・奏任官待遇であった。教導職は府県社以上に奉仕する神職で官吏の待遇を受けた神官の全てと、その他の神官（八月には神官はすべてが教導職を兼補）・僧侶が任命された。僧侶が任命されたのは、宣教活動を活発化するには仏教勢力を動員することが有益と考えられたからであり、全宗教挙げての国民教化運動となった。六年二月からは神官・僧侶以外の「有志之者」に拡大され、およそ人に物を説くことのできるあらゆる階層の人々が動員された。

六年六月、東京芝の増上寺に大教院が開院され、神道・仏教合同の宣教活動が開始された。各府県に中教院を置き、各地の神社と寺院を小教院として氏子や信徒を集め、「三条ノ教則」（敬神愛国、天理人道、皇上奉戴・朝旨遵守）に基づく国家・天皇への忠誠や敬神思想のほか、政府の政策の綱領などを説かせ、国民教育の一翼を担わせた。教導職として布教に従事した者は、明治七年末で全国で七二〇〇余人を数えたといわれる。

しかしながら、大教院や中教院は造化《ぞうか》三神（天之御中主神《あめのみなかぬしのかみ》・高御産巣日神《たかみむすびのかみ》・神産巣日神《かみむすびのかみ》の三柱の神）と天照大神を祀る神殿を設け、柏手《かしわで》をうって神拝するなど神道色が濃いことに、僧侶側が反発して八年四月に浄土真宗四派が大教院を退院することが認められ、五月には大教院も解散された。同時に神官・僧侶の合同布教が中止され、神仏合同による宣教活動はわずか三年で終焉した。以後、各宗教は各派独自の布教体制を敷き、三条の教則・に準拠して布教することになった。

浄土真宗の大教院離脱運動が活発化する中、危機感をもった神道教導職は八年三月、大教院に代わる機関として神道事務局を東京有楽町に開設し、各府県に神道事務局分局を設けて活動を継続した。しかし翌年十月には黒住講社・修成講社の別派独立が許可され、事務局神殿の祭神をめぐり伊勢派と出雲派が対立するなどして混乱した。大教宣布運動の衰退によって政府内にも教部省不要論が台頭し、十年一月に廃止され、事務を内務省社寺局

に移管した。以来、三十三年の官制改革で内務省に神社局と宗教局が設置されるまでの二十余年、社寺局が神祇・宗教行政を担当したのである。

十五年一月、政府は「自今神官ハ教導職ノ兼補ヲ廃シ、葬儀ニ関係セサルモノトス。此旨相達事」との内務省達を以て神官の教導職兼補を廃し、神官は葬儀に関与しないこととした（府県社以下の神官は「当分従前之通」とされた）。これにより、神官は祭祀や儀礼に専従することになり、神社は非宗教という建前論が生じたのである。こうして教導職制度は意味を失い、十七年八月に全廃された。このことは神道国教化に始まる明治初年以来の宗教政策の大きな転換となった。神社から宗教としての機能を切り離した「神社神道」は、戦後のＧＨＱによる神道指令までわが国の宗教政策の基本となった。「神道は宗教に非ず」という神道非宗教説に立つ「国家神道」体制の始まりである。

栃木県中教院の設立

栃木県中教院の設立関係の史料は、『栃木県史』史料編・近現代八、『鹿沼市史』資料編近現代編1、『鹿沼市史叢書』九、『田沼町史』第五巻、『二宮町史』史料編Ⅲ、『壬生町史』資料編・近現代Ⅰに収録されており、これらを参考にして以下に纏めておこう。

栃木県中教院の設立計画は明治六年前半には始まっていたようで、『下野神社沿革誌』に、壬生町の雄琴神社神官黒川豊麿が四月に「中教院設立周旋係」、七月に「中教院設立営繕係」に就任したとあり、設立がかなり具体化しつつあることを窺わせる。十月十五日、鍋島幹県令が「教導中教院設立之儀ニ付伺」を教部省に提出し、活動が本格化する。設立・運営資金は教部省の布達に従い「各社社入」を充てることにしたが、十一月五日「神官僧侶協議之上、寺院ヨリモ相当之費用為差出可為取設事」との教部省の指示があり、寺院の出資も期待された。

十一月十九日、大教院は戸田忠友ニ荒山神社宮司と阿部浩権宮司に対し、「中教院并合議所無之所ハ教導職取

締合議之上可申出事」と、神官らと協議して進めるように命じた。栃木県内の動きも活発化し、栃木県権中属柿沼広身は日野霊瑞（太田大光院）・彦坂堪厚（日光満願寺学頭代）・西有穆山（桐生鳳仙寺）に書簡を送り、「県下近傍右各宗一二ヶ寺宛呼出其趣意相達候」と通達した。県庁所在地栃木町の圓通寺（天台宗）・近龍寺（浄土宗）・常通寺（浄土真宗）の三寺住職も戸田・日野・彦坂・西有に宛てて尽力を依頼し、「尚以法方之儀ハ二荒山権宮司阿部浩殿ヨリ陳述相成可申候」との手紙を送っている。

教部省も大録の石尾孝基を栃木県に派出し、石尾は十二月十二日に第一大区を巡回した。十二・十三の両日、二〇人の神官・僧侶が栃木町の近龍寺に会し、石尾孝基と柿沼広身出席の許に連合大会を開き、「設立仕様之書」をまとめ、全員が連名して、石尾・柿沼両人に提出した。その決議内容は、①平井村（栃木市）太平山の元蓮乗（生）院小林津禰麿（常麿）宅に仮中教院を開設すること、②出席者全員が一人金一円を出金し、神官・僧侶にも拠金を呼び掛けること、③一月十五日に集金の方法を協議するため改めて会合すること、の三点である。

神官教導職は連合大会を終えると、早速、教導職取締阿部浩、栃木県社（神明宮）祠官小村隣の連名で上記の決議事項を県域の神官に伝達した。さらに阿部は十二月、教部省達を受けて県域の県郷村社の祠官・祠掌で教導職にある四五人の名を教部省に報告した。内訳は権中講義が二人、少講義が五人、権少講義が一三人、訓導が一七人、権訓導が八人である。

開院が迫っているにも拘わらず、募金状況は思わしくなかった。七年一月、阿部は大教院を通して各宗管長に対し、十五日の会合に県域の宗派代表を出席させるように要請した。十二日、各宗管長は県下の各宗教導職宛に「中教院設置之儀神官僧侶遂合議同心戮力シ、輻湊之地ヲ撰ヒ、規則ニ照準シ願立可致候」を達した。その結果、各宗七派は同月、鍋島県令に宛て「開院」の費用として各寺院が一寺あたり一円を拠出すると報告した。天台宗寺門派では法務取締名で各寺に対して「御末派院の名帳」を中教院に提出すること、「入費金一円」を一月二十八日までに「使之者」に手渡すことの二点を通達した。一方、神官の集金は困難を極め、第一大区の神官は一月

二十三日に黒宮織江宅で会合し、「寄附金之儀ニ付御談事申上度儀有之候」を全八小区の郷社祠官宛に伝達することを決めた。

「栃木県中教院設立開院前後出納簿」によると、開院費（神官・僧侶各一円宛）一六一四円のうち、神官が三九五円、僧侶が一二一九円（禅宗三四九円余、天台宗三四四円余、真言宗二六〇円、浄土宗九五円、時宗四五円、日蓮宗二八円、真宗七円）とあり、僧侶の募金が七五・五％を占めた。中教院設立に仏教各派が積極的にかかわり、資金面で大きな役割を担ったことが看取できる。浄土真宗が少額であったのは、この頃から活発となった島地黙雷らによる大教院離脱運動の影響があったのであろう。

開院後は「中教院永続金」の募金も始まり、七年二月四日、第一大区の小区の祠官・祠掌一四人は「年々壱割之利子を以、春秋二季ニ献納」する方法で、合計五二〇円を寄付することを約定した。前年十二月、日光二荒山神社は中教院の開院費として金四七〇円（うち三七〇円は若子神社境内地の伐木費から支出）を献金した。さらに「永続方法」の用途として毎年十二月に一〇〇円を納めることも約した。

栃木県中教院は七年二月一日に開院した。開院式は神道式で行われ、その有様は「兼テ神殿ノ周囲、鳥居等ニ忌竹ヲ立、神殿ノ内陣ニ神座ヲ設ケ簾ヲ垂レ、外陣講堂ニ幕ヲ張リ注連ヲ曳キ、地方官及神仏教正、祭祀人員、神官僧侶教導職、参拝人等ノ席ヲ設ケ」、見学者には講堂から祝餅が投じられた。鍋島幹県令も出席して祝辞を述べ、「（前略）今県下太平山へ中教院ヲ建テ教職ノ者追次四方へ巡回シ可及候間、戸長副村吏此旨ヲ体認シ、区内老幼ヲ不問、教場ニ赴キ治モ教導ヲ遵奉候様厚ク可加説諭候事」と告諭した。

戸田忠友少教正の活動　栃木県中教院は神道教導取締に戸田忠友少教正・阿部浩中講義、取締代理に小村隣権中講義（県社神明神社祠官）、各宗取締に日野霊瑞権少教正（群馬県太田市の浄土宗太田大光院住職）が就任した（神明宮境内の『興学碑』）。

中教院の開院日が決定すると、大教院は七年一月二十八日、戸田忠友を栃木県に派出した。戸田は六年三月十

二日、二荒山神社宮司を拝命して四月十七日に着任したが、五月十七日、宮城県中教院設立用向きのため帰京し、七月から三ヶ月間宮城県で勤務した。十月十四日から再び大教院に出仕しており、十一月十九日に権宮司の阿部浩とともに教導職取締に任命され、二月一日の開院式の直前に着任したようである。戸田にとって二度目の中教院設立の任務である。二月二十二日の二荒山神社祈年祭は戸田宮司・阿部権宮司とも「中教院設立之際百事繁劇」として間宮魚用禰宜が代行した。三月八日、大教院が焼失すると、直ちに帰府命令が出され、戸田は「中教院之儀ハ東照宮権宮司原田種滋出張之上取扱候旨日野権少教正江談置」き、帰京した。三十日に出頭した戸田は、大教院から大教院の役儀は東照宮宮司永井尚服と交代し、栃木県中教院の「永続方法等尽力有之様」に命ぜられ、四月十一日に帰栃し、中教院に出仕した。戸田は四月十七日の東照宮弥生祭と八月八日の二荒山登拝祭（旧男体山禅頂）以外は中教院で職務に精励し、太平山には二荒山神社の禰宜・権禰宜・主典が交代で詰て職務を補佐した。八月、戸田は大教院から再度の帰府命令を受けると、中教院を小村隣に委せて帰京したが、十一月一日帰任した。

こうした東奔西走のなか、戸田の右腕として中教院設立に尽力した阿部権宮司が教部権少録として転任し、その後任には七年七月、栃木県権中属柿沼広身が在職のまま任命され、中教院の運営にも直接かかわるようになった（『戸田家旧蔵文書』）。

中教院の組織と講義

栃木県中教院の組織と分掌および講義課目を見ておこう。中教院を統括した取締には、戸田忠友・阿部浩・日野霊瑞、神道取締代理に小村隣が任命された。取締のもとに講究課・事務課・会計課の三課が置かれ、講究課長に県出仕兼中講義梅園春男（明治五年三月、宇都宮県第二大区三小区戸長となり、六年二月に県社宇都宮二荒山神社祠官）、会計課長に野口弥太郎（栃木県第六大区一小区の郷社八幡宮祠官）が就任し、梅園は教頭を兼任し

た（梅園は間もなく日光二荒山神社権禰宜に就任）。

中教院を事実上切盛りしたのは日光二荒山神社の神官と栃木町の県社神明神社祠官小村隣である。日光二荒山神社は禰宜・権禰宜・主典（二人）の四人が中教院詰として交替で出仕し、当直の一人が「教義等研窮」を担当した。小村も設立以前より「諸般事務担当」として職務に精励し、その功績を以て七年に権大講義に昇格した。八級以上は大教院の試験を受ける決まりであったが、戸田は「一日モ院中ニ相欠候テハ諸般事務上ニ差支出来候ニ付出京難為致候」故に「遙任被仰付候」との「御執成」を大教院に願出ている。

栃木県中教院には造化三神と天照大神を鎮祭した神殿があり、拝殿の左右には「神道有功ノ先哲」と「七宗祖師ノ画像」が掲げられ、入院した生徒は最初に神殿で誓言を立てることが義務付けられた。今日の教科にあたる「学課」は「皇」「釈」「漢」「洋」「習文」「算術」の六分野であるが、算術は開講されなかった。学課目数は「皇」すなわち国史・国文が最重要視され、「解義」と「渉猟」で三六課目あった。ついで「漢」が二七課目、「釈」すなわち仏典が二三課目あり、「洋」も一二課目からなっており、西国立志編や西洋事情などが講じられ、さらに「習文」が六課目あって、論文や和歌も講義された。これらの学課は、上等一級から下等三級の六階梯に応じて課されたが、実際どこまで開講されたかは不明である。生徒入院試験は「皇朝史略ヲ素読セシム」「皇国国体ヲ弁説セシム」「君臣之説ヲ講録セシム」の三条で、合格すると、上等は上等課、中等は中等課、下等は下等課に入院できた。神官の新任試験は「祭典式ヲ弁説セシム」「祝詞式ノ内ヨリ祝詞一篇ヲ抜出シテ之ヲ弁説セシム」「神徳・皇恩説ヲ講録セシム」の三条からなり、合格すると、上等は県社祠官、中等は郷社祠掌、下等は祠掌の任官資格が与えられた。住職の継目願の試験内容は「宗意説教」「三条教憲ノ内ニテ一条ヲ弁説セシム」「顕幽分界ノ説ヲ講録セシム」の三条からなり、試験時間は神官・僧侶とも一時間であった。

中教院の職務で重要なことの一つが教導職の教育と任用・昇級試験の実施である。「明治七年生徒入院連名簿」によれば、第一期の入院生徒は三八人であり、七年二月から五月にかけて随時入院が許可された。入院試験が行

われたかは疑問であり、仮にあったとしても全員の入院が認められたものと思われる。出身身分は神官が二七人、僧籍が五人、農が五人、不詳一人であり、神官が圧倒的に多いのは、中教院が神官主導で設立されたことと関係している。仏教側が当初の積極的な姿勢と異なり、入院者が少ないのは教育内容が神道的要素の濃いことを危惧したからであろう。入院者には前々年に県が実施した「国学試験」に不合格となり、再挑戦組もいたのである。

七年二月、中教院は各大区に「巡廻教則心得」を送付し、もう一つの重要職務である説教活動に取組むことを指示した。これを受けて、第九大区（現在の佐野市北部）では権訓導熊野神社祠掌鵜養蔀・時宗一向寺住職東諦成が連名で、表14の日程・場所で説教を行う予定を区内に伝え、「社寺ノ説教之節は一般人民老若男女共、参詣聴聞」するように命じた。第一大区は県庁の膝元であることから充実しており、中教院では毎月七回説教を行い、各小区も月三回、区内の社寺で実施する予定とした。

八年三月二十九日、都賀郡楡木宿（鹿沼市）の成就院で実施

表14：教導職巡廻説教一覧

第1大区（明治7年2月）

地名（説教所）			定例日
	太平山	中教院	1日・6日・11日・16日 17日・21日・26日
2小区	真弓村	法泉寺	2日・12日・22日
6小区	惣社村	大神神社	3日・13日・23日
1小区	栃木町	近龍寺	4日・14日・24日
5小区	木村	八幡神社	5日・15日・25日
4小区	鍋山村	宝蓮寺	7日・17日・27日
7小区	大澤田村	近津神社	8日・18日・28日
3小区	皆川城内村	金剛寺	9日・19日・29日
栃木県内遙拝所			10日・20日・30日
休暇日			1月1日〜3日・1月30日 2月11日・2月29日 4月3日・11月3日 12月12日・各月31日

第9大区（明治7年3月）

地名（説教所）			実施日
1小区	天明宿	宝龍寺	10月8日
2小区	植野村	東光寺	10月9日
3小区	小中村	郷社（人丸神社）	10月10日
4小区	栃本村	本光寺	10月11日
5小区	葛生町	善福寺	10月12日
6小区	下仙波村	金蔵院	10月13日
7小区	田沼宿	西林寺	10月14日
8小区	戸奈良村	種徳院	10月15日
9小区	上彦馬村	大光寺	10月16日

された巡回説教には、権少講義黒川豊麿（雄琴神社祠官）・権訓導江田実英（真言宗遍照寺住職）が派遣され、楡木宿・奈佐原宿・野沢村・上野村・亀和田村・塩山村・磯村から二二五人（男性一七五人・女性五〇人）の聴衆があった。都賀郡助谷村（下都賀郡壬生町）の村用掛・副戸長を務めた粂川政之助の『御用（自明治六年至明治九年）日勤簿』によれば、七年五月十一日、第七大区三小区の「説教」が同村の宝光院で実施され、中教院から少講義由良霊松・試補尾崎朝栄が「小区御順廻」のために来村し、約二五〇人が拝聴した。十月十五日にも再び宝光院で説教が行われた。

説教の際に出された中教院布告の「本院派出説教之節心得方」によれば、「説教場体裁及ヒ聴衆ノ多寡等明細取調」が区内の神官・僧侶・戸長用係に命ぜられ、小区間の移動は区内の神官・僧侶の受持ちとされた。また「派出講師賄之儀ハ一汁一菜」とされ、賄料として一飯三銭が支給された。「教導ニ関スル入費ハ都テ私費」（「中教院規則」二三条）との規定があったからである。

説教は神官・僧侶合同で実施された。相次ぐ廃寺や神葬祭の拡がりに危機感を持った仏教界も失地回復とばかりに期待感を持ったかも知れないが、始まってみると中教院は神道的なものが強制され、内容も神道的要素が濃く、僧侶側の反発は大きく、消極姿勢に変わっていった。

仏教教導職の反発

教導職の説教活動は明治五年より開始された。宇都宮県管内では同年八月、浄土真宗高田専修寺（真岡市）の使僧権訓導延命寺住職義宗と松原寺大寂が専修寺に近傍の衆庶を集めて説教を行ったときに「敬神愛国」など三条の教則を説かず、「仏神元ト一体、神即チ仏ノ権身、故ニ仏ヲ拝スレハ神ヲ拝セサルモ可也。若シ礼拝スル必弥陀ノ名号ヲ以テセヨ。仮令汝等不軌不良之事ヲ為スモ一タヒ仏ノ名号ヲ念スレハ罪禍忽チ消滅ス。請フ疑ナカント」と「邪僻妖妄ノ説」を唱え、「縁起並弥陀ノ画像」を礼拝させ「賽幣」を出させた。専修寺住持常盤井尭凞

は教導職の最高位の大教正であり、ことは政府の教導政策の根幹に関わることから、教部省はこの問題に慎重に取り組んだ。宇都宮県が教部省に最初の伺を提出したのが八月十七日であり、教部省は「説教差止メ陳説之事実承糺之次第共詳細」を報告するように指令した。この時に宇都宮県が提出した報告書の全文が九月十六日の『東京日日新聞』の「江湖叢談」に掲載され、大きな問題となった。九月十八日付の「専修寺代理ヨリ伺議案」によれば、両人は既に「説教巡国」のため柏崎県（新潟県）に出張しており、専修寺従僧を派遣し出京を命じたうえで取調べると弁明した。十月二十四日、義宗は大教正から「説教不都合」として「免職」され、大寂は「同派同件同時説教致」したが、違犯事項もなく構いなしとなった。大教正尭凞は進退伺を提出したが、教部省は「其の儀に及ばず候事。但し已後説教不都合これ無き様に得ト注意」することを命じた。教部省が義宗の免職を宇都宮県に命じたのは翌六年五月八日であった。教部省の対応がこれほど遅れたのは教導活動に影響しないよう穏便な処置で済まそうとの政治的配慮が働いたからであろう（『社寺取調類纂』・『栃木県史料』三二）。

七年十二月、満願寺住職を兼務して日光に赴任した自證院住職の少教正修多羅亮栄と神官教導職の間に軋轢があった。亮栄が満願寺住職となったのは一月に焼失した大教院の再建が計画通りに進まず、本願寺の離脱運動もあって、大教宣布運動が不振に陥っていた時期である。そのなかで、少教正という要職にある修多羅が、新築中の栃木中教院から神殿を分離しなければ「末派ノ頑僧之統持スルニ其術ナシ」と主張したことに、神官教導職が反発したのである。翌八年二月二十八日、中教院詰の大講義小村隣・中講義齋藤松樹・権少講義小泉友・権訓導島田繁一郎の四人が教部省に訴え、三月十三日には戸田忠友権中教正名でも「事実相糺候處相違無御座」との添書が教部省に差出された。この訴状は「落手」（受領）されたが（『戸田家旧蔵文書』）、中央では左院が教部省を廃止し内務省に移管する案を建議しており、五月には大教院も解体する混乱期にあり、結局曖昧に終わった。修多羅は十四年九月まで満願寺住職を務め、この間、三仏堂の移転に手腕を発揮した。

浄土真宗の島地黙雷は五年十二月、「三条教則批判建白書」を教部省に提出し、それ以来真宗四派は信教の自

由、政教分離に反するとして神道との合同布教に反対し、六年十月に大教院離脱の願書を提出した。以後曲折はあったが、八年二月、真宗四派（西本願寺派・東本願寺派・高田専修寺派・木辺錦織派）の大教院離脱が実現した。県域でも七年四月七日、少教正戸田忠友・権少教正日野霊瑞と中教院詰の小林隣が連名で「真宗西派合議所取立之儀ニ付否可伺」を鍋島県令に提出し、真宗西派が栃木町の常通寺に独自の合議所を設立したいとの願を有していることに対する判断を仰いでいる。「真宗東派御管内芳賀郡八条村本誓寺外六ヶ寺」が中教院に出した「加入請合居候」のなかで、西派の離脱を認めると「他宗モ分離之儀相立可申」となり、本院保護の手段もなくなり、延いては「隠ニ愚民ヲ煽動致候」と主張しており、中教院も黙視できなかったのである。

こうした真宗西派の独自の合議所設立計画や修多羅の事例は神道優位の説教政策に限界があることを明確にしめしている。とくに神祇不拝の伝統を有する真宗と教部省の教化方針が相容れないものであることははじめから予想されたことであり、栃木県でもトラブルが発生したのである。

小教院の開設

明治五年十一月、教部省は全国大小の神社・寺院に設けた説教所を「小教院」とすることを命じ、教導職による民衆教化を本格化させた。県域では、大田原・鹿沼・宇都宮・足利に小教院が置かれたとされ（『興学碑』）、東照宮境内の旧本地堂も説教所になった。県庁近くの一大区三小区柏倉村（栃木市）の琴平神社には出張所が置かれた。琴平神社は三小区の郷社であり、祠官は県社祠官小村隣が兼ねていた。参道石段の左右には旅籠・茶店が軒を並べ、旅籠だけで六五軒もあり、その収益で県庁内の二荒山神社遙拝所建築費二五〇円、中教院皇典書籍購入費、中教院新築費一〇〇〇円、喜久沢神社・遙拝所営繕費三〇〇円、錦着山招魂社建築費四〇円を六年から八年にかけて献金するほど裕福な神社であった（『下野神社沿革誌』）。参詣者への説教を行うとともに風紀の乱れを監視する目的で出張所が設置されたのであろう。

また八年三月、六大区四小区（宇都宮市中心部）では戸長や真宗を除いた各宗派惣代が「二荒山神社へ四神ヲ合祭仕、拝殿ヲ以講堂ニ換用シ、同所へ事務所学寮等建築以テ一小教院ヲ全備」したいとの設立願を栃木県中教院に提出している。第五大区二小区（真岡市南部）でも、同年四月、戸長横山平太が中心になり、区内に小教院を設立する計画を立て活動したが、高田専修寺等浄土真宗諸寺が本山の指示を受けて参加しなかったといわれる。既に真宗四派の大教院離脱が認められており、芳賀地方でも神官と真宗の確執があったのである。

東照宮説教所　東照宮境内の旧薬師堂（本地堂）は説教所（小教院）として、宣教の上で重要な役割を果たした。戸田日光二荒山神社宮司が日光に滞在した六年四月十八日〜五月十七日の一ヶ月間に行われた説教は五度に及び、四三七人が参加した。四月二十日の説教は中麿・齋藤・古橋の二荒山神社神官が講師となり、一七五人が拝聴し、二十五日に六五人、三十日に七〇人、五月五日に七七人、十七日に五〇人が参集した。七月七日、東照宮宮司松平忠恕と戸田宮司は彼らの説教に物足りなさを感じたようで、中教院に「下野国義ハ説教等ニ達シ候モノ無之」として、東照宮禰宜奥野安行を「説教ニ相達シ布教適任之者」であり、「等」（階級）を超えることになるが、中講義に昇格することを願い出た。二荒山神社でも戸田宮司が十一月十四日、権宮司の中講義阿部浩を権大講義に推薦した。翌七年から説教所での説教は二荒山神社・東照宮・満願寺の合同で月に二回、一日と十五日に行うことに変更されている（『戸田家旧蔵文書』）。

栃木県神道事務分局

明治八年五月大教院が解体され、大教宣布活動は危機に陥った。神道教導職はこれより先の三月、大教院に代わる布教機関である神道事務局を東京有楽町に開設した。神道事務局は府県に「適宜ノ地一ヶ所」に神道事務分局を設置し、局内に中教院を置き、大区ごとに支局を置くことを通達した。

栃木県中教院は開院当初から栃木町に移転する計画があり、琴平神社が中教院講堂の新築費一〇〇〇円を献納

したのは七年十二月である。栃木県中教院は栃木県神道事務分局となり、工事が完成するまでの期間、栃木町の田村良助邸を間借りし仮事務分局とした。新しい分局は栃木町の県社神明神社の境内地に置かれ、講堂・事務局・学寮が新築された。建設費は委員に就任した栃木町の豪商善野喜平・望月磯平らの協力で町民からの献資が相つぎ、その額は一万余円に上ったといわれる。また建築資材も、太平山神社（一大区二小区の平井村村社）が杉・檜材を、鹿島神社（七大区三小区の郷社）が欅材、諏訪神社（一大区二小区の郷社）が石材を寄進し、実行・禊教社員や栃木町民が挙って整地作業に奉仕したといわれる（『興学碑』）。

神官の拠出額は不明であるが、八年十一月段階で、県庁所在地の一大区では二三人の神官ら関係者が三年間分割で合計五三八円を拠出することを約した。その後も献金者は増加したが、十二月に入っても滞納する神官が多く、分局は鹿沼事務支局に対し、担当域の九小区から十二小区の神官に督促するように依頼しており、前途多難が予想された。

八年十一月二十六日、上棟祭が挙行され、神道教導職六〇〇余人が参じて盛会であったという。扶桑教会長大講義宍野半が会員を率いて参列し、大和舞を奉献した。開院式には神宮教会が大講義一色氏隆を派して御神楽を奏上した。初代の分局長には戸田忠友中教正が就任したとされるが（『興学碑』）、他の史料からは確認できない。戸田は八月、日光二荒山神社宮司の辞表を提出し、後任宮司に権宮司で栃木県権中属の柿沼広身を推薦している。九月三日付で宮司の辞任が認められて帰京し、十月二十八日には東京府下神道事務分局副分局長に任じられた（『戸田家旧蔵文書』）。

栃木県神道事務分局は栃木県中教院の体制をそのまま移行し、「教義講究スル事」「生徒ヲ教育スル事」「祀典及葬儀ヲ講明スル事」「部内教導職ヲ監督スル事」を職務とした。とくに「葬儀」に触れていることは神道事務局・事務分局が神葬祭の普及に力を入れようとしたことのあらわれである。

神道事務分局は県域各地の神官教導職に対して、支局及び小教院を開設するように通達した。九大区七小区は

八年八月六日、安蘇郡田沼宿（佐野市）の郷社稲荷神社祠官亀田甚三郎が「中教院」に宛て二〇ヶ条にわたる「伺書」を提出し、支局設立の心得等について詳細な問合せをしている。一六条では「建築ノ位置ハ其大区ノ中央ニヨリ可申哉、人民輻湊ノ地ヲ主トス可ヤ、又其両便ヲ兼ヌルトノ地ニヨリ可申哉」と質問し、分局は「支局并小教院ハ地方適宜ノ場所見込相立、更ニ可伺出候事。但最寄ノ神社々務所ヲ以支局ニ充ルヲ可トス」と回答している。かくして、亀田は五小区の郷社賀茂別雷神社祠官毛利真守と協議して小教院開設に向けて活動した。この後、大小区の変更により社格の見直しが行われ、賀茂別雷神社は十年七月村社に降格し、毛利は八月に葛生町の郷社八坂神社祠官に任命され転任するなどの混乱もあったが、十年九月、田沼神道事務支局は開局した。支局は田沼宿の賀茂別雷神社に置かれ、支局長には毛利真守が就任した。下部の教育機関である小教院も郷社稲荷神社の元神職田沼重司宅（田沼宿）、村社熊野神社社務所（船越村）、村社別雷神社社務所（多田村）の三ヶ所に設置された（『田沼町史』第七通史編下）。『下野神社沿革誌』に熊野神社祠掌阿部覓人は「船越小教院庶務係長」と見えている。

九年、鹿沼の郷社今宮神社直会殿にも支局が開設された。十四年、境内に支局の建物を新設したが、十七年十二月に閉局した。管轄域は一大区九小区～一二小区である（『鹿沼市史叢書』九・『鹿沼市史』通史編・近現代）。

このほかにも、八幡神道事務支局（足利郡上羽田村郷社八幡宮）、川崎神道事務支局（足利郡川崎村郷社天満宮）、下都賀寒川両郡神道事務支局、大前神道事務支局（芳賀郡東郷村、明治九年五月神道事務局并ニ小教院設置）、大田原神道支局（小教院）、鶏足山小教院、益子神道講習所などの名称が確認できる（『下野神社沿革誌』）。

十五年一月、内務省達で神職の教導職兼務が廃止され、布教活動に関与することが禁止されると、存在意義が失われた栃木県神道事務分局は閉鎖され、県域の神社養成は皇典講究所分所に継承された。事務分局の土地・建物は十六年、県社神明宮に献納された。現在、神明宮に配祀されている造化三神は中教院の神殿に祀られていたものであり、拝殿は事務分局の講堂であったものである。境内には大正四年（一九一五）に建立された『興学碑』

があり、栃木県中教院・神道事務分局の歴史や関係者の氏名が記されている。

(3) 神葬祭と県域の神社

近世後期神職の離檀運動

江戸幕府はキリシタン禁制を目的に宗門改めを行い、寺請制度を創設した。寺請制度は寺院が檀徒であることを証するもので、旅行や嫁入りにも檀那寺の証文を必要とした。神職やその家族も例外ではなく、葬儀も檀那寺の仏葬以外は許可されなかった。それが江戸後期になると、神職らの神葬祭への許可申請が相つぎ、幕府は吉田家の許状を受けたケースに限り、神職本人と嫡子のみの離檀を許可して自葬を認めたのである。

本県でも江戸時代から続く社家には離檀に関する文書が伝えられている。都賀郡家中村（栃木市）の鷲宮明神神主菱沼家は同村の真言宗金照院の檀家であったが、弘化二年（一八四六）四月、紀伊の代になって村役人の添翰および金照院の書状を壬生藩寺社奉行所に提出し、「当人并嫡子離檀仕候。尤家内者不及申次男以下之もの者、先規之通り宗判引導相受申候」を願い出た。六月四日、紀伊は寺社奉行の添翰を持って江戸の吉田本所出張役所に罷出て、京都吉田役所から證状が届き次第に壬生藩に届けてほしいと願い出、九日に帰国した。このとき、離檀が認められたのは紀伊本人と嫡子である。さらに二十年後の慶応二年（一八六六）紀伊および聟左京と孫隼人三人の神道葬祭が認められている（『鷲宮神社文書』）。このように江戸後期、神職の中には檀那寺から離れて神葬祭による葬儀を行う者もあらわれたのである。

県域の神葬祭

神葬祭の実施は、それまで葬儀を独占的に執行してきた僧侶には大きな衝撃であった。政府による神葬祭の推奨は慶応四年閏四月十九日、神祇事務局達により「神職之者家内ニ至迄以後神葬祭相改可申」が命じられたことに始まる。この達で、復飾した別当・社僧・修験等が神社に神勤する場合は神葬祭に改めなければならなくなった。同年九月、都賀郡壬生町の雄琴大明神神主黒川豊前は檀那寺豊栖院（常楽寺が兼帯）から「黒川豊前離檀仕候処実正ニ御座候」との一札を得て、倅静馬の家族と豊前妻、下男・下女九人の「神葬葬祭人別帳」を壬生藩社寺奉行所に届け出た（『壬生町史』資料編・近現代Ⅰ）。明治二年八月、芳賀郡板戸村（宇都宮市）の本山修験光明院・正源寺は復飾を支配役所（宇都宮藩ヵ）に願い出たところ、役所から「御本寺より此上右家内之者共神葬祭ニ相成候ても、故障差支等無之旨」の書面を貰うように命ぜられ、村役人一同は常珍寺に対し、その旨を記した願書を差出している（『芳賀町史』史料編・近世）。茂木藩でも明治四年五月四日、芳賀郡石下村（芳賀郡市貝町）鎮座高尾大明神の「別当神宮寺、改神部太宮」が「復飾自葬祭之儀願出候間承居候段」を弁官に届け出ている（『栃木県史料』八二）。

各地では神職の指導を得て神葬祭を願い出る者も現れた。宇都宮藩は同三年閏十月二十二日、弁官に無住寺院の廃寺につき「檀家有之分ハ本寺へ合併又ハ神葬祭自葬祭等夫々任望取計申候」を伺い出、二十七日に「自葬ノ儀ハ不相成候」と指令された。宇都宮藩は「神主出家ヲ不頼自ラ安シ候所ヲ以安シ候場ニ葬リ、又祭儀ヲ土俗自葬祭ト唱」と、自葬祭は神職の葬法であると苦しい弁明をしている（『太政類典』）。政府は、自葬祭を無制限に認めるとキリスト教式の葬祭の隠れ蓑になるのを警戒し、葬祭は仏葬か神葬祭でなければならないとしたのであろう。しかし、この段階で政府は公認の神葬祭式を制定しておらず、府藩県からも神葬祭式を求める声が政府に届いていた。政府が制定しなかった理由は明らかではないが、神葬祭用の墓地の確保が進んでいなかったことも理由のひとつであったとされている。政府は神葬祭式制定までの間、府藩県が独自に採用した祭式を識別して暫定的に実施することを認めた。

明治四年十一月十日、壬生県は神祇省に伺い出たうえで、次のような「自葬祭」布告を管下に頒布した。

一仏葬祭相改自葬祭ニ致シ度輩ハ自今差免候条、可願出候事。

一葬斂祭式等之儀別冊規定ノ通相心得、諸向質素ニ致シ僭上過礼ノ儀無之様致シ、身寄組合及近隣之者等ニテ執行可申事。

一士族以下平民ニ至ル迄別冊式ノ内ニテ斟酌シ可執行事。

一葬地ノ儀ハ古墳墓ハ其儘差置キ、新墓取立候分ハ伺之上可得庁許事。

一士族卒農商等貧富新古ニ拘ハラス、別冊式ノ外奢侈華美ケ間敷義一切不相成、若式ニ外レ不相応ノ執行有之候ヽ、糾弾ノ上至当ノ咎可申付候。尤省略致シ候儀ハ不ズ苦候事。

右野通候条、其旨相心得堅可キ守事。

右之通、管下遠近村々ニ至ル迄無洩布告候事。

辛未十一月

壬生県庁

自葬祭式儀追テ一定ノ御規則被　仰出候迄、左之通仮ニ相定候事。

この布告に見える「別冊」が壬生県の神葬祭式『葬斂式』である。壬生県が管下に頒布した『葬斂式』は「其則ハ葬事略等ノ諸書ニ依リ、以テ斟酌編纂セシモノ」であった（『栃木県史料』八〇）。この「葬事略」がどのようなものかは知り得ないが、壬生県では諸書を照合して「葬斂式」を作成したのである。

日光県も同年四月、『葬祭式』を制定して管内に布達した（『栃木県史料』七一）。表15は両式の全文を掲載、比較したものである。上段が日光県の『葬祭式』、下段が壬生県の『葬斂式』である。②・⑦・⑪・⑭の文章は同じ文章であり、同一本を参考にした可能性がある。その一方で、葬列の次第が異なっており、『葬祭式』は霊璽（御霊代）の記し方が載せられるなどより丁寧である。また本葬から⑪の五十日・百日忌に続けて、⑬で一周

忌から毎年の祭りを簡潔に記載しており、「葬祭式」が全体的にまとまりがある。『葬斂式』は⑪と⑬の間に⑫祖霊祭が入るなど混然としてまとまりに欠ける。『葬祭式』は⑬において、平田篤胤の「毎朝神拝詞記トイフ本ノ後ニアルヲ読」むようにと記している。これは『毎朝神拝詞記』の「廿八　拝先祖ノ霊屋詞」を指しており、『毎朝神拝詞記』が神職・村役人層にかなり普及していたことが窺われる。

両式が共通し強調しているのは、仏式と異なる簡潔な葬法である。②「スベテ何事ヲモ其所ノ土地風ノ儘ニシテヨシ、其中ニ龍頭鐃鉢縁綱棺巻等仏法ヨリ加リタラムト思フ物ヲ捨除キテ、酒魚ヲ供フルノミ変レル事ト心得ヘシ。神葬祭ナリト更ニ六箇敷コト丶不可思」の文言は全く共通している。仏具を取り除き、土地の風習に合わせて四季の花を手向け、根菜を供える程度でよく、年祭も大勢を招く必要はなく「分限ヨリモ倹約スルヲヨシ」と言うのである。

日光・壬生両県とも離檀による神葬祭を奨励はしたが強制はしていない。しかし、仏葬式を否定はしないが、神葬祭の利点を強調して勧奨している。神葬祭に神官の関与を義務付けず、僧侶や村役人が関与できる余地を残しており、神葬の形式であればよく、民衆には受け入れやすかったであろう。

この両県の布達に接した民衆がどう受け止めたかは想像に難くない。既に二年三月、鹿沼今宮神領の百姓らは、「今般御一新ニ付、百姓町人迄も邪宗門ニ無之候ハ丶神葬祭ニ被仰付へく旨、従朝廷御触御座候」として神葬祭への変更を三宮司に願い出ている（『鹿沼市史』資料編近世2）。ここでは、神葬祭は政府の命令と理解されていたのである。

県域でも徐々に神葬祭に移行する地域が増加していった。足利郡高橋村（佐野市）の長泉寺は四年七月の段階で八四軒の檀家を有していたが、檀家が神葬祭に変更したために無檀・無住となり廃寺になっている（『栃木県史料』九・七一）。都賀郡岩崎村では、四年四月「岩崎村役人并小前」（上岩崎村・下岩崎村）が一同の連名を以て「埋葬ハ従来之菩提寺僧徒ヲ以執行罷在。左候而は神仏分離相成兼　御国典ニ悖リ不相済義奉候。今後神道葬

表15：日光県と壬生県の神葬祭式

葬祭式（日光県）

①葬祭式

先　松明《タイマツ》　麻ガラノ類　但シ略《ハブ》キテモヨロシ　二人
次　白杖《ツエ》　細小丸木ノ皮付タルヲ三尺斗リニ切テ可用、但シ略キテモヨシ　二人
次　旗　死者ノ　苗字姓名柩　一人
次　凳子《コシノダイ》　二人
次　机　一人
次　太鼓　三ツ拍子ニドオム〳〵ト間ヲ遠クウツベシ、又可笑ト思フ者ハ略クベシ
次　笛　比ノ音高ク悲ミ深キ音ニヒユウ〳〵ト可吹
次　白旗　四本マタ略シテハ二本ニテモヨシ　四人又略シテハ二人
次　高提燈　柄ニハ竹ヲ用ユ　二人
次　親類　花ヲ持モ榊ノ小枝ニシデヲ掛持モ、夜ハ燈火ヲ持モ勝手次第タルベシ、何人ニテモ、
次　酒二瓶　但オミキ徳利二ツヲ膳ニノセテヨシ　一人
次　水一椀　但膳ニノセテ　一人
次　餅　但御備ヨシ、又菓子饅頭ノ類ニテモヨシ、又皆略テモヨシ、　一人
次　饌《ゴセン》　魚鳥肉類有合次第勝手ニ供フベシ　嫡子
次　祭主　親類ノ長者マタ組合ノ者　誄《シノビヿ》ヲヨム　一人ニテモ二人ニテモ三人ニテモ
次　棺　其所ノ昔ヨリ仕来ノ通リニシテヨロシ、但シ棺ノ四方ニ榊ノ小枝ニシテヲ掛テ立テヨシ、
次　惣見送ノ者

②スベテ何事ヲモ其所ノ土地風ノ儘ニシテヨシ、其中ニ龍頭・鐃鉢・縁綱・棺巻等仏法ヨリ加リタラムト思フ物ヲ捨除キテ酒魚ヲ供フルノミ変レル事ト心得ヘシ、神葬祭ナリトテ更ニ六箇敷コト、不可思、

③同　略式

先　松明　或ハテウチム　二人
次　旗　苗字姓名柩　一人
次　机　一人

葬斂式（壬生県）

①葬斂式

高燈　チム〈ママ〉　柄ニハ竹ヲ用フ　二人
次　旗　但布又ハ紙ニテヨロシ　死者苗氏姓名柩《ヒツキ》　一人
次　親類　花ヲ持モ榊ノ小枝ニシデヲ掛持モ夜ハ灯火持モ勝手次第タルベシ、何人ニテモ、
次　饌《ゴセン》　魚鳥菓菜ノ類有合次第勝手ニ供フベシ　嫡子
次　祭主　一人ニテモ二人ニテモ三人ニテモ
次　棺　其所ノ昔ヨリ仕来ノ通リニシテヨロシ、但シ棺ノ四方ニ榊ノ小枝ニシデヲ掛ケ立テヨロシ、
次　凳子《クイ》
次　墓標《ハカジルシ》　桧木三寸カ四寸長三四尺、土ニ入ルコト二尺、其姓名之墓背ニ死日ヲ書ク、
次　柴墻《シバガキ》　墓表ノ屋根墻ナリ、
次　韓櫃《カラヒツ》　但シ何ニテモヨロシ、墓所ニ用ル諸具ヲ入担ハシム、
次　惣見送ノ人

③同　略式

先頭　但紙ニテヨロシ、苗字姓名柩
次　親族　花ヲ持ヘシ、榊ノ小枝ニシデヲ持モ夜ハ提灯ヲ持モ勝手タルベシ、
次　饌並祭主　嫡子無キ人ハ都テ血ヌム近キ人嫡子

次　親族　長タル者誄ヲ可讀

次　饌　嫡子無人ハ都テ血ヱム近キ人

次　棺

次　見送人

④霊璽《ミタマシロ　イハイ》ノシルシ方　是ハ墓所へ持行ニアラズ、家ノ床ニ安置シ五十日ノ忌事畢テ後先祖霊璽ト同シク霊舎ニ可移

苗字姓名霊璽　是ハ祖父ヨリ始テ皆右ノ如クシルシテヨシ、

苗字名刀自《トジ》霊璽　是ハ一端相續シタル女ハ祖母・曾祖母・当主皆斯ノ如クシルスベシ

苗字名娘女《イラツメ》霊璽　是ハ未嫁ノナリ

苗字姓名郎子《イラツコ》霊璽　是ハ童《ハラ、ヲ》男ノナリ

⑤霊前ノ荘《カサリ》付又棺ノ前ニ供フルヿモ仕来リシ郷風ノ儘ニテヨシ、唯酒魚等ノ如キノミ変レルヿト思フベシ、葬所ノ作法モ皆シカリ、又百ヶ日マテノヿモ一周忌ノ事モ是迄仕馴タル如ク為ヘシ、其ヨリ後ハ年々其忌日ヲ祭ルカ吾御国ノ例ナリ、

次　棺　前同断

次　凳子

次　墓標　同断

次　韓櫃　同断

次　柴墻　墓表ノ屋根墻ナリ

⑥斯奴備言　棺ノ前ニ膝ヲ折御辞儀ヲシテ手ヲ四ツウツベシ、音高カラヌガヨシ、ヨミヲハリテ又四ツウツナリ

⑥宅ニテ棺前ニテ申スベキ斯奴備言《シヌビゴト》

⑦此乃柩尓斂米多留霊乃前尓申須明治乃何年止云年乃此月乃今日乎此世乃限止志弖幽界《カクリヨ》尓罷《マカリ》伊奴禮婆、今其亡骸《ナキガラ》斂米牟止志弖親族《ウカラ》集《ツト》閉弖種々乃物備閉手向弖悲美悲美毛送《ヲクリマダ》麻陀須乎、幽界奈賀良尓受麻志弖、残禮留人等《トモ》乎婆安久思比弖罷路《マカリジ》乃障無久後毛軽久幽世知看須大神乃御下尓至里弖常《トコ》志閉尓鎮麻里居弖子孫《ウミノコ》乃末々迄気賀《ケガ》過不令有《アラセム》守坐《マモリイマセ》止悲美悲美毛白須、

又

此乃柩尓斂多留霊乃前尓白須、現身《ウツツミ》乃世尓在間《ホド》波人毎尓生涯《イキノカギ》里世乃過《スキ》波比尓痛突《イタズキ》弖心安《ヤス》麻留袁里毛無伎波尊伎毛卑伎毛同加禮婆昔毛今毛憂世止曽云奈留、哀汝《シマシ》賀霊伊今日与里後波幽世知看須大物主大神乃御下尓罷往弖心穏《オタヤ》尓安麻里伊麻左布倍志止白須、

⑧墓所尓弖可申詞　是モ前ノ通御辞儀ヲシテアマリ音ノ高カラサルヤウニ四ツウツベシ、ヨミヲハリテ又四ツウツナリ

⑧墓所尓弖可申詞　親類ノ長者又組合者等読ベシ、一人ニテモ二三人ニテモヨシ、是モ前ノ通御辞儀ヲシテアマリ音ノ高カラザルヤウニ手ヲ四ツウツナリ、ヨミヲハリテ又四ツ拍ツナリ、

⑨此乃處乃小草苅曽計塵掻《カキ》拂比弖今亡骸斂牟留乎平加尓安加尓千代常止波乃隠處《カクレガ》止心穏《オタヤ》尓鎮坐止悲美弖白須、

⑩一葬送ノ者ハ帰ラン道ノ程ニ予テ便宜ヨキ川頭ヲト《シメ》ヲキテ賢木ヲ以テ各身ヲ祓ヒ清メテ打棄テヨ、

⑪五十日百箇《イカモヽカ》乃間種々乃物備閉弖朝夕尓額築弖可申詞
此乃小床《ユカ》尓坐奉《マセ》留霊前尓申須、此立《コノタテ》奉留種々乃御饗《アヘ》津物乎安気久聞食弖家人《イエビト》等乎守坐世止恐美弖白須、

⑫祭式
一祖先及代々ノ霊ヲ祭ラハ二月十一月一歳□（破損）両《フタ》次其家ノ吉日ヲト
リテ行ヘ吉日トハ先祖ノ誕生日又ハ業ヲ興シ或ハ官位・俸禄ヲ賜ハレル日抔ヲ云□（破損）
日前ヨリ穢悪《ケガレ》不預《アツカラス》最謹　厳《オコソカニ》スヘシ、其祭ルヘキ霊璽ノ外歴代
ノ霊璽及ヒ旁親家族属人ノ祭ルヘキモノアラバ、其霊モ　配享《アハセマツ》
ルヘシ、酒饗《ミキミケ》魚鳥菜蔬《ナダイコン》海藻《ウミクサ》果実《カミ》等生《ナマ》シキヲ供ヘ、祭祀畢ラハ
饌ヲ撤《ヲロ》シ料理シテ直会《ナホラエ》ヲナシ、親戚《ウカラ》知友《トモダチ》会飲《サケノミ》テ歓娯《ヨロコビ》ヲ尽セ、
凡祭事ハ謹厳ニ精潔シテ祭余《アマリ》ノ物トイフトモ残穢褻慢《ナイケガサ》シムルコ
ト勿レ、

祭祖霊次第
予《アラカジメ》祓《ハライシテ》儲《モヲケヨ》二霊座《レイザヲ》一○先進《マツス、》二霊前《ミレイゼンニ》一□《ヲ》揖《ジキ》○次着坐《スハル》一揖○次ニ再拝拍手両段○次　献《アゲル》二灯《トモシビヲ》一迎霊詞○次献饌○読二祭　文《ヨミミマツリコトバヲ》一○次撤《ヲロス》レ饌《ミケヲ》○次送霊詞
○次再拝拍手両段○次　退坐々揖《シリゾクスハリオジキ》○次直会《ナヲラエ》

迎霊詞
遠祖御祖四等《ヨツキ》祖乃《ノ》親族能御霊等清米多留齋《イミ》床尓天翔《アマカケリ》降坐万之弖例奉仕
御祀享《ミマツリウケ》坐万世止畏々美毛白須

祭文
遠御祖四等及親族等乃御霊乃御前尓嗣子《ハツコ》某鹿自物膝折伏慎美敬比
白佐久、月日如《ヨドミナクシテ》レ流之弖年毎尓奉仕御祭二月乃某日尓白木黒木止忌麑居《イミカスヘ》
竝倍《ナラベ》、八百米築杵乃豊御饌海物野物非時乃香菓《カクノユノミ》尓至万伝種々乃物
奉《ソナエマツリ》レ備親戚《ウカラウコナハリ》集侍弖思頼尓奉《ムクヒタテマツル》レ報止之弖御祀《トシテミマツリ》奉《ツカイマツル》レ仕状袁平尓安尓聞看
弖、子孫継々尓家門《イエカド》高久広久如茂弥木栄《イカシヤコハエノゴトクイノ》息内長久令二立栄《タチサカヘシメ》一、仮初事
尓母邪意穢心不令在《アラシメズ》家業袁令二勉勤《シメヅトメシマシメ》一、禍神乃枉《マカ》事無久守給比弖御祀《ミマツリ》里
遠長《トオナカ》久令奉《ツカヘマツラシメタマ》レ仕給閇止畏々美毛白須、

⑬一周忌ヨリ次々毎歳ノ祭ニハマツ毎朝神拝詞記トイフ本ノ後ニアルヲ可読、スベテ近来ノ習風ニテ親疎ヲモ不辨、別シテ大勢ヲ招請テ御斎トカイフ大饗ナト設テ大功徳ニモナルコトヽヲモフハ甚シキマトヒニテ、死者ノ為ニハサラ〳〵ヨシナク、名聞ヲモトムル奢トイフモノナリ、然ル無益ノ事ヲハ一切ニ省キステヽ、サテ年々ノ忌日ハ勿論平日タリトモ四季ヲリ〳〵ノ花ナト手向、マタ手作ノ菜根ナト供テ慇懃ニ信實ヲ盡シテ祭ルカ霊ノ方ニテモ憘シクヲモフナリ、何事ヲナスニモ此信實ヲ本トシテ驕奢名聞ニワタルヿヲバナスベカラス、分限ヨリモ倹約スルヲヨシト可為ナリ

⑭神祇官ヨリ御布告ニ相成候マテ、当分仮ニ葬祭式取シタヽメ候也、

〈出典：『栃木県史料』七一「櫔木縣史附録・日光縣史　社寺　全」〉

送霊詞

此斎床《イミトコ》尓降坐《オリマセ》留遠御祖四等祖《ヨツキノミオヤ》及親族乃御霊等各毛各毛本乃所仁還鎮坐止畏々美毛白須

⑬一周忌より次々毎歳の祭にハ前ノ祭式ニ依テ祭祀ベシ、総テ近来の習風に親疎《シタシキウトキ》をも不辨別して大勢を招請て御斎とハいふなる大饗など設て大切誼にもなることおもふハ甚しきまとひにて、死者の為にハさら〳〵よしなく、名聞をもとむる奢といふものなり、然る無益の事をバ一切に省略すへきて、年々の忌日勿論平日たりとも四季をり〳〵の花など手向、また手作の菜根など供て慇懃に信實ヲ盡して何事をなすにも此信實を本として驕奢名聞にわたる事をハなすべからず、分限よりも倹約するをよしと可為なり、

⑭神祇官ヨリ御布告ニ相成候迄、当分仮ニ葬祭式取綴候也、

右之通仮ニ相定候事

辛未十一月十日

〈出典：『鹿沼市史』資料編・近代I「楡木千代子家所蔵文書」〉

ニ仕度、宿志一同決評致候」を日光県役所に懇願して認められた。五月、岩崎村の村役人は三十四区の組合村々の「自葬祭」に同意する連印を得て、改めて日光県に「御請証文」を提出した。その文中に「御渡相成葬祭式ニ準し、銘々分限ニ応し葬典急度相守可申候」とあることは注目される。日光県が『葬祭式』を管下に通達したのが四月であり、同月中に岩崎村では日光県の布告を受けて全七二戸が神葬祭（自葬祭）に変わることを決めて願出たのである。村民らは「竊ニ浮奢之宗旨を崇敬仕候者」は「相互ニ穿鑿」して「厳科」に処すこと、さらに「氏子帳」を作成して「惣代役奥印調印之上、毎年三月中無遅滞相納可申」ことも申合わせた。五年一月、旧栃木県が大蔵省に差出した「廃寺取調伺書」によれば、正観寺は「無本寺・無住・滅罪檀家無之」と記してある。岩崎村では名主以下百姓らの多くは正観寺を菩提寺としていたが、四年四月、村民が神葬祭に変更したので、正観寺は檀家を失い帰農してしまった。鹿沼宿にある本寺の宝蔵院も帰農したので印証もない有様となり、村役人から廃寺願が提出され、明治五年二月に廃寺となっている。

『葬祭式』の作成者

ここで、日光県の『葬祭式』の作成者について一言しておこう。柿沼広身の著『葬祭誄言』（成立年不詳）は㋑「斯奴備言」㋺「若人ノ死ケル霊前ニ申誄」㋩老人ノ死ヲ送ル誄」㋥「病死ノ霊前ニ申誄」㋭「殃死人霊前申誄」㋬「父霊ニ孝子ニ代リテ申誄」㋣「母霊前ニ孝子ニ代リテ申誄」㋠「五十日百ヶ日ノ間種々ノ物備テ朝夕ニ額築テ申誄」㋷「一周忌ヨリ次々先祖ノ霊祭ニ可申誄」の九種の誄言を載せている。久保康顕は『葬祭誄言』のうち㋑㋠と『葬祭式』の誄言の文章が⑦と⑪が同一であることに注目し（壬生県の『葬斂式』も同様である）、日光県に仕えた柿沼が作成者であろうと推測している。

柿沼は著書の巻頭において、「此ゴロ復飾セシ神主」が、神葬は『喪儀略』（古川躬行が慶応元年七月に発行し、広く流通していた）に記されている内容が「余リニ事省キテ」、「不敬ノヤウニ」思われており、氏子の中には仏

葬は「慇懃ニ物ノ荘ヒモト丶ノヒタレバ、孝慈ノ意モ備ハリテ覚ユル也」と歎いたのに対し、縁綱・龍頭・鐃鉢などの仏具を除けば「其餘ハミナ神国ノ古式」であり、「サレバ今又神葬ニ返サムニモ悉ク改ムルニ及バズ。是迄仕来シ行装ノ如クニシテ只彼（仏葬のことヵ）ヨリ加リタラムト思フ物ヲ略キテ、是ニ魚酒ナド備ヘタラマシカバ宜シカルベシ」と答えている。この柿沼の考えは『葬祭式』にも反映しており、②にも同様趣旨のことが記されており、『葬祭式』に柿沼の考えが反映していたことは否定できない。

柿沼広身（啓二）は元都賀郡鹿沼宿今宮神社旧神官であり、明治四年四月二日、日光県に十二等出仕として召抱えられ、社寺掛となり、以来、「社寺ノ事務ハ戸籍掛ノ所轄」であったが「此ニ至テ全ク啓二ヲシテ之ヲ担当セシム」（『栃木県史料』七一）とある。日光県が葬祭式を定めたのが「是月」すなわち四月であることを考えると、柿沼を作成者とみても差し支えないであろう。柿沼は八月四日に権少属、翌五年一月には栃木県少属となり、日光山の神仏分離、神官任用、中教院設立に中心として関わるなど、栃木県の社寺行政の責任者であった。

神葬祭のその後

明治五年六月二十八日、政府は太政官布告において、自葬を禁止し、葬儀の執行は僧侶か神職でなければならないとし、氏子から神葬祭の願いがあったとき神職は「祭主ヲ助ケ諸事取扱可申事」を定めた（『公文録』）。さらに九月四日、教部省は近衛忠房（神道東部管長）・千家尊福（同西部管長）による『葬祭略式』を選定・刊行し、府県に「所望ノ向ハ東西部管長へ可申出事」を布達した。かくして、庶民への神葬祭が広く普及する道が開かれたのである。神葬祭が普及すると神葬墓地の確保が必要となることから、教部省は九月十四日、府県に対し適当なる墓地を選定すること、寺院墓地にも神葬墓が設置できるようにすることの二点を布達した（『太政類典』）。神官は僧侶から葬儀の主導権を奪うことができる千載一遇のチャンスを得たことになる。しかし、教部省が教則とした『葬祭略式』は「凡て式法は産土の神官に委ぬべし」とする一方で、祭儀の執行は「郷村社の祠掌」が行い、

不都合の時は「村長」が代行することも可とされ、神葬祭の神官干与はいまだ徹底したとは言い難かった。七年十一月十八日、教部省が府県に対して「僧侶神葬祭兼行ノ義願出聞届置候向モ有之候処詮議ノ次第有之。今後不相成候条、此旨寺院へ布達スヘキ事」を命ずるまで待たねばならなかった。それまでは、僧侶による神葬祭が行われるケースもあったのである。

政府が初めて死亡者の実態を捕捉したのは、四年四月の戸籍法（壬申戸籍）においてである。戸籍法の前文に「人生始終ヲ詳ニスルハ切要ノ事務ニ候故ニ、自今人民天然ヲ以テ終リ候者又ハ非命ニ死シ候者等埋葬ノ處ニ於テ其時々其由ヲ記録シ、名前書員数共毎歳十一月中其管轄庁又ハ支配所へ差出サセ、十二月中弁官へ可差出候事。右之通管内社寺へ可触達候事」とあり、社寺は十一月中に埋葬者名簿と人数を府県ないし出張所に報告するように命じられた（十月には大蔵省達で「毎年十二月中迄分、翌年二月中」に調えて差出すように変更された）。これに基づき、翌五年三月、旧栃木県は「死亾人名認方心得書」を定め、死亾人名録は前年分の死亡者を村・宿単位で神社・寺院が一覧にして一月二十日までに戸長・副に届出させることにした。心得書には「自葬祭ハ神官、其余ノ者ハ埋葬所ノ寺院ニ於テ取調」とあり、死亡者の把握に神官は僧侶と並んで要の役割を果たしたのである。

教部省により進められた神葬祭普及策は、やがてキリスト教が黙許されると意味を失い、教部省も十年一月に解散され、内務省社寺局が神社・寺院行政を管轄することになった。内務省は「神官ハ司祭ノ職分即チ社頭ニ奉祀シ、祭式公務ヲ処弁スルノ官ニシテ、教導職ハ宗教者ニ付スルノ職名ナレハ固ヨリ其性質ヲ殊ニシ混同ス可ラサル者タリ」との考えから、神社を国の祭祀を担当する機関と位置付け、宗教的要素を一掃する方針に転換した。十五年一月二十四日、「自今神官ハ教導職ノ兼補ヲ廃シ、葬儀ニ関係セサルモノトス」旨を達したが、「府県社以下神官ハ当分従前之通」とされた。しかし、官国幣社神官が葬儀に関与できなくなったことは、神葬祭に大きなブレーキをかけることになった。十七年十月には自葬を禁じた明治五年の布告が廃止され、「自葬ノ禁ハ自然解除ニ属シ候儀ト認定」され、以後、政府は一切葬儀に関知せず、個人の意思に任される時代になったのである。

こうして、神葬祭は本格化せずに一過性のものとなり、一部地域を除くと定着せず、仏葬に回帰するところも少なくなかった。仏教と祖先崇拝の強固な結びつきは、政府の強権をもってしても簡単に変えることはできなかったということであろう。

四、栃木県の創建神社

(1) 栃木県の招魂社・護国神社

招魂社から護国神社へ

慶応四年(一八六八)五月十日、新政府は「癸丑以来唱義精忠天下ニ魁シテ国事ニ斃レ候諸士及草莽勇志之輩」の霊を合祀する太政官布告を出し、併せて京都の「東山ニ於テ新ニ一社ヲ御建立」することを命じた。現在の京都霊山護国神社である。この布告によって、京都を始めとして各地に招魂場が創建されるに至った。

翌明治二年、東京遷都がなると東京九段坂下の旧幕府歩兵屯所跡に東京招魂社を創建し、戊辰戦争の戦没者三五八八人を鎮祭した。六月二十九日、軍務官知官事小松宮嘉彰親王が祭主となって鎮座祭が行われ、明治天皇は勅使五辻安仲を派遣した。その後、七年には佐賀の乱の戦死者が合祀され、以後、台湾出兵、江華島事件、神風連・秋月・萩の乱、西南戦争の戦死者が祀られ、東京招魂社は国家的性格を持つ神社として整備されていく。十二年六月、明治天皇の「聖旨」により靖国神社と改称して別格官幣社に列し、各県の招魂社に祀られていた戦没

者も合祀された。最初は内務・陸軍・海軍三省が管理したが、二十年からは陸・海軍の両省に属した。十一月六日の大祭日には勅使の派遣があり、別格官幣社としては破格の処遇を受けた。

八年十月にはそれまでばらばらであった社名が招魂社に統一され、修繕費・祭祀費用は国家から支給されることになった。これが「官祭招魂社」である。これ以後も各地に招魂社を創建する動きがあり、明治十年以降に創建された招魂社は「私祭招魂社」と呼ばれ、祭祀や営繕費は私費で支出された。官・私祭招魂社は昭和十四年（一九三九）三月、内務省令をもって全て護国神社と改称され、官祭・私祭の称号は廃止されたが、官祭招魂社に支出してきた国費は継続された。護国神社は内務大臣の指定する「指定護国神社」とそれ以外の「指定外護国神社」に分けられ、前者は各府県一社が原則とされた。護国神社に社格は与えられなかったが、指定護国神社は府県社に相当し、社司一人、社掌若干人を置き、祭神は府県内の戦没者とされた。指定外護国神社は村社相当とみなされ、社掌若干人を置き、崇敬区域に変更はなかった。

県域の官祭招魂社

東京招魂社が国家的祭祀施設であるのに対し、各府県に置かれた招魂社・招魂場はいずれも府藩県が創設したので、明治四年の廃藩置県で藩が消滅すると、維持に困難をきたすところもあった。この事態を重くみた政府は六年十二月、官費支給の方針を定めた。七年二月十五日、内務省は府県に対して「墳墓」の官費支給をするので、四月三十日までに「修繕費用積並ニ後来毎一ヶ年内修繕掃除常費高」を調査し届け出ることを、三月十七日には「招魂場之儀ハ永ク忠士ノ魂魄ヲ御弔慰被為在候御趣意ヲ以、自今其所在之地税ヲ免シ、祭祀並修繕共其一切官費支給可致」を達し、五月三十一日までに「別紙雛形ニ照準、ケ所限明細取調」を命じた（『公文録』）。

この指令に基づき、栃木県は六月二十九日、「招魂場祭祀料其外従前之費額取調伺」と「戊辰役従軍徇国之者戦没之地遺體埋葬之墳墓取調并修繕其外費用積伺」を内務省に伺い出た（『栃木県史料』八）。

八年四月二十四日の太政官達は、招魂社と墳墓の費額を次のように定めた(『法令全書』)。

招魂社(一ヶ年一社定額) 経費 三五円(祭祀料一〇円 但神饌料ハ毎壱人別ニ金二五銭宛ヲ給ス。修繕料二五円 但掃除夫等ノ費用モ此内ヨリ支給スヘシ)

一所墳墓修繕費定額 六円二五銭 但一境域中ハ各所ニ埋葬ストモ渾テ一所ト見做ス。

以下、「官祭招魂社」となった県域の三招魂社について記しておこう。

○館林招魂社

「招魂祠」と号し、二年九月の創建である。戊辰戦争の舘林藩士族・卒戦死者三九人を祀る。廃藩前の祭主は舘林藩知事秋元礼朝並に旧藩士一同である。神社の維持費は館林藩主の賞典禄一万石(現米二五〇〇石)から五〇石が支出され、七年十二月以降は旧知藩事から毎年金一〇〇円が寄附された。旧藩時代の祭祀料(供物料・神酒料・燈明料・神官世話料・提灯其外諸機材修繕料・掃除人給料)が二五円三〇銭、月次祭祀料が一二円(一ヶ月分一円)であった。廃藩以後は木呂子退蔵なる者が祠守となり、戦死者の親族とともに自費で祭典を執行した。祭典は春秋の二度、吉日に行われてきたが、十年より春四月の「一祭」となった。施設は瓦葺の本社(三坪)・廊下(一坪)・拝殿(四坪五合)及び板葺の絵馬堂や盥水舎があり、新築物費は二六六両二分三朱と銀一匁七分五厘である。十三年時点で、石鳥居・木鳥居・戦士碑・招魂合祭碑・石燈籠四基・西南役戦没碑・歌碑があり、社殿間数は本社が間口九尺×奥行二間、拝殿が三間×二間、境内は九〇二坪(官有地)で石垣に囲まれていた。所在地は上野国邑楽郡大谷原(館林市)の旧館林藩練兵場西南隅であり、八年、社名が招魂社に統一された際に館林招魂社と改称して官祭となり、九年六月二十二日の祭典には鍋島栃木県令が宣命使として参拝している(『栃木県史料』八・四三)。十四年に館林市代官町の現在地に遷移された。現在の社名は邑楽護国神社である。

○宇都宮招魂社

宇都宮県は藩政期の二年四月以来、戊辰戦争の戦死者を慰霊する招魂祭を行ってきた。適当な社地もなかった

が、二荒山神社下之宮境内に社殿を建設することになり、五年十月二十五日、教部省に「招魂社建立願之儀ニ付伺」を提出し、六年一月八日、允許された。五年十一月に着工し、七年五月に完成した。「招魂社」と号し、戊辰戦争の戦死者九四人（宇都宮藩士族・卒六一人と、鹿児島・山口・鳥取・大垣・彦根・岩村田等の他藩藩士・卒三三人）と元宇都宮藩主戸田忠恕が「勤王特旨」をもって合祀された。

祭主は旧宇都宮藩知事（日光二荒山神社宮司）戸田忠友が務めた。祭祀は六月六日・七日（旧暦四月二十二日・二十三日）、十月三十日・十一月一日（旧暦九月二十二日・二十三日）である。祭祀料（供物料・神酒料・燈明料・春秋両度祭祀並紀元節供物料）三四円は旧知藩事戸田忠友および旧藩士が拠出し、修繕料三六円（年間の社殿手入料一二円、掃除人および社守給料が年間二四円）は寄附金で賄った。社殿は板葺の本社（一坪二合）・拝殿（六坪）であり、社守（旧藩士鳥居小八郎）の建家が附属しており、これらは寄附金六七六円で建設された。敷地は一反八畝二八歩である（『栃木県史料』八・三一・三七）。

○黒羽招魂社

「招魂場」と号し、二年十二月九日に建設された。東北戦争で戦死した黒羽藩士族・卒二四人を祀る。祭主は旧黒羽藩知事大関増勤並に旧藩士一同であり、祭祀は五月・十月の二度。祭祀料二七円（神酒料・燈明料・供物料・春秋両度祭祀之節供物料・同神酒料其外共）と掃除人給料一二円は、大関増勤の寄附金（賞典禄のうち一五〇石）で賄われた。境内に招魂碑・黒羽表忠碑・軍夫招魂碑があり、社殿は存在しなかった。那須郡阿久津村の黒羽城郭内の曹洞宗大雄寺《だいおうじ》境内にあり、敷地は一反五畝であった（『栃木県史料』八）。大雄寺は大関家累代の墓所である。

九年二月、大関増勤は四大区五ノ小区那須郡阿久津村用掛程島仁・副区長菅生万次郎との連名で、次のような「招魂社移遷奉願書付」を鍋島県令に提出した。

戊辰之役旧黒羽藩士并ニ軍夫戦死之者共吊祭之儀、第四大区五小区阿久津村大雄寺境内ニ於テ年々十月中施

行仕来候処、右ハ碑前場狭ニシテ祭式モ不相立候ニ付、兼テ譲受置候同村七百九番地士族服部七之助、同七百拾壱番地武田清之助屋敷之内江、更ニ以私費招魂社相移シ申度奉存候。依テ絵図面相添、此段至急奉願候。

前年八月に招魂場の社名が招魂社に統一されて官祭に預かることになり、社殿もない現状を一新しようとしたのである。栃木県は九年三月四日「招魂社移迁願ノ義ニ付伺」を内務省に提出し、「寺院境内ニテハ祭式執行等不都合」であり、移転と営繕費は大関増勤が私費で行うので、移転を認めてほしいと伺い出た。六月三日、内務省はこの伺を許可し、大蔵省と協議のうえで、七年より「除税」となっていた大雄寺境内の「招魂碑敷地五畝歩」を解除し、新たな境内地二反五畝二四歩を「民有地第三種に編入免税」にしたいと三条実美太政大臣に伺申し、六月十三日付で聞届けられた（『公文録』『太政類典』）。移転地は那須郡阿久津村（大田原市）の現在地であり、大関増勤の持地であった。

○明治天皇の奥羽巡幸と招魂社

明治九年六月、明治天皇の奥羽巡幸に際し、天皇から栃木県管轄の招魂社に対して金幣二五円（一社八円三三銭）が下賜された。六日に宇都宮招魂社、十二日に黒羽招魂社、二十二日に舘林招魂社に鍋島県令が勅使として派遣された。その時に賜った勅語は次の通りである（『巡幸録』東巡雑録・『木戸孝允日記』『栃木県史料』七八）。

汝等曩《さき》ニ兇賊鴟張《しちょう》之際ニ当リ、命ヲ大義ノ為ニ致シ或ハ屍ヲ乱軍ノ中ニ暴《さら》ス。朕今東巡ノ次親ク其地ヲ経、殊ニ追悼ニ堪ヘス。仍テ県官ヲシテ、汝等之墓ヲ吊シ聊御金幣ヲ與フ。

明治九年六月五日

県域の私祭招魂社

つぎに私祭招魂社二社について紹介しておこう。

○大田原招魂社　大田原市山の手鎮座。

廃藩以前から創設の計画があったが、廃藩置県における県掛りの公務繁劇と資金不足から成就しなかった。十年一月十五日、改めて士族若色良譲外二人が連名して「大田原宿五百弐拾四番印南新之助宅地ノ内五畝歩譲受け、戊辰戦争の大田原藩士・夫卒一八人を祀る招魂社を「旧藩主始士族有志ノ者私費ヲ以築営仕度」との願いが栃木県に提出された。県は一月二十四日、内務省に伺いを差出し、内務省も九月二十五日に大蔵省に伺い出た。大蔵省は十月三日、太政官に対して「有志輩私費ヲ以新築、年々祭祀・修繕ノ両費及敷地々税ニ至ル迄一切自弁ノ積ヲ以願意聞届度趣」であり、今後の招魂社新設は内務省所管にするとの意見を併記して具申し、十月十五日に聞届けられた（『太政類典』）。祭祀・修繕費は自弁、敷地も課税される私祭招魂社である。昭和十四年に大田原護国神社と改称したが、その際宇都宮招魂社（栃木県護国神社）の旧社殿の払い下げを受けて本殿とした。

○栃木招魂社　栃木市箱森町鎮座。

栃木県下の西南戦争の戦没者六五人を祭祀し、その忠魂を慰めるため、県令鍋島幹・大参事藤川為親・小参事柳川安尚等が発起人となり、朝野有志の醵金によって、錦着山上に創建された。十一年十月に土工を起し、十二年九月に社殿・社務所を竣工して二十四日に祭典を執行した。十七年の県庁宇都宮移転により、下都賀郡役所に管理が移管され、祭神も下都賀郡の戦死者とされた。間もなく栃木町に管理を移し、爾来栃木町が祭典を執行し、大正元年（一九一二）より町費をもって運営することになった。昭和十四年段階の社殿は、本殿が七尺三寸×六尺七寸、拝殿が三間半×二間半で、境内が七四二坪（民有第一種）であった。昭和十四年十月十六日、神饌幣帛料供進社に指定された（『招魂社明細帳』）。

護国神社の設置

昭和十四年（一九三九）三月、招魂社は内務省令によって護国神社と改称され、宇都宮招魂社は栃木県護国神社となった。下之宮の境内は狭く、馬場通りに面した繁華街にあり、日支事変（日中戦争）の激化で戦死者が増

加したことに対応するため、新たに社地を宇都宮市一の沢（現陽西町）に定めて社殿を新築した。昭和十三年十一月三十日に地鎮祭を執行し、十五年四月二十九日に遷座祭が執行された。十四年四月十八日神饌幣帛料供進社に指定されている。

官祭黒羽招魂社、私祭大田原招魂社・栃木招魂社も昭和十四年四月一日、護国神社と改称され、栃木招魂社は錦着山護国神社と改められた。終戦後GHQの監視を受け、二十二年栃木県護国神社と大田原護国神社は彰徳神社に、黒羽護国神社は二十三年に黒羽神社と改称したが、現在は旧社名に復している（黒羽神社は社名を変更せず、現在もその社名を用いている）。

(2) 明治以降の創建神社

栃木県の創建神社

明治時代、多数の神社が新たに創建された。天皇や皇族を祀る神社の多くは官幣社となり、天皇崇拝を象徴した。南朝の忠臣を祭神とする神社も相ついで創建され、これらの別格官幣社は天皇への忠誠心を国民に定着させるのに大きな効果があった。なかには織田信長を祀る建勲神社や豊臣秀吉を祀る豊国神社のように、徳川家康を祀る東照宮の権威を低める目的で創建された神社もある。このほかにも、地方官の認可を得て、旧藩主や郷土の英雄・義人を祀る神社が数多く創られた。

○唐沢山神社　旧別格官幣社（佐野市富士見町）

佐野家の旧臣が中心となって、唐沢山城址に藤原秀郷の霊廟創建を計画し、東明会（会長：佐野郷）を組織した。明治十四年三月十七日「唐沢山神社創建願」を、八月十六日に「官有林地御払下願」を栃木県に提出し、十

二月二十七日に允許された。十五年四月三日、本丸跡で地鎮祭を挙行し、十六年四月に参拝門、七月に御霊代の上家（翌年神饌殿となる）、十月十六日に札場が完成したので、二十七日に鎮座仮式を挙行した。十六年九月、仮本殿が竣工し遷座式が行われた。社殿は神明造、正面一間一尺二寸五分、横一間。参拝門は銅葺、正面二間四尺、横一間三尺であった。

創建から暫くの間は神社の経営は厳しく、十七年までの負債が三四八三円余になり、十九年には建築請負者への賃金未払いが二か年におよび、棟梁が負債を抱えて葛生銀行から訴えられることもあった。そこで東明会は組織を改革して二十三年に財政を軌道に乗せた。

祭神藤原秀郷は十六年八月六日、太政官より「正三位」を追贈された。同月、藤川為親県令は山田顕義内務卿に宛てた上申書において、「贈位ヲ辱フスルモノ名和・菊池・新田・児島・結城・桜山ニシテ、而シテ正三位ヲ賜フモノ独リ朝臣（藤原秀郷）一人ノミ。是蓋朝臣ノ功数氏ノ上ニアルヲ以テナラン。而シテ藤島神社・名和神社・菊池神社等ノ如キハ既ニ官社ノ列ニ在リテ歳次官祭ノ栄ヲ受ク。而ルニ管下唐沢山神社ヲシテ独リ県社以下ニ在ラシメバ、則恐ヲクハ其権衡ヲ得ルモノニアラサルニ似タリ」と述べ、別格官幣社藤島神社（祭神新田義貞）等への対抗意識から「官社加列ノ義」を陳情したのである。この願が認められ、別格官幣社に列格したのは二十三年十二月一日である。

別格官幣社に列せられると、社殿の改新築や境内外の整備が進められた。同月、拝殿が新築され、本殿は明治三十九年十月に起工し、四十一年十月に完成した。神職は栃本村の村社根古屋神社社掌天下谷政重が受持神官を務めてきたが、別格官幣社指定の際、宮司に佐野郷、禰宜に青柳高鞆、主典に秋山林策が任命され、天下谷政重・八下田真澄が傭神官として雇用された（明治四十五年刊『唐沢山神社創建誌』）。

○乃木神社　旧県社（那須塩原市石林）

乃木希典は日露戦争の英雄である。明治天皇の大葬の日、妻静子とともに自刃した。九月十八日の葬儀日、石

林の別墅において郷社大田原神社社掌手塚元氣を斎主に遙拝式を挙行した。その際、手塚から乃木神社創建の議が提案され、参会者一同の同意を得て、狩野村・西那須野町・大田原町・金田村・東那須野村の二町三村の有志と手塚が協議し、創立委員会（委員長：旧大田原藩主大田原一晴、事務総長：鮫島重雄陸軍大将）を設立し、寄附金の募集を開始した。大正三年八月二十日に創建願を提出し、六月十六日、県から創立の允許を得、同日付で県社に列せられた。五年三月に本殿・拝殿・社務所・休憩所を竣工した。四月十三日には東京本邸から将軍が生前佩用した刀剣を霊代として奉遷して、十二日鎮魂祭、十三日鎮座祭を執行した。七年二月には静子夫人の愛用の銅鏡を奉斎して、夫人を配祀した（『那須郡神社明細帳』）。

○蒲生神社　旧県社（宇都宮市塙田）

蒲生君平は宇都宮新石町の油商福田家に生れた。著書『山陵志』は山陵復興運動や尊王論に影響を与えた。文化十年（一八一三）七月に病没した。政府は明治二年十二月、宇都宮藩に対して「故蒲生君平へ　御追賞」として「里門ニ旌表シ、子孫ハ三人扶持下賜候事」を命じた（『公文録』『太政類典』）。「里門旌表《せいひょう》」とは、村の入り口に名を記し顕彰することである。宇都宮藩主戸田忠友は直ちに宇都宮の入口の南新町（現不動前）に「勅旌忠節蒲生君平里」の碑を建立した。明治五年、正四位を追贈された。九年六月、明治天皇は東北巡幸の途次、宇都宮に着御すると、「蒲生秀實・高山正之が尊王の志厚かりしを追懐あらせられ、特に祭粢料を下賜」し、遺族に渡すことを栃木県に命じた（『明治天皇記』『巡幸録・東巡雑録』）。

当社の創建事業は明治十三年、元宇都宮藩士で山陵修復に尽力した縣信緝《のぶつぐ》が中心となって起こした。この運動を継承したのが、旧宇都宮藩主戸田忠友・同藩士戸田忠至（後に高徳藩主、山陵奉行）・縣直樹らで、二十二年に二荒山神社境内に「蒲生秀實碑」を建立したが、資金不足で神社創建にまでは至らなかった。

その後、大正元年君平九十九年祭が挙行されるにあたって、再度神社建設が決議され、「蒲生会」（会長：戸田忠友）を結成し、同十年、崇敬者総代鮫島重雄陸軍大将ほか八五人が創建願を提出し、七月二日に許可された。

十月に地鎮祭を行い、昭和五年七月五日鎮座祭を執行した。十五年六月二十八日、県社に列せられた。

○報徳二宮神社　旧県社（日光市今市）

晩年、二宮尊徳は日光神領の仕法を命ぜられ、日光奉行所手附となり、安政元年（一八五四）日光領のほぼ中央の今市に報徳役所を設けた。翌二年、真岡領の東郷からここに移ったが、三年十月二十日、享年七〇で今市で没し、星顕山如来寺に葬られた。仕法はその子尊行に受け継がれ、幕末まで続いた。

当社の創建事業は明治十四年、旧日光神領二二ヶ村の有志二五人が如来寺で行われた尊徳二七回忌の仏事法要の席上で提唱され、謝恩会を設立したのに始まる。その時は事はならなかったが、二十四年十一月、尊徳が従四位に叙されると、神社創建の気運が高まり、ついに二十五年に県知事の認可を得て、二十六年に起工した。日清戦争のため一時工事は中断したが、三十年十一月十四日鎮座祭を執行した。社地に宛てられたのは如来寺の尊徳墓地を含む約三反三畝歩であった。三十一年に尊徳の嗣子弥太郎尊行および高弟の富田高慶を合祀した。一、十五年九月九日、允許された時は無格社であったが、三十三年五月三十日に県社に列格した。

○喜久澤神社　旧県社（鹿沼市見野）

祭神の万里小路藤房は三房の一人といわれた後醍醐天皇の忠臣である。建武新政の政治姿勢を諫言したが容れられずに出家し失踪したといわれる。明和四年（一七六八）正月、都賀郡西見野村の長光寺境内の山腹が崩壊し、地中から銅塔・古鏡・古銭が発見された。銅塔は長さ七寸、中には一寸七分の聖観音銅像が納められ、銅鏡の表面には興国四年（一三四三）三月吉日付で「当塗王経一字三禮一品一銭千部　寶祚興久兼藤三位資通卿公冥福藤従一位宣房卿公福壽　不二行者授翁敬白」と刻してあった（『押原推移録』『下野国誌』）。これらの出土品は領主であった下総多古藩主松平豊前守勝慈《かつなり》から老中松平右近将監武元《たけちか》に披露された。天保十五年（一八四五）四月、子孫の万里小路正房が日光例幣使として参向した時に長光寺に参詣した。弘化四年（一八四七）四月に正房から藤房の真像を送られたのを機に境内に藤房を祀る祠を建て、出土物を納めたという。

以来、これらの出土品は藤房の遺物、長光寺はその隠遁地と考えられ、大切に守護されてきた。明治四年六月、神祇官から調査を命じられたのを機に社殿を改築し、翌五年、社号を喜久沢神社とした。七年六月十日に県社に列格、同四十三年に現在地に移遷している。

○橿原神社　旧郷社（小山市羽川）

神武天皇を祀る。明治四年三月、太政官は毎年三月十一日に神武天皇祭を「海内一同遵行」し、地方官は遙拝式を行うようにと布達した。日光県は九月十二日、「間合モ無之」ことから、「県庁中清浄ノ地ヲ撰ミ、大和ノ方ニ向ヒ新薦《あらごも》ヲ敷キ、高机一脚ヲ置キ、机上御玉串ヲ安スヘシ（玉串ハ榊ノ小枝ニ白紙ノ四垂《しで》ヲ付）」と決まり通りに実施した。官員は礼服を着用して出席し、祭壇に拝礼した。管下町村には七月二十七日に触れを出し、鎮守社において「小前末々」まで出席して行うことを命じた。九月十日に精進潔斎をし、十一日に例祭を行い、十二日を祝祭としたが、県域の実施状況はよくわからない。翌五年からは毎年三月十一日に実施することになり、栃木県は県庁構内に遙拝所を新築し、十二年からは県議会の開催前に橿原宮を遙拝して議事に入ったとされる。

この潮流にいち早く反応したのが羽川村である。村には前代から星宮神社があり、村民の信仰を集めていたが、その境内地に橿原神社を創建し、元々の鎮守社星宮神社を境内社とした。明治五年十一月一日、栃木県から郷社に指定され（『下都賀郡神社明細帳』）、地域の小社としては破格の社格を与えられたのである。

以上のほかにも、県内には地域の英雄や藩主を祀った神社がある。村民の素朴な信仰心によって創建され、地域的な広がりもなく、無格社とされた。管見ではつぎの五社がある。

・高座山神社：祭神鎮守府将軍藤原利仁・明治十二年創建・宇都宮市関白町（無格社。後に関白山神社と改称して村社に昇格）
・寿亀山神社：祭神烏山藩主大久保常春・明治十二年創建・那須烏山市中央（無格社）
・桜町二宮神社：祭神二宮尊徳・明治十八年創建・真岡市物井（無格社）

・西郷神社：祭神西郷従道・明治三十六年創建・大田原市加治屋（無格社）
・三島神社：祭神三島通庸・明治三十九年創建・那須塩原市三島（無格社）

五、明治後期の栃木県神社

(1) 明治中期の神社行政と栃木県神社

「神社改正之件」と官国幣社保存金制度

明治十年の官国幣社・別格官幣社数は一一九社であるが、十七年に一三三社、十八年には一五〇社と徐々に増加している（『日本帝国統計年鑑』）。このまま社数が増加していくと経費は際限なく増額しなければならず、財政難の国家に少なくない負担となる懼れもあった。十九年二月二十三日、山県有朋内務大臣と松方正義大蔵大臣は「神社改正之件」を伊藤博文総理大臣に進達した。「敬神ノ目的ヲ全フシ、永続保存ノ基ヲ立シメ十ヶ年ノ後ニ至テハ毎年弐拾萬円余ノ金額ヲ減シ得ヘク一挙両得ノ方法」であるとして、①伊勢神宮への供御を厚くする②官国幣社・別格官幣社の区別を止めて官幣大中小社とし、経費・営繕費を廃止して一〇年間補助金を下付する③府県社以下の神社で新たに官幣社に列格する場合の制度を定める、との三点を提案した。

重要なのは②の補助金の問題である。内務省の提案は、神宮費の三万円（宮内省幣帛神饌料二八八七円、内務省経費一万六六九三円、内務省予備費一万四二一〇円）と官幣社費二一万四二六円（宮内省幣帛料一万二六六円、

補助金一六万六三三六円、「非常予備として内務省中積置」三万三八二四円）の二四万四二六円を一年間の神社経費と仮定し、そのうちの補助金一六万六三三六円を官国幣社に一〇年間支給して官国幣社を自立させようというものである。内務省の試算では、官国幣社は補助金の半額を毎年積立て、積立金の利息分を合算すれば、十一年目には十分な金額が積立でき、自立できる。その結果、十一年目からは補助金一六万六三三六円と非常予備金三万三八二四円の合計二〇万一六〇円が不要となる。以降は神宮費三万円と宮内省からの官幣社幣帛神饌料一万二六六円の四万二六六円を支出すればよくなる。③についても「府県社以下ニシテ官幣社タルニ足ルノ資格アリ。祭典営繕以下ノ費用ヲ自弁スルシ得ルモノハ新規昇格ヲ許ス」というもので、官幣社に昇格しても補助金は支給しない。国家が支給するのは幣帛神饌料のみであり、官幣社は「人民ノ尊信上ニ独立」させる。まさに「一挙両得」の案である。

今後一〇年間毎年支出される二四万四二六円は、十七年度の神社費総額二四万四二六円（神宮諸費一万三一一八円三〇銭二厘〈大蔵省経費九四二六円二五銭、宮内省幣帛神饌料等二八八七円、内務省営繕費八〇五円五銭二厘〉、官国幣社諸費二二万七三〇七円六九銭八厘〈大蔵省経費一三万三五四七円五七銭二厘、大蔵省遷宮諸費三七四九円一七銭八里、内務省営繕費八万三八八四円九四銭八厘、宮内省祈年新嘗両祭幣帛神饌料二三〇六円、宮内省官幣社例祭幣帛神饌料二〇八五円、大蔵省国幣社例祭幣帛神饌料一七三五円〉）と全く同額である。というよりは、十七年度の神社費を基準に算出され、官国幣社の補助金を決めたというのが実情である。

この内務省案は紆余曲折はあったが、官国幣社・府県社等の社格は従前通りとすること、補助金は「保存金」と改称し、下付の年限を一〇年から一五年に延長するとの修正を加えて、十九年十一月二十二日に裁可された（『公文別録』）。

新設された「官国幣社保存金制度」は、それまでの「経費及官費営繕」に代わって、二十年度以降の一五年間、官国幣社に保存金を支給し、金額は官国幣大社が一社平均約一三〇〇円、官国幣中社が約一一〇〇円、官幣小

社・別格官幣社が約八四〇円である。保存金は地方庁が出納を管理してその半額を積立て、「年額ヲ積算シ、又二ヶ年目ヨリ利子ヲ加算」し、十五年後の「独立維持ノ資本」に宛てる。県域では日光二荒山神社に一一一三円、宇都宮二荒山神社に一〇四一円、東照宮に八六九円が支給された。保存金一〇四一円の宇都宮二荒山神社の場合、半額の五二〇円五〇銭を積立て、利子（一ヶ年六分ノ割ニシテ二ヶ年目ヨリ類利ノ訳ナリ）が三一円二三銭となる。二年目は元金一〇七二円二三銭（五二〇円五〇銭×二年間＋初年度利子三一円二三銭）と利子六四円三三銭で一六五七円六銭四厘が積金される。かくして十五年後には元金一万二一一五円一四銭一厘と利子七二六円九〇銭八厘の一万二一九二円四銭九厘となる。これを基本財産として自立させ、国庫支出を廃止するというものである（『公文類聚』）。

保存金が開始される前年の十九年度の「社費」は日光二荒山神社が九一三円、宇都宮二荒山神社が八四一円、東照宮が七七五円であり、「営繕費」が日光二荒山神社一三五〇円、宇都宮二荒山神社一〇一〇円、東照宮四六九六円であった（『法規分類大全』財政門）。従って廃止された社費（定額常費）に較べると、日光・宇都宮が各二〇〇円、東照宮が九四円と僅かに増加するに過ぎなかった。

しかし、官国幣社の直接収入は保存金の半額であり、実質的には大幅な減収となる、多くの官国幣社は経営が困難になり、自助努力が求められることになった。例えば、宇都宮二荒山神社の十八年一年間の社入金は三八〇円五四銭八厘（初穂料六一円七四銭八厘、賽銭二六八円七四銭九厘、祈祷料五〇円五銭）であり（『戸田家旧蔵文書』）、これに保存金の半額五二〇円五〇銭を合わせても一年間の収入は九〇一円余りに減少する。「神社費ヲ節減」に危機感を持った宇都宮町民や氏子は川村傳蔵を会長に保存会を結成し、「氏子一同ヨリ一口ニ付一日一厘ヲ義捐セシメテ五ヶ年積立ノ方法」を定め、二十一年三月七日に発会式を開催した（『二荒山神社年表紀事略』）。

一方、伊勢神宮は「国家ノ宗祀」に相応しく特別の処遇が与えられ、十九年の神宮費九四二七円は保存金制度の始まった翌年に一万六六九三円に増額され、二十一年には二万七一一三円と改定された（『法令全書』『法規分

類大全』財政門）。官国幣社の冷遇に比較すると神宮の厚遇は顕著であり、「神社改正之件」が国家の神社政策の大きな転換であったことがわかる。

保存金制度の挫折

保存金制度の導入は物価の高騰も加わり、神社経営に大きな打撃を与えた。事業の推進主体である内務省ですら「風壊雨漏ニ委セラル丶ノ殿宇ト雖モ、之カ営繕ヲ行ヒ得サルノ実況」「各種ノ経費亦不足ヲ告ケ甚シキハ神饌調度ヲ粗悪ニシ往々古来ノ典礼ニ依ルコト能ハサルニ至レリ」との状況に危機感を抱かざるを得なかった。だからと言って「神社保存金ヲ更ニ増加スルハ国庫経済ノ許シ難」く、運用を変更するしか手段はなかった。

明治三十三年七月「使用区分ヲ改正」、具体的には独立のための積立金三分五厘（二十三年に会計法の改正で従来の五分から三分五厘に変更され、期間も三〇年に変更された。しかし、内務省に預託される非常臨時共通営繕費が一分五厘となり、経費・経常営繕費つまり社費の五分は変更されなかった）を五厘と改め、「非常臨時共通営繕費」を二分五厘とし、経費・経常営繕費を五分から七分に拡大した。社費が五〇％から七〇％に拡大されたのであるから、官国幣社にとっては一歩前進であった。しかし「目下焦眉ノ急ヲ救フ」ためとは言え、五厘の積立金ではその年限を決めることは事実上困難であった。内務・大蔵省は「独立資金トシテ蓄積スヘキ金額ヲ減少スルトキハ保存金下付年限ヲ延長スルノ要アルヘシ。之レハ他年実際ノ必要ニ応シ、更ニ詮議ニ付セラルヘシト云フニアリ。右ハ目下ノ状況不得止モノト被認」として匙を投げてしまった（『公文類聚』）。内務省が官国幣社を自立させようと始めた保存金制度は開始後十三年にして行き詰まり、事実上挫折したのである。

神官の待遇変更

明治二十年三月十五日「官国幣社ノ神官ヲ廃シ、更ニ神職ヲ置ク」との閣令が発せられ、官国幣社の神官は廃

表16：官国幣社数及び神職数　『日本帝国統計年鑑』による

	神社数							神職数							
	官幣			別格官幣社	国幣		合計	神宮	官幣			別格官幣社	国幣		合計
	大社	中社	小社		中社	小社			大社	中社	小社		中社	小社	
明治19年	33	21	6	18	52	21	151	59	274	123	27	79	283	88	933
20年	33	21	6	18	52	21	151	56	—	—	—	—	—	—	—
21年	33	21	6	19	52	24	155	61	110	59	15	47	154	55	501

※神社数に神宮は含まない

され「神職」となり、宮司・禰宜・主典の三階級となった。宮司は内務省が任命し、禰宜・主典は府県が任命することに改められ、「宮司ハ奏任ノ待遇ヲ受ケ、禰宜主典ハ判任ノ待遇ヲ受ク」すなわち奏・判任官（本官）から待遇官に格下げとなった。月俸についても四等に整理され、宮司は一等が三〇円、二等二〇円、三等一五円、四等一〇円、禰宜が各々二〇円、一五円、一一円、七円。主典が各々一五円、一二円、九円、六円と定められた。宇都宮二荒山神社の俸給は六月一日、樺山県知事より「宮司三等俸、禰宜・主典四等俸ヲ給スル旨」を達せられた（『二荒山神社年表紀事略』）。

つぎに、官国幣社の神職数を『日本帝国統計年鑑』から一覧にしたのが表16である。この閣令で官国幣社の神職数は八七四人から四四〇人にほぼ半数近く減員している。「本表神職及ビ祠官等欄内明治二十一年ノ官国幣社人員同十九年ニ比シ減少セシハ、十九年度限リ従前ノ経費等ヲ廃セシニ由ル。又二十年ハ其調ヲ闕ク」との註記があり、保存金の導入が原因であると説明している。

また、二十七年二月二十八日、勅令を以て府県郷社の「祠官・祠掌」の称号を「社司（一人）・社掌（若干人）」に、村社の「祠掌」は「社掌（若干人）」に改められ、地方長官が任命する「判任官ノ待遇」に格下げされた。府県郷社社掌の員数は「社司及氏子総代之ヲ議定」し、村社社掌の員数は氏子総代が議定し、府県知事の認可を得るように改定された（『法令全書』）。

一方、伊勢神宮神官の官等は、十九年十一月二十二日、祭主を三等官から勅任官、宮司を六等官から二等官、権宮司（明治十五年増置）を七等官から三等官に昇格された。禰宜・権禰宜（新設）も五等・六等（以上、奏任官）、主典・宮掌も七等・八等（以

上、判任官）に格上げになった。ただし、祭主以下宮掌までの月俸に変更はなかった。さらに二十三年一月四日、勅令で「祭主ハ皇族ヲ以テ之ニ任ス」と改められた（『公文類聚』）。

こうして、政府の神社政策は大きく転換し、一点中心主義というか神宮が特別の処遇を受け、官国幣社を国家から切り離す方針が明確に表明されたのである。公的支援を全く受けなかった府県社以下の諸社についてはいうまでもない。政府の神社軽視は否定しようもなく、「国家ノ宗祀」は神宮を除くと名目に過ぎなかったのである。

(2) 国家神道体制の確立

明治四十年の神社改正

明治四十年は近代の神社にとって画期的な年となった。それまでの神社は「国家ノ宗祀」とは名ばかりで、建前に過ぎなかった。官国幣社ですら保存金制度の導入によって、将来的に国家から自立することを迫られていた。府県社以下の神社は六年に大蔵省や民費による支出が廃止され、上知の代償として実施された社寺禄も既に十七年に全廃された。唯一国家との繋がりである官等も判任官待遇という形式的な待遇のみが残るだけで、公的な支援は全く喪失した。

こうして、伊勢神宮のみを「国家ノ宗祀」とする政府の方針が現実化されようとしていた。危機感を持った神社関係者は三十一年十一月に全国神職会を組織し、神祇官の復興と神社経費の国庫支弁を訴えて活発な活動を展開した。折しも国難とも言うべき日露戦争が起こり、戦いに勝利するため、政府は国民の団結・協力を必要としていた。武運長久や戦勝祈願で神社崇敬の熱が高まっており、神社に保護の手を差し伸べることは国民の意を迎え、地域社会の団結には何よりも有効であった。

この情勢を背景にして、政府は三十九年四月七日「官国幣社経費ニ関スル件」を公布し、翌年四月一日から施行した。その第一条には「官国幣社ノ経費ハ国庫ヨリ之ヲ供進シ、其ノ各社ニ対スル金額ハ内務大臣之ヲ定ム」とあり、官国幣社に国費を供進する「国庫供進金」が制度化された。経費は明治四十九年度までの一〇年間は年額二二万円以内とされた。官国幣社はこの供進金に加えて、基本財産（「従前官国幣社ニ於テ積立テタル永遠資本金及維持元資金ハ官国幣社ノ基本財産トシ、之ヲ費消スルコトヲ得ス」）の利子と社入金によって経営されることになった（『公文類聚』）。

続いて四月二十八日、「府県社以下神社ノ神饌幣帛料供進ニ関スル件」が勅令を以て公布された。第一条には「府県ハ府県社、郡又ハ市ハ郷社、市又ハ町村ハ村社ノ神饌幣帛料ヲ供進ス」とあり、「神饌幣帛料ヲ供進スルコトヲ得ヘキ神社ハ地方長官之ヲ指定ス」とされた（『法令全書』）。六月二十八日に内務省訓令が出され、神饌幣帛料を供進すべき標準が七項にわたり、明示された。一項～五項は式内社・国史現在社や勅祭社、旧領主の崇敬社など歴史的な由緒を有する神社、六項には「境内地建物等完備シ、相応ノ氏子若ハ信徒ヲ有スル神社」、七項には「前記各号ノ外特別由緒アル神社」とあり、加えて「維持方法確立セルモノニ限ル」即ち神社規模や経済力が整っていることが条件とされた（大正元年十一月「境内地百五十坪、本殿、拝殿、鳥居等完備シ、五十戸以上ノ氏子若ハ崇敬者ヲ有スル神社」と改定された）。同日の内務省令で神饌幣帛料は府県社一〇円（神饌料三円・幣帛料七円）、郷社七円（神饌料二円・幣帛料五円）、村社五円（神饌料一円・幣帛料四円）と定められた（神饌幣帛料の供進は例祭であり、大正二年十一月、祈年祭・新嘗祭・例祭の三祭に拡大された）。

官幣社の例祭と官国幣社の祈年・新嘗両祭の神饌幣帛料は、大正八年十月にその定額が改定され（国幣社の例祭は九年八月）、神饌幣帛料供進指定神社についても翌九年八月に増額して定額化された。例祭は府県社に三〇円、郷社に二〇円、村社に一四円、祈年祭と新嘗祭はそれぞれ一六円、一二円、八円が供進された（『最新神社法令要覧』）。

以上の神社改正は、政府が伊勢神宮以外にも、官国幣社・府県郷村社を「国家ノ宗祀」として位置付ける政策に回帰したことを意味する。明治四年五月の太政官布告で「神社ノ儀ハ国家ノ宗祀」とされたが、名目的位置づけに過ぎなかった神社は、こうして公的地位を獲得することになったのである。

明治末期の神社整理

既存の神社を廃止して他の神社に合併することを「神社整理」とか「合祀」という。明治三十九年頃から着手され、大正初年にほぼ収束する。政府は府県郷村社に神饌幣帛料の供進を認めたが、供進社には社殿・境内の整備や氏子組織の充実が求められた。その結果、一大字（旧村）に一社という神社構成が主流になり、神社の多くが合祀された。神饌幣帛料供進指定と神社整理は不離の関係にあったとされる。当時は神社の荒廃が著しく、「国家ノ宗祀」に似つかわしくない神社も多く、政府は供進社のみを残し小規模神社は合祀させて整理しようと考えたのである。

三十九年四月二十五日、内務省で開かれた地方官会議において、原敬内務大臣が神社整理を推進することを表明し、五日間にわたる会議で「神社行政に就きても各府県知事より種々の意見を提出せられ、其提案に付きて審議する所」があった（『神社協会雑誌』五年五号）。七月発行の『神社協会雑誌』五年七号の記事「神社の整理」によれば、全国散在の小社は「多くは其維持困難にして宮殿荒廃し斎仕の神職すらなく徒らに孤狸乞食等の棲住する所とな」る現状であり、これを打開するには、神社整理が「神威を宣揚して斯道の発展」のために必要であり、「本年の地方官会議の結果として各地方庁の郡市長会議に於いて知事の訓諭事項を見るに一として神社合祀を勧奨せざるなく、又各地方に於ける神職会の協議事項にも尚ほ神社廃合の決議を為さゞるはなし。加之輿論亦た神社整理の急務なることを論ずるの声漸く喧しきに至れり」との意見が掲載されている。内務省が神社整理の法令を出さなくても、地方庁や神官、或は世論にもこれを受け入れる下地があったのである。

八月十日の勅令「神社寺院仏堂合併跡地ノ譲与ニ関スル件」は、「神社寺院仏堂ノ合併ニ因リ、不用ニ帰シタル境内官有地ハ官有財産管理上必要ノモノヲ除ク外、内務大臣ニ於テ之ヲ其ノ合併シタル神社寺院仏堂ニ譲与スルコトヲ得」として、合併先の神社（勿論寺院も）に跡地を譲与することを認め、神社の経済的基盤を確立させ、神社整理を円滑に進めさせようとした。十四日の内務省神社・宗教両局長通牒は「府県社以下神社ノ総数十九万三千有余中由緒ナキ矮小ノ村社無格社夥キニ居リ、其ノ数十八万九千余ニ達ス。此等ノ内ニハ神社ノ体裁備ハラス、神職ノ常置ナク、祭祀行ハレス、崇敬ノ実挙ラサルモノ少カラス（中略）成ルヘク合併ヲ行ハシメ」とあり、神社整理に政府が強い意欲を持っていたことが窺われる。内務省は神社整理を命ずる法令は出さずに、整理の方針は推進主体である府県に一任した。それ故、地方庁が地方官会議や神社・宗教両局長通牒をどのように理解したかによって、整理結果に差異が生じたのである。

神社合併の「取扱方」については四十一年二月五日付神社局長の「依命通牒」に、

一、二社以上ノ神社ヲ合併スル場合ハ総テ之ヲ合祀ト称シ、一社名一社格ヲ存シ祭神ハ之ヲ列記スヘキモノトス。但シ祭神ノ関係上特別ノ由緒アルモノハ配祀ト為スコトヲ得。此場合ニハ祭神ノ肩ニ配祀若クハ相殿ノ二字ヲ附記スヘキモノトス。

二、甲神社ヲ乙神社ニ合併セル場合ニハ其ノ社格ハ合併各神社中最モ高キニ従フヘキモノトス。但シ合併神社双方共由緒及所在地トノ縁故深カラサルモノハ此限リニ非ラス。

三、神社合併ノ場合ニハ其ノ社格ハ合併各神社中最モ高キニ従フヘキモノトス。

四、式内神社、国史現在社等ヲ非式内神社若ハ国史現在社等ニアラサル神社ニ合併スル場合ニハ式内神社国史現在社ト認メサルモノトス。

五、式内神社、国史現在社ニシテ式又ハ国史所載ノ神社号ヲ改称スルトキハ式内神社国史現在社ト認メサルモノトス。

とあり、この規定に基づいて神社整理は推進された。

全国の神社数は、『日本帝国統計年鑑』に十年以降の神社数（明治期の数値は十二月三十一日現在）を、神宮、官幣大社・中社・小社、別格官幣社、国幣中社・小社（国幣社以上）、府県社、郷社、村社及び「境外無格社」の区分を以て毎年掲載している（明治十年・十一年は境外無格社でなく「境内無格社」である）。十二年の神社総数は一七万六八四五社（国幣社以上：一二三社、府県社：三三七社、郷社：三一一〇社、村社：五万二九七八社、境外無格社：一二万二八七社）、翌十三年以降の神社総数は一八万六七〇四社→一八万六二七四社→一八万八一六九社→一八万九九五八社と増加し、十七年に一九万四一八社と始めて一九万社を超え、神社調査が順調に進んでいたことがわかる。その後も漸増し、三十三年がピークの十九万六三五八社（国幣社以上：一六九社、府県社：五三八社、郷社：三三一九社、村社：五万四〇四五社、境外無格社：十三万八二八七社）である。以後は無格社の減少が見られ、神社整理が実施される前年の三十八年が一九万二三六六社（国幣社以上：一七一社、府県社：五七一社、郷社：三四七六社、村社：五万二四六七社、境外無格社：一三万五六八一社）である。整理事業に着手した三十九年は十九万四三六社（国幣社以上：一七一社、府県社：五七八社、郷社：三四六五社、村社：五万二三九七社、境外無格社：一三万三八二五社）と僅かに減少している。

整理に着手する前年の三十八年の神社数と、整理がほぼ終息した大正六年の神社数（大正期の数値は六月三十日現在）は一九万二三六六社から一一万七七二八社と七万五〇〇〇社の減少である。明治三十八年を指数一〇〇とした場合の大正六年の指数は六一であり、四〇％も減少する凄まじさである。社格別にみると、国幣社以上は一七一社→一七七社であり、大正八年には一八一社に増加している。府県社は五七一社→六四八社と七七社の増加。郷社は三四七六社→三四五六社と二〇社の減でほとんど変動はない。村社は五万二四六七社→四万五一六五社と七三〇〇社、一四％の減少である。境外無格社は一三万五六八一社→六万七四一八社と六万八千社も減少し、ほぼ半減している（表17・参考）。神社整理の目的が最も社格の低い無格社を標的にしたことは明確である。

表 17：関東府県神社数の推移

『日本帝国統計年鑑』による

栃木県（1,257 町村）	国幣社以上	府県社以下	指数	境外無格社	指数	神社総数	指数	神職
明治38年	4	1,183	100	4,891	100	6,078	100	322
40年	4	1,176	99	4,406	90	5,586	92	311
大正 1年	4	1,134	96	2,904	59	4,042	67	286
6年	4	1,120	95	2,371	48	3,495	56	282

茨城県（2,166 町村）	国幣社以上	府県社以下	指数	境外無格社	指数	神社総数	指数	神職
明治38年	4	1,685	100	2,722	100	4,411	100	431
40年	4	1,675	99	2,656	98	4,335	98	423
大正 1年	4	1,639	97	1,588	58	3,231	73	448
6年	4	1,613	95	1,219	45	2,836	64	348

群馬県（1,219 町村）	国幣社以上	府県社以下	指数	境外無格社	指数	神社総数	指数	神職
明治38年	1	1,108	100	2,920	100	4,029	100	211
40年	1	1,045	94	2,227	76	3,273	81	218
大正 1年	1	875	79	587	20	1,463	36	208
6年	1	871	79	477	16	1,349	33	199

埼玉県（1,911 町村）	国幣社以上	府県社以下	指数	境外無格社	指数	神社総数	指数	神職
明治38年	2	1,930	100	5,448	100	7,380	100	538
40年	2	1,728	90	3,413	63	5,143	70	525
大正 1年	2	1,554	81	1,457	27	3,013	41	462
6年	2	1,502	78	920	17	2,424	33	447

千葉県（2,463 町村）	国幣社以上	府県社以下	指数	境外無格社	指数	神社総数	指数	神職
明治38年	4	2,346	100	4,288	100	6,638	100	273
40年	4	2,337	100	4,195	98	6,536	98	260
大正 1年	4	2,222	95	2,916	68	5,142	77	275
6年	4	2,201	94	2,712	63	4,917	74	289

東京府（1,723 町村）	国幣社以上	府県社以下	指数	境外無格社	指数	神社総数	指数	神職
明治38年	3	703	100	1,847	100	2,553	100	321
40年	3	701	100	1,704	92	2,408	94	322
大正 1年	3	681	97	1,242	67	1,926	75	343
6年	2	682	97	1,216	66	1,900	74	363

神奈川県（1,387 町村）	国幣社以上	府県社以下	指数	境外無格社	指数	神社総数	指数	神職
明治38年	3	821	100	1,810	100	2,633	100	203
40年	3	822	100	1,786	99	2,611	99	199
大正 1年	3	765	93	858	47	1,626	62	194
6年	3	758	92	673	37	1,434	54	203

関東（12,126 町村）	国幣社以上	府県社以下	指数	境外無格社	指数	神社総数	指数	神職
明治38年	21	9,776	100	23,926	100	33,722	100	2,299
40年	21	9,484	97	20,387	85	29,892	89	2,258
大正 1年	21	8,870	91	11,552	48	20,443	61	2,216
6年	20	8,747	89	9,588	40	18,355	54	2,131

註：（１）明治 38 年の神社数の指数を 100 とした場合の比較である。
（２）東京府「国幣社以上」の数字 2 は 3 の誤記であろう。
（３）町村数は明治 20 年刊行の『地方行政区画便覧』による。

（参考）全国神社数の推移

	国幣社以上	府県社	指数	郷社	指数	村社	指数	府県社以下	指数	境外無格社	指数	神社総数	指数	神職数
明治38年	171	571	100	3,476	100	52,467	100	56,514	100	135,681	100	192,366	100	15,012
40年	171	580	102	3,463	100	51,052	97	55,095	97	121,474	89	176,740	92	15,008
大正 1年	171	590	103	3,447	99	46,117	88	50,154	89	76,751	57	127,076	66	14,352
6年	171	634	111	3,451	99	45,248	86	49,333	87	68,218	50	117,728	61	14,732

註：（１）全国欄の「国幣社以上」は、神宮・官幣社・別格官幣社・国幣社の総数。「神職数」は、神宮以下無格社までの全神社の神職数。
（２）明治期の神社・神職調査は 12 月 31 日現在、大正期は 6 月 30 日現在。

森岡清美は著書『近代の集落神社と国家統制』において、明治三十六年と大正三年の神社数の変化を調査し、神社残存率（整理徹底度）を、A（激甚県：一〇～三〇％未満）・B（強行県：三〇～六〇％未満）・C（順応県：六〇～八〇％未満）・D（無視県：八〇～九〇％以上）の四ランクに分別している。Aランクの残存率一二％の三重県と一三％の和歌山県は多くの先行研究があり、南方熊楠の合祀反対運動でも知られている。関東地方では埼玉県（三五％）・群馬県（三五％）・神奈川県（五八％）がBランク、栃木県（六五％）・茨城県（六七％）・千葉県（七一％）・東京府（七八％）がCランクとなる。

そこで、改めて関東各府県の神社整理の状況を整理実施直前の明治三十八年と、神社整理がほぼ終息した大正六年までを比較してみよう。統計年鑑の府県別神社数は「国幣社以上」「府県社以下」「境外無格社」の区分となっている。また、神職数は全神社のそれであり、社格別の数値とはなっていない。明治三十八年を一〇〇として、明治四十年・大正元年・大正六年を数値化したのが表17である。整理前の明治三十八年と大正六年の数値を比較すると、神社の残存率が最も低いのは群馬県と埼玉県の三三％で、神奈川県五四％・栃木県五六％・茨城県六四％と続き、東京府と千葉県の七四％が最も高い。

(3) 栃木県の神社整理

県域の神社整理

神祇院が編纂した『明治三十九年当時ニ於ケル神社合併ニ関スル法令、訓令、通牒類』には、神社整理に関する栃木県の取組みが載せられている。三十九年十月一日、栃木県第二部長名で管下の市町村長に「神社寺院仏堂合併跡地下付願」の書式を示して、調製方を管内に周知するように申達した。恐らくこの通牒を出すに際して、

県は市町村長を召集し、つぎの「社寺仏堂合併勧誘ノ件」を要請した。

祭祀ハ国家彝倫《いりん》ノ標準ニシテ、神社ハ報本反始ノ誠意ヲ表スル霊場タルハ建物、境内宜シク其ノ体ヲ具フベキナリ。其ノ之ヲ完備シ、以テ斎粛恭敬ノ旨ヲ致ス。是氏子若クハ信徒当然ノ義務ナリ。而ルニ現今村社以下神社ノ状況ヲ見ルニ、其体ヲ具ヘ其礼ニ適フモノ幾何カアル。各位亦已ニ熟知セラルヽ所ナリト信ス。最近ノ調査ニ依レハ、村社以下六千百有余一町村平均三十五社ノ多キニ在リ。此等ヲシテ悉ク定備ナラシムルハ到底資力ノ堪フ能ハサルヤ明カナリ。腐朽蕪穢見ルニ忍ヒサルノ現況ヲ来シタル。蓋シ其数過多ナルニ因ル。若シ其頽廃ニ任カセ敢テ顧ミサレハ唯ニ神職ヲ瀆マスルノミナラス、后輩ヲシテ神社ノ性質ヲ誤解シ、延テ軽侮ノ念ヲ生シ、遂ニ邦家ノ美風ヲ損スルニ至ラン。是誠ニ憂苦ニ堪ヘサルナリ。各位宜シク各社ノ現況ヲ調査シ、其ノ体ヲ為ササルモノ維持ノ確立セサルモノ等ハ適当ナル神社ヘ合祀シ、又寺院仏堂ニアッテモ亦同趣旨ニ依リ廃合ヲ実行シ、以テ其ノ維持方ヲ計画セシムルヤウ懇切ニ勧誘セラレンコトヲ希望ス。

栃木県は整理神社の数値は示さず、村社以下「一町村平均三十五社」はあまりに多いので「其ノ体ヲ為ササルモノ」を「適当ナル神社」へ合祀するよう「懇切ニ勧誘」することを市町村長に要望している。その結果、町村によって整理の濃淡が現れているが、この点は後述しよう。

こうして県域の神社整理は開始されたが、県はいまだ不十分と判断したのであろうか、四十二年二月二十日、内務部長名で「部長殿」(郡市の担当部の長)に対し、「神職ニ対シテモ右整理方勧奨致置候間、氏子及信徒惣代人ニモ此際神職ト協力精々整理ニ努メ候様御指示相成度、依命此段申遣候也」を達し、さらに四十三年三月二十五日、内務部長名で郡市長に対し「貴郡現在ノ神社中社殿ノ体裁備ハラス、神職ノ常置ナク祭祀行ハレサルモノ尚多数可有之」、故に基準を明示したので、速やかに整備の実を上げるように通牒した。この時に示された基準は、①神社施設が「神殿、拝殿、鳥居」を有すること、②建坪数は「制限セザルニ依リ、氏子・信徒等ノ多寡ヲ顧慮シ、適宜設定ヲ要ス」ること、③「基本財産」は県社が資本金三〇〇〇円以上、社入金年額二〇〇円以上、

郷社は資本金二三〇〇円以上、社入金年額一五〇円以上、村社は資本金一五〇〇円以上、社入金年額一〇〇円以上、無格社は資本金七〇〇円以上、社入金年額五〇円以上である。当初は概ね整理を強制せず、推奨する穏便な方策がとられたが、一定の基準を決めて基準に達しない神社は合祀させる方向に路線変更したのである。

栃木県の神社数の推移を『日本帝国統計年鑑』で調べると、十三年の神社数は三〇四五社（国幣社以上：二社、県社：五社、郷社：五〇社、村社：一二五六社、境外無格社：一七三二社）であり、十七年までは変動が少ないが、十八年に六二三二社（国幣社以上：三社、県社以下：六二二九社）と初めて六千社を超え（十六年～二十年までの府県別調査は県社・郷社・村社・無格社を明示せず、「県社以下」に一括している）、二十一年の神社数の六二一六社（国幣社以上：三社、県社以下：一一六八社、無格社：五〇四五社）が最多である。その後は若干の変動はあるが、整理開始前年の三十八年が六〇七八社（国幣社以上：四社、県社以下：一一八三社、無格社：四八九一社）である。

表18は『日本帝国統計年鑑』の「国幣社以上」「府県社以下」「境外無格社」の区分表示に従い、三十八年の神社数を指数一〇〇として、大正十年までを一覧にしたものである。これによれば、神社整理初年度の三十九年の整理社数は七〇社であり、本格化するのは二年目からである。二年目の四十年には四二二社が整理された。しかし、四十一・四十二年の二年間は計二四六社と少なく、前記したように、県当局は進捗状況が遅いと考えたのか、四十三年三月に神社の基準を設定し、郡市に神社整理を促した。その結果、四十三年には最多の八七四社が整理されている。以後は大正五年まで毎年一〇〇～二〇〇社が整理され、六年以降は整理社数も大きく減少する。社格別では「県社以下」の社数が四十三・四十四年の二年間で三四社（実際は村社である）減少し、無格社は四十三年の一年間で八五七社が整理され、四十三年の神社基準の設定は大きな効果があったことを物語っている。

表18：栃木県神社数の推移

	国幣社以上	府県社以下	指数	境外無格社	指数	神社総数	指数	減少社数	神職
明治38年	4	1,183	100.0	4,891	100.0	6,078	100.0		322
39年	4	1,175	99.3	4,829	98.7	6,008	98.8	70	310
40年	4	1,176	99.4	4,406	90.1	5,586	91.9	422	311
41年	4	1,167	98.6	(5,026)	—	(6,197)	—	—	340
42年	4	1,172	99.0	4,164	85.1	5,340	87.9	246	304
43年	4	1,155	97.6	3,307	67.6	4,466	73.5	874	271
44年	4	1,138	96.2	3,027	61.9	4,169	68.6	297	266
大正1年	4	1,134	95.9	2,904	59.4	4,042	66.5	127	286
3年	4	1,134	95.9	2,751	56.2	3,889	64.0	153	279
4年	4	1,125	95.1	2,543	52.0	3,672	60.4	217	278
5年	4	1,120	94.7	2,424	49.6	3,548	58.4	124	292
6年	4	1,120	94.7	2,371	48.5	3,495	57.5	53	276
7年	4	1,120	94.7	2,321	47.5	3,445	56.7	50	282
8年	4	1,120	94.7	2,296	46.9	3,420	56.3	25	268
9年	4	1,119	94.6	2,267	46.3	3,390	55.8	30	267
10年	4	1,120	94.7	2,263	46.3	3,387	55.7	3	274

註：（1）「国幣社以上」は別格官幣社・国幣社の総数。「神職数」とは全神社の神職数。
（2）明治期の神社・神職調査は12月31日現在、大正期は6月30日現在。
（3）明治41年の「境外無格社」の社数が前年に較べ620社も増加しているが、誤記であろう。

下都賀郡姿村の神社合祀

村内の神社を維持し運営する責任は村にあったので、氏子（信徒）の負担は大きく、村民は信仰と神社維持のはざまで苦悩したに違いない。ここでは下都賀郡姿村（下野市）の神社合祀の状況を見ておこう。

橋本村は町村合併により、姿村大字橋本となった。江戸時代の橋本村の総鎮守は字鷲宮に鎮座する鷲宮明神であり、隣村の箕輪村と共同で祀っており、境内には板葺きの鷲明神と鷲権現の二社が鎮座していた。文化九年（一八一二）六月に神殿・幣殿・拝殿が焼失し、その後神殿を再建、文政八年（一八二五）十二月に拝殿を新築したが、明治四年の烈風で神殿を残して倒壊し、拝殿を建替えた。境外除地五反歩は明治四年、壬生県によって上知された。祭神は「野見宿祢」であったが、維新後に「天日鷲命」と改め、両村の村社となった。橋本村には一四の坪（字）があり、館ノ内に三五戸、天神に一四戸、上川原に五戸、西原・辰巳・鷲宮に併せて五戸があり、館ノ内と天神に戸数が集中していた。字天神に鎮座する「菅原道真ヲ祭」る菅原神社は無格社であるが、村内の全戸が「信徒」であり、旧暦正月二十五日の祭日、村民は甘酒祭をしてから参拝し、太々神楽が行われるなど盛大に祝われたという（『橋本村地誌編輯材料取調書』）。

明治後期に村内の倉井重平が記した『橋本之履歴』によれば、三十五年十月二十八日の朝に発生した暴風雨で、村内の姿尋常高等小学校南校や人家の半数三〇戸が全壊し、天満神社をはじめ多くの神社が倒壊して、社木にも

大きな被害が出た（後に足尾台風と呼ばれ、栃木県に死者・行方不明者二一九人、全壊・流失家屋八二〇〇戸の甚大な被害が出た）。翌三十六年末、「橋本ノ社神ヲ合社ノ議論」が起き、社掌宇賀神義照および金田安之丞・武井隆平・金田豊三らが発起人となり、村内の天満宮（菅原神社）・愛宕社・稲荷社・大日社（神明宮）・神明社五社の合社が議論された。天満宮の鎮座する字天神は反対意見が強かったが、村民の総集会で合社の意見が多数となり、字鷲宮の村社鷲宮神社の境内に「橋本神社」と改号して新築し、移転することになった。『下都賀郡神社明細帳』によれば、三十七年一月十四日、この五社に、村内の諏訪神社・雷電神社・猿田彦神社・八坂神社・稲荷神社・大杉神社を加えた一一社の合祀移転が認められ、同年旧暦九月十二日（新暦十月十日）遷宮式を挙行した。村では合祀社の祭日を全廃して、新暦四月十五日と十月十五日の両日を橋本神社の例祭日と決め、春には太々神楽、秋には角力の余興を行うことにした。神社の新築は各社境内の社木を使用し、ほかに四五〇円を費やした。字天神の住民は神楽殿を造営して寄附した。

大字細谷（旧細谷村）も三十五年の暴風雨で村内の社殿が悉く倒壊したので、四十三年五月二十五日、無格社愛宕神社に村社星宮神社と境内社千勝神社、無格社の五霊神社・水神社・八坂神社・菅原神社を移転・合祀し、地名の「細谷神社」と改号した（昭和三十九年刊『栃木県神社誌』）。『細谷村地誌編輯材料取調書』には、村内には村社星宮神社と無格社五社があると記しており、『姿村郷土誌』（明治四十五年刊）に四十三年五月、細谷神社に「無格社星宮神社ヲ合祀」とあるのは間違いである。

大字上古山（旧上古山村）は江戸後期から壬生藩と旗本横山氏の相給であり、維新後は旗本領が日光県の管轄となり、翌二年三月に相給も廃され、全村が日光県支配となった。明治元年十二月、上古山村が作成した『上古山村明細帳』によれば、村内には稲荷大明神・愛宕大神・星宮大明神・三島大明神・神明宮（二社）・雷神（二社）の八社があり、星宮・三島・神明宮の三社は壬生藩領の村民と隔年で祭祀してきた。明治十年の『上古山村地誌編輯材料取調書』には村社三島神社と摂社（無格社）の愛宕・稲荷・星宮・神明・雷電の計六社があり、三島神

社境内には末社八坂神社が、稲荷神社境内に疱瘡神社が祀られていた。村では三十四年に無格社の合祀問題が起き、三十五年五月十二日、稲荷神社・神明神社・雷電神社を無格社愛宕神社に合祀し、社名を「豊葦原神社」とする「無格社合併願」を栃木県知事に提出した。「僅々ノ信徒ニテ維持ノ方法等モ相立不申、従テ修繕モ難行届、到底前途ニ永続ノ見込無之候」という理由であったが、この時は承認されなかった。愛宕神社は江戸時代に「天孫神社」と称したので、豊葦原神社の新社号もそれに因んだのであろうが、豊葦原は日本の美称であるので、認められなかったのであろう。さらに三十九年十月になると、雷神社二社と神明神社を星宮神社に合祀する動きがあり、「東明神社」と改号した。翌四十年に「古山神社」(豊葦原神社が改号)および東明神社の合祀が認められ、村内の神社は村社三島神社と無格社古山神社・東明神社の三社に整理された。村社三島神社は社殿が間口一間×奥行一間三尺、境内地が一二三三坪、境内には八坂神社、雷電神社があった。古山神社は社殿が五尺×一間で、境内地が九三三坪である。東明神社は社殿が五尺×一間二尺、境内地が九三三坪、境内社に琴平神社・雷電神社がある(『下都賀郡神社明細帳』)。一〇〇戸にも満たない小村落が多数の神社を維持していくことは難しく、折から県が推進した神社整理に応ずる形で無格社の整理を実施したのであろう。

河内郡・足利郡の神社整理

栃木県の神社整理の状況をさらに詳しく知るために、県央部で県庁所在地の河内郡と、県南の足利郡を例に見ておこう。

明治十九年の『地方行政区画便覧』によれば、河内郡は一八七町村、足利郡は五九町村である。神社明細帳の河内郡の神社数は四二一社(県郷村社一八五、無格社二三六)、足利郡二五〇社(県郷村社七三、無格社二二〇)であり、合祀社は河内郡三〇九社(村社七、無格社三〇二)、足利郡二二三社(村社三、無格社二一九、廃社一社)である。神社整理実施前の神社数は河内郡が七三〇社、足利郡四七三社ということになる。一村(大字)あたり

の神社数は河内郡が三・九社、足利郡が八社であり、足利郡は河内郡より一大字あたりの神社数が約二倍になる。

河内郡で神社名を掲載していない村が四村ある。花田村は絹板村、小原新田は下平出村、倉ヶ崎新田は倉ヶ崎村、芹沼新田は芹沼村の分村（枝村）であり、それぞれ本村の村社の氏子となっている。町谷村は江戸時代から針貝村の高龗神社を共同の鎮守社としており、維新後も高龗神社を村社とした。近世の町谷村には愛宕大権現・牛頭天王があったが、神社明細帳には記載されていない。また、大桑村の平田神社（平田大明神）は江戸時代、大桑村・倉ヶ崎村・倉ヶ崎新田・佐下部村・栗原村・高柴新田五ヶ村の惣鎮守であったが、明治時代になると、倉ヶ崎村・倉ヶ崎新田が瀧尾神社、佐下部村が雷電神社、高柴新田が八幡宮を村社とした。その他にも無格社は記載されるが村社の記載のない村が一〇村あり、隣村の神社を村社としたのであろう。足利郡は岩井村以外の各村には村社が鎮座しており、一村（大字）に一村社があった。

両郡の神社整理を一覧にしたのが表19である。河内郡の整理件数は一二六件、足利県が一〇九件である。これを年次別に見ると、明治四十年～四十四年の五年間の合祀件数は河内郡が七四件（五九％）、足利郡が七八件（七二％）であり、この時期の合祀社数も河内郡が三〇九社中二〇五社（六六％）、足利県が二二三社中一六七社（七五％）であり、この五年間に集中している。三十九年は全国的に神社整理が着手されるが、両郡は様子見で（河内郡一件、足利郡二件）、ほとんど実施していない。

少し具体的に見てみると、河内郡では村社が無格社境内に移転したケースが、谷地賀村の村社星宮神社（四十一年一月、境内三社と無格社浅間神社に移転）、下田原村の高龗神社（大正四年九月、境内社三社と無格社琴平神社に移転）である。無格社を村社の境内に移転し境内社としたのが、三十九年十一月、宿郷村の無格社が八幡宮の境内社となり、西汗村も三十九年十一月、無格社二社が高龗神社の境内社となっている。河内郡で大規模な神社整理が行われたのが宝木村である。宝木村は明治八年、西原十ヶ新田村と言われた一〇の新田村が合併して成立し、市町村制施行により国本村の一部となった。宝木村には村社が八社、無格社が七社あったが、四十三年

表 19—①：河内郡の年次別神社整理　『河内郡神社明細帳』

	件数	減少社数				
		村社	無格社	小計	境内社	合計
明治 38 年以前	4	0	15	15	0	15
39	1	0	1	1	0	1
40	16	0	38	38	1	39
41	15	0	52	52	3	55
42	11	1	24	25	3	28
43	17	4	38	42	1	43
44	15	0	48	48	4	52
大正 1	7	0	9	9	8	17
2	7	0	27	27	0	27
3	12	0	18	18	2	20
4	7	0	23	23	5	28
5	0	0	0	0	0	0
6	7	0	5	5	2	7
7	1	0	2	2	0	2
8	2	0	0	0	8	8
9	0	0	0	0	0	0
10	0	0	0	0	0	0
11	1	0	1	1	0	1
12	0	0	0	0	0	0
13	1	1	0	1	0	1
14	1	0	0	0	0	0
昭和年代	1	1	1	1	0	2
合　計	126	7	302	309	37	346

表 19—②：足利郡の年次別神社整理　『足利郡神社明細帳』

	件数	減少社数				
		村社	無格社	小計	境内社	合計
明治 38 年以前	1	0	6	6	0	6
39	2	0	2	8	0	8
40	18	0	38	38	0	38
41	14	0	38	38	1	39
42	24	0	36	36	0	36
43	18	0	47	47	6	53
44	4	0	8	8	0	8
大正 1	1	0	1	1	0	1
2	2	0	4	4	0	4
3	8	1	16	17	3	20
4	2	0	5	5	0	5
5	4	0	4	4	1	5
6	0	0	0	0	0	0
7	0	0	0	0	0	0
8	1	1	0	1	0	1
9	0	0	0	0	0	0
10	0	0	0	0	0	0
11	2	0	2	2	0	2
12	2	0	7	7	0	7
13	1	0	1	1	1	2
14	1	0	2	2	0	2
昭和年代	4	1	3	4	1	5
合　計	109	3	220	223	13	236

十二月、六所神社・熱田神社・諏訪神社の三村社と無格社四社および境内社が合併して「宝国神社」となり、四十四年五月、現在地に移転した。

足利郡樺崎村の村社は示現神社であり、村内には八幡宮など無格社一一があった。無格社八幡宮は近世までは樺崎寺と呼ばれた寺院であり、神仏分離で神社を残して廃寺となった。明治六年無格社となり、大正七年八月郷社に列格した。これにより村社示現神社を合祀し、八年六月二十日に合併許可、八月十八日に合祀を完了した。

つぎに小俣村と五十部村の二村は神社整理を実施していない。小俣村は市町村制で旧小俣村と葉鹿村が合併して成立した。旧小俣村の村社は熊野神社であり、村内には無格社が一八社あるが、合祀の記録はない。一方、旧葉鹿村には村社笹生神社と無格社が一〇社あったが、大正二、三、四年と昭和十六年に神社整理を行い、村社笹生神社に無格社一社を合祀し、無格社三社に他の無格社六社を合祀し、村社一、無格社三に整理された。五十部村は市町村制で大前村・山下村・大岩村・今福村が合併して坂西村となった。旧五十部村には村社南神社と無格社一五社があり、神社整理は行っていない。大前・山下・今福の各村は四十三、四十四年に無格社を合祀したので、三村とも村社と無格社一社を残すのみとなった。同じ町村でも神社整理にこれほどの差があったのである。また北郷村大字名草（旧名草村）は、村社日光神社に大正三年十一月、村内の無格社六社を合祀したが、村内はほかに二九もの無格社があった。この事実は栃木県が神社整理を強行せず、町村の自主性に任されたことを語っている。

(4) 栃木県の神饌幣帛料供進指定神社

神饌幣帛料供進指定神社

明治四十二年一月末日調「幣饌供進指定神社数表」（磯部武者五郎・椙杜吉次著『神職試験問題講義』附録）は、供進制度が始まってほぼ二年後の供進指定神社数を府県別・社格別に一覧にして掲載している。これを、前年十二月末日調の「府県社以下神社数現在表」の神社数からみてみると、供進社は府県社五八三社のうち五〇五社（八七％）、郷社は三四六八社のうち二一九二社（六三％）、村社は四九四一四社のうち八六一三社（一七％）であり、府県郷村社を合計すると、五三四六五社のうち供進社は一一三一〇社（二一％）である。最も供進社が

多いのは岐阜県の七六三社、ついで広島県の七三〇社である。また、神社整理が厳しく実施され、神社残存率Aランク（森岡清美による）の三重県は、一八県社・四三郷社は全社が供進社となっており、村社も八〇六社のうち二八七社（三六％）が指定され、同じく愛媛県も二八県社・一〇六郷社がすべて指定され、八五四村社の四二％、三五五社が指定社となっている。秋田や和歌山県など同じAランクの県も同じような傾向であることは注目される。

さて、栃木県はというと、七県社（指定六県社）・五一郷社（指定二六郷社）・一一一五村社（指定一五七村社）であり、県郷村社を合わせると、一一七三社のうち指定社は一八九社（一六％）であり、全国平均の二一％より指定率は低い。関東は比較的指定率が低く、東京府の四三％を除くと、茨城県一二％、群馬県一一％、埼玉県・千葉県九％、神奈川県七％と、全国平均より指定率が低い。今後神社整理と供進社指定の関連については詳細な分析が必要であろう。

栃木県の神饌幣帛料供進指定神社は四一四社である（表20）。郡別では下都賀郡の七五社が最も多く、他の七郡は五〇社前後とほとんど差がない。指定時期は明治四十年が一四六社で最も多く、指定社の三五％を占める。四十一年は三六社に急減し、その後も数は少ないが毎年のように指定がなされ、昭和時代まで続いている。戦中の昭和十九年に一五社、二十年に一三社と一時は減少傾向にあった指定社数が増加し、敗戦後も昭和二十年九月一日に一社、十月八日に一社、十一月十五日に一社、十一月二十四日に三社が指定されている。連合国軍総司令部（GHQ）が十二月十五日に発した神道指令によって、栃木県はようやく指定を停止することにした。

最初の供進社指定は、明治四十年一月十一日である。神明宮・太平山神社・高椅神社・大前神社（芳賀郡）・報徳二宮神社・八幡宮（足利郡）の県社六社である。県社喜久沢神社が指定されたのは昭和三年十二月一日である。祭神の万里小路藤房は後醍醐天皇の忠臣である。幕末期の尊皇思想高揚期の中で、弘化四年（一八四七）村民が小社を建立した。明治五年喜久沢神社の社号を付与され、七年に県社に列格した。昭和十六年の社殿は本社

表 20：栃木県神饌幣帛供進指定神社

	塩谷郡	河内郡	芳賀郡	上都賀郡	下都賀郡	安蘇郡	足利郡	那須郡	合 計
明治 40 年	5	21	12	16	35	31	14	12	146
41 年	5	8	4	1	8	1	6	3	36
42 年	1	2	2	0	1	2	2	1	11
43 年	1	2	1	0	0	0	0	1	5
44 年	0	1	0	0	2	0	0	0	3
大正 1 年	1	0	1	1	1	0	0	1	5
2 年	0	0	1	1	5	1	0	2	10
3 年	2	1	0	1	5	0	0	1	10
4 年	5	3	3	0	2	3	1	1	18
5 年	2	1	2	1	2	1	0	3	12
6 年	0	1	0	0	0	2	1	1	5
7 年	2	0	0	4	0	1	2	4	13
8 年	2	2	5	0	2	1	0	0	12
9 年	4	1	3	2	2	0	0	2	14
10 年	1	0	0	0	0	1	0	2	4
11 年	0	0	1	0	0	0	2	1	4
12 年	0	0	0	0	0	0	0	2	2
13 年	0	2	0	0	0	0	0	3	5
14 年	1	1	2	0	0	0	0	0	4
昭和 1 年	2	0	1	0	0	0	0	0	3
2 年	0	0	2	0	0	0	0	1	3
3 年	2	2	2	6	0	1	3	1	17
4 年	1	0	1	1	0	0	1	3	7
5 年	0	0	0	0	0	0	0	1	1
6 年	0	1	0	2	0	0	0	0	3
7 年	0	0	0	1	0	0	0	0	1
8 年	0	0	0	0	0	0	0	0	0
9 年	0	0	1	0	0	0	0	1	2
10 年	0	0	0	0	0	1	4	0	5
11 年	0	0	0	0	0	0	2	1	3
12 年	0	0	0	0	0	0	0	0	0
13 年	0	0	0	1	0	0	0	0	1
14 年	0	1	0	0	0	0	1	1	3
15 年	0	1	0	1	2	1	0	1	6
16 年	0	1	0	0	0	2	0	0	3
17 年	0	0	0	0	1	0	1	1	3
18 年	1	0	2	1	0	0	2	0	6
19 年	0	3	3	0	4	0	3	2	15
20 年	3	0	1	1	3	0	1	4	13
合 計	41	50	50	41	75	49	46	57	414

註 (1) 那須郡は『栃木県神饌幣帛料供進指定神社調』に載っておらず、蓮見彊著『那須郡誌』（昭和 23 年刊）及び『神社・寺院・仏堂明細帳異同報告材料　附供進指定・教会所』（昭和 11 年 4 月起）に拠った。

(2) 市制を施行した宇都宮市は河内郡、足利市は足利郡に加えた。

が五尺×四尺五寸、幣殿が一間二尺×二間、拝殿が三間×二間と小規模であり（『上都賀郡神社明細帳』）、おそらく基本財産も少なく、栃木県は最初、神饌幣帛料を供進する神社には値しないと考えたのであろう。

政府が供進すべき標準として一番目に挙げた「延喜式内社、六国史所載社及創立年代之ニ準スヘキ神社」はどうであったか。県社を除いた式内八社（郷社）のうち、大神神社（四十年五月三日）・安房神社（四十年五月三日）・大前神社（四十一年三月二十日）・荒橿神社（四十三年九月三十日）・胸形神社（四十五年一月十二日）・健武山神社（四十五年六月九日）・温泉神社（大正十三年一月二十三日）・三和神社（昭和二十年十月八日）の七社は指定されているが、村檜神社は指定社になっていない。指定時期も明治四十年から昭和二十年までと幅があり、栃木県では式内社であることが供進の条件であったというわけではなさそうである。また、明治四十五年刊『府県郷社明治神社誌料』の「栃木県郷社之部」に掲載する四九郷社のうち、村檜神社・橿原神社・雀宮神社・八幡神社（芳賀郡長堤村）の四社もこの時点では供進社に指定されていない。

つぎに、明治四十年から五年間の供進社を、河内郡（三四社）と足利郡（二二社）の二郡について見ておこう。市町村制施行後の河内郡は一町二三村からなる。明治村と瑞穂野村に各五社あり、吉田村に四社、羽黒村・上三川村・本郷村・平石村に各三社、横川村に二社、六村に各一社あり、存在しない村が一〇村である。一町一四村からなる足利郡では、北郷村に最大の八社があり、山辺村・三和村に各三社、毛野村・吾妻村・小俣村に各二社、足利町・坂西村・御厨村に各一社、全く存在しい村が五村である。このように供進社の指定にはかなりの偏りがあり、一町村に一社という方針でもなかったことが窺われる。

以上のように、社格や式内社だけで指定したのではなさそうなこと、あるいは一町村一社という方針でもないとすれば、何を標準にして指定したのであろうか。栃木県は供進指定の標準を四十三年に示しており、この標準に合致し、町村から申請があれば基本的に追認したということではなかったか。町村や氏子は神饌幣帛料を受給する以上は、それにふさわしい神社として社殿や境内地を整備し、敬神の実を上げねばならなかった。指定社に

なることは名誉には違いないが、財政的に厳しい町村にとって神社の維持や供進費の支出は軽くはないはずである。町村によって指定社数に濃淡があるのは積極的な町村とそうでない町村があったからであろう。

神社整理と神饌幣帛料供進社指定

神饌幣帛料を供進することと神社整理は関連性があるといわれる。整理を実施した神社に神饌幣帛料が供進されたのか、神社整理を目標に神饌幣帛料供進社を選定したのか、そのどちらかなのか双方なのか、その関係は必ずしも明確ではない。そもそも町村・氏子にとって神社合祀がどれほどの利益があったのか。合併跡地を合祀先の神社に無償譲渡できるにしても、無格社のような小社の境内地(官有地)は狭小であり、氏子側に大きな利点があるとは思えない。無格社を維持するには経費がかかり、条件さえ整えば神社整理を受容することはあり得たであろう。が、無格社にも篤い信仰を寄せる信徒(氏子)がいるケースもあり、神社整理に積極的でない町村もあったのであろう。整理を実行させる側の県の方針がさほど厳格でなければ、神社整理が村によって差が生ずるのは当然であった。

河内郡と足利郡の供進社と神社整理の関連について見ておこう(表21)。神社整理が本格的に開始された明治四十年は供進社の指定が最も多く、一月十一日の県社八幡宮を始め、五月三日に河内郡十三社と足利郡一四社、十月十五日には河内郡の八社が供進社の指定を受けている。この供進社三六社の合祀状況を見ると、翌四十一年末までに一三社が合祀を実施している。大正に入ってから合祀を行った社も八社ある。七社は合祀した記録がなく、例えば足利郡旧小俣村の熊野神社は四十年五月に供進社に指定されたが、合祀の記録はなく、村内の無格社も全社が合祀せずに戦後を迎えている。二郡の供進社は一〇一社あるが、二七社については合祀の記録がない。栃木県では神社合祀が神饌幣帛料供進社指定の前提であったようにはみえない。

表21：神饌幣帛料供進指定神社と神社合祀（河内郡・足利郡）

○河内郡

社名・指定日	所在町村	神社合祀年月日(合祀社数)
M40.5.3		
八幡宮（郷）	吉田村	M43.12.9（2）
羽黒神社(郷)	羽黒村	○
高龗神社	平石村	M41.12.4（13）
高龗神社	平石村	M41.12.4（3）
平出神社	平石村	M42.9.4（2）・M44.4.20（14）
上郷神社	本郷村	T3.7.16（3）・T6.6.19（1）
星宮神社	明治村	M41.11.4（5）
天満宮	明治村	M41.12.4（4）
日枝神社	国本村	○
白山神社	羽黒村	○
戸室神社	城山村	T2.11.2（1）
八幡宮	薬師寺村	T4.10.22（12）
八坂神社	宇都宮町	M43.4.28（村1）・M43.7.5（2）
M40.10.15		
高龗神社	瑞穂野村	○
高龗神社	瑞穂野村	T2.8.5（13）
星宮神社	姿川村	M42.10.8（3）
白鷺神社(郷)	上三川町	M37.7.5（5）・M41.4.2（2）
蒲生神社	上三川町	M40.4.5（1）
蒲生神社	上三川町	○
五社神社	明治村	M40.7.29（4）
甲神社	明治村	M40.8.29（2）
M41.3.20		
星宮神社	吉田村	M40.4.20（2）
天満宮	吉田村	○
稲荷神社	横川村	○
高龗神社	瑞穂野村	T3.2.13（2）
高龗神社	瑞穂野村	○
瀧尾神社	瑞穂野村	○
磯部神社	吉田村	M42.2(1)・M42.10.8（4）
M41.9.15		
高龗神社	本郷村	M38.8.24（1）・M39.11.1（1）→境内社とする
M42.6.8		
浅間神社	明治村	○
関白山神社	羽黒村	［M11.1.27 創建］
M43.9.30		
瀧尾神社	横川村	○
日吉神社	本郷村	M40.7.13（1）
M44.1.24		
高龗神社(郷)	大沢村	T3.12.22（9）
T3.4.10		
日枝神社	古里村	T1.12.24（4）

○足利郡

社名・指定日	所在町村	神社合祀年月日(合祀社数)
M40.1.11		
八幡宮（県）	山辺村	○
M40.5.3		
大原神社(郷)	坂西村	M40.9.2（8）・M44.5.23（2）
雀神社	吾妻村	M41.9.16（9）
熊野神社	小俣村	○
日光鹿島神社	毛野村	M41.1.17（11）
白髭神社	毛野村	M44.4.1（1）・T3.11.3（1）・T3.11.10（4）
松田神社	三和村	M43.3.9（1）
母衣輪神社	御厨村	M42.3.29（1）
篠生神社	小俣村	T2.10.15（1）
日光神社	北郷村	T3.11.5（6）
示現神社	北郷村	T8.6.2：樺崎八幡宮(郷)に合祀
御嶽神社	北郷村	M40.4.24（1）・M41.5.4（2）
白山神社	山辺村	M40.1（5）・M42.5.11（1）
星宮神社	北郷村	T5.1.1（1）
鹿島御嶽神社	足利町	M43.9（2）
M41.3.20		
板倉神社	三和村	M43.9.3（1）・M43.9.4（2）
示現神社	北郷村	○
M41.9.15		
四所神社	山辺村	S8.3.1 境内社に無格社(1)を合祀
鹿島神社	北郷村	○
八幡宮	北郷村	○
稲荷神社	北郷村	T4.12.28（1）
M42.6.8		
八幡宮	吾妻村	M40.1(2)
粟谷神社	三和村	M42.3（3）
T4.11.5		
八雲神社(郷)	足利町	○

T4.10.19 鶏峯神社	平石村	M40.11.8 (2)
T4.11.5 智賀都神社(郷)	富屋村	○
T4.12.24 星宮神社	平石村	○
T5.11.16 高龗神社	田原村	T4.9.2 琴平神社(無)の境内に移転・合祀
T6.12.11 小室神社	絹島村	M44.1.27 (3)
T8.9.22 瀧尾神社	大沢村	T4.6.4 (1) T6.11.10移転し境内社(5)合祀
T8.10.9 高龗神社	北郷村	M40.2(2)・M41.1.18 (1)
T9.2.2 天満宮	絹島村	○
T13.9.10 瀧尾神社	篠井村	T13.11.10 (2)
T13.11.14 星宮神社	明治村	M43.6.25 6社(無)を合祀、T13.9.12 村社昇格
T14.10.1 高龗神社	絹島村	M44.10.1(3)
S3.3.3 白髭神社	古里村	T3.7.15 (1)
S3.11.1 愛宕神社	薬師寺村	○
S6.2.19 諏訪神社	平石村	○
S14.4.18 栃木県護国神社	宇都宮市	○
S15.7.3 蒲生神社	宇都宮市	[S15.6.28 県社列格]
S16.6.18 高龗神社	篠井村	M44.12.27 (2)
S19.2.11 星宮神社	古里村	M40.3.27 (1)
S19.9.11 八幡宮	宇都宮市	M29.11.20 (1)
S19.11.15 今宮神社	国本村	[S19.8.1 村社昇格]

T6.2.2 鹿島神社	山前村	M42.2 (2)
T7.5.21 春日神社	坂西村	M44.6.8 (3)
T7.10.18 樺崎八幡宮(郷)	北郷村	[T7.8.30 郷社列格] T8.6.20 (1)
T11.7.8 八雲神社	足利市	M42.6 (1)
T11.11.3 八幡宮	吾妻村	M40.1 (4)
S3.4.12 上之宮神社	毛野村	○
S3.10.10 星宮神社	吾妻村	M40.12.24 (4)
S4.3.29 雷電神社	足利市	○
S10.2.7 三柱神社	富田村	M41.2.24 (社数不明)・M41.3.3 (社数不明)
S10.7.2 御厨神社(郷)	梁田村	M40.1.28 (1)・T14.9.21 (3)
S10.10.15 大山祇神社	毛野村	M41.9.3 (9)
宇都宮神社	菱村	T2.10.28 (3)
S11.10.5 稲荷神社	富田村	M43.4.30 (1)・M43.5.12 (12)
S14.12.6 八雲神社	足利市	○
S17.10.23 伊勢神社	足利市	[M17.8.11 村社昇格]
S18.4.8 赤城神社	毛野村	M43.6.26 (1)・T3.3.3 (2)
星宮神社	毛野村	M42.8.26 (3)
S19.3.1 八幡宮	筑波村	M42.6.28 (1)・M43.7.26 (3)
S19.10.25 天満宮(郷)	毛野村	M40.12.24(2)・M43.7.26 (3)
S20.9.1 春日神社	富田村	○

註：社名の(　)の「県」「郷」は供進社指定時の県社・郷社の社格、記載がないものは村社である。
合祀欄の○印は神社合祀の記録がないことを意味する。合祀社数の(　)数字は合祀無格社数、「村1」とあるのは村社1社を合祀したとの意味である。

明治政府が府県社以下の全神社を管理するため、府県に命じて作成させた台帳が神社明細帳である。明治十二年六月二十八日の内務省達に基づき作成され、大正二年四月二十一日の内務省令で様式が改定された。地方長官は二部作成し、一部を内務大臣に進達し、記載事項に異動があるとその都度、内務大臣に報告して訂正した。栃木県の明細帳は昭和十一年三月の県庁火災で失われており、現存する明細帳は内務部社寺兵事課が市町村に命じて調査・報告させ、昭和十六年に簿冊にしたものである。現在は栃木県立文書館が所蔵している。明治十二年の内務省命で作成された明細帳の記載内容に準拠して調製され、鎮座地・社格・社名・祭神・由緒・社殿および附属施設の規模・境内坪数および官有民有の別・境内神社・氏子（信徒）数が記載されている。大きな違いは明治三十九年から神社合祀が行われたので、「由緒」欄に合祀年月日・旧鎮座地・社格・旧社名を載せ、「祭神」欄にはこれらの祭神が記されている。その後も昭和二十年まで記載事項に加筆変更がある時は朱筆で訂正してある。「台帳記入済」の押印があるのは、戦後、宗教法人法に基づき登録された神社である。

　神社明細帳は太平洋戦争が開始された昭和十六年に編纂されたものであり、時局を反映して正確性に欠けるところがある。小山市の事例を『下都賀郡神社明細帳』と他の史料をも参照にして見ておこう。

小山市は星宮神社が集中している地域である。星宮神社の祭神は磐裂神・根裂神または香々背男命である。延島新田や荒井村の星宮神社は磐裂神・根裂神、上初田村の星宮神社は香々背男命が祭神とあり、合祀の形跡はない。下石塚村の星宮神社の祭神は香々背男命・誉田別命である。「由緒」欄に「明治二十一年四月字本郷無格社八幡宮合併許可」とあり、祭神と由緒は矛盾しない。上国府塚村の星宮神社も祭神と合祀の記録が一致する。香々背男命は星宮神社の祭神であり、大日孁貴命（神明神社）・稲倉魂命（稲荷神社）・伊弉諾命（熊野神社）・火産霊命（愛宕神社）・水速女命（水神社）は、明治四十二年十二月二十五日に合祀された無格社五社の祭神である。延島村の延島神社（旧星宮神社）の祭神は「磐裂神・根裂神・菅原道真・高龗神・市杵島姫命・事代主命」

とある。「由緒」欄には「大正五年六月八日同所字稲荷塚村社稲荷神社ヲ合併許可」と記しながら、祭神に稲倉魂命が載っておらず、合祀社とはいえ村社の祭神が記されていないのは不審である。延島村には星宮のほかに江戸時代から稲荷・愛宕・天神・弁天・三嶋・高尾神が祀られ、地誌編輯材料取調帳にも載せられており、明治時代初期まで存在したことは間違いない。菅原道真は天満宮（天神）、高龗神は高尾神社、市杵島姫命は厳島神社（弁天）、事代主命は三嶋神社の祭神と考えられるが、神社合祀の記録が不記入であり、明細帳の記載は正確性に欠ける。黒本村の星宮神社も合祀の記録がないのに、祭神は「磐裂神・根裂神・大日孁貴命・高龗神」の四神とする。これは神明神社と八龍神社ないし高尾神社の合祀があってはじめて理解できるところである。

つぎに、明治四十四年十月に宇都宮で関東連合教育会第九回大会が開催され、栃木県連合教育会は県下市町村の郷土誌編纂を計画し、付設事業である栃木県教育品展覧会に展示した。内容は自然界・人文界の二編からなり、人文界の第二章「教化」の第一節に「神社」の項がある。記述には濃淡があるが、大谷村・間々田村・生井村の記録は詳細であり、四十三、四年時点の村内神社の状況を知ることができる。

『大谷村郷土誌』は村内の旧一三ヶ村に六六社が載っている。このうち『下都賀郡神社明細帳』に記載漏れがあると思われるのが、大字泉崎・雨ヶ谷である。旧泉崎村は四十年三月に村内の無格社七社を村社稲荷神社に合祀しているが、神社明細帳は合祀社を六社とする。しかし、祭神は稲荷神社の稲倉魂神のほかに七柱を載せ、「素盞嗚尊」は郷土誌の八坂神社の祭神と一致するので、郷土誌の記載が正しいことになる。旧雨ヶ谷村と雨ヶ谷新田の村社は雨ヶ谷村の星宮神社である。郷土誌には星宮神社は四十二年六月、村内の無格社六社を合祀し、雨ヶ谷新田の無格社稲荷神社は同年に庚申神社を合祀したとある。神社明細帳も無格社六社の合祀記録を載せ一致している。明細帳によれば、稲荷神社は大正三年三月に星宮神社に合祀されたとあるが、庚申神社の合祀記録は載せられていない。しかし、星宮神社の祭神のなかに「猿田彦命」とあり、庚申神社を合祀した歴史を知り得る。

『間々田村郷土誌』は旧七宿村に四三社を載せている。郷土誌によれば、旧間々田宿は四十年に無格社琴平神

社に浅間神社、四十三年に村社八幡宮に八龍神社・雷電神社・愛宕神社・淡島神社を合祀し、他にも村内には弁財天神社・白山神社の無格社二社があると記している。神社明細帳は四十年一月、八幡宮に無格社浅間神社・愛宕神社・八龍神社・琴平神社・雷電神社の五社を合祀し、祭神は「誉田別命・火産霊神・高龗神・別雷神」の四柱としている。祭神からみると、合祀されたのは愛宕神社・八龍神社・雷電神社であり、浅間神社・琴平神社が合祀したことにはならない。神社明細帳は「大物主命・木花開耶姫命」を祀る無格社琴平神社を載せているが、琴平神社に浅間神社を合祀したとする郷土誌の記載が正しい。神社明細帳は淡島神社の合祀記録や弁財天神社・白山神社は載せておらず、神社明細帳の記録が正確でないことは明らかである。旧粟宮村の郷社安房神社は、四十年二月、愛宕・浅間・山王・十二所の四社を合祀したとあり、神社明細帳も「山王」を「日吉神社」とするほかは同じである。しかし、無格社「舟太郎神社」は神社明細帳には載っていない。旧西黒田村は郷土誌に上八幡宮・下八幡宮・山神社・猿田彦神社・大杉神社・淡島神社の六社を載せている。神社明細帳の村社八幡宮が下八幡宮、無格社八幡宮が上八幡宮である。無格社八幡宮は四十年四月、山神社・猿田彦神社を合祀しており、祭神も一致しているので矛盾はないが、大杉神社・淡島神社は記載されていない。また、旧南飯田村の郷土誌掲載の三社のうち、大杉神社は神社明細帳に載っていない。旧平和村は神明神社・天満神宮・大杉神社の三社があったが、神社明細帳に、天満社は四十年三月に村社神明神社に合祀されたとあるが、大杉神社の記載はない。神明神社の境内社に「大杉神社」があるので、境内社として移転されたのかも知れない。旧乙女村は郷土誌に館八幡・若宮八幡・神明神社・雷電神社・熊野権現の五社を載せているが、神社明細帳に載るのは村社八幡宮（館八幡）・無格社八幡宮（若宮八幡宮）・無格社神明宮の三社であり、雷電神社と熊野権現がどうなったのかは不詳である。また、神明神社は郷土誌に「瓊々杵尊・大山祇尊・木花咲耶姫命」を祭神としており、大杉神社や浅間神社を合祀した可能性がある。

『生井村郷土誌』は村内の旧六ヶ村に二二社を載せている。旧下生井村の三社のうち神明宮は神社明細帳に載っておらず行方が不明である。旧網戸村は郷土誌に村社網戸神社と「素盞鳴命ヲ勧請セル八坂神社」「木野花開耶

姫命ヲ勧請セシ浅間神社」「水速女命ヲ勧請ナル水神社」「伊弉諾命・伊弉冉命ヲ祀レル熊野神社」「大日孁貴命ヲ祀ル神明宮」「天津瓊々杵命ヲ祀ル皇宮神社」「猿田命ヲ祭レル奥瀬神社」「菅原道真ヲ祀ル天満宮」の無格社八社を載せている。神社明細帳によれば、大正三年八月と同四年三月、熊野神社・皇宮神社・奥瀬神社・八坂神社・浅間神社・神明宮の無格社六社を網戸神社に合祀したとあるが、水神社の合祀の記載がない。しかし祭神に「水速女命」を載せており、これは郷土誌の「水神社」である。天満宮は合祀記録にも祭神にもその痕跡をとどめておらず、神社明細帳に脱漏のあることがわかる。

僅かな事例の検証であるが、神社明細帳は神社合祀がありながらそのことを記録しなかったり、郷土誌所載の神社が記載されていないケースもあるのである。県域の近代神社の記録が少ないことを考えると、神社明細帳は貴重な史料であり、筆者も随所で使用している。しかし、戦争の影響であろうか、神社明細帳はかなり杜撰な調査・報告を基に再調製された可能性があり、使用するには十分な注意が必要であることを指摘しておきたい。

(5) 国家神道体制の終焉

神道指令と神社本庁の設立

昭和二十年の敗戦によって連合国軍総司令部（GHQ）の占領が開始され、十月、GHQは信教の自由の確立、宗教団体法の廃止、国家神道の解体を指示する覚書を発した。十二月には「国家神道、神社神道に対する政府の保証、支援、保全、監督並に弘布の廃止に関する件」所謂「神道指令」が発令され、国家と神社の完全分離が命ぜられた。同月、宗教法人令が施行され、宗教団体は届出によって自由に宗教法人を設立することができるようになり、神社も他の宗教と同様に宗教法人として活動することが認められた。二十一年二月、神祇院官制や明治

以降のすべての神社関係法令が廃止され、神社は国家の管理下から離れることになった。

こうして、伊勢神宮を始め全ての神社は宗教法人としてのみ存続が認められることになった。二十一年二月三日、民間の皇典講究所・大日本神祇会・神宮奉斎会の三団体が母体となって、宗教法人神社本庁が設立された。文部省の『宗教統計調査』によれば、神社本庁は二十四年の全国神社八万八三八一社（宗教法人八万八三六四社・非宗教法人一七社）のほとんどにあたる八万七八〇二社を統合・包括する組織となった。その他の五六二社は神社本教（京都・一三〇社）・神社産土教（広島・二〇〇社）・北海道神社協会（六五社）など別の宗教法人をつくり、経済的に自立できる一部の有力神社は単立の宗教法人となった。この八万八三八一社と戦前最後の統計年鑑となった第五九回『大日本帝国統計年鑑』（昭和十三年）の神社数一一万三八九九社と比較すると、戦前と戦後の一年間で二万二〇〇〇社が減少している。平成二十八年の神社神道系神社の総数は七万九一七六社、そのうち神社本庁傘下の神社数は七万八八三三社である。七〇年の間にさらに約一万社減少している（『宗教統計調査』）。太平洋戦争と敗戦後の混乱が神社の衰退に大きな影響を与えたことが窺われる。

戦後の栃木県神社

戦後、栃木県神社の多くは神社本庁の地方組織である栃木県神社庁に所属した。昭和二十四年段階における所轄神社は二〇七二社であり、他に単立神社が二七社あった。平成二十八年の神社数は一九一九社であり、七〇年間で約一八〇社減少している。減少数が多いのは昭和二十年代である。神社庁所属の神社数の推移を見てみると、二十四年から二十九年年までの年次別神社数は二〇七二社→二〇三八社→二〇四五社→一九三〇社→一九三一社→一九一五社であり、それ以降はほぼ落ち着いている（『宗教統計調査』）。ちなみに平成十八年発行の栃木県神社庁編『栃木県神社誌―神乃森　人の道』の収録神社は一九〇六社であり、文化庁の調査とほぼ一致している。

戦前最後の『大日本帝国統計年鑑』（昭和十三年）によれば、県域の神社数は三三〇七社（国幣中社二、別格官

幣社二、県社一二、郷社四八、村社一一二三、無格社二一八〇）である。この数字は昭和十五年、栃木県神職会が行った神社数の三三〇三社とほぼ一致する（昭和三十九年発行『栃木県神社誌』）。三三〇三社の郡別数は河内郡四〇八、上都賀郡四四一、下都賀郡五六三、芳賀郡五四一、塩谷郡三三〇、那須郡六一六、安蘇郡一五五、足利郡二四九である。この神社数は神社明細帳の河内郡四二一社・足利郡二四〇社（群馬県桐生市に合併された菱村を除く）とほぼ同じである。他の六郡の神社明細帳は調査できなかったが同様であろう。

戦争を挟んで三二〇七社→二〇七二社と、一二〇〇社も減少している。例えば、戦前の足利郡の神社は県郷村社七一社、無格社一六九社の二四〇社であるが、神社明細帳の各神社名に「台帳記入済」の印を押してあるものが一六三社（県郷村社の全部七一社と無格社九二社）ある。この印は宗教法人法に基づいて登録された神社であり、戦後も存続した神社である。県郷村社の全部が存続する一方、無格社の四六％、七七社が廃社になっている。

(6) 近現代の神社

明治維新で神社は大きな変貌を遂げた。神社から仏教的要素が一掃される一方、村びとの信仰の対象であった神社の幾つもが消滅した。村が村内の神社を県に報告するとき、無格社の標準をどこに置いたかによって、宿町村内神社数に違いが出ている。例えば、都賀郡長畑村村内鎮座の神社が三三社、家中村は村内の二〇社を報告し、これらの全神社が神名帳に登載されたが、一方で一社のみを登録した宿町村も少なくなかったのである。

つぎの変動は明治四十年代から大正期である。約六一〇〇社あった神社は、内務省の推進した神社整理政策で「合祀」の名のもとに約三三〇〇社にまで減少した。県域の神社合祀の経過は未解明の部分が多いが、町村によって整理の受け止め方に違いがあったようである。

三度目の神社整理は戦後である。推進機関は栃木県神社庁である。国家神道の廃止を命じた神道指令は徹底した政教分離を命じるもので、神社は宗教法人として存続できた。戦後の政治的・経済的混乱、そして国家神道を担った神社に対する厳しい世論もあって、神社を維持することは困難であった。神社庁のもとに結集した神社は約二一〇〇社にまで減少し、現在は一九二〇社である。

明治維新の神仏分離は神職に我が世の春を謳歌させたかも知れない。しかし、その後の神社（神職）の歴史は苦難の連続であった。神道の国教化が早く挫折した後、政府は神社を「国家ノ宗祀」として、国家神道体制のもとに位置づけようとしたが、内務省の当初の神社行政は伊勢神宮を除くと冷淡であり、経済面でも殆ど支援らしいことをせず、神職の待遇も低かった。それが、相つぐ対外戦争によって、神社を国民団結の場にしようとの政策に変わり、神社への信仰が強要される。その目的を達成するために、神社はそれに相応しい荘厳さが求められた。政府は、官国幣社の経営を助成する国庫供進制度を実施し、府県社以下神社へは府県市町村から神饌幣帛料を供進できる制度が導入され、末端の無格社クラスはより大きな神社に合併させ、「国家ノ宗祀」に似つかわしいように変えられた。

日中・太平洋戦争の激化は神社の地位を大きく上昇させた。神社は戦意高揚の場となった。神社神道は非宗教であるとの立場が強調され、全ての国民に神社参拝が強制された。戦争は「八紘一宇」を達成する「聖戦」とされ、神社はその道具とされた。昭和十年代はまさに神社界にとって絶頂期であった。しかし、敗戦によって、ＧＨＱは神社神道の有する特権の悉くを廃止し、他の宗教と同等とした。

明治以降の歴史の中で、各神社は独自性を失い、今日の神社祭祀はどこも大同小異、統一的な祭祀が行われている。祭神は神社の歴史を今日に伝えるものであるが、今では主祭神のみを記すケースも多い。神社合祀は「祭神ハ之ヲ列記スヘキモノ」（明治四十一年二月「神社局長依命通牒」）とされたが、そのことを軽視している現実をみると、人びとが神に寄せてきた信仰とその歴史も早晩失われることになるではなかろうか。

あとがき

日本の神道の歴史は仏教伝来以来、仏教との関りのなかで展開し、神仏習合という形をとって現れたが、神道が仏教によって淘汰されることはなかった。神道の本質は失われることなく、日本人の心の深層にとどまっていた。中世の神主仏従による所説や近世の排仏思潮以外にも、神仏分離を受け容れる素地が私たちや日本社会には常に存しており、その流れの中で明治の神仏分離が行われたのである。例えば、都賀郡延島村では鎮守星宮の管理をめぐって宝性寺と名主利右衛門との間に争いがあった。利右衛門は、正一位星宮大明神の宗源宣旨が発給される際に、吉田家から「神官」は「死滅相勤候寺は別当不罷成候由」を命ぜられたと主張し、滅罪檀家を持つ宝性寺にはその資格がないとしたのである。ここには、神と仏をはっきりと弁別する意識があったのである。

明治の神仏分離がほとんど抵抗もなく実施され、順調に仏教色が排除されたのは、神仏習合の長い歴史のなかにも神道的思考が人びとの内面に脈々として存していたからである。当初、神仏分離は仏堂から仏具や仏像を取り除き、注連縄を張る程度のことであり、神主も還俗した別当・社僧が務める場合も多く、政府の分離策は微温的であり、人びとには受け入れやすかったのである。神社が今日見るような景観に一新するにはもう少しの時間が必要であった。

やがて、神社は大正・昭和、とくに昭和十年代以降になると、その性格を大きく変える。国威発揚、戦勝祈願の場として、国策の道具の役割を担わせられたのである。そのため、戦後の一時期、神社への厳しい批判があったことを忘れてはならない。

神社は現在、曲り角に立っている。大社は参拝者の増加で経営的に余裕があるように見えるが、地方の小社は

過疎や少子化で経営が困難なところも多い。小社の神職は神社に奉仕するかたわら、サラリーマンや公務員になり、どちらが本務なのかと思うこともある。都会の神社には駐車場を経営するなど、利益をあげているところもあると聞く。わたしが住居する町（大字）の鎮守社の秋の例祭は比較的賑わいがある。お囃子連が組織され、芋煮会や蕎麦打ち、子供のゲームも行われるが、若者の参加は少なそうである。神事（祭礼）の参加者は地区の役員や順廻りの班長である。夏祭りも神輿や山車が出御するが、少子化の影響で山車を曳く子供の数は少ない。因みに、わたしの生まれ故郷では高齢と過疎化で氏子が減少し、夏祭りが行われなくなって久しい。神職は兼務であり、祭礼の時以外に見掛けることはない。全国八万社の神社の多くは大同小異、ほとんど変わることはないであろう。かつては、地域社会の信仰・交流の場であった神社の役割は薄れ、鎮守の森すら維持が困難で伐採されているところもある。地域住民がどれほどの関心をもって神社を見ているのだろうかと疑わざるを得ない。神社界の発展には神職が地域活動に地道に取り組むしか方法はないと思うが、望むべくもないことなのであろうか。

本書は栃木県神社の歴史を叙述したものである。それを書いた動機について一言しておきたい。平成十八年、栃木県神社庁は創立六〇周年の記念事業の一環として『栃木県神社誌』を刊行した。わたしも「第二編　栃木県の神社沿革史」の一部を担当し執筆した。しかし、わたしが叙述した部分は「沿革史」と呼ぶには恥ずかしいほど生煮えであり、いずれはもう一度、「栃木県神社史」をまとめてみたいと思っていた。

平成二十七年七月、大病に罹り二か月間入院し、翌年三月に退職した。入院中から無性にこのことが気にかかり、退職後取り組むことにした。三十一年三月が古稀なので、それまでには出版したいと思っていたが、関係論文や史料の蒐集と分析に時間がかかり、もともと遅筆なこともあって三年も掛かってしまった。また頁も嵩み、読んでいただくのに適当な分量を大幅に超過したので、かなりの原稿を割愛した。

わたしは四〇年近く「ガクモン」とは無縁の世界にいた。この間の歴史学は日進月歩であり、いま浦島を実感

する毎日であった。しかし、歴史研究への情熱は失っていなかったようである。本書は神社史と呼ぶ水準に達しているとは思えないが、将来の研究の一助になることを期待して発刊することにした。最後にもう一度強調しておきたいことは、地域史研究の重要性である。地域の歴史も中央との関わりのなかで展開しているのであり、それは神社史も同様である。そうした実証的研究のなかにこそ歴史的事実があるということである。そうした研究の積み重ねがあって、歴史はまた現実に一歩近ずくのであろう。

平成三十一年一月三十一日

主要参考文献

二荒山信仰と日光開山

大和久震平「男体山頂遺跡について」（『歴史手帖』第八巻第二号　一九八〇）

近藤喜博「男体山の歴史」（二荒山神社編『日光男体山―山頂遺跡発掘調査報告書』　角川書店　一九六三）

斎藤　忠著『日本古代遺跡の研究』論考編　吉川弘文館　一九七六

丸谷しのぶ「日光山縁起の成立」（『文学史研究』二七号　一九八六）

和歌森太郎「日光修験の成立」（肥後和男先生古稀記念論文集『日本民俗社会史』　弘文堂　一九六九）

下野国の古代神社

池邊　彌著『古代神社史論攷』吉川弘文館　一九八九

大場磐雄「二荒山神社の一考察」（『大場磐雄』著作集第五巻「古典と考古学」　雄山閣出版　一九七六）

岡田莊司編『古代諸国神社神階制の研究』　岩田書院　二〇〇二

尾崎喜左雄「二荒山神社」（『栃木史心会報』六号　一九七五）

影山　博「下野国の国史現在社」（神道大系編纂会『神道大系』一一〇神社編二五「上野国・下野国」所収「月報」一一〇　一九九二）

式内社研究会編『式内社調査報告』第十三巻　皇學館大學出版部　一九八六

志賀　剛著『式内社の研究』第十巻東山道　雄山閣　一九八六

志田諄一「総説―古代国家と東国―」（志田諄一編『古代の地方史』第五巻　坂東編　朝倉書店　一九七七）

菅原信海著『日本人の神と仏―日光山の信仰と歴史』法蔵館　二〇〇一

菅原信海・田邉三郎助編『日光　その歴史と宗教』春秋社　二〇一一

杉原荘介・竹内理三編『古代の日本』7関東　角川書店　一九七〇

谷川健一編『日本の神々―神社と聖地　関東』　白水社　一九八四鶴岡静夫著『神社の歴史的研究』　国書刊行会　一九九二
萩原龍夫「下野二荒山信仰について」(『歴史手帖』第六巻四号　一九七八)
宮家　準「日光修験の一山組織」(宮家　準著『修験道組織の研究』　春秋社　一九九九)
和歌森太郎「修験道史の研究」(『和歌森太郎著作集』2　弘文堂　一九八一)

中世下野国の神社

新井敦史「中世後期の日光山坊舎―その世俗的活動を中心に―」(『史境』二九　一九九四)
飯田　真「『日光山縁起』とその周辺」(『栃木史心会報』一四号　一九八三)
宇都宮二荒山神社編『宇都宮二荒山神社誌　通史編』　宇都宮二荒山神社　一九九〇
上横手雅敬「源頼朝の宗教政策」(上横手雅敬編『中世の寺社と信仰』吉川弘文館　二〇〇一)
大滝晴子「宴曲にあらわれる下野国―中世の日光・宇都宮を中心に―」(『栃木史心会報』七号　一九七六)
江田郁夫「武力としての日光山―昌膳の乱をめぐって―」(『日本歴史』六三八号　二〇〇一)
岡田莊司「鎌倉幕府の将軍祭祀―源頼朝を中心に―」(『神道宗教』二三五号　二〇一四)
影山　博「鎌倉時代足利氏の一考察―鶴岡八幡宮と足利氏の問題―」(『野州史学』一号　一九七五)
影山　博「源氏と八幡社」(『歴史手帖』第一五巻一〇号　一九八七)
金子　拓「絹衣相論と興福寺別当職相論―天正三年~四年」(金子　拓著『織田信長〈天下人〉の実像』講談社現代新書　二〇一四)
菊地　卓「鎌倉期における日光山の動向―座主隆宣・弁覚を中心に―」(『日光山輪王寺』三五号　一九七三)
菊地　卓「鎌倉公方足利氏と日光山」(『栃木史論』一五号　一九七四)
菊池　卓「宇都宮氏の下野支配について―『今宮祭祀録』にみる家臣統制―」(『歴史手帖』第六巻四号号　一九七八)
小林健二「宇都宮二荒山神社蔵『造営日記』における能楽記事の史料的意義」(『芸能史研究』一五七号　二〇〇二)
近藤喜博「中世の日光―日光山古圖をめぐりて―」(『神社資料』2　日光二荒山神社社務所　一九五九)
佐々木茂「徳雪斎周長の政治的位置―一次史料の検討をつうじて―」(江田郁夫編著『下野宇都宮氏』戎光祥出版　二〇一一)

新川武紀「戦国期下野における農民闘争覚書」（『栃木県史研究』二四号　一九八三）
曽根原理『「関左之日枝山」考』（『東北大学附属図書館研究年報』二五号　一九九二）
高橋慎一朗「日光山古絵図の世界」（高橋慎一朗著『中世都市の力―京・鎌倉と寺社―』　高志書院　二〇一〇）
高橋慎一朗「日光山と北関東の武士団」（高橋慎一朗編『列島の鎌倉時代―地域を動かす武士と寺社―』　高志書院　二〇一一）
高藤晴俊「日光山鉢石星宮考―勝道伝説に見る明神信仰と星宮御鎮座伝記の成立を中心として―」（『大平臺史窻』七号　一九八八）
高牧　實「宇都宮と今宮明神の頭役」（『聖心女子大学論叢』六二号　一九八三）
千田孝明「嘉慶二年日光山新宮施入の五部大乗経（輪王寺蔵）について―宇都宮西経所金剛佛子貞禅の活動の軌跡とその周辺―」（『栃木県立博物館研究紀要』四　一九八七）
千田孝明「応永・永享期の日光山」（地方史研究協議会編『宗教・民衆・伝統―社会の歴史的構造と変容』雄山閣　一九九五）
千田孝明「日光山をめぐる宗教世界」（浅野晴樹・齋藤慎一編『中世東国の世界』1北関東　高志書院　二〇〇三）
千田孝明「中世日光山の光と影―幻の「光明院」、その栄光と挫折」（橋本澄朗・千田孝明編『知られざる下野の中世』　随想舎　二〇〇五）
千田孝明「宇都宮と『日光山縁起』―三本の絵巻を中心に」（市村高男編『中世宇都宮氏の世界』彩流社　二〇一三）
豊田　武「下野の武士と神々」（『下野史談』三六号　一九七八）
奈良県教育委員会事務局文化財保存課編『上北山の歴史』　上北山村役場　一九六四
永村　真「鶴岡八幡宮寺両界壇所の成立と存続の要因」（『神奈川県史研究』五〇号　一九八三）
中世諸国一宮制研究会編『中世諸国一宮制の基礎的研究』　岩田書院　二〇〇〇
久野俊彦著『絵解きと縁起のフオークロア』　森話社　二〇〇九
藤本祐子「「宇都宮弘安式状」の条文構成とその意味」（江田郁夫編『下野宇都宮氏』　戎光祥出版　二〇一一）
細谷藤策「翻刻二荒山神社縁起」（『野州国文学』一五号　一九七五）
細谷藤策「日光・宇都宮両二荒山神社に関する一試論」（『鹿沼史林』二〇　一九八一）
細矢藤策「日光・宇都宮の神々の変遷―二荒山神社縁起成立の背景―」（『野州国文学』三〇・三一合併号　一九八三）

皆川義孝「戦国期日光山の動向」(『駒澤大学史学論集』二二号　一九九二)
皆川義孝「日光山別当昌淳発給文書の基礎的考察」(『かぬま　歴史と文化』一号　一九九六)
宮家　準「日光修験の一山組織」(宮家準著『修験道組織の研究』　春秋社　一九九九)
宮本袈裟雄「日光山『里山伏』」(宮本袈裟雄著『里修験の研究』　吉川弘文館　一九八四)
山路興造「中世武士団の祭祀と芸能―『今宮祭祀録』の周辺―」(ミュージアム氏家第三七回企画展図録『氏家今宮明神遷宮七〇〇年　中世社会と祭礼』　ミュージアム氏家　二〇〇〇)

近世下野国の神社

大島延次郎「生祠鵜飼神社の来歴」(『下野史学』一八号　一九六四)
影山　博「人を神に祀る神社―栃木県の場合―」(『太平臺史窻』一号　一九八二)
加藤玄智著『本邦生祠の研究―生祠の史実と其心理分析―』　国書刊行会　一九八五
黒川弘賢「古峯ヶ原と石裂―特におざく信仰と星宮―」(『仏教と民俗』一五号　一九八七)
佐野賢治「星と虚空蔵―日本星神信仰史覚書・その一―」(佐野賢治編『民衆宗教史叢書　二十四巻　虚空蔵信仰』雄山閣出版　一九九一)
須藤清市「石井包孝の仁慈」(『下野史学』一八号　一九六四)
田中要造「生祠小出神社に就て」(『鹿沼史林』一一号　一九七一)
前原美彦「星宮神社と日光修験」(尾島利雄編著『民間信仰の諸相―栃木の民俗を中心にして―』錦正社　一九八三)

栃木県における神仏分離

大町雅美「草莽隊と維新政府―下野利鎌隊を中心に―」(『地方史研究』八七号　一九五七)
松尾正人「府藩県創設期の宗教問題―明治初期の日光県を中心にして―」(中央大学人文科学研究所編『近代日本の形成と宗教問題』　中央大学出版部　一九九二)
宮間純一「戊辰戦争期における「草莽隊」の志向―下野利鎌隊を事例として―」(『地方史研究』三四四号　二〇一〇)

国家神道下の栃木県神社

梅田欽治「栃木県護国神社の設置と地域社会」（地方史研究協議会編『宗教・民衆・伝統』雄山閣出版　一九九五）
久保康顕「史料紹介　柿沼広身『葬祭誄言』・日光県『葬祭式法』―鹿沼地域の神葬祭史料」（『かぬま　歴史と文化』一〇号　二〇〇七）
宮地正人「国家神道形成過程の問題点」（安丸良夫・宮地正人編『日本近代思想体系5　宗教と国家』岩波書店　一九八八）
※神社史全般については、岡田莊司編『日本神道史』（吉川弘文館　二〇一〇年）、近代の神社史については、阪本是丸著『国家神道形成過程の研究』（岩波書店　一九九四）を主に参考にした。その他にも多くの著書・論文を参考にしたが、栃木県を扱っていないものについては割愛した。

［著者紹介］
影山　博（かげやま　ひろし）

1949年　栃木県に生まれる。
1973年　國學院大學大学院文学研究科日本史学専攻修士課程修了。
元國學院大學栃木中学校・高等学校校長。

栃木県神社の歴史と実像

2019年6月23日　第1刷発行

著　者●影山　博

発　行●有限会社 随 想 舎
〒320-0033　栃木県宇都宮市本町10－3 TSビル
TEL　028-616-6605　FAX　028-616-6607
振替　00360 - 0 - 36984
URL　http://www.zuisousha.co.jp/
E-Mail　info@zuisousha.co.jp

印　刷●モリモト印刷株式会社

装丁●栄舞工房
定価はカバーに表示してあります／乱丁・落丁はお取りかえいたします
 ISBN978-4-88748-368-2